Baedeker
Allianz Reiseführer

Südtirol Dolomiten

VERLAG KARL BAEDEKER

Die wichtigsten Reiseziele

**** Top-Reiseziele – auf keinen Fall versäumen!**

Kolfuschg und der Sellastock ▶ S. 111

Herausragende Reiseziele – möglichst besuchen!

Der "Schaukler" in St. Prokulus bei Naturns ▶ S. 194

Inhalt

Natur, Kultur Geschichte

Seite 12 – 59

Fronleichnamsprozession am Schlern ▶ S. 58

Reiseziele von A bis Z

Seite 60 – 273

Denkmal auf dem Bozner Waltherplatz ▶ S. 76

Misurinasee und Drei Zinnen
► S. 109

Grödner Holzschnitzer
► S. 142

Meraner Pfarrkirche
► S. 178

Michelsburg im Pustertal
▶ S. 208

Rüstkammer der Churburg
▶ S. 223

Burgen im Überetsch ▶ S. 262

Praktische Informationen von A bis Z

Seite 274 – 355

Regionalflughafen Bozen ▶ S. 277

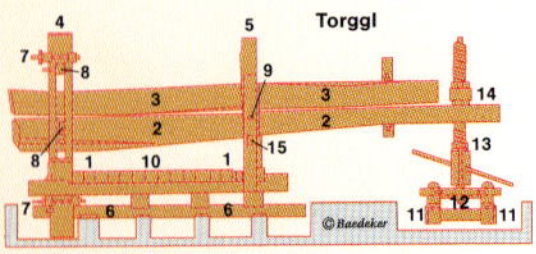

Schema einer Weinpresse
▶ S. 351

Freskenschmuck in Hocheppan ▶ S. 129

Weinland –

Zwischen Brennerpass und Salurner Klause erstreckt sich die Region, in der der heute etwas altfränkisch anmutende Begriff "Sommerfrische" geprägt worden ist. Schon früh im Sommer macht sich vor allem in Bozen der Mittelmeereinfluss bemerkbar, der für hohe Tagestemperaturen und bisweilen für Wärmestau im Tal sorgt. Nun erhebt sich über dem Bozner Talkessel das Hochplateau des Ritten, wo es auch im Sommer frisch ist und wohin sich schon im 18. Jahrhundert jeder Bozner Bürger zurückzog, der es sich leisten konnte, Juli und August fern der Talferstadt zu verbringen – eben in der Sommerfrische.

Sprichwörtlich ist die Vielgestaltigkeit der Südtiroler Natur- und Kulturlandschaft. Vom Alpenhauptkamm mit seinen auch im Sommer schnee- und eisbekrönten Gipfeln senkt sich das Land der südlichen Sonne entgegen. Die Täler der Flüsse Etsch und Eisack sind seit jeher die großen Reiserouten zwischen Norden und Süden. Waren es einst Kriegerhorden und Kaufmannskarawanen, so sind es heute nicht zuletzt die Touristen, die auf den traditionsreichen Heerstraßen in diese Region gelangen, in welcher sich nördliche und südliche Landschaft auf das Glücklichste ergänzen.

Volks-frömmigkeit

findet an der Kirche von St. Gertraud im Ultental ihren Ausdruck

Der obere Vinschga

wird noch immer von der Landwirtschaft geprägt

Hoch zu Ross

am Vigiljoch bei Lana

Die Drei Zinnen

sind das berühmteste Wahrzeichen der Dolomiten

Wanderland

Schon zeitig stellt sich in den nach Süden orientierten Tälern der Frühling ein, während sich in den Bergen noch die Wintersportler tummeln. Um Meran und Bozen entfaltet sich eine üppige Pflanzenpracht; im Überetsch und im Vinschgau prangen die Obstkulturen weithin in Weiß und Rosa; die Hänge schimmern im matten gelbgrünen Flaum der Edelkastanienblüte. Und wenn auch die höher gelegenen Täler schneefrei geworden sind, beginnt die Wandersaison. Ob beschaulicher Spaziergänger, drahtiger Höhenwanderer oder beinharter Extremkletterer – jeder findet Routen nach seinem Wunsch. Später bringt das goldene Licht des nahenden Herbstes oft besonders schöne Fernsicht; die Lärchen verfärben langsam ihre Nadeln, und im Weinlaub verstecken sich die reifenden Trauben. Zur Zeit der Wimmet, wie hier die Weinlese genannt wird, liegt ein Hauch fruchtig-säuerlichen Traubenduftes über dem Land – jetzt lohnt es sich, bedächtig zu den außerhalb gelegenen Schenken und Winzerhöfen zu pilgern, wo zum Wein Nüsse, Maroni oder eine zünftige Jause mit Tiroler Speck trefflich munden. Und inzwischen beginnen die ganz Unentwegten schon wieder die Ski hervorzuholen …

Bilderbibel

im Kreuzgang von Brixen

Klöppelspitzen

werden in einigen Tälern noch heute hergestellt

Frühlingsboten

auf der Malser Haide

Natur, Kultur, Geschichte

Zahlen und Fakten

Hinweis

In diesem Reiseführer ist von "deutschen" im Unterschied zu "italienischen" Bevölkerungsteilen die Rede. Der Begriff "deutsch" ist in diesem Zusammenhang nicht politisch zu verstehen; er dient lediglich der Verdeutlichung der Tatsache, dass die betreffende Gruppe Deutsch (Tiroler Mundart) als Muttersprache hat und ganz überwiegend vom Kulturraum deutscher Zunge geprägt ist. Gleichwohl haben sich – namentlich in den Städten Bozen und Meran – die Lebensgewohnheiten der italienischen und der deutschen Bevölkerung in gewissem Ausmaß einander angenähert.

Allgemeines

Gebietsbestimmung

Im vorliegenden Reiseführer wird Südtirol im engeren Sinn, also das zur Provinz Bozen zählende Gebiet um Etsch und Eisack mit ihren Nebentälern und dazwischenliegenden Bergstöcken sowie die wilde Hochgebirgslandschaft der Dolomiten, beschrieben, daneben auch die zum Gardasee (außerhalb des Kartenausschnitts) überleitenden nördlichen Teile der Provinz Trento (Trient), so weit sie auf der diesem Band beigefügten Reisekarte zu finden sind. Gleiches gilt für die zur Region Veneto gehörende Provinz Belluno, die sich östlich an die Region Südtirol anschließt, sowie für die zur Lombardei zählende Provinz Sondrio im Südwesten. Das gesamte Zielgebiet dieses Bandes hat eine Ausdehnung von etwa 100 km in nordsüdlicher und 180 km in ostwestlicher Richtung.

Region, Provinzen

Südtirol, amtlich Trentino-Südtirol (dt.) bzw. Trentino – Alto Adige (ital.), bildet heute eine eigene Autonome Region innerhalb des italienischen Staatsgefüges. Die Region setzt sich aus den Provinzen Bozen (ital. Bolzano) und Trient (ital. Trento) zusammen; die erstere ist überwiegend deutsch- bzw. in ihrem östlichen Teil auch ladinischsprachig, während die letztere schon ganz zum italienischen Sprachraum gehört. Im Südwesten grenzt die Region Lombardia (Lombardei) an, im Südosten die Region Veneto.
Die Region Trentino-Südtirol umfasst mit 13 613 km² rund 4,5% der gesamten italienischen Staatsfläche. Die Einwohnerzahl beträgt 877 000 bzw. 1,5% der italienischen Gesamtbevölkerung. Hauptstadt der gesamten Region ist Trento (Trient).

Autonomiestatut

Seit dem Frieden von Saint-Germain-en-Laye (1919) war die italienische Regierung bemüht, das Land zwischen Salurner Klause und

◂ Zauber des Nachsommers: Durch das Laub der Edelkastanien blickt man auf die Silhouette der Geislerspitzen.

Autonomiestatut (Fortsetzung)

Brennerpass zu italianisieren (Näheres hierzu ▶ Geschichte). Nach dem Sturz des faschistischen Regimes und dem Ende des Zweiten Weltkriegs gestand Italien in einem zwischen dem österreichischen Außenminister Karl Gruber und dem italienischen Ministerpräsidenten Alcide de Gasperi geschlossenen Abkommen (5.9.1946) der deutschsprachigen Bevölkerung Autonomierechte zu, deren Realisierung jedoch dadurch unterlaufen wurde, dass die neugeschaffene Region Südtirol-Trentino (mit einer Mehrheit des italienischsprachigen Bevölkerungsteils) als Ganzes eine gewisse Autonomie erhielt. Nach Gewaltakten (besonders in den späten fünfziger und frühen sechziger Jahren) und zähen Verhandlungen wurde das "Südtirol-Paket" verabschiedet, das 1971 in Kraft trat und in dessen Gefolge seit 1972 die überwiegend deutschsprachige Provinz Bozen weitere Kompetenzen im Sinne der Autonomieregelung (auch für die Sprachgruppe der Ladiner) erhielt.

Südtirol

Provinz: Bozen
Autonome Region: Trentino-Südtirol
Fläche: 7400 km²
Einwohnerzahl: 440 000
Sprachen: Deutsch, Italienisch, Ladinisch

Politische Gliederung

Der überwiegende Teil des auf der beiliegenden Reisekarte dargestellten Raums gehört heute politisch zu Italien. Der Norden berührt das Gebiet von zwei österreichischen Bundesländern: im äußersten Nordwesten bis zur Bielerhöhe etwa ein Zehntel von Vorarlberg, östlich anschließend Tirol (und zwar ca. 10% von Nordtirol sowie rund ein Drittel von Osttirol). In den westlichen Teil der Karte ragt etwa ein Fünftel des schweizerischen Kantons Graubünden hinein. Das überwiegend deutschsprachige Südtirol bildet als Autonome Provinz Bozen und Teil der Autonomen Region Trentino-Südtirol (ital. Trentino - Alto Adige) den Hauptteil der Karte. Südlich anschließend an Südtirol liegt die Autonome Provinz Trient (ital. Trento); den Südostteil der Karte bildet das Gebiet um Cortina d'Ampezzo, ein Teil der Provinz Belluno.

Naturraum und Klima

Der nördliche Teil des hier beschriebenen Gebiets liegt im Bereich des ganz zu den Ostalpen gehörenden, meist aus Urgestein bestehenden und stark vergletscherten Alpenhauptkamms, der hier die Wasserscheide zwischen Nordsee, Schwarzem Meer und Adria bildet. Die Täler von Etsch, Eisack, Passer und Rienz trennen die großen Bergstöcke voneinander.

Etschtal

Im Westen bildet das Tal der unweit unterhalb der Reschenpasshöhe entspringenden Etsch, dessen oberer Teil bis Meran Vinschgau genannt wird, eine markante Trennlinie. Nördlich erstrecken sich die bis zum Inn reichenden Ötztaler Alpen, die in der Wildspitze mit 3774 m ihre größte Höhe erreichen. Über ihren Hauptkamm verläuft seit dem Frieden von St-Germain (1919) die italienisch-österreichische Staatsgrenze. Östlich vom Schnalstal erhebt sich die Texelgruppe, die zum Naturpark erklärt und von herrlichen Höhenwanderwegen erschlossen ist. Berühmtheit hat sie 1991 erlangt, als hier am Hauslabjoch, in 3210 m Höhe, die alsbald "Ötzi" genannte rund 5300 Jahre alte Gletschermumie entdeckt wurde, die heute im archäologischen Landesmuseum in Bozen zu finden ist.

Stilfser Joch
Ortler

Westlich vom Obervinschgau mit dem Reschen- und dem Haidersee leitet die Sesvennagruppe ins schweizerische Engadin über, das man durch das Müstertal oder über Stilfser Joch und Umbrailpass erreichen kann. Das markanteste Bergmassiv im Nationalpark Stilfser Joch ist die mächtige Ortlergruppe, deren Hauptgipfel der 3905 m hohe Ortler ist. Im Ersten Weltkrieg war er Schauplatz heftigster Gebirgskämpfe, deren Spuren zum Teil noch heute zu sehen sind.

Martelltal

Bei Schlanders im Untervinschgau dringt das Martelltal südlich in die Ortlergruppe vor. Von dem durch Aufstauung des Plimabachs entstandenen Zufrittsee ging 1987 eine verheerende Flutwelle aus, die weite Teile des Tals verwüstete.

Töll

Von der Geländestufe der Töll, wo sich ein Etsch-Stauwehr befindet, senkt sich das Etschtal nach Meran.

Ultental

Von Lana, südwestlich von Meran, erreicht man das Ultental, das gleichfalls in die Ortlergruppe führt. Der Falschauer Bach ist zu zwei Seen aufgestaut

Sarntaler Alpen

Gleich einem Parallelogramm umschließen das Passeiertal, das Jaufental mit dem gleichnamigen Gebirgspass, der untere Teil des vom westlich des Brennerpasses entspringenden Eisack durchströmten Eisacktals und das sich zwischen Meran und Bozen stark verbreiternde Etschtal die Sarntaler Alpen, die keinen hochalpinen Charakter mehr haben, aber als Urlaubs- und Wandergebiet viel besucht werden. Das Massiv wird in nord-südlicher Richtung von der Talfer durchzogen, der auch die Straße von Bozen über das Penser Joch nach Sterzing folgt. Der Südteil der Sarntaler Alpen wird von der Bozner Porphyrplatte überlagert, die aus rötlichen harten Ergussgesteinen gebildet wird. Das weite Hochplateau des Ritten oberhalb von Bozen bildet den südöstlichen Teil der Sarntaler Alpen; hier ist die Porphyrplatte großenteils von alten Moränen überlagert, aus denen durch heftige Schlagregen die berühmten Erd-

Sarntaler Alpen (Fortsetzung)

pyramiden mit hren vor Erosion schützenden Decksteinen herauspräpariert worden sind. Auf dem Ritten wurde von wohlhabenden Bozner Bürgern, die es sich leisten konnten, der sommerlichen Hitze in der Stadt auszuweichen, der Begriff "Sommerfrische" geprägt.

Pustertal

Rieserfernergruppe

Hochalpin wird es wieder zu beiden Seiten des Pustertals. Die nördlich von Bruneck aufragende Rieserfernergruppe ist stark vergletschert und erreicht im italienisch-österreichischen Grenzgebiet mit dem Hochgall 3435 m Höhe. Den östlichsten Teil des Pustertals bildet die Verebnung des Toblacher Feldes, von dem die hier entspringende Drau ostwärts strömt; sie mündet bei Osijek (Kroatien) in die Donau.

Dolomiten

Südlich des Pustertals und im Westen zwischen Brixen und Bozen vom Eisacktal, dann weiter südlich vom immer breiter werdenden Etschtal begrenzt, bilden die Dolomiten die wohl berühmteste Hochgebirgsregion der Ostalpen. Geologisch sind sie ein Teil der südlichen Kalkalpen; ihren Namen verdanken sie dem französischen Geologen Dieudonné Dolomieu (1750–1801), der das Mineral Dolomit entdeckt hat. Das Massiv gliedert sich in die Grödner, Fassaner, Ampezzaner und Sextner Dolomiten; im Süden reicht es bis zu den Tälern von Brenta und Piave. Von einem dichten Netz von Tälern – Grödner Tal, Gadertal, Ampezzaner Tal, Fleimstal und etliche Nebentäler – durchzogen, zeigt es wilde Landschaftsformen mit steil aufragenden, schroffen Gipfeln, Türmen und Felsnadeln. Die höchste Erhebung ist mit 3342 m die vergletscherte Marmolada. Die Dolomiten werden vorwiegend zum Wintersport und zum Bergsteigen besucht; touristisch erschlossen sind sie durch die um 1900 angelegte Große Dolomitenstraße.

Seiser Alm

Die Hochfläche der Seiser Alm, überragt vom Schlern und der markanten Santnerspitze, liegt am nördlichen Dolomitenrand. Diese größte geschlossene Almfläche Europas entfaltet im Juni und Juli eine überwältigende Blütenpracht. Ihr überwiegender Teil gehört heute zum Naturpark Schlern.

Überetsch

Zwischen Meran und Bozen begrenzt die klimatisch begünstigte Halbhöhenterrasse des Überetsch das breite Flusstal gegen Westen. Sie ist das burgenreichste Gebiet Südtirols. Rings um den in das Plateau eingesenkten Kalterer See, den wärmsten Badesee der Alpen, breiten sich riesige Rebfluren aus. Über den dahinter aufragenden und von einer aussichtsreichen Passstraße überquerten, schroffen Mendelkamm kommt man jenseits der markanten Verwerfungszone der Judikarienlinie in die Provinzen Trient und Lombardei, wo die großartige Brenta und die stark vergletscherten Massive der Adamello- und der Presanellagruppe allmählich nach dem oberitalienischen Tiefland überleiten.

Salurner Klause

In ihrem weiteren Verlauf nach Süden strömt die Etsch durch die berühmte Engstelle der Salurner Klause, welche den deutschen vom italienischen Sprach- und Kulturraum trennt, gleichwohl nie eine politische Grenze gewesen ist.

Von den Belluneser Dolomiten senkt sich das Landschaftsprofil allmählich in das Friaul und zur Adria.

Klima

Das Klima der Region ist durch die Mannigfaltigkeit der Bodenformen geprägt. Es reicht vom schneereichen alpinen Klima der Gebirgstäler über mittlere europäische Werte bis zu den nach Süden geöffneten Talweitungen von Etsch und Eisack, die durch die Berge Schutz vor Nordwinden genießen und daher bereits mediterranen Klimacharakter mit milden Wintern und zuweilen sehr heißen Sommern aufweisen.

Mittlere Jahrestemperaturen

Die mittlere Jahrestemperatur liegt im Norden (Sterzing, 948 m ü.d.M.) bei 6 °C, im sommerfrischen Pustertal (Bruneck, 835 m ü.d.M.) um 6,3 °C, sinkt jedoch gegen Osten ab (Innichen 4,7 °C). Der Vinschgau im Westen des Landes gilt als das regenärmste Tal der Ostalpen, hat im oberen Teil alpines Klima, nähert sich in seinem unteren Teil jedoch schon den Werten von Meran (Schlanders 9,0 °C, Meran 11,5 °C Jahresmittel); den Maximalwert erreicht der Ort Gries (273 m ü.d.M.) bei Bozen mit 11,7 °C.

Pflanzen und Tiere

Die Flora und Fauna Südtirols entspricht den höchst unterschiedlichen Klimawerten in den einzelnen Gebietsteilen.

Flora

Unter den alpinen Florenarten sind die Unterschiede durch den Urgesteins- oder den Kalkboden der Dolomiten bedingt und wegen dieser Vielfalt weltberühmt (Seiser Alm). Der Süden ist bestimmt durch den vom Gardasee heraufziehenden, mit einigen immergrü-

Die Alpenrose gehört zu den Charakterpflanzen der Südtiroler Bergwelt.

nen Arten bestandenen Flaumeichengürtel und durch die berühmten Parkanlagen von Brixen, Bozen und Meran, in denen unter zahlreichen Exoten (Palmen, Kakteen) auch der Ölbaum, die Steineiche und der Winterjasmin gedeihen. Diese Klimainseln sind schon früh, ja zu vorrömischer Zeit für den Weinbau genutzt worden, der bis Brixen und Schlanders reicht und seine Höhengrenze bei etwa 800 m ü.d.M. hat (Näheres zum Wein s. Praktische Informationen, Wein). Nicht minder bekannt sind die in den Talniederungen angelegten Edelobstkulturen, deren Hochblüte um Ostern

Flora (Fortsetzung)

Die blonden Haflinger sind eine Kreuzung von heimischen und arabischen Pferderassen.

als Sehenswürdigkeit gilt. Weitere wirtschaftlich bedeutende Nutzpflanzen sind die vorwiegend auf den in Halbhöhenlage an den Talflanken hinziehenden Geländeterrassen vorkommenden Edelkastanien, deren im Spätherbst reifende Früchte (tirolerisch Kesten, italienisch Maroni) ebenso wie die ausgezeichneten Walnüsse des Landes gern zum Wein gegessen werden. In den klimatisch begünstigten Talsohlen tragen auch Feigenbäume Frucht.

Fauna

Der Wild- und Fischbestand ist dank gesetzlicher Regelungen gut, die Südlandsfauna durch einige markante Arten (Smaragdeidechse, Zikade, Gottesanbeterin) vertreten. Unter den Haustieren ist der Haflinger zu nennen, eine kleine, kräftige und genügsame Pferderasse. Sie ist aus der Kreuzung einheimischer und arabischer Pferderassen nach 1837 entstanden, ihr auffälligstes Merkmal ist das fuchsfarbene Fell mit heller Mähne. Vor allem die Bergbauern schätzen den Haflinger als Arbeitstier.

Tazzelwurm

Auf volkstümlichen Bildern des Mittelalters und der frühen Neuzeit ist bisweilen der so genannte Tazzelwurm dargestellt, ein sagenhaftes Untier von erschreckendem Aussehen, das verborgene Schätze bewacht. Die Berichte über den Tazzelwurm, auch von ernst zu nehmenden Naturwissenschaftlern wie dem Schweizer Jo-

Pflanzen und Tiere (Fortsetzung)

hann Jakob Scheuchzer (1672–1733), schildern ihn meist als katzenköpfige große Echse. Nüchterne Erklärungsversuche deuten das Untier z.B. als Wiesel- oder Iltisfamilie mit Jungen, die im hohen Gras tatsächlich wie ein wurmähnliches Vieh aussieht, oder als seltenen Riesensalamander.

Nationalpark und Naturparks

In Südtirol gibt es einen Nationalpark (Nationalpark Stilfser Joch) und acht Naturparks (davon einer in Ausarbeitung). Sie dienen dem Naturschutz und der Landschaftspflege, der wissenschaftlichen Forschung, der Information und Umwelterziehung sowie der Erholung. Die Schutzgebiete sind im Teil "Reiseziele von A bis Z" an verschiedenen Stellen beschrieben und über das Register am Ende dieses Reiseführers zu finden; eine Übersichtskarte sowie Verhaltenshinweise sind im Abschnitt "Praktische Informationen von A bis Z" unter dem Stichwort "Naturparks" enthalten.

Umweltschutz

Man hat erkannt, dass Landschaft und Natur das wichtigste Kapital Südtirols sind, und bemüht sich um konsequenten Umweltschutz. So wird beispielsweise die Kapazität der Seilbahnen und der Beherbergungsbetriebe nur noch maßvoll ausgebaut; komplette Neubauten sind ganz selten geworden. Die Seiser Alm, das größte Hochalmgebiet Europas, soll bald ganz autofrei sein, und überall wird darum geworben, dass auch die Touristen möglichst öffentliche Verkehrsmittel statt des eigenen Autos benutzen. Das Sammeln von Mineralien und Pilzen unterliegt einer strengen Reglementierung (s. auch Praktische Informationen von A bis Z), und man sollte es sich zur Gewohnheit machen, bei Wanderungen und Bergtouren den eigenen Abfall wieder mitzunehmen. Auch widerstehe man der Versuchung, Obst oder Trauben zu pflücken bzw. Edelkastanien zu sammeln.

Biotope

In den vergangenen Jahren wurden immer mehr sogenannte Biotope angelegt. Hierbei handelt es sich um kleine Landschaftsräume, die wegen ihrer seltenen Flora und Fauna unter weitreichenden Naturschutz gestellt sind. Besonders in diesen Gebieten soll man sich strikt an die markierten Wege halten und die Natur nicht beeinträchtigen.

Bevölkerung

Die Bevölkerung setzt sich aus Deutschen, Italienern und Ladinern zusammen. Die Provinz Bozen ist überwiegend von deutschsprachigen Südtirolern bewohnt, wenngleich es vor allem in Bozen mit seinem Industriegebiet ein starkes italienisches Element gibt; im Südosten der Provinz leben die Ladiner, Nachkommen der rätischen Urbevölkerung. Die Provinz Trient ist ganz überwiegend italienischsprachig; deutsche Sprach- und Siedlungsinseln gibt es im Nonstal ("Deutschgegend").

Die Ladiner

Als Ladiner bezeichnet man die 35 000 Menschen, die im Grödner- und Gadertal, in Buchenstein und der Gegend von Cortina d'Ampezzo leben und Ladinisch sprechen. Dies ist ein archaisches Idiom, das – entgegen einer lange vertretenen italienischen Schulmeinung – kein Dialekt des Italienischen, sondern eine eigenständige Sprache ist.

Entwickelt hat sich das Ladinische aus dem Vulgärlatein, der römischen Umgangs- und Söldnersprache, nachdem die bairische Landnahme erfolgt war und die rätische Volksgruppe in die genannten Dolomitentäler zurückgedrängt hatte. Im 20. Jahrhundert war die rigorose Italianisierung der Mussolini-Ära bemüht, das Wenige, was an eigenständiger Kultur noch erhalten geblieben war, vollends auszulöschen.

Der Journalist Franz Hieronymus Riedl schreibt:

Heute ist man in der Schweiz, in Tirol und im Friaul angesichts eines fortschreitenden Substanzverlustes der romanischen Bevölkerung um den Fortbestand ihrer Sprache und Kultur besorgt. Die Geschichte der Alpenromanen, deren Siedlungs- und Sprachgebiet einst geschlossen im gesamten Alpenraum beiderseits der Hauptkette von den Rheinquellen bis zum Isonzo gereicht hat, ist die Geschichte eines ständigen territorialen Rückzuges, einer Aufsplitterung in drei Sprachinseln und eines fortschreitenden Eindringens anderer, fremder Elemente. Das Rätoromanische oder Galloladinische herrschte einst in der ganzen Ladinia Cisalpina; seine einzelnen Sprachzweige, wie sie in den heutigen romanischen Mundarten Graubündens, den Dialekten der Dolomitenladiner und der Sprache Friauls leben, sind keineswegs bloß lombardische oder venezianische Dialekte der italienischen Sprache. Sie sind vielmehr Zweige der in der Romanisierung Rätiens und des Alpenraumes sich herausbildenden galloladinischen Sprache, die selbständig ist wie etwa das Katalanische, Okzitanische, Italienische oder Rumänische. Allerdings blieb diesem eigenen Sprachzweig der romanischen Sprachfamilie die Entwicklung einer alle Unterschiedlichkeiten einschmelzenden, organisch gewachsenen gemeinsamen Schriftsprache versagt. Die Abgeschlossenheit der einzelnen Talschaften (...) Tirols – besonders um den Sellastock im Herzen der Dolomiten – (...) förderte die unterschiedliche Mundartentwicklung des Rätoromanischen. (...) Dieser Auffächerung entspricht im Raum der Dolomiten um die Sella mit ihren Talschaften Grödnerisch im Gröden-, Badiotisch oder Ennebergisch im Gader-, Fassanisch im Fassa-, Buchensteinerisch im Cordévoletal und Cortinesisch in Cortina d'Ampezzo, im Boitetal. Mit rund 15 000 Seelen sind die Ladiner in Südtirol etwa so zahlreich wie die Slowenen in Kärnten, mit 30 000 einschließlich der Fassaner Ladiner in der Provinz Trentino und der Buchensteiner und Ampezzaner Ladiner in der Provinz Belluno so stark wie die Kroaten im Burgenland.

Heutige Lage

Von der Durchsetzung der Südtiroler Autonomie in der Provinz Bozen haben auch die Ladiner profitiert, die hier (im Gegensatz zur Provinz Belluno, die ihnen philologisch näher steht) einen ausgeprägten Minderheitenschutz genießen. Seit etwa zehn Jahren kann man beobachten, dass sich z.B. im Gadertal das Ladinische wieder ausbreitet. Wer an der Kultur der Ladiner interessiert ist, sollte das entsprechende Kulturinstitut in St. Martin in Thurn oder die Cësa di Ladins in St. Ulrich besuchen.

Bevölkerung (Fortsetzung)

Im Jahre 1981 bestand die Bevölkerung der Autonomen Provinz Bozen aus 279 544 Deutschen (65%), 123 695 Italienern (29%), 17 736 Ladinern (4%) und 9 593 Angehörigen anderer Gruppen (2%).
Zur historischen Entwicklung der Bevölkerungsstruktur in Südtirol vgl. Geschichte (S. 27).

Religion

Fast die gesamte Bevölkerung (98%) bekennt sich – unabhängig von der jeweiligen Volksgruppe – zur römisch-katholischen Kirche. Die Diözese Bozen–Brixen besteht seit 1964; ihre Grenzen sind mit denen der Autonomen Provinz Bozen identisch. Von den insgesamt 28 Dekanaten sind 23 deutschsprachig, drei italienisch- und zwei ladinischsprachig. Die Kurienverwaltung wird von einem deutschen und einem italienischen Generalvikar geleitet; die Ämter des Ordinariates haben gleichfalls eine deutsche und eine italienische Sektion. Die Provinz Trient bildet eine Erzdiözese.
In Bozen und Meran gibt es protestantische Gemeinden.

Wirtschaft und Verkehr

Wirtschaft

Land- und Forstwirtschaft

Das wirtschaftliche Schwergewicht Südtirols liegt im breiten Etschtal zwischen Meran und der Salurner Klause. Hier ist das Hauptanbaugebiet von hochwertigem Obst, v.a. Äpfel (wichtigste Sorten:

Der Obstbau hat zu Lasten der Rebflächen zugenommen.

Golden Delicious, Morgenduft und Gravensteiner) und Birnen (wichtigste Sorten: Kaiser Alexander und Williams) sowie den weltbekannten Südtiroler Weinsorten, welche weit überproportional zum gesamten italienischen Weinexport beitragen. Des weiteren werden Aprikosen, Kirschen, Pflaumen und Nüsse geerntet.

Land- und Forstwirtschaft (Fortsetzung)

Der Obstbau hat sich in den vergangenen Jahrzehnten zu Lasten der Rebflächen erheblich ausgeweitet, da er bei wesentlich geringerem Arbeitsaufwand gute Erträge bringt.

In Südtirol werden die Reben in "Pergeln" gezogen.

Auf den noch immer leicht rückläufigen Rebflächen wird überwiegend Rotwein angebaut; die weißen Sorten erreichen etwa 20 Prozent der gesamten Produktion, ihre Schwerpunkte liegen um Tramin und Terlan. Näheres zum Wein s. Praktische Informationen, Wein, sowie Reiseziele von A bis Z, Südtiroler Weinstraße.

Der Getreideanbau tritt gegenüber dem Anbau von Futtermitteln (Mais) und Saatkartoffeln immer mehr zurück.

Wichtig ist die auf dem Waldreichtum der Gegend basierende Forst- und Holzwirtschaft (Möbelfabriken u.a.). Im Grödner Tal arbeiten viele Holzschnitzer, im Ahrntal Maskenschnitzer und Spitzenklöpplerinnen.

Die ausgedehnten Hochalmen ermöglichen eine blühende Rinderzucht (bes. Milchkühe), während die Schaf- und Ziegenhaltung nachgelassen hat. Geschätzt sind die Haflinger als Arbeits- und Reitpferde; sie haben sogar einem Geländewagentyp der österreichischen Steyr-Werke den Namen gegeben.

Waale und Waalwege

Ein Charakteristikum vor allem des niederschlagsarmen Vinschgaus sind die "Waale" genannten schmalen Kanäle, die sich mit ganz geringem Gefälle an den Hangflanken hinziehen und durch die – nach einem streng eingehaltenen Verteilungsplan – das tiefergelegene Kulturland bewässert wird. An ihnen führen die Waalwege entlang, die ursprünglich der Wartung und Instandhaltung des Systems dienten, heute aber wegen ihres geringen, gleichmäßigen Gefälles vorwiegend von Wanderern begangen werden. Der bekannteste von ihnen, der 13 km lange Marlinger Waalweg, verläuft von Partschins nach Lana.

Gewerbe und Industrie

Im Bozner Raum befindet sich die stärkste Konzentration von Handel, Gewerbe und Industrie; die Bozner Messe ist von überregionaler Bedeutung. Hier gibt es große metallurgische Werke (vorwiegend Eisen, Aluminium und Magnesium; u.a. ein Werk des Montecatini-Konzerns), ferner Maschinen- und Fahrzeugbau sowie chemische, Textil-, Leder- und Konservenfabriken. Im Meraner Raum wird viel Kunstdünger produziert; aber auch im Eisacktal mit Brixen (hier auch die nördliche Grenze des Weinbaues), im Pustertal mit Bruneck und im Vinschgau (Weinbau nördlich bis Kortsch) befinden sich viele kleinere und mittelständische Industrie- und Handwerksbetriebe. Berühmt sind die Marmorbrüche von Laas bei Schlanders.

Energiewirtschaft

Im Vinschgau und im Eisacktal nutzen zahlreiche Elektrizitätswerke die Wasserkraft der Gebirgsflüsse, welche bisweilen zu großen Seen (Reschensee, Vernagt-Stausee im Schnalstal, Zufritt-Stausee im Martelltal, Etsch-Staustufe bei Töll, Lago di Zóccolo im Ultental, Eisack-Staustufe bei Franzensfeste) aufgestaut sind.

Verkehr

Der Straßen- und Schienenverkehr über den Brenner (Brennerbahn, -autobahn und -staatsstraße) durch das Eisacktal nach Bozen sowie seine Fortsetzung durch das Etschtal bis Salurn und weiter nach Italien hinunter bildet die wichtigste Nord-Süd-Verbindung im Ostalpenraum. Die zweite stark frequentierte Straßenverbindung verläuft vom Reschenpass durch den Vinschgau nach Meran.

Die Schlernhäuser sind ein viel besuchter Wanderstützpunkt.

Tourismus

Eine der wichtigsten Säulen der Wirtschaft ist der auf der unvergleichlichen Schönheit der Landschaft, den guten winterlichen Schneeverhältnissen in den Hochtälern sowie den günstigen klimatischen Gegebenheiten beruhende Fremdenverkehr.
Die Infrastruktur mit wichtigen Eisenbahnstrecken, der Brennerautobahn und anderen ausgezeichneten Straßen bis in die innersten Winkel der Täler (Autobusverkehr), jetzt großenteils gut ausgebauten einstigen Militärstraßen aus dem Ersten Weltkrieg auf aussichtsreiche Höhen, zahlreichen Bergbahnen, Skiliften und weiteren Freizeiteinrichtungen sowie einem dichten Netz von bezeichneten Wanderwegen, Bergpfaden und Klettersteigen ist hervorragend, desgleichen das große Angebot an Unterkünften aller Art von preisgünstigen Privatzimmern bis zu Hotels allerersten Ranges.

Die Südtiroler Urlaubsregionen

Chronologischer Überblick

bis 15 v. Chr.	Eroberung des heutigen Südtiroler Raumes, den zu dieser Zeit die Räter bewohnen, durch die Römer.
8. Jahrhundert	Im Kampf mit den 568 eingedrungenen und inzwischen germanisierten Langobarden pendelt sich die Sprachgrenze an der Salurner Klause ein.
952	Otto der Große schlägt die Grafschaft Trient dem Herzogtum Bayern und damit dem Deutschen Reich zu.
1363	Die letzte Erbin der Grafen von Tirol, Margarethe Maultasch, überträgt Tirol an den Habsburger Herzog Rudolf IV. von Österreich. An Stelle von Meran wird Innsbruck Hauptstadt von Tirol.
1805	Im Frieden von Preßburg kommt Tirol an das von Napoleon abhängige Kurfürstentum (ab 1806 Königreich) Bayern; später wird es in "Südbayern" umbenannt.
1809	Die Tiroler erheben sich unter Führung von Andreas Hofer, Josef Speckbacher und Pater Haspinger gegen Bayern und Franzosen. Sie haben die Unterstützung Wiens, das in der Erhebung den Beginn der gesamtösterreichischen Erhebung gegen Napoleon sieht. Der Friede von Schönbrunn zwingt Österreich aber zur erneuten Abtretung Tirols. Hofer setzt den Kampf fort, wird nach Verrat gefangen genommen und 1810 standrechtlich erschossen.
1915	Obwohl Mitglied des Dreibundes (Italien, Österreich-Ungarn, Deutsches Reich), erklärt Italien der Habsburger Monarchie den Krieg, nachdem ihm die Alliierten die Brennergrenze und Triest zugesichert haben. An der Dolomitenfront entwickelt sich ein heftiger Stellungskrieg, jedoch ohne nennenswerte Frontverschiebunngen.
1919	Im Frieden von Saint-Germain-en-Laye erhält Italien nicht nur das Trentino (Welschtirol), sondern auch die zu fast 97% deutschsprachigen Gebiete nördlich der Salurner Klause bis zur Hauptwasserscheide am Brenner.
1922	Mit der Machtergreifung der Faschisten setzt eine immer rigoroser werdende Italianisierungspolitik ein. Die deutsche Sprache wird verboten, Hof- und Familiennamen werden italianisiert.
1939	Nach Zuzug von rund 100 000 Menschen aus Süditalien sind 24% der Bevölkerung italienischsprachig. Hitler und Mussolini schließen das Umsiedlungsabkommen. Nach der "Option" von 213 000 Personen (86% der Südtiroler) für eine Umsiedlung nach Deutschland wandern rund 75 000 Menschen aus.
1960/1961	Österreich bringt die noch immer ungeklärte Südtirol-Frage vor die Vereinten Nationen. Es folgen zunächst ergebnislose österreichisch-italienische Verhandlungen; nach der "Feuernacht" vom Juni 1961 nehmen die terroristischen Aktivitäten immer mehr zu.
1988	Am 28. April erklärt die italienische Abgeordnetenkammer das Südtiroler Autonomiestatut für verwirklicht. Die Bereitschaft zur Zweisprachigkeit wächst.
1992	Das Autonomiestatut ist komplett. Österreich erkennt formell an, dass die italienische Regierung ihre aus dem Südtirol-Paket resultierenden Verpflichtungen erfüllt hat, und überreicht wenig später den Vereinten Nationen eine entsprechende Streitbeilegungserklärung.

Geschichte

Ur- und Frühgeschichte

Erste Siedler

Aus geomorphologischen und klimatischen Gründen wurde der Alpenraum und damit auch Südtirol später besiedelt als das restliche Europa. Anhand frühzeitlicher Funde in verschiedenen Regionen Südtirols konnte nachgewiesen werden, dass Jäger und nomadisierende Volksstämme schon bald nach dem Verschwinden der eiszeitlichen Gletscher in Südtirol einwanderten und vor allem zwischen Seiser Alm und Pustertal lebten. Deutlich mehr Siedlungsspuren lassen sich in der ca. 8000 v. Chr. beginnenden Mittelsteinzeit erkennen. So zeugen unterhalb des Grödnerjoches mitten in Ladinien freigelegte Wohngruben, aufgefundene Faustkeile und Schaber aus der Zeit um 7000 v. Chr. von kontinuierlicher Besiedlung.
Für Furore sorgte im Jahr 1991 die Entdeckung einer mumifizierten menschlichen Gestalt auf dem Similaun-Gletscher, die Mitte des 4. Jht.s v. Chr. in 3210 m Höhe erfroren war. "Ötzi", wie die Mumie aus den Ötztaler Alpen liebevoll genannt wird, war nach neuesten Erkenntnissen wohl als Handlungsreisender unterwegs. So müssen die Menschen dieser Steinzeitepoche einen regen Nord-Süd-Handel mit Feuersteinen aus den lessinischen Feuersteingruben nahe des Gardasees getrieben haben. Wissenschaftler vermuten nun, dass die klimabedingte Gletschereisschmelze wohl bald noch mehr steinzeitliche Ötzis und vielleicht auch Ötzinnen, die die Alpen überquerten, zu Tage fördern wird.

Räter

Ungewiss ist, woher die ersten Siedler stammten. Neben nomadisierenden Stämmen waren es wohl Illyrer und Ligurer, die von Süden her Südtirol besiedelten und sich mit den Venetern, die ab 1000 v. Chr. aus dem Osten zuwanderten, ab 500 v. Chr. mit zuziehenden Kelten aus dem Norden und Westen sowie – ab 400 v. Chr. – mit Etruskern aus dem Süden vermischten. Die Römer gaben den in Tirol und Graubünden siedelnden Menschen, die – soweit bekannt – ab 2000 v. Chr. Wallburgen und Verteidungsanlagen errichteten, den Namen "Raeti" (Räter), wobei nicht eindeutig gesagt werden kann, ob die Räter ein eigener Volksstamm waren oder ob die Bezeichnung nur einen Sammelbegriff der Römer für die einzelnen Stämme des südlichen Alpenhauptkammes darstellt.

Altertum

Römerzeit

Im Jahr 15 v. Chr. eroberten die nach Norden vordringenden Römer unter Tiberius und Drusus, den Stiefsöhnen von Kaiser Augustus, das Tiroler Land, das nun zu den neu gegründeten römischen Provinzen Raetia (im Nordwesten), Noricum (im Nordosten) und Vene-

Römerzeit (Fortsetzung)

tia et Histria (im Süden) gehörte. Rund fünf Jahrhunderte dauerte die römische Herrschaft. Militär- und Zollstationen wurden gegründet, Straßen angelegt und verbessert, darunter die bedeutende Kriegs- und Handelsstraße "Via Claudia Augusta" nach Norden über den Alpenhauptkamm, es entstanden römische Siedlungen, die Urbevölkerung wurde romanisiert, und das Christentum verbreitete sich in dieser Zeit. Mit der Romanisierung der Ureinwohner entwickelte sich aus der Vermischung der rätischen Sprache mit dem Lateinischen das Rätoromanische bzw. Ladinische, das heute noch in verschiedenen Landesteilen Südtirols, vor allem in einigen Dolomitentälern, gesprochen wird.

Völkerwanderung

Mit dem Zerfall des römischen Reiches endete für Südtirol eine lange Friedensperiode. Das Machtvakuum, das die Römer hinterlassen hatten, begannen ab dem 4. Jh. n. Chr. von außen ins Land eindringende Völker zu füllen. Hunnen verwüsteten das Südtiroler Gebiet, Ostgoten, Franken und Langobarden nahmen Teile des Landes in Besitz. Der germanische Stamm der Langobarden errichtete um 570 Herzogtümer in Trient und Belluno, doch den stärksten Anteil an der germanischen Besiedlung Tirols hatten die Baiern, die im 7. Jh. über die Alpen vorstießen und das Land an Rienz, Eisack und oberer Etsch zusammen mit den rätoromanischen Randgebieten dem Herzogtum Bayern angliederten. Von nun an begann sich die deutsche Sprache durchzusetzen, und zwar bis zu der heute noch gültigen Linie an der Salurner Klause.

Mittelalter

Franken

Nach dem Sieg Karls des Großen über die Langobarden im Jahr 774 wurden das langobardische und das bajuwarische Gebiet dem Frankenreich angeschlossen, in nun sieben Tiroler Gauen herrschten fränkische Grafen. Nach dem Tod Karls des Großen 814 fielen die südlichen Teile Unterland und Überetsch Trient und dem Königreich Italien zu, der restliche Teil Südtirols hingegen wurde dem Herzogtum Bayern, also dem entstehenden "Heiligen Römischen Reich Deutscher Nation" zugeschlagen. Im Jahr 952 konnte der König und spätere Kaiser Otto der Große Trient ins Herzogtum Bayern und damit ins Deutsche Reich einverleiben.

Grafen von Tirol

Seit Otto dem Großen, der mit seinem Italienzug die Tradition der kaiserlichen Krönungszüge begründete, gewann die Tiroler Alpenregion für die deutsch-römischen Kaiser zunehmend an strategischer Bedeutung, galt es doch den Machtanspruch auf die italienischen Territorien zu festigen und daher die Nord-Süd-Verbindung über die Alpen zu sichern. Da sich die Kaiser aber nicht auf weltliche Grafen, Herzöge und Fürsten verlassen wollten, setzten sie kurz nach der Jahrtausendwende zur Sicherung der Alpengegend in den einzelnen Grafschaften geistliche Herrscher ein. So entstanden die Bistümer Brixen und Trient, deren Fürstbischöfe als deutsche Reichsfürsten bis zur Säkularisation (1803) – zumindest de iure – reichsunmittelbar blieben. Die geistlichen Herren jedoch konnten aus innerkirchlichen Gründen nicht selbst die weltlichen Machtbefugnisse ausüben, weshalb sie zuerst weltliche Vögte, dann Grafen mit der Verwaltung ihrer Gebiete sowie der Ausübung der

Grafen von Tirol (Fortsetzung)

gerichtlichen und militärischen Gewalt belehnten. Natürlich entbrannten in der Folgezeit erbitterte Machtkämpfe der weltlichen Herrschergeschlechter untereinander, aber auch mit den Bischöfen, deren Machtanspruch die Grafen nicht mehr hinnehmen wollten. Eindeutige Sieger dieser teilweise blutig geführten Kämpfe waren die Grafen von Tirol. Dieses Geschlecht, das sich den Beinamen "Tirol" im Jahr 1142 nach seinem Stammsitz, der gleichnamigen Burg bei Meran, zugelegt hatte, weitete im 12. und 13. Jh. seinen Einfluss derart aus, dass es das spätere Südtirol fast vollständig unter seiner Kontrolle hatte. Unter Meinhard II. (1268–1295) erlangte Tirol weitgehend seine von da an geltende politische Gestalt; 1282 bestätigte König Rudolf von Habsburg Meinhards Anspruch auf das "Land an der Etsch und im Gepirg".

Margarethe Maultasch

Die letzte Herrscherperson aus dem Geschlecht der Grafen von Tirol war Margarethe Maultasch. Diese glücklose Gräfin, deren einziger Sohn früh starb, vermachte 1363 das gesamte Tirol, an dem auch die Luxemburger und Wittelsbacher Interesse zeigten, an Rudolf IV. von Habsburg. Sie selbst verließ ihre Heimat und ging nach Wien ins Exil, wo sie, wohl wie eine Gefangene gehalten, bis zu ihrem Lebensende 1369 bleiben sollte. Mit der Übertragung der Tiroler Regierungsgewalt auf Rudolf war das heutige Südtirol von nun an bis 1919, also fünfeinhalb Jahrhunderte lang, Teil des österreichischen Habsburgerreiches.

Frühe Neuzeit

Vom politischen Zentrum zum "heiligen Land"

Im 15. Jh. erlebte Tirol durch den Salz-, Silber- und Kupferbergbau einen wirtschaftlichen Aufschwung, der eine kulturelle Blütezeit zur Folge hatte. Unter dem Tiroler Landesfürsten und späteren Kaiser Maximilian I. (1493–1519), dem "letzten Ritter" und Renaissancefürsten, wurde Tirol mit Innsbruck, das Meran mittlerweile als Landeshauptstadt abgelöst hatte, sogar zum Zentrum europäischer Politik. Zu Maximilians Zeiten konnte sich Tirol nach dem Aussterben des Geschlechts der Grafen von Görz (1500) auch das Pustertal einverleiben, über das diese seit 1271 geherrscht hatten; und 1516 wurden nach dem Krieg mit Venedig die Gebiete von Rovereto, Riva und Ala ("Welschtirol") sowie von Ampezzo an das Tiroler Territorium angeschlossen, das bis 1919 unverändert blieb.

Engadiner Krieg

Das ausgehende 15. Jh. und die Folgezeit waren aber auch von großen Turbulenzen gekennzeichnet. 1499 drangen im Engadiner Krieg (Schwabenkrieg), den die schweizerische Eidgenossenschaft zusammen mit dem verbündeten Graubünden gegen Österreich und den Schwäbischen Bund führte, Schweizer Truppen durch das Münstertal in den Vinschgau vor und verwandelten es in ein blutiges Schlachtfeld.

1525/1526 erhoben sich die Tiroler Bauern unter Führung von Michael Gaismair gegen die zunehmende Unterdrückung durch die Kirche und den Landesherrn Friedrich von Habsburg; nach anfänglichen Erfolgen Gaismairs wurde der Aufstand blutig und grausam niedergeschlagen. Kurz darauf betraten die Hutterer die politische Bühne, eine nach Jakob Hutter aus Moos im Pustertal benannte reformistische Wiedertäuferbewegung, die nicht nur die Erwachsenentaufe einführen wollte, sondern auch die kirchliche Hierarchie ablehnte. Wie die aufständischen Bauern bekam auch diese Glau-

Engadiner Krieg (Fortsetzung)

bensbewegung die ganze Härte von Kirche und Staat zu spüren; Jakob Hutter wurde 1536 in Innsbruck hingerichtet, mehr als 6000 "Huttersche Brüder" wanderten nach Mähren aus. Im darauffolgenden Jahrhundert, zwischen 1600 und 1700, als sich die Zentren des politischen und wirtschaftlichen Geschehens in Europa verlagerten, versank Tirol immer mehr in politische Bedeutungslosigkeit. 1665 entstand nach dem Aussterben der Tiroler Linie der Habsburger in der nun von Wien aus verwalteten Alpenregion ein politisches Vakuum, das die katholische Kirche geschickt zu füllen wusste. Jegliches reformerisches Gedankengut wurde unterdrückt, protestantische Familien mussten das Land verlassen, die Errichtung kirchlicher Prachtbauten nahm zu, bald schon kursierte der Mythos vom "heiligen Land Tirol"

Kriege mit Franzosen und Bayern

Zwischen 1700 und 1810 wurde Tirol mehrmals in die gesamteuropäischen Auseinandersetzungen mithineingerissen. Im Spanischen Erbfolgekrieg (1701–1714) gelang es den Tiroler Bauern, die durch einen kaiserlichen Gesetzeserlass Maximilians I. von 1511 zwar vom Militärdienst befreit waren, sich aber selbst um die Landesverteidigung kümmern mussten, ein nach Tirol vordringendes französisch-bayerisches Truppenkontingent zu schlagen; auch 1797 wehrte der Tiroler Landsturm einen Vorstoß napoleonischer Verbände bei Franzensfeste erfolgreich ab. Düstere Zeiten erlebte Tirol im beginnenden 19. Jh. Im Jahr 1805 hatte der aus den Wirren der Französischen Revolution hervorgegangene Napoleon Bonaparte Österreich den Krieg erklärt; nach dem entscheidenden Sieg des Korsen bei Austerlitz in Mähren verlor nun Wien u. a. Tirol an das mit Frankreich verbündete Bayern. Die Bayern herrschten mit harter Hand. Sie erhoben die Steuern, tilgten den Namen "Tirol" von der Landkarte und – was für die tiefgläubigen Tiroler am allerschlimmsten war – schlugen einen harten antiklerikalen Kurs ein, der neben der Auflösung von Klöstern und Versetzung von Priestern sogar das Verbot der mitternächtlichen Christmette vorsah.

Andreas Hofer

1809 erhoben sich die Tiroler unter Leitung von Andreas Hofer (1767–1810), dem Sandwirt aus St. Leonhard im Südtiroler Passeiertal, gegen die verhasste bayerische Vorherrschaft. Viermal führte Hofer seine Kämpfer am Bergisel bei Innsbruck gegen die Franzosen und Bayern in die Schlacht, dreimal trug sein Bauernheer den Sieg davon. Am 15. August 1809 zog Hofer, als Retter Tirols von der Bevölkerung bejubelt, in die Landeshauptstadt Innsbruck ein. Für zwei Monate wurde die Reckengestalt mit dem wallendem Bart kaiserlicher Oberkommandant von Tirol, dessen erklärtes Ziel es war, die aufklärerischen und modernen bayerischen Reformen außer Kraft zu setzen und dem freizügigen Liberalismus ein Ende zu bereiten. Als Napoleon am 14. Oktober im Frieden von Schönbrunn erneut die Rückgabe Tirols an Bayern anordnete, lehnten sich Hofers Freiheitskämpfer ein viertes Mal gegen die Usurpatoren auf. Nun aber wurden sie, am 3. November 1809, von Napoleons Soldaten geschlagen. Hofer gelang zwar die Flucht über den Brenner, doch wurde er von einem ehemaligen Kampfgefährten an die Franzosen verraten und von diesen am 20. Februar 1810 in Mantua standrechtlich erschossen. Nach dem Sieg der aus Preußen, Großbritannien, Russland und Österreich bestehenden Koalition über Napoleon erhielt Österreich auf dem Wiener Kongress von 1815 Tirol wieder zurück.

Berge in Flammen

Am 23. Mai 1915 trat Italien mit der Kriegserklärung an Österreich-Ungarn in den Ersten Weltkrieg ein. Allenthalben waren die Offensiven der Kriegsparteien festgefahren, und der Bewegungskrieg war vielerorts in einen Stellungskrieg übergegangen. So auch in Tirol, wo sich der größte Gebirgskrieg der Geschichte entwickelte. Im Gegensatz etwa zu den Massenschlachten an der Isonzo-Front herrschten im Hochgebirge – bedingt durch die Besonderheiten des Geländes – Gruppen- und Einzelkämpfe vor.

An der Dolomitenfront und im Ortlermassiv lagen Deutsches Alpenkorps, "Leiber", österreichische Kaiserjäger und -schützen den an Zahl und Ausrüstung weit überlegenen italienischen Alpini und Bersaglieri gegenüber. Die Gebirgstruppen beider Seiten haben alpine Höchstleistungen vollbracht, die in Friedenszeiten aufsehenerregende Einzelaktionen gewesen wären. Trotz der Härte der Kämpfe waren bis Kriegsende kaum nennenswerte Gebietsgewinne oder -verluste zu verzeichnen. Und die Lebensfeindlichkeit der Bergwelt forderte doppelt so viele Opfer wie die Kampfhandlungen.

Die Standschützen

Auf österreichischer Seite spielten auch Freiwilligenverbände eine wichtige Rolle, vor allem die Standschützen. Bei diesen handelte es sich um bergerfahrene Männer, die noch nicht oder nicht mehr der aktiven Truppe angehörten und sich ihre Hauptleute selbst wählten.

Stollen und Minen

Im direkten Sturmangriff waren ausgesetzte Gipfelstellungen nur schwer zu attackieren. Schon bald verfiel man dabei auf die Methode, Stollen durch Gletschereis oder Fels unter die feindlichen Stellungen zu treiben und diese zu unterminieren, so am Col di Lana und Lagazuoi in den Dolomiten, wo ganze Gipfel und Bergflanken samt der Besatzung weggesprengt worden sind.

Die Logistik

Auch die Logistik erwies sich als außerordentlich schwierig. Waffen und Gerät mussten in Einzelteile zerlegt und zu Fuß an die Einsatzorte gebracht werden, meist auf extrem ausgesetzten und einsehbaren Klettersteigen, die nur bei Nacht einigermaßen sicher zu begehen waren. Entsprechend schwer waren die Verluste bei den Trägerkolonnen.

Historische Wertung

Schon bald nach Kriegsende setzte mit wachsendem zeitlichem Abstand eine gewisse Heroisierung der Geschehnisse ein, die sich namentlich in Buch- und Filmproduktionen manifestierte und in Deutschland nach 1933 bewusst gefördert wurde. Inzwischen geht man die Thematik nüchterner an.

Zeugen der Vergangenheit

Vor allem im Ortlergebiet geben Schnee und Eis immer neue Reste frei: Ausrüstung, Waffen und Munition. Bei Corvara, im Bereich Campolongo–Cherz, führt ein gekennzeichneter Rundweg zu den Stellungen des Ersten Weltkriegs.

Zeitgeschichte

Südtirol wird italienisch

Im Ersten Weltkrieg, in den Italien im Jahr 1915 eintrat, waren Südtirol und die Dolomiten Schauplatz erbitterter Kämpfe; im Friedensvertrag von 1919 musste die Alpenregion an Italien abgetreten werden. Schon seit dem ausgehenden 19. Jh. waren Stimmen in Italien laut geworden, die eine Annektion des heutigen Südtirol forderten. Im Jahr 1890 erklärte Professor Giovanni Marinelli in einem Vortrag in Florenz, die einzige für Italien mögliche Nordgrenze sei die adriatische Wasserscheide am Brenner – nach dem Motto, alles Land, dessen Flüsse in die Adria münden, müsse mit Italien vereint werden. Obwohl von vielen Italienern zunächst als unsinnige Theorie belächelt, wurde dem italienischen Volk die Vorstellung vom Brenner als Nordgrenze Italiens immer schmackhafter gemacht – dank des Geografen Ettore Tolomei, eines Schülers von Marinelli, der ohne profunde Kenntnisse philologischer und ethnologischer Zusammenhänge, jedoch unter Zuhilfenahme von historischen Verdrehungen und Lügen fanatisch die These einer gewachsenen Zugehörigkeit Südtirols zu Italien propagierte. Vor allem Politikern und Militärs gefiel zunehmend die Vorstellung eines italienischen Südtirols, wurde ihnen doch jetzt, nachdem das Land gerade seine staatliche Einheit gefunden hatte, richtig bewusst, dass südlich der Salurner Klause italienischsprachige Untertanen der Habsburger lebten, und empfanden sie den Keil, der mit Bozen und Trient ins Staatsgebiet des neuen Königreiches hineinragte, als militärisch recht ärgerlich.

Gebirgskrieg

Während des Ersten Weltkrieges verlangte Italien 1915 dann auch als Preis für das Festhalten am 1882 geschlossenen Dreibund "Deutschland / Österreich-Ungarn / Italien" den Brenner als Grenze. Wien zeigte sich immerhin bereit, das Trentino, das italienisch besiedelte Gebiet, abzutreten. Doch Rom hatte bereits Geheimverhandlungen mit den Alliierten aufgenommen, die ihm größere Gebietsansprüche zusicherten. Im Mai 1915 erklärte Italien der Habsburger Monarchie den Krieg. Im italienischsprachigen Trentino, das die Italiener "terra irredenta" (unerlöstes Land) nannten, dessen Bewohner jedoch bis zum Kriegsende treu zur habsburgischen Monarchie hielten, entbrannten daraufhin erbitterte Kämpfe; an der Dolomitenfront und im Ortlermassiv entwickelte sich ein heftiger Stellungskrieg, in dem sich österreichische Kaiserjäger gemeinsam mit dem bayerischen Alpenkorps gnadenlose Kämpfe mit zahlen- und waffenmäßig weit überlegenen italienischen Eliteeinheiten (Alpini und Bersaglieri) lieferten. Mehrere Gipfelstellungen (u. a. am Col di Lana und Monte Sief) wurden vom Feind unterminiert und in die Luft gesprengt. Die Italiener setzten in den Gebirgsabschnitten schwere Schiffsgeschütze ein, die in den Tunnels der Dolomitenstraße Deckung fanden.

Die Brennergrenze entsteht

Nach dem Ersten Weltkrieg erhielt Italien im Frieden von Saint-Germain-en-Laye (1919) nicht nur das Trentino, sondern auch die nach der Volkszählung von 1910 ohne die ladinischen Täler im Dolomitenraum zu fast 97 % deutschsprachigen Gebiete nördlich der Salurner Klause bis zur Alpenhauptwasserscheide am Brenner; aus strategischen Gründen annektierte Italien auch die Sextener Dolomiten mit Innichen jenseits der Wasserscheide. Aus den neuen Territorien wurde die italienische Provinz "Venetia Tridentina" mit der Hauptstadt Trient gebildet.

Italianisierung

Die im Friedensvertrag zugesicherte Kulturautonomie der deutschsprachigen Südtiroler wurde zunächst auch gewährleistet. Das änderte sich jedoch mit der faschistischen Machtübernahme durch Mussolini im Jahr 1922, die eine rigorose Italienisierungspolitik zur Folge hatte. Auf Ämtern und in Schulen wurde der Gebrauch der deutschen Sprache verboten, nur in Gottesdienst und Religionsunterricht durfte dank kirchlicher Intervention noch Deutsch gesprochen werden – so entstanden im ganzen deutschsprachigen Südtiroler Raum geheime "Katakombenschulen", in denen der Unterricht weiterhin in deutscher Sprache erfolgte. Unter Mussolini konnte Ettore Tolomei endlich seinen Lebenstraum verwirklichen und alle Orts- und Flurnamen italianisieren, selbst die Idee, mehr als 5000 deutsche Familiennamen ins Italienische zu übertragen, schreckte den Geografen nicht ab. Dank einer konsequent durchgesetzten Siedlungspolitik, d. h. nach Zuzug von rund 100 000 Italienern vorwiegend aus dem Süden des Landes, war Ende der dreißiger Jahre bereits ein Viertel aller Bewohner Südtirols italienischer Abstammung. Hilfe erhofften sich die deutschsprachigen, nicht nur auf dem Arbeitsmarkt gegenüber den Italienern stets benachteiligten Südtiroler von Hitler, vor allem als er 1938 Österreich "heim ins Reich" holte. Doch der Diktator, der es sich mit Mussolini nicht verscherzen wollte, brauchte er doch dessen Zustimmung zur Annexion Österreichs, zeigte für die deutschstämmigen Bewohner im nördlichen Italien keinerlei Interesse, sondern rang sich schnell zur feierlichen Anerkennung der Brennergrenze durch.

Die "Option"

Am 23. Juni 1939 schlossen Deutschland und Italien ein Umsiedlungsabkommen, das durch die "Option" verwirklicht werden sollte. Bei dieser Volksabstimmung mussten sich die Südtiroler zwischen deutscher und italienischer Staatsbürgerschaft entscheiden. Weit über 200 000 Personen, rund 86 % der Südtiroler Bevölkerung, stimmten für eine Umsiedlung ins Deutsche Reich. Berlin erhoffte sich, mit diesem Potenzial einerseits den Bedarf der deutschen Wirtschaft nach Arbeitskräften zu decken, andererseits die Ausreisewilligen in den noch zu erobernden Ostgebieten anzusiedeln. 75 000 Südtiroler – meist solche, die kein eigenes Land besaßen – hatten die Heimat bereits verlassen, als der Ausbruch des Zweiten Weltkrieges im September 1939 die Abwanderung stoppte; die meisten von ihnen wurden in dem damals zum Großdeutschen Reich gehörenden Nordtirol angesiedelt. Die Entscheidung zwischen Bleiben und Gehen zweiteilte die Südtiroler Gesellschaft, gegenseitig bezeichnete man sich als "Verräter" und "Landesverräter". Das mit der "Option" einhergehende Umsiedlungsabkommen ist eins der übelsten und traurigsten Kapitel in der Geschichte Südtirols. Vor allem diejenigen, die sich fürs "Dableiben" entschieden, wurden wie Aussätzige behandelt; als 1943 nach dem Sturz Mussolinis und der Kapitulation Italiens deutsche Truppen Norditalien und darunter auch Südtirol besetzten, waren die "Dableiber" besonders schlimmen Repressionen ausgesetzt. Nach dem Zusammenbruch von 1945 kehrten von den 75 000 Auswanderern etwa 25 000 nach Südtirol zurück. 1948 durften diejenigen, die einst für Deutschland optiert hatten, die italienische Staatsbürgerschaft wieder annehmen; über 90 % von ihnen nahmen das Angebot an.

Kampf um die Autonomie

Da Italien im Krieg den Bündnispartner gewechselt und sich auf die Seite der siegreichen Alliierten gestellt hatte, wurde seine nörd-

Kampf um die Autonomie (Fortsetzung)

liche Grenze am Brenner nicht angetastet. Am 5. September 1946 ratifizierten Italien und Österreich auf der Pariser Friedenskonferenz das zwischen ihnen ausgehandelte Gruber-De-Gasperi-Abkommen, das den weiteren Verbleib Südtirols bei Italien bestätigte, aber den Südtirolern Kultur- und Verwaltungsautonomie zusicherte. Doch mit der Schaffung der neuen, aus den Provinzen Bozen (Südtirol) und Trient bestehenden Region "Trentino–Alto Adige" (Trentino–Tiroler Etschland) im Jahr 1948 war eine italienische Mehrheit gesichert – Deutsch wurde im Amtsverkehr nur Hilfssprache, z. B. war der amtliche Schriftverkehr zwischen deutschsprachigen Gemeinden nur in italienischer Sprache erlaubt, Staatsbeamte und -angestellte blieben fast ausschließlich Italiener. Die Unzufriedenheit der deutschsprachigen Bevölkerung über die nur auf dem Papier existierende Gleichberechtigung führte 1957 unter der Losung "Los von Trient" zu einer Reihe von Protestveranstaltungen, in der Folgezeit wurden von deutschnationalistischen Gruppen sogar Bombenanschläge und Attentate verübt. 1960 brachte Österreich die Südtirol-Frage vor die UNO und forderte die Einhaltung des Abkommens und die Durchsetzung der Gleichberechtigung. Es folgten langwierige, zunächst ergebnislose Verhandlungen zwischen Wien und Rom; nach der "Feuernacht" vom Juni 1961 nahmen die terroristischen Aktivitäten immer mehr zu. Bei über 300 Sprengstoffanschlägen auf Carabinieri-Kasernen und andere Einrichtungen des italienischen Staates töteten die "Bumser", wie sie verharmlosend genannt wurden, 19 Menschen.

Das "Paket"

1969 einigten sich als Folge der österreichisch-italienischen Verhandlungen Rom und die SVP (die am 12. März 1945 gegründete christlich-demokratische Südtiroler Volkspartei, das Sammelbekken der deutschsprachigen Volksgruppe) auf das sog. Südtirol-Paket, das einen neuen Autonomiestatus für die Alpenregion vorsah. Neben einem über 130 Punkte umfassenden Katalog von kulturellen, verwaltungstechnischen, wirtschaftlichen und sozialen Übereinkünften zum Schutz der deutschsprachigen Bevölkerung wurde für die neue autonome Provinz auch eine Quotenregelung für die italienischstämmige und ladinische Bevölkerung festgelegt, die ein Drittel der Einwohner ausmacht: Nach diesem Verhältnis (2 : 1) sollte sich nun auch die Vergabe z. B. von Sozialwohnungen oder Arbeitsplätzen im Staatsdienst richten. Österreich wurde als "Schutzmacht" bzw. Sachwalter der Deutschen in Südtirol damit beauftragt, die Realisierung des Autonomiestatus zu überwachen. Doch mit der Verwirklichung des Südtirol-Pakets dauerte es noch einige Jahre. Erst 1992 war das Autonomiestatut komplett.

Streitbeilegungserklärung

Am 11. Juni dieses Jahres erkannte Österreich formell an, dass die italienische Regierung ihre aus dem Südtirol-Paket resultierenden Verpflichtungen erfüllt hat, und überreichte wenig später den vereinten Nationen eine entsprechende Streitbeilegungserklärung. Deutsch ist nun zweite Amtssprache, doch die hauptsächlich geforderte Trennung Südtirols von Trient konnte nicht erreicht werden – immer noch bildet die "Autonome Provinz Bozen–Südtirol", wie Südtirol nun heißt, mit der "Autonomen Provinz Trient" eine gemeinsame autonome Region, wobei jedoch beiden Provinzen eine weitgehende Selbstverwaltungsbefugnis zugestanden wird. In einem Punkt aber unterscheidet sich Südtirol grundlegend vom Rest des Landes: Als einzige Provinz Italiens trägt die Südtiroler Fahne keine Tricolore-Quaste mehr.

Berühmte Persönlichkeiten

Anmerkung

Südtirol war als Grenz- und Durchzugsregion wie auch wegen seiner klimatisch begünstigten Lage seit Jahrhunderten immer wieder stark umkämpft. Besonders in der napoleonischen Ära um die Wende vom 18. zum 19. Jh. und im Ersten Weltkrieg gab es heftige Kämpfe der Tiroler um ihre Eigenständigkeit und Unabhängigkeit. So ist es nicht verwunderlich, dass sich unter den nachfolgend vorgestellten berühmten Persönlichkeiten viele befinden, die man etwas pathetisch als Volkshelden bezeichnen könnte.

Bruder Willram (Anton Müller; 10.3.1870 bis 11.2.1939)

Anton Müller wurde in Bruneck geboren, besuchte das Vizentinum in Brixen und das Gymnasium in Bozen, danach das Priesterseminar in Brixen und wurde 1892 zum Priester geweiht. Schon 1894 erschien eine erste kleine Sammlung seiner Gedichte; einem kurzen Studienaufenthalt an der Anima in Rom folgte seelsorgerische Tätigkeit in Innsbruck, wo er 1904 zum Professor für Religion am Pädagogium berufen wurde. Auch die Gründung des Bruder-Willram-Bundes, der sich der Förderung junger Talente widmete, ist sein Werk. In dieser Zeit folgten weitere Gedichtveröffentlichungen. Berühmtheit erlangte er als Festprediger und -redner; sein Pseudonym wählte er nach Williram von Fulda (um 1010 bis 1085), dem Übersetzer des angeblich auf Salomo zurückgehenden Hohen Liedes.
Anton Müller ist in Innsbruck bestattet; an seinem Geburtshaus in Bruneck befindet sich heute eine Gedenktafel.

Theodor Christomanos (1855 bis 14.11.1911)

Der in Wien geborene Theodor Christomanos (auch Christomannos), von Beruf Jurist und Politiker (Landtagsabgeordneter), gehört zu den bedeutendsten Förderern in der Frühzeit des Südtiroler Tourismus. Auf seine Initiative geht nicht nur der Bau der Großen Dolomitenstraße zurück (sein Denkmal auf dem Karerpass wurde von den Faschisten zerstört, ist aber erneuert), sondern auch die Errichtung der Bahnlinie durch den Vinschgau und die Anlage der Straße vom Trafoier Tal nach Sulden im Ortlergebiet.

Albin Egger-Lienz (29.1.1868 bis 4.11.1926)

Geboren wurde er in Striebach bei Lienz (Osttirol), und seine erste künstlerische Schulung verdankt er dem Münchner Historienmaler Wilhelm Lindenschmit d.J. (1829–1895). Seit 1902 jedoch entwikkelte Albin Egger-Lienz einen eigenen, flächig-monumentalen Malstil, in dem er das tägliche Leben der Tiroler Bauern ebenso schildert wie Szenen aus dem Tiroler Freiheitskampf von 1809 und dem Ersten Weltkrieg. Roda Roda in seiner boshaften Manier nennt ihn den "österreichischen Nebenhodler".
Albin Egger-Lienz starb in St. Justina bei Bozen.

Paul Flora (geb. 29.6.1922)

Der Grafiker Paul Flora kam in dem altertümlichen Städtchen Glurns zur Welt und lebt heute in Innsbruck. Am bekanntesten wurde er als Karikaturist der bundesdeutschen Wochenzeitung "Die Zeit", für die er bis zum Jahre 1971 regelmäßig arbeitete. Daneben ist er auch als Buchillustrator mehrmals hervorgetreten.
Floras Heimatgemeinde hat einen der Hauptstraßenzüge nach der Familie Flora benannt.

Michael Gaismair (1490 – 1532)

Der aus Sterzing stammende Michael Gaismair, Sohn eines Bergmannes, zeitweise in den Diensten des Bischofs von Brixen stehend, war Führer im Tiroler Bauernkrieg; Friedrich Engels nennt ihn "das einzige militärische Genie unter den Bauern". Er war der Verfasser der "Tiroler Landesordnung", deren Ziel die Errichtung einer demokratisch-bäuerlichen Staatsform war und deren Hauptforderungen die Erneuerung der alten bäuerlichen Rechte unter Abschaffung der Adelsprivilegien, die Verstaatlichung der Schlüsselwirtschaft (Bergbau, Handel) und eine tiefgreifende Abrüstung (Schleifung von Festungswerken und Niederreißen der Burgen) waren. In den Meraner Artikeln von 1525 fanden diese Programmpunkte ihren Niederschlag. Als sich das Kriegsglück gegen die Bauern wandte, zog sich Gaismair mit seinen Truppen auf venezianisches Gebiet zurück und wurde von einem Söldner in Padua ermordet.

Paul Grohmann (12.6.1838 bis 29.7.1908)

Der gebürtige Wiener Paul Grohmann war einer der Pioniere der Alpenerschließung. Vor allem im Dolomitenraum gelangen ihm zahlreiche Erstersteigungen, so die einiger Gipfel der Tofana, der Marmolada und des Piz Boé (alle 1863 – 1864) sowie der Großen Zinne (1868). Zudem gehörte er zu den Begründern des Österreichischen Alpenvereins und veröffentlichte ein seinerzeit viel gelesenes Wanderhandbuch über die Dolomiten. Nach ihm benannt ist die 3126 m hohe Grohmannspitze in der Langkofelgruppe.

Joachim Haspinger (28.10.1776 bis 12.1.1858)

Joachim Haspinger, genannt "Pater Rotbart", stammt aus dem Gsieser Tal. Schon 1796 – 1799 hatte er gegen die Franzosen gekämpft; 1802 trat er in den Kapuzinerorden ein und wirkte 1805 als Feldkurat. Als Andreas Hofer 1809 zum Kampf gegen die Bayern und Franzosen aufrief, schloss sich der handfeste Kirchenmann den Tiroler Truppen an und diente als Schützenkommandant.
Nach dem Friedensschluss von Schönbrunn überredete er Hofer, den Kampf fortzusetzen (was letztlich zur standrechtlichen Exekution Hofers in Mantua führte); in der Endphase der Kämpfe (in der Meraner Gegend) wirkte er noch mit, musste dann aber fliehen und gelangte nach Niederösterreich, wo er bis 1836 als Priester tätig war. Er starb in Salzburg; bestattet ist er in der Innsbrucker Hofkirche.

Josef (Sepp) Innerkofler (1865–1915)

Josef Innerkofler entstammte einer berühmten Alpinistendynastie aus Sexten. Freilich – die Zeit der großen Erstersteigungen (in der sich sein Vetter Michael hervorgetan hatte, nach dem der 3098 m hohe Innerkoflerturm in der Langkofelgruppe benannt ist) war bereits zu Ende; der Sepp musste sich anderen bergsteigerischen Zielen zuwenden. So konzentrierte er sich darauf, bereits bezwungene Gipfel auf bisher unbegangenen Wegen zu erklimmen; der österreichische Schriftsteller Karl Springenschmid nennt ihn geradezu

Zu Mantua in Banden ...

Er ist der Tiroler Nationalheld schlechthin: Andreas Hofer, der Sandwirt aus dem Passeiertal. In den Jahren 1796 bis 1805 war er Schützenhauptmann im Kampf gegen Frankreich und gewann damit das Vertrauen des Erzherzogs Johann. Dieser berief ihn zu Neujahr 1809 nach Wien, um sich seiner Kampferfahrung zu versichern. Der Plan der Krone, von Josef Freiherr von Hormayr entworfen, war eine Volkserhebung ganz Österreichs gegen die Franzosen und die mit diesen verbündeten Bayern; Tirol sollte niemals von Österreich getrennt werden.

Erste Erfolge

Der "vom Haus Österreich erwählte Kommandant" (wie sich Hofer zeitweise selbst bezeichnete) errang am 11.4.1809 auf dem Sterzinger Moos den ersten Sieg über die feindlichen Verbände und übernahm nach dem Rückzug des österreichischen Heeres aus Tirol im Mai 1809 den Oberbefehl über die Tiroler Kampfeinheiten; in den beiden Gefechten am Berg Isel bei Innsbruck war er siegreich.

Andreas Hofer, der legendäre "Sandwirt", war ein Sohn des Passeiertals.

Die Franzosen kommen

Im Waffenstillstand von Znaim (12.7.1809) musste sich Österreich verpflichten, Tirol und Vorarlberg zu räumen. Im Vertrauen auf die Zusage der Krone, Tirol nicht preiszugeben, wartete Hofer zunächst den Gang der Dinge ab, bis der französische General Lefèbvre das Gebiet besetzte. Dann mobilisierte er, von Haspinger und Speckbacher unterstützt, den Tiroler Landsturm zur Gegenwehr. Nach der dritten Schlacht am Berg Isel regierte er für kurze Zeit in der Innsbrucker Hofburg und ließ eine Landesverfassung ausarbeiten.

Verraten und standrechtlich erschossen

Der Frieden von Schönbrunn (14.10.1809) schrieb Österreichs Verzicht auf Tirol und Vorarlberg fest, wobei Napoleon den Freiheitskämpfern eine umfassende Amnestie gewährte. Erzherzog Johann setzte Hofer von dem Vertrag in Kenntnis, doch dieser ließ sich von seinem fanatischen Waffengefährten Haspinger dazu überreden, den Kampf fortzusetzen. Die Siege von einst ließen sich nicht fortführen, und Hofer zog sich, nachdem er die vierte Schlacht am Berg Isel verloren hatte, auf die Pfandleralm über dem Passeiertal zurück; auf seinen Kopf hatten die Franzosen eine Prämie gesetzt.
Und so wurde er verraten, am 28. 1. 1810 gefangengenommen, in Mantua von einem französischen Kriegsgericht zum Tode verurteilt und standrechtlich erschossen.

Mit dem Lied "Zu Mantua in Banden ..." hat man Andreas Hofer 1831 ein Denkmal gesetzt. Seit 1823 ruhen seine sterblichen Überreste in der Hofkirche zu Innsbruck.

Josef Innerkofler (Fortsetzung)

den "Erfinder der Route". Er durchstieg als erster die Nordwand der Kleinen Zinne und bewirtschaftete lange Zeit die Drei-Zinnen-Hütte, baute daneben im Dolomitenraum schon vor dem Ersten Weltkrieg etliche Hotels.
Als 1915 der Krieg auch die Dolomiten erreichte, meldete sich der Fünfzigjährige, der nie zuvor Soldat gewesen war, zu den Standschützen. Eines seiner Husarenstücke war die Errichtung der "fliegenden Patrolle", einer bergsteigerisch ungemein erfahrenen Truppe, welche die Höhen um Sexten erklomm, um den Feind glauben zu machen, er stehe einer lückenlos geschlossenen Front gegenüber. Beim Angriff auf den Paternkofel am 4. Juli 1915 fiel Innerkofler, und die Italiener, die ihn selbst als Gegner respektierten, bestatteten ihn auf dem Gipfel des Berges. Im August 1918 wurde er exhumiert und auf dem Friedhof seiner Heimatgemeinde Sexten zur letzten Ruhe gebettet.

Johann, Erzherzog von Österreich (20.1.1782 bis 10.5.1859)

Noch heute zählt Erzherzog Johann zu den volkstümlichsten Mitgliedern des Hauses Habsburg. Zwar verlor er im Jahre 1800 die entscheidende Schlacht gegen die Franzosen bei Hohenlinden, übernahm dann aber die Leitung des Geniewesens (heute würde man sagen "Pioniertruppe") und kämpfte, unterstützt von Andreas Hofer und Josef Freiherr von Hormayr, gegen Frankreich und die mit diesem verbündeten Bayern. Im Jahre 1804 regte er die Erstersteigung des Ortlergipfels an, die dann durch Josef Pichler (genannt "Pseirer Jossele") verwirklicht wurde. Ab 1810 war er für den Alpenbund führend aktiv, was ihm aber den Unwillen des gegenüber Napoleon eher toleranten Staatskanzlers Fürst Metternich einbrachte, der ihm für lange Zeit das Betreten Tirols untersagte. Besonders populär machte den Erzherzog im Jahre 1829 seine Heirat mit der Bürgerstocher Anna Plochl (ab 1845 Gräfin von Meran) aus Bad Aussee. 1848 wurde Johann Stellvertreter des Kaisers und betrieb in dieser Funktion die Abdankung Metternichs. Der Erzherzog und seine Gemahlin sind in der St.-Johannes-Kirche in Schenna bei Meran bestattet.

Franz Kostner (22.10.1877 bis 4.11.1968)

Als Franz Kostner in Corvara zur Welt kam, war dies noch ein weltabgeschiedenes Dolomitendorf. Mit dem Erwachen des Tourismus bot sich dem jungen Mann ein neuartiger Beruf: der des Bergführers. Als solcher lernte er den Alpen- und Polarforscher Julius Payer (1842–1915) kennen, der ihm von seinen Expeditionen erzählte. Das machte auf den Kostner Franzl einen tiefen Eindruck, und als er später dem Asienforscher Merzbacher begegnete, stand sein Entschluss fest; er schloss sich diesem für eine Expedition nach Zentralasien an, die von 1901 bis 1903 dauern sollte. Ein Hauptziel war die Erkundung des rund 3000 Kilometer langen Tien-Tschan-Massivs, die allerdings eine zweite Expedition (1907) erforderte.
Auch um seine Heimat hat sich Franz Kostner, Besitzer des noch heute bestehenden Gasthofes Post in Corvara, große Verdienste erworben. Schon 1904 hatte er den Ski, ein damals noch exotisches

und oft belächeltes Sportgerät, kennengelernt und den Skilauf in das Gadertal gebracht. Als 1915 der Krieg auch die Dolomiten erreichte, bildete er die Gebirgstruppen im Skilauf aus und übernahm ein Standschützenkommando.
Ein höchst interessantes Zeitdokument sind Kostners Erinnerungen an seine Forschungsfahrten und an die Entwicklung des Tourismus im Gadertal ("Franz Kostners Leben für seine Dolomitenheimat", herausgegeben von Luis Langenmaier).

Franz Kostner
(Fortsetzung)

Katharina Lanz
(21.9.1777 bis 8.7.1854)

Man kennt sie fast nur als "das Mädchen von Spinges". Katharina Lanz aus St. Vigil in Enneberg war eine einfache Bauernmagd, als 1797 napoleonische Truppen nach Südtirol vorstießen und an der Mündung des Pustertales mit den Einheimischen aneinandergerieten. Schließlich konzentrierte sich der Kampf um die Kirche von Spinges, und plötzlich mischte sich eine Unbekannte in das Getümmel, die Feinde mit der Mistgabel abwehrend. Als man sie am Abend suchte, war sie verschwunden.
Etwa seit 1850 war Katharina Lanz Wirtschafterin im Pfarrhof in Andraz. Erst kurz vor ihrem Tode bekannte sie sich zu ihrer einstigen Teilnahme an dem Gefecht bei Spinges, und als sie gestorben war, wurde sie am 10.7.1854 in Buchenstein mit militärischen Ehren begraben. Hier steht auch seit 1964 wieder ihr Denkmal.

Silvius Magnago
(geb. 5.2.1914)

Silvius Magnago wurde in Meran als Sohn eines k.u.k. Bezirksrichters italienischer Abstammung und einer Vorarlbergerin geboren. In seine Kindheit und Jugendzeit fielen der Zusammenbruch der Donaumonarchie und die Italianisierungspolitik der Faschisten in Südtirol, und so musste er von der deutschen in die italienische Schule wechseln. In Bozen legte er die Reifeprüfung ab, studierte dann an der Universität von Bologna die Rechtswissenschaften. Er diente im italienischen Heer, kämpfte aber in der deutschen Wehrmacht und wurde im Kaukasus schwer verwundet. Schon diese Fakten spiegeln die Vielschichtigkeit der Geschehnisse in und um Südtirol wider. Im Jahre 1947 wurde er Gemeinderat in Bozen; ein Jahr später war er Vizebürgermeister, dann Landtagspräsident von Südtirol bzw. Regionalratspräsident der Autonomen Region Trentino-Südtirol. Von 1957 bis 1991 war er Obmann der Südtiroler Volkspartei (SVP), welche die Interessen der deutschsprachigen Bevölkerung vertritt und bisher meist um die 90 Prozent der Stimmen dieser Gruppe bzw. rund 60 Prozent der gesamten Wählerschaft erringen konnte. Was ihn vor allem auszeichnet, ist die Fähigkeit zur Politik als "Kunst des Möglichen": Er hat die Zugehörigkeit Südtirols zum italienischen Staatswesen als Tatsache akzeptiert und auf dieser Basis das "Südtirol-Paket" zu Stande gebracht, welches der deutschsprachigen Bevölkerung der Region Trentino-Südtirol die Autonomie sichern soll. Von 1961 bis 1989 war er Landeshauptmann der Provinz Bozen und wurde in dieser Eigenschaft von der renommierten Frankfurter Allgemeinen Zeitung einmal als "Landesfürst von Südtirol" bezeichnet.

Margarethe Maultasch
(1318–3.10.1369)

Margarethe Maultasch, Erbtochter Herzog Heinrichs von Kärnten, war die letzte Gräfin von Tirol. Woher der ungalante Name kommt, ist umstritten: entweder von dem Schloss Maultasch bei Terlan oder von ihrer angeblich hässlichen Unterlippe. Wahrscheinlicher ist die erste Erklärung; unweit des Schlosses gab es eine kleine

Margarethe Maultasch (Fortsetzung)

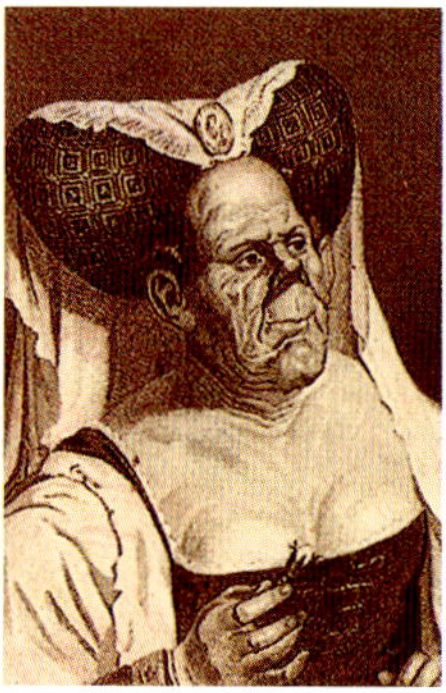

Sperrfestung, die "Malatasca" ("Mausefalle") genannt wurde. Nichtsdestoweniger musste sich die Gräfin in späteren Jahrhunderten allerlei missgünstige Beurteilungen gefallen lassen; selbst Lion Feuchtwanger schildert sie in seinem Roman "Die hässliche Herzogin" als abstoßendes Geschöpf.

In erster Ehe war Margarethe mit Johann Heinrich von Luxemburg verheiratet; Papst Clemens VI. weigerte sich, ihrer zweiten Eheschließung den kirchlichen Segen zu geben, da die Scheidung von dem Luxemburger nicht rechtens gewesen sei, und belegte sie mit dem Kirchenbann (bis 1359). Nach dem Tode ihres zweiten Gemahls, Markgraf Ludwig von Brandenburg, und ihres einzigen Sohnes, Meinhard III., überließ sie Tirol dem Habsburger Rudolf IV. und zog sich nach Wien zurück, wo sie auch gestorben ist.

Reinhold Messner (geb. 17.10.1944)

In den letzten Jahren haben die spektakulären Bergbesteigungen des aus Villnöß stammenden Reinhold Messner Schlagzeilen gemacht. Nicht nur in den Alpen, sondern auch im Himalaya, im Karakorum und den Anden gelangen ihm Erstbegehungen der höchsten Schwierigkeitsstufen. Mittlerweile hat er als erster Alpinist alle vierzehn Achttausender der Erde erstiegen; auch als Buchautor war er erfolgreich. Heute lebt der aktive Umweltschützer u.a. auf Schloss Juval bei Naturns, wo er ein Museum mit Ostasiatica eingerichtet hat.

Peter Mitterhofer (20.9.1822 bis 27.8.1893)

Peter Mitterhofer war Musikinstrumentenbauer und Tischler in seinem Geburtsort Partschins. In den Jahren 1866/1867 entwarf und baute er eine Typenkorb-Schreibmaschine, welche angeblich die erste ihrer Art war. Zweimal ging er zu Fuß nach Wien, um seine Erfindung publik zu machen und auszuwerten, hatte aber keinen Erfolg mit dem aus Holz gefertigten Gerät. Noch zu seinen Lebzeiten plagiierte ein Amerikaner das Prinzip und setzte sich mit seiner Maschine durch.

Nikolaus von Kues, genannt Cusanus (1401–11.8.1464)

Der Philosoph und Theologe Nikolaus Chrypffs aus dem Moselort Kues latinisierte seinen Herkunftsnamen und nannte sich, humanistischer Gepflogenheit folgend, Cusanus. Studierter Jurist und Theologe, war er ein Mann von überaus vielseitiger Begabung, der den aufkommenden Naturwissenschaften ebenso zugetan war wie der Gottesgelehrsamkeit. Im Alter von 29 Jahren wurde er zum Priester geweiht, nahm 1432 am Konzil zu Basel teil, wechselte 1437 von der Konziliarpartei zu den Päpstlichen über und bemühte sich in Konstantinopel um die Vereinigung der griechischen Kirche mit der römisch-katholischen. Im Jahre 1448 wurde er Kardinal, zwei

Jahre später Bischof von Brixen. In diesem Amt hatte er einen schweren Konflikt mit Herzog Sigismund dem Münzreichen von Tirol, denn dieser unterstützte das Nonnenkloster Sonnenburg (bei Bruneck), welches sich den reformerischen Zielen des Cusanus widersetzte. 1458 musste sich der Kirchenmann aus Brixen zurückziehen, kehrte wenig später zurück und wurde von den Truppen Sigismunds in Bruneck belagert, die ihn endgültig vertrieben. Er wirkte dann als Kurienkardinal in Rom; gestorben ist er in der umbrischen Stadt Todi.

Nikolaus von Kues (Fortsetzung)

Oswald von Wolkenstein (2.5.1377 bis 2.8.1445)

Oswald von Wolkenstein, vermutlich auf Schloss Schöneck im Pustertal zur Welt gekommen, stammte aus altem tirolischem Adel. Aufgewachsen auf Schloss Wolkenstein im Grödner Tal, verlor er schon in seiner Kindheit durch einen Bolzenschuss ein Auge. Früh regte sich sein unruhiger Geist; im Alter von zehn Jahren schloss er sich aus Abenteuerlust einem Heerhaufen an, der den Deutschherren in Ostpreußen zu Hilfe eilte. Oswald durchstreifte dann Litauen, Russland, Schweden, England, Rumänien und den Nahen Osten, lernte mit bewundernswerter Leichtigkeit nach und nach zehn Sprachen und schloss Freundschaft mit dem nachmaligen deutschen Kaiser Sigismund.

Nach seiner Rückkehr (1397) lernte er Sabina Jäger kennen und verliebte sich in sie, aber sie spielte ihm übel mit: Als Vorbedingung einer Verbindung mit ihm forderte sie, er solle ins Heilige Land pilgern. Oswald tat dies, aber als er im Winter 1400 heimkam, hatte sich Sabina längst mit einem reichen Greis aus Hall in Tirol vermählt. Hinzu kam ein Streit um die Aufteilung von Oswalds väterlichem Erbe, wobei ihm die Burgen Hauenstein und Kastelruth zugesprochen wurden. Doch Oswald fand noch keine Ruhe; er schloss sich dem inzwischen zum Kaiser gekrönten Sigismund an. Dieser hatte 1413 das Konstanzer Konzil einberufen, und ob seiner vielseitigen Sprachkenntnisse war ihm Oswald dort von großem Nutzen. In Konstanz war es auch, wo der Wolkensteiner sich mit Margarethe von Schwangau vermählte.

Im Jahre 1421 kreuzte die schöne Sabina, inzwischen verwitwet, nochmals seinen Weg. Durch bis heute nicht völlig geklärte Winkelzüge brachte sie es fertig, dass Oswald eingekerkert wurde; es kann vermutet werden, dass ihre Liaison mit Herzog Friedrich dabei eine Rolle spielte, denn Oswald hatte seinerzeit die heftige Opposition des tirolischen Adels gegen diesen unterstützt.

Nach 1433 legte sich die vagantenhafte Unruhe des inzwischen Gealterten. Er zog sich auf die Burg Hauenstein zurück, und wahrscheinlich ist er auch hier gestorben.

Als Dichter ist Oswald von Wolkenstein eine herausragende Gestalt an der Schwelle vom Mittelalter zur Renaissance. Dem Minnesang ist er nicht mehr zuzuordnen, obzwar ihn dieser formal stark geprägt hat. Was ihn indessen als Neuerer ausweist, sind Realismus und Naturgefühl – bis hin zu derber Sinnlichkeit. Daneben verfasste er auch geistliche Lyrik und hat auch viele seiner Werke selbst vertont..

Michael Pacher (um 1435 bis 1498)

Der Maler und Bildschnitzer Michael Pacher ist wahrscheinlich in Bruneck zur Welt gekommen; nachweisbar ist dort seine Werkstatt seit 1467. Sein der Spätgotik zuzurechnendes Werk ist von oberitalienischen zeitgenössischen Meistern beeinflusst. Im Südtiroler Raum sind von den Werken Pachers und seiner Schule zu nennen: der Flügelaltar von Gries bei Bozen, die Gewölbefiguren in der Sakristei der Stiftskirche von Neustift (bei Brixen; der Kirchenväteraltar heute in München) und der Hochaltar in der Stephanskirche zu Pinzon (bei Neumarkt; von dem Pacher-Schüler Hans Klocker).

Clemens Perkeo (geb. 1702)

Exakte Informationen über ihn sind äußerst spärlich: Clemens Perkeo soll in Salurn zur Welt gekommen sein. Der zwergwüchsige Mann war um 1720 Hofnarr des Kurfürsten Karl Philipp von der Pfalz. Neben dem großen Heidelberger Fass steht eine Holzplastik des trinkgewaltigen Tirolers.

Johann Baptist Schöpf (29.1.1824 bis 20.2.1863)

Johann Baptist Schöpf, geboren in Seefeld (Tirol), war Franziskanermönch und Sprachforscher. Die Romantik und der kurz danach einsetzende Historismus als Rückbesinnung auf die Vergangenheit der eigenen Kultur haben auch ihn geprägt: Er beschäftigte sich intensiv mit den Mundarten seiner Heimat; 1866 erschien sein “Tirolisches Idiotikon”, eine umfassende Bestandsaufnahme der Volkssprache.

Sigismund, Herzog von Tirol (26.10.1427 bis 4.3.1496)

Herzog Sigismund (auch Sigmund) verdankt seinen Beinamen “der Münzreiche” der Prägeanstalt, die er in Hall in Tirol errichten ließ. Basis hierfür war die Förderung, die er dem Tiroler Silberbergbau angedeihen ließ. Bekannt wurde seine Fehde mit Nikolaus Cusanus, seinerzeit Bischof von Brixen, die dem Herzog den Kirchenbann eintrug. Auf seine Initiative geht der Bau der Burg Sigmundskron bei Bozen zurück; auch förderte er die kulturelle Entwicklung Tirols. Im Jahre 1490 verzichtete er zugunsten seines Neffen Maximilian I. auf die Regierung, denn er besaß keinen legitimen Erben.

Josef Speckbacher (13.7.1767 bis 28.3.1820)

Zusammen mit Andreas Hofer und Joachim Haspinger gehört Josef Speckbacher zu den bekanntesten Gestalten des Tiroler Kampfes gegen die Franzosen. Schon seit 1797 hatte er an Feldzügen gegen diese teilgenommen, und 1809 schloss er sich Andreas Hofer an. Mit ihm kämpfte er wiederholt am Berg Isel, und an der Sachsenklemme (bei Franzensfeste) war er mit seinen Truppen gegen die von Napoleon abhängige Rheinbund-Armee erfolgreich. Am 17.10.1809 jedoch erlitt er bei Melleck eine Niederlage und floh nach Wien. Bestattet ist er in der Hofkirche zu Innsbruck.

Tizian (Tiziano Vecellio (um 1488 bis 27.8.1576)

Der berühmte Renaissancemaler Tizian kam in Pieve di Cadore zur Welt. Schon früh zog er nach Venedig, wo er prägende Eindrücke erfuhr und zeit seines Lebens das Zentrum seines künstlerischen Schaffens hatte. Vor allem als Porträtist war er bei den Aristokraten hoch geschätzt; der deutsche Kaiser Karl V., ein Habsburger der spanischen Linie, ernannte ihn zum Hofmaler.

Tizian (Fortsetzung)

Ettore Tolomei (16.8.1865–1952)

Der in Rovereto geborene Ettore Tolomei ist eine Persönlichkeit von höchst umstrittenem Verdienst. Von Beruf Geograph, leitete der überzeugte italienische Nationalist seine politischen Prinzipien aus dem historischen Spannungsverhältnis zwischen dem Habsburgerreich und Italien ab, welch letzteres sich erst im 19. Jh. zu einem geschlossenen Staatswesen zu formieren begann. Das deutschsprachige Südtirol war für ihn ein Teil der "irredenta", der noch nicht befreiten italienischen Territorien. Im Jahre 1906 gründete er das "Archivio per l'Alto Adige", mit dessen Hilfe er die angebliche Zugehörigkeit Südtirols zu Italien zu beweisen trachtete. Dem gleichen Ziel hatte schon 1904 eine spektakuläre Aktion gedient, die er mit seinem Bruder Ferruccio unternommen hatte: die Ersteigung des Glockenkarkopfes westlich der Dreiherrenspitze. Dort meißelten beide ein großes "I" (für Italien) in den Fels und nannten den Gipfel – ob in nationalistischem Überschwang oder aus politischer Berechnung, sei dahingestellt – Vetta d'Italia (Scheitel Italiens); eine Bezeichnung, die bald auch in den offiziellen italienischen Kartenwerken auftauchte und bei der Friedenskonferenz von Saint-Germain (1919) ein gewichtiges Argument für die Angliederung Südtirols an Italien gewesen sein soll. Zur Stützung seiner Thesen erfand Tolomei rund 20 000 italienische Ortsnamen für das deutschsprachige Gebiet, die teils wörtliche Übersetzungen (Schönau – Belprato), teils an den originalen Wortklang angelehnte Romanisierungen (Meran – Merano), teils willkürliche, pseudohistorische Neubildungen (Sterzing – Vipiteno) waren.
Der rigorosen Italianisierungspolitik der Faschisten war diese Nomenklatur hochwillkommen, und sie wurde dergestalt erweitert, dass auch Flur- und Hofnamen, ja selbst Inschriften auf Grabsteinen und ganze Familiennamen romanisiert wurden: Ein Seppl Müller fand sich als Giuseppe Molini wieder, ein Hans Waldner als Giovanni Bosco. Die Ironie der Sache ist indessen die, dass sich besonders regionsspezifische Familiennamen wie Tschurtschenthaler oder Larchbichler aus phonetischen und philologischen Gründen der Romanisierung entzogen.

Luis Trenker (4.10.1892 bis 12.4.1990)

Eigentlich war der aus St. Ulrich im Grödner Tal gebürtige Luis Trenker von Beruf Architekt; zeitweise betrieb er ein Baubüro zusammen mit Clemens Holzmeister. Daneben arbeitete er als Bergführer; seinen Ruf verdankt er allerdings seiner Tätigkeit als Filmschauspieler, -regisseur und Schriftsteller. In den Jahren 1927–1940 hatte er seinen Hauptwohnsitz in Berlin, hielt sich mehrmals in den Vereinigten Staaten von Amerika auf und lebte zuletzt in Bozen-Gries. Er gilt als Begründer des realistischen Berg- und Skifilms und verstand es hervorragend, die Natur der Bergwelt im bewegten Bild darzustellen. Seine zahlreichen Romane spielen überwiegend in den Alpen ("Berge in Flammen" 1931, "Kameraden der Berge" 1932 und 1971,

Luis Trenker (Fortsetzung)

“Duell in den Bergen” 1951, “Sonne über Sorasass” 1953, “Schicksal am Matterhorn” 1957, u.v.a.) und beziehen häufig das Geschehen an der im Ersten Weltkrieg heftig umkämpften Dolomitenfront ein.

Paul Troger (3.10.1698 bis 20.7.1762)

Der Barockmaler Paul Troger stammte aus Zell im Pustertal, erhielt aber seine künstlerische Ausbildung – wie viele seiner Zeitgenossen – in Italien, vor allem in Venedig. Seit 1726 war er in Österreich tätig; berühmt sind seine groß angelegten Deckenfresken, u.a. in St. Cajetan zu Salzburg, im Stift Melk an der Donau und im Stift zu Göttweig. Im Südtiroler Raum ist die Ausstattung des Domes zu Brixen zu nennen, die er in den Jahren 1748–1750 geschaffen hat.

Max Valier (9.2.1895 bis 17.5.1930)

Max Valier, geboren in Bozen, zählt zu den Pionieren des Raketenbaues und der Raumfahrt, mit der er sich schon seit 1926 intensiv beschäftigte. Zusammen mit F. Opel baute er 1928 das mit Feststofftreibsätzen ausgerüstete erste Raketenauto der Welt. Bei der Erprobung einer Flüssigkeitsrakete für die Luftfahrt wurde er getötet.
Im Geburtshaus Valiers ist heute das Landesverkehrsamt der Provinz Bozen untergebracht.

Walther von der Vogelweide (um 1170 bis um 1230)

Die Südtiroler reklamieren den großen Minnesänger für sich, aber nach neuesten Forschungsergebnissen dürfte er aus Niederösterreich stammen. Seine lyrische Schulung erhielt Walther von der Vogelweide bei Reinmar von Hagenau, hielt sich um 1190 am Wiener Hof auf und begann dann ein unstetes Wanderleben, in dessen Verlauf er an Höfen in ganz Europa war. Es heißt, er sei auch einige Zeit Erzieher von Heinrich, dem Sohn des Stauferkaisers Friedrich II., gewesen. Um 1220 erfüllte sich einer seiner größten Wünsche: Er erhielt endlich ein kleines Lehen bei Würzburg und feierte dieses Ereignis in einem seiner bekanntesten Gedichte (“Ich hân mîn lêhen, al die welt, ich hân mîn lêhen …”).
Walther von der Vogelweide gilt als der bedeutendste deutsche Lyriker des Hochmittelalters. In seinen Gedichten vereint sich virtuose Gestaltungskraft mit Elementen der Hohen Minne wie der Vagantenlyrik und der religiösen Literatur. Noch die Meistersinger beriefen sich auf ihn.
In Lajen, südlich von Klausen im Eisacktal, stehen die Vogelweidhöfe, in denen die örtliche Überlieferung die Heimat des Dichters sieht.

Josef Weingartner (10.2.1885 bis 11.5.1957)

Josef Weingartner aus Dölsach im Drautal gilt als einer der besten Kunstkenner Südtirols. Als Zehnjähriger kam er an das Gymnasium von Neustift bei Brixen, legte das Abitur ab und studierte hier anschließend Theologie. In Wien promovierte er zum Dr. theol. und (mit einer Arbeit über die gotische Wandmalerei Deutschtirols) zum Dr. phil.; 1912 trat er in das Landeskonservatorium für Tirol ein. Von 1915 bis 1920 wirkte er als Professor für Kirchenrecht in

Brixen und wurde 1921 Propst zu Innsbruck. Zahlreich sind seine Publikationen zur Kunst und Kultur Tirols; hier verdienen "Bozner Burgen" (1922 und 1959), "Die Kunstdenkmäler Südtirols" (1923 bis 1930), "Gotische Wandmalerei in Südtirol" (1948) und "Tiroler Burgenkunde" (1950) besondere Erwähnung.

Josef Weingartner (Fortsetzung)

Karl Felix Wolff (21.5.1879 bis 25.11.1966)

Karl Felix Wolff kam in dem damals zur Donaumonarchie gehörenden Karlstadt in Kroatien zur Welt. Schon 1881 übersiedelte seine Familie nach Bozen, der Heimat der Mutter. Ausschlaggebend für sein künftiges Werk dürfte ein Kindheitserlebnis gewesen sein: Als er einmal krank war, bekam er eine aus dem ladinischsprachigen Fleimstal stammende Pflegerin, die ihm Geschichten und Sagen aus ihrer Heimat erzählte. Diese waren voll von märchenhaften Gestalten, Riesen und Zwergen, Feen und Hexen, Helden und Prinzen.

Karl Felix Wolff widmete sich bald dem Journalismus und bemühte sich um die Belebung des Südtiroler Fremdenverkehrs; er gehörte zeitweise zum Mitarbeiterstab von Theodor Christomanos. Von 1907 bis 1911 veröffentlichte er einige Reisehandbücher über die Region; sein Haupt- und Lebenswerk sind die 1913 erstmals erschienenen "Dolomitensagen", die er in akribischer Kleinarbeit selbst in der Bevölkerung gesammelt, kritisch bearbeitet und veröffentlicht hatte und die bis in die Gegenwart immer neue, erweiterte Auflagen erfahren haben. Im Jahre 1957 verlieh die Universität Innsbruck dem Privatgelehrten, der nie eine öffentliche Schule besucht hatte, die Ehrenmedaille "Excellenti in litteris"; 1960 war er der erste Träger des von der Stadt Bozen gestifteten Walther-von-der-Vogelweide-Preises.

Kunst und Kultur

Kunstgeschichte

Die Kunstregion Südtirol ist seit über tausend Jahren maßgeblich geprägt durch die besondere geografisch-politische Lage als Durchgangsland mit der Durchdringung sowohl der wichtigsten nord- und mitteleuropäischen wie der italienischen und byzantinischen Kunstströmungen.

Frühzeit Von der Urbevölkerung Tirols zeugen lediglich Wallburganlagen und Gebrauchsgegenstandsfunde aus der Jungsteinzeit, der Bronze- und Eisenzeit. Wenige aus Algund und Tramin stammende Menhire sind mit Waffen und Figurenmotiven reliefiert.

Römerzeit Die besonderen Leistungen der römischen Zivilisation lagen vor allem auf dem Gebiet der Monumentalarchitektur, der Ingenieurstechnik und des Kunstgewerbes, wovon in Südtirol so gut wie nichts in Erscheinung tritt, da sich die römische Herrschaft in Südtirol, damals ein Teil Raetiens, auf die Anlage und den Ausbau der Militärstraßen beschränkte. Hänge wurden abgegraben, Dämme aufgeschüttet, Wasserdurchlässe angelegt und Brücken gebaut. Die 46 n. Chr. fertiggestellte Via Claudia Augusta verband das Etschtal über den Reschenpass, Imst und den Fernpass mit Augsburg. Eine weitere Variante führte vom Piavetal über den Misurinasee, durch das Höhlenstein- und Pustertal, via Brennerpass, Innsbruck und Mittenwald nach Augsburg. Rund zwei Wochen benötigten die Fuhrleute bei schlechtem Wetter für die Route. Lediglich einige Rast- und Wachstationen lagen in Südtirol am Weg wie Vipitenum (Sterzing), Pons Drusi (nahe Bozen) oder Maia (wahrscheinlich die heutigen Meraner Stadtteile Ober- und Untermais). Auf dem mächtigen Fels Dos Trento bei Trient lag eine strategisch wichtige Festung. Ein römischer Meilenstein bei St. Lorenzen, der Mithras-Altar mit Stieropferrelief (Sterzing) für den unter den Soldaten stark verehrten persischen Lichtgott und der fein geschmückte spätrömische Sarkophag des Verwaltungsbeamten Gaius Flavius Ostilius mit seiner Gattin Domitilla in S. Stefano in Belluno zeugen u.a. von der römischen Provinzialkultur.

Frühchristentum Die Christianisierung Raetiens war um die Mitte des 5. Jh.s mit der Aufteilung der Kirchenprovinzen abgeschlossen: der Vinschgau kam zum Bistum Chur, das Pustertal zu Aguntum, der Bozner Raum zum Bistum Trient, der Rest fiel an die Diözese Augsburg, deren Bischof sich gegen 570 auf den steilen Felsen von Säben oberhalb Klausen flüchtete, so dass die Grundmauern des Kirchenbaus aus dieser Zeit stammen. In Dos Trento wurden die Grundmauern einer einschiffigen kreuzförmigen frühchristlichen Kirche des beginnenden 6. Jh.s freigelegt. St. Peter in Gratsch bei Dorf Tirol und St. Valentin bei Meran bergen ebenfalls Reste frühchristlicher Baukunst. Die Kirchenruine St. Peter in Altenburg oberhalb vom Kalterer See, eine Art dreischiffige Basilika, stammt vom hl. Bischof Vigilius von Trient (um 400), wurde aber im 6. Jh. ausgebaut. Im Skulpturbereich zeigt das sog. Untermaiser Relief (7. Jh.) im Meraner Stadtmuseum archaische Figuration mit Planeten und Flechtbandmotiven.

Frühchristentum (Fortsetzung)

Romanik

Nach der Besetzung Raetiens durch heidnische germanische und slawische Stämme seit Ende des 6. Jh.s erfolgte im ausgehenden 8. Jh. eine zweite Missionierung Südtirols von Chur und Salzburg. Herzog Tassilo von Bayern gründete 769 ein Kloster in Innichen, dessen erste Kirche zwar nicht erhalten ist, aber der heutige Kernbau der dreischiffigen Basilika gehört immerhin der Hoch- und Spätromanik (um 1170–1284) an. Der große Schatz Südtirols sind aber die Ende des 8. Jh.s errichteten kleinen einschiffigen Saalkirchen im Vinschgau, darunter St. Prokulus bei Naturns mit den ältesten Wandmalereien im deutschsprachigen Raum. Die nordisch tradierte Flechtbandornamentik der iroschottischen Buchmalerei, gepflegt von Mönchen in den Missionszentren St. Gallen und Salzburg, fand ebenso wie das römisch-antike Mäanderband Eingang in die Ende des 8. Jh.s gestalteten Fresken mit Engeln und Heiligen. Karolingische Reichskunst aus dem Anfang des 9. Jh.s mit plastischer Figurendarstellung vor dreidimensionaler Hintergrundkulisse findet sich in St. Benedikt bei Mals mit den markanten Stifterfiguren – der Graf des Vinschgaus und der Abt von Müstair mit Kirchenmodell –, der Steinigung des Stephanus, den zwölf Aposteln sowie Christus zwischen Engeln. Aus dem 10. und frühen 11. Jh., der ottonischen Epoche, hat sich nur die um 1020 entstandene Krypta des Klosters Sonnenburg erhalten mit Resten von Malereien, die den Einfluss des adriatischen Aquileia bezeugen.

Kunstgeschichte

Architektur

Erst nachdem die Grafen von Tirol im Lauf des 12. Jh.s die Landeshoheit errungen hatten, kam es zu einer neuen Kunstentfaltung mit der Neugründung und Umgestaltung von Kirchen wie bei den Klöstern Marienberg im Vinschgau und Neustfift bei Brixen, bei der Stiftskirche von Innichen und beim Dom zu Brixen. In den Dörfern entstanden meist flachgedeckte einschiffige Saalkirchen mit halbrunder Apsis. Als Sonderform etablierten sich die sog. Bozner Chorturmkirchen, in denen das Turmuntergeschoss den Altarraum bildete. Daneben entstanden wenige Zentralbauten wie die 1199 geweihte, Engelsburg genannte zweigeschossige Michaelskapelle als freie Nachbildung der Jerusalemer Grabeskirche in Neustift oder St. Sebastian in Klausen sowie die Johanniterhospizkirche in Taufers im Münstertal auf Kreuzgrundriss und einige Kapellen in den Burgen. Die Baukunst wurde vom Stil lombardischer Wanderkünstler geprägt, die Oberitalien, den Alpenraum und Süddeutschland durchdrangen. Sie griffen den von der Antike überlieferten Gewölbebau wieder auf, schufen fantasievolle Bestiarien- und Figurenreliefs an den Portalen von Schloss Tirol, gestalteten die feinlinigen Triforienfenster mit reichem Kapitellschmuck im romanischen Pa-

Romanik, Architektur (Fortsetzung)

las von Burg Boymont bei Missian sowie die Apsis der Pfarrkirche von Laas. Die Portal- und Reliefplastik des 12. und 13. Jh.s in den Kirchen von Innichen und Marienberg weist dagegen auf deutschen Bauhütteneinfluss hin.

Holzskulptur

Auf dem Gebiet der Holzskulptur ragen die monumentale, original gefasste Kreuzigungsgruppe (Christus zwischen Maria und Johannes, um 1250) in der Stiftskirche von Innichen hervor, ferner die romanischen Kruzifixe in der alten Pfarrkirche von Gries und in der Spitalkirche von Sonnenburg (Pustertal) sowie die in steifer Frontalität thronenden romanischen Sitzmadonnen in den Museen von Bozen und Brixen.

Wandmalerei

Der größte Kunstschatz der Romanik in Südtirol findet sich in den zahlreichen Wandmalereien. Um 1160 wurde die Krypta des Benediktinerklosters Marienberg mit der Majestas Domini freskiert, de-

Die Fresken von Taufers im Münstertal sind ein hervoragendes Zeugnis mittelalterlicher Wandmalerei.

ren zeremonialer Stil auf Einflüsse der Salzburger Buchmalerei und der Klostermalerei von Ottobeuren in Schwaben verweist, woher die ersten fünf Äbte stammten. Zwischen 1180 und 1200 entstand die Ausmalung der Burgkapelle von Hocheppan mit der Schilderung des Lebens Jesu in einem volkstümlich-anedoktischen Stil und der Wiedergabe der Herrscherfiguren Christi und Mariens in ikonenhafter Manier, so dass der Stil auf die über Venedig vermittelte byzantinische Monumentalmalerei verweist. Ähnlich streng gestaltet sind auch die Kirchenlehrer in St. Johann in Taufers (um 1230) und die starren Gesichter in den Darstellungen der Maria-Trost-Kirche in Untermais (Ende 12. Jh.). Auf den Fresken von St. Jakob in Grissian (um 1200) dagegen macht sich frappierender Realismus breit, denn Abraham und Jakob ziehen vor einer felsigen schneebedeckten Dolomiten-Landschaft einher. Einzigartig sind zudem die skurrilen Bestiarien (um 1220) in St. Jakob in Kastelaz bei Tramin. Die Fresken in Burg Rodeneck zur Illustration des Heldenliedes Iwein nach Hartmann von Aue sind die älteste bekannte Profanmalerei der Romanik, kurz nach 1200 entstanden.

Gotik

Den ungeheuren Reichtum an gotischer Kunst hat Südtirol dem im 14. und 15. Jh. aufsteigenden und prosperierenden Bürgertum in den Städten als Auftraggeber zu verdanken, die die Gewinne aus Handel und Bergbau unter der gefestigten Herrschaft der Tiroler Landesfürsten in Kunstwerke investieren konnten. Dabei kam der Baukunst allerdings keine vorrangige Bedeutung zu, so dass sich die gotischen Kirchen in Südtirol in keiner Weise mit Leistungen in Deutschland oder gar mit den Kathedralbauten in Frankreich messen lassen können. Die meist aus dem schwäbischen Süddeutschland stammenden Baumeister kamen den Wünschen der neuen stadtsässigen Bettelorden wie Franziskaner und Dominikaner nach, indem sie geräumige Predigtkirchen bauten und für die bürgerlichen Pfarrgemeinden die meist dreischiffige Hallenkirche schufen, vor allem in Bozen. In Meran zählt die Turmvorhalle (um 1350) der Pfarrkirche St. Nikolaus zu den besten Werken der hochgotischen Bauplastik in Südtirol. Die Spitalkirche in Meran als dreischiffiger Einheitsraum mit Umgangschor sowie die spätgotischen Pfarrkirchen der reichen Gemeinden Tramin, Sterzing, Pinzon, St. Pauls in Eppan sind häufig kleinere Nachbildungen anderwärts schon aufgeführter Bauten. Das dreischiffige hallenartige Innere der Kirche Unsere Liebe Frau in der Vill in Neumarkt überspannt ein reich figuriertes Stern- und Netzgewölbe der Spätgotik. Be-

Der filigrane Turmhelm der Bozner Pfarrkirche ist ein Meisterwerk gotischer Steinmetzkunst.

Gotik (Fortsetzung)

sondere Beachtung verdient auch der filigrane Turmhelm der Bozner Dompfarrkirche von Hans Lutz aus Schussenried, der innen auch das feine Maßwerk und die Reliefs der Kirchenväter an der Kanzel (1513/1514) aus Sandstein meißelte.

Wandmalerei

Auf dem Gebiet der Wandmalerei herrscht um 1300 der aus Deutschland und Frankreich übernommene Linear- oder Konturenstil vor, bei dem die Farbe lediglich die bewegte Umrisslinienzeichnung ausfüllt, aber nicht zur plastischen Modellierung der Figuren eingesetzt wird. Gute Beispiele dafür liefern die Fresken in der Viktorskapelle von Kloster Neustift oder die Darstellungen der Christinalegende in der 4. Arkade des Brixener Domkreuzgangs sowie die Fresken an den Oberwänden des Schiffes von St. Johannes in Brixen mit Salomos Thron und der thronenden Sophia, umgeben von Tugenden, Propheten, Patriarchen und Kirchenvätern. Von Italien her breitete sich mit der bahnbrechenden Malerei Giottos in der Arenakapelle zu Padua (um 1305) ein neuer Malstil aus, der Licht-Schatten-Modellierung kannte, die Figuren vermenschlichte und wirklichkeitsnahe Landschafts- und Architekturprospekte schuf. Die an der Südwand des Langhauses der Bozener Dompfarrkirche um 1340 gemalte Legende der hl. Dorothea von einem Paduaner Maler bildet den Auftakt für die sog. Bozner Schule, die bereichert wird durch den in Verona tätigen berühmten Altichiero, dessen Stil von einem Veroneser Meister ab 1370 in der Legende des hl. Papstes Urban ebenfalls in der Bozener Dompfarrkirche sichtbar ist. Die daran geschulten lokalen Maler trugen die bildnerischen Ideen weiter nach St. Cyprian in Sarnthein, in die Pfarrkirche nach Terlan, nach St. Katharina in Breien, nach St. Valentin in Tramin und St. Helena bei Deutschnofen. Die Freskanten der Bozner Schule verfolgten einen strengen Bildaufbau, den sie durch Hintergrundprospekte und durch bewegte Figurengruppen in schwungvollen Gewändern auflockerten.

Höfischer Stil

Um 1400 hielt der von Prag über Wien vermittelte höfische Stil, auch Weicher Stil genannt, Einzug in Südtirol, wo Meister Wenzeslaus in Meran ihn aufgriff und die Friedhofskapelle von Riffian um 1415 mit Themen von der Anbetung und Zerstörung des Goldenen Kalbs über Kreuzauffindung, Kreuztragung bis zum Pfingstfest und den Kirchenvätern im Gewölbe vollständig ausmalte. Mit einer Fülle realistischer Details werden in den berühmten, 1407 vollendeten Monatsbildern im Adlerturm des Castel del Bounconsiglio in Trient Unterhaltungen des höfischen Lebens im Vordergrund mit den Arbeiten der Landbewohner im Hintergrund höchst anschaulich kontrastiert. Farbenreichtum, kunstvolle Faltenwürfe, elegante Bewegungen, abgestufte Raumebenen und atmosphärische Wirkungen zeichnen die nicht weniger berühmten Fresken (um 1400) der Burg Runkelstein bei Bozen aus, die das höfische Leben des untergehenden Rittertums nochmals im Glanz erstrahlen lassen. Hans von Bruneck gelang es schließlich die höfische Kunst des Nordens und des Südens in seiner Malerei zu einer Synthese zu bringen. Seine Darstellungen des Lebens Jesu, der Passionsszenen und des Jüngsten Gerichts (um 1420) in der Spitalkirche von Sterzing, die Fresken in den Kreuzgängen von Brixen und Neustift sowie in der Nikolauskirche in Stegen begründen die Pustertaler Schule, die mit Michael Pacher (um 1435–1498) ihren Höhepunkt erreicht, des-

Hans Klocker ist der Schöpfer des Krippenaltars im einstigen Bozner Franziskanerkloster.

Höfischer Stil (Fortsetzung)

sen gößtes malerisches Werk, der berühmte Kirchenväteraltar (um 1480–1483) aus dem Augustinerchorherrenstift Neustift, heute in der Alten Pinakothek in München zu bewundern ist. In Brixen setzte Jakob von Seckau in der 3. Kreuzgangsarkade neue Akzente durch die bewegte Dramatik der Kreuzigung (um 1450). Sein Nachfolger, Meister Leonhard, malte gediegener und einfältiger, gewann aber Popularität, so dass sich um 1470 eine Brixner Schule herausgebildet hatte, deren Malstil nicht nur in Brixener Kirchen, sondern auch in St. Nikolaus in Klerant ihren Niederschlag fand.
Eine Besonderheit der Südtiroler Kunstregion sind die monumentalen gotischen Flügelaltäre. Hans von Judenburg setzte erstmals um 1420 mit seinem großen Flügelaltar in der Pfarrkirche von Bozen (vier Reliefs davon mit der Geburt Christi, Anbetung der Könige, Darstellung im Tempel, Tod Mariens befinden sich heute in der Pfarrkirche St. Ulrich und Wolfgang in Deutschnofen) den höfischen Stil dreidimensional in die Schnitzkunst um und brachte die lokale Herstellung von Schreinflügelaltären in Gang. Feststehender

Gotik, Höfischer Stil (Fortsetzung)

Schrein, Schnitzfiguren und deren farbige Fassung sowie die meist gemalten oder auch reliefierten beweglichen Flügel wurden arbeitsteilig in großen Werkstätten hergestellt. Waren die Altäre z. B. in St. Sigmund im Pustertal und in der Ursulinenkirche in Bruneck noch vom Weichen Stil geprägt, so bricht sich durch die bürgerlichen Auftraggeber ab Mitte des 15. Jh.s ein ausgeprägter Realismus Bahn. Der Ulmer Meister Hans Multscher (um 1400–1467) betonte bei seinen Figuren die Körperlichkeit und verlieh ihnen expressive Mimik und Gestik, zu beobachten an seinem Altarwerk in Sterzing. Michael Pacher entwarf tiefe bühnenähnliche Architekturgehäuse wie im Schreinflügelaltar (1475) der alten Pfarrkirche von Gries, in die hinein er die Marienkrönung kunstvoll und aufwändig inszenierte. Hans Klocker schnitzte eindrucksvolle reichgewandtete Schreinfiguren für den Krippenaltar (um 1500) in der Marienkapelle des Franziskanerklosters in Bozen sowie die liebreizende Maria mit Kind, flankiert von den Heiligen Laurentius und Stephanus im Flügelaltar (um 1500) von Pinzon. Bedeutsam sind außerdem die von schwäbischen Meistern und Werkstätten geschnitzten großen Altäre, darunter der Hochaltar der Pfarrkirche Mariä Himmelfahrt in Niederlana von dem aus Füssen zugereisten Hans Schnatterpeck, der 1503–1511 den zweigeteilten Schrein schuf mit der Marienkrönung zwischen Anna Selbdritt und Katharina in der oberen Zone sowie dem Gnadenstuhl mit Petrus und Paulus in der unteren, während Hans Schäuffelein die Flügelgemälde beisteuerte. Jörg Lederer aus Kaufbeuren gestaltete um 1517 den Flügelaltar der Spitalkirche zum Hl. Geist in Latsch mit dem Gnadenstuhl zwischen Johannes d.T. und hl. Wolfgang im Schrein. Hl. Georg und Florian fungieren als Schreinwächter, während im Gesprenge der Schmerzensmann auftritt.
Volkstümliche Frömmigkeit spiegeln die zahlreichen gotischen Bildstöcke wieder. Das spitzige Stöckl (um 1460) bei Mitterolang und der Tabernakelbildstock (15. Jh.) auf dem Dorfplatz von Welsberg zählen zu den eindrucksvollsten.

Renaissance

Architektur

Die in Italien, ausgehend von Florenz, zwischen 1420 und 1520 vollzogene Ablösung der Gotik durch die Renaisance als Wiedergeburt der Antike zielte weniger auf eine Nachahmung antiker Kunstformen als vielmehr auf eine Durchdringung griechisch-römischer Kulturinhalte mit spätmittelalterlichen Wertvorstellungen, die zu einer Abkehr von starren Ordnungen hin zu einer schöpferisch-prozesshaften Auseinandersetzung zwischen Kunst und Natur, Wissenschaft und Religion, Mensch und Umwelt führte. In der Plastik trat das neue Menschenbild zuerst in Erscheinung, basierend auf antikklassischen Proportionen und Standmotiven (Kontrapost) bis hin zur frei stehenden Aktfigur. In der Malerei ermöglichte erst die Wiederentdeckung der Zentralperspektive die illusionsräumliche Darstellung. Die Baukunst orientierte sich an griechisch-römischen Tempeln und kombinierte Säulen, Rundbögen, Gebälk und Dreiecksgiebel zu neuen Schöpfungen. Im konservativ-katholischen Südtirol wurden die Neuerungen der Renaissanceepoche den örtlichen Traditionen und Bedürnissen angepasst. Mehrere Burgen wurden mit Loggienhöfen verschönert, darunter der reizvolle mehrstöckige Loggienhof (ab 1591) der Brixener Hofburg, der prächtige Arkadenhof der Churburg (ab 1537) in Schluderns, der Hof mit den Rundbogenarkaden (um 1522) von Schloss Ehrenburg. In Trient lässt sich im Bautengefüge des Castel del Buonconsiglio recht gut der Übergang vom mittelalterlichen Wehrbau zum herrschaftlichen Stadtpalast der Renaissance nachvollziehen. Imposant ist die Fassade des Palazzo dei Rettori (Anfang 16. Jh.s) in Belluno als Sitz der venezianischen Statthalter, nicht minder eindrucksvoll sind der Palazzo Tabarelli (1529), der Palazzo Geremia mit manieristischer Fassadendekoration (um 1540) und der Palazzo Galasso (1602) in Trient. Im Überetsch, das man wegen seiner vielen Burgen und Schlösser auch das Adelsparadies nannte, entwickelte sich bei der besonders kunstvollen Ausstattung der Ansitze mit aufwändigen Täfelungen, Kachelöfen und Mobiliar der aus spätgotischen und Renaissanceformen manieristisch geprägte 'Überetscher Stil'.

Renaissance (Fortsetzung)

Kirchenbau

In der Kirchenbaukunst fand der römisch-antike Geist nur seinen Ausdruck im monumentalen Neubau von S. Maria Maggiore, den Bischof Bernardo di Cles in Trient durch Antonio da Medaglia 1520–1524 in Hochrenaissanceformen errichten ließ.

Malerei und Skulptur

Im Bereich der Malerei und der Skulptur gab es in Südtirol so gut wie keine Neuerungen, sieht man einmal ab von den Statuen (1596–1600) des Schwaben Hans Reichle in der Brixner Hofburg, der Ausmalung des Chors (1529) der St.-Nikolaus-Kirche mit Ranken, Grotesken und Blumen in Kaltern-Oberdorf von Bartlme Dill-Riemenschneider, dem Sohn Tilman Riemenschneiders, und Tizians Gemälde “Madonna zwischen Heiligen“ (um 1560), das Tiziano Vecellio für die Kapelle seiner Familie in der Pfarrkirche seines Geburtsortes Pieve di Cadore stiftete. In Belluno sind die Altarbilder mit der Marter des hl. Laurentius (1571) von Jacopo Bassano und der Grablegung Christi von Palma il Giovane als Spätrenaissancewerke bemerkenswert.

Barock

Wirtschaftliche Krisen, nicht zuletzt verursacht durch den Dreißigjährigen Krieg, führten im 17. Jh. zur Verarmung Südtirols und brachten auch das Kunstschaffen zum Erliegen. Erst im 18. Jh. fand der in Rom entstandene Barockstil seine Umsetzung in Südtirol. Im Kirchenbau durchdrangen sich dabei Langrichtungsbau und Zentralbau, sogar elliptische Grundrisse kamen vor in Verbindung mit Wandpfeilersystemen, Tonnenwölbungen, Kuppelkonstruktionen und fein gestuften Türmen. Vor- und zurücktretende Glieder verliehen den Baukörpern der Kirchen und Paläste Bewegtheit. Illusionistische Gewölbemalereien und verspielte Stuckaturen schmückten die Innenräume. In Südtirol entstanden allerdings nur wenige Neubauten, sondern meist barocke Umbauten wie im Brixener Dom (1745–1755) und in der Stiftskirche von Neustift (1734–1738), die vom Bozener Architekten Josef Delai überwiegend im nüchternen Barockstil lombardischer Herkunft gestaltet wurden. Die Trientiner Architektenfamilie Sartori, Franz Singer aus Götzens und Franz de Paula Penz entwarfen einige kleinere barocke Kirchenbauten wie die Stiftskirche in Gries, die Pfarrkirchen in Gossensaß, Toblach,

Taisten sowie St. Vigil in Enneberg. In Trient ist die 1701 begonnene Jesuitenkirche S. Francesco Saverio mit zweigeschossigen Wandpfeilern und dem Wechsel zwischen quadratischen Kreuzgratgewölben und schmalen Tonnen herausragend als Werk des in Rom und Wien berühmt gewordenen gebürtigen Tridentiner Baumeisters, Malers und Perspektivtheoretikers Andrea Pozzo (1642–1709). In Belluno beherrscht der 69 m hohe fein gestufte Barockturm (1743) der Kathedrale S. Maria Assunta die Altstadt, den der Turiner Hofarchitekt Filippo Juvarra entwarf. Im Profanbau schuf der Veroneser Francesco Perotti mit dem Merkantilpalast (ab 1705) in Bozen ein gelungenes Beispiel für die Einbindung eines italienischen Palazzo in eine Laubenganggasse. Auch das Palais Campofranco (1764), das Palais Menz (um 1771) und das Palais Pock (1759) in Bozen zeigen reizvolle Barockfassaden. Außerdem erhielten zahlreiche Ansitze ein barockes Gewand, z. B. der Ansitz Mühlrain (um 1680) in Latsch mit zwei Erkertürmchen und Grisaillemalerei.

Das Innere des Doms von Brixen erhielt sein heutiges Aussehen zur Zeit des Barock.

Auf dem Gebiet der Barockmalerei sticht der Pustertaler Paul Troger (1698–1762) mit seinen kühnen Raumillusionen hervor, dessen Frühwerk mit dem Altarblatt der Kreuzabnahme (1722) in der Kalvarienbergkirche von Kaltern zu sehen ist. Höhepunkt seines Schaffens in Südtirol bilden die prachtvollen Deckenfresken (1748 bis 1750) im Brixener Dom: die Himmelfahrt Mariens im Chor, das große Fresko der Anbetung des Lammes im Langhaus und das Konzert der hl. Cäcilie über der Orgel. Der Steinacher Martin Knoller schuf mit den Deckenfresken zum Leben und zur Verklärung des hl. Augustinus (1771–1773) im Kloster Muri in Bozen-Gries Kompositionen voll dramatischer Bewegtheit in hellem Kolorit. Franz Anton Zeiller aus dem Außerfern schuf den Rocaillestuck und die Deckenfresken (1764) in der Heiligkreuzkirche mit Bibliothekssaal in Brixen sowie die Ausmalung mit Themen aus dem Leben Johannes des Täufers (1769) der Pfarrkirche St. Johannes d. T. in Toblach. Matthäus Günther aus Augsburg freskierte die Stiftskirche zu Unserer Lieben Frau in Neustift 1735–1743 mit Darstellungen der Dreifaltigkeit, des Pfingstfestes, der Verehrung Mariens durch die vier Erdteile und Szenen aus dem Leben des hl. Augustinus. Karl Heinrich Henrici schuf barocke Malereien in der Dompfarrkirche von Bozen, in Pfalzen im Pustertal sowie die Kreuzwegbilder in St. Vigil in Enneberg. Die Brüder Franz und Michelangelo Unterberger aus Cavalese, letzerer war der Direktor der Akademie für Bildende Künste in Wien, hinterließen qualitätvolle Werke im italienischen Barockgeschmack.

Barock, Malerei

19. und 20. Jahrhundert

Als Reaktion auf die spielerisch-dekorative Formensprache des Barock griff der Klassizismus um 1800 auf das strenge Formenvokabular der griechisch-römischen Antike zurück. In Südtirol kam diese Stilrichtung nur in den wenigen größeren Städten bei der Neugestaltung von Bürgervillen und öffentlichen Bauten zum Ausdruck. Lediglich die Pfarrkirche Mariä Himmelfahrt in Kaltern kann als ein einheitlich gelungenes Beispiel klassizistischen Kirchenbaus gelten in der Ausführung von Matthäus Wachter aus Bozen, der 1791–1792 die Außenform durch Pilaster gliederte, das Langhaus mit einer Flachtonne und den Chor mit einer Flachkuppel überspannte.

In der zweiten Hälfte des 19. Jh.s trat der Historismus als Gegenbewegung zum Klassizismus auf. Er orientierte sich an den geistig-sittlichen Vorstellungen großer Epochen der Vergangenheit. Von der Neuromanik über die Neugotik, von der Neurenaissance bis zum Neubarock reichte die Formensprache. Als bestes Werk der Neugotik in Südtirol gilt der 1869 vom Wiener Moritz Wappler errichtete Kirchenbau St. Johann in Schönna aus Sandsteinquadern mit markanter Außengliederung, der als Grabstätte für den populären Erzherzog Johann (gest. 1859) dient. In Trient ist die Fassade von S. Pietro als Beispiel früher Neugotik beachtenswert, von Pietro Selvatico 1848 ausgeführt. In Bozen entstand 1904–1907 das Rathaus in neubarocken Formen.

Historismus

Noch heute bietet das berühmte Palace-Hotel in Meran einen Abglanz der k.u.k. Ära.

Jugendstil

Der Jugendstil setzte um 1900 neue Akzente durch seine von Naturvorbildern abgeschaute schwungvoll-fließenden Formen und ornamentalen Linienspiele. Im aufstrebenden Kurort Meran schuf der Münchner Martin Dülfer mit dem Stadttheater (1899–1900) einen Bau aus Jugendstil- und Klassizismuselementen. Der Wiener Architekt Chabert errichtete 1905–1906 den Meraner Bahnhof im Wiener Sezessionsstil und Friedrich Obmann aus Wien gestaltete jugendstilartig 1912–1914 das Neue Kurhaus in Meran.

Sprachen

Bis zum Beginn der Italianisierungspolitik nach dem Frieden von Saint-Germain (1919) war das heutige Südtirol (Provinz Bozen) zweisprachig. Es herrschte die deutsche Sprache vor; im Südosten gab es eine ladinischsprachige Minderheit. Dagegen war die heutige Provinz Trient (bis 1919 "Welschtirol" genannt) auch zu Zeiten der k.u.k. Monarchie so gut wie rein italienischsprachig. Seither hat sich das Italienische, das bis vor etlichen Jahren einzige Amtssprache war, auch in der Provinz Bozen ausgebreitet (vgl. Geschichte, S. 27). Nach der Volkszählung von 1981 sprechen in der Autonomen Provinz Bozen rund 280 000 Menschen (65%) deutsch, 124 000 (29%) italienisch und 18 000 (4%) ladinisch.
Seit einiger Zeit sind die Bewohner von Südtirol gehalten, sich einer der Sprachgruppen zuzuordnen, und eine nicht geringe Zahl von Bürgern italienischer Abstammung bekennt sich bewußt zur deutschsprachigen Gruppe. Bei der jüngeren Bevölkerung aller Sprachgruppen wächst die Fähigkeit und Bereitschaft zur Zweisprachigkeit, die nicht zuletzt verbesserte Berufschancen bringt.

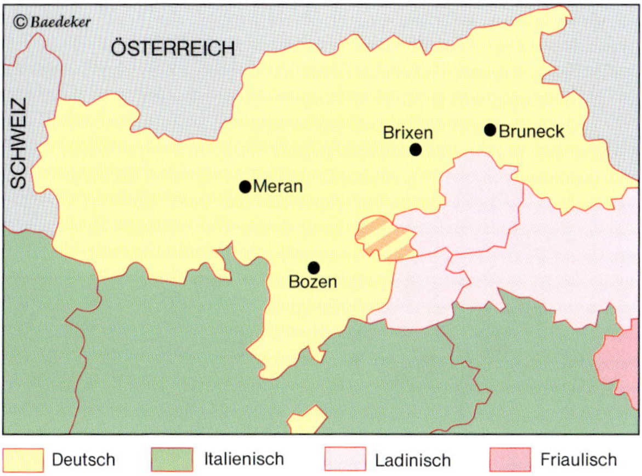

Sprachen in Südtirol und dem Trentino

Deutsch

Das Südtiroler Deutsch, vom Klangcharakter her eine eher herbe, raue Sprache, ist eine regionale Ausformung des Bairischen. Gegenüber dem Schriftdeutschen fallen einige Eigenheiten auf; so wird z.B. der Diminutiv mit l-Suffix und meist ohne Ablaut gebildet (hochdt. Wald – Wäldchen, Mann – Männchen = tirol. Wald – Waldele, Mann – Manndele); gelegentlich findet man (vor allem in Familiennamen) die für das Bairische typische Anlautverhärtung (Paumgartner, Pacher). Das Hilfsverb "sein" wird im Plural zum Teil regelmäßig flektiert (hochdt. wir sind, sie sind = tirol. mir sein, sie sein), das Pronomen "ihr" ist durch "ös" ersetzt. "Hinauf" ist im Tirolerischen zu "aufi" (sprachlich verschliffen zu "aui"; aus "auf-hin"), "hinab" zu "abi" (verschliffen zu "oi"; aus "ab-hin"), "herauf" zu "auer" (aus "auf-her"), "herab" zu "oer" (aus "ab-her") gewandelt. Zahlreich sind regionaltypische Vokabeln wie "znicht" (nichtsnutzig, böse), "letz" bzw. "letzig" (klein, gering, zaghaft), "lei" (nur) u. dgl. mehr. Abweichend vom Bairischen und hier eher dem Schwäbischen bzw. Alemannischen entsprechend ist die Änderung von -s in -sch (bair. kannst, magst = tirol. kannscht, magscht). Das ch tritt auch nach hellen Vokalen (e, i) als sogenannter "ach-Laut" in Erscheinung. Der Vokal "a" ist oftmals zu offenem "o" oder gar (wie geschlossenes "o") zu "ou" getrübt.
Freilich haben die Schulbildung und die zunehmende Verbreitung der Medien zumindest in den Städten eine Angleichung an die Schriftsprache gebracht (wobei etliche Austriazismen durchaus erhalten geblieben sind), so dass das urtümliche Tirolerisch sich mehr und mehr auf ländliche Gebiete beschränkt.

Ladinisch

Das Ladinische, das noch heute in einigen Dolomitentälern der Provinzen Bozen und Belluno gesprochen und wieder bewußt gepflegt wird, ist – im Gegensatz zu der in Italien lange Zeit vertretenen

Ladinisch
(Fortsetzung)

Schulmeinung – kein Dialekt des Italienischen, sondern gehört zu den rätoromanischen Sprachen (neben dem Ladinischen das Bündnerromanische = Rumantsch und das Friaulische = Furlanische), die sich nach der römischen Kolonisation aus dem Vulgärlatein und Resten der nichtromanischen Regionalsprachen entwickelt haben. Ein Kuriosum am Rande ist die Tatsache, dass die Ladiner nur in der überwiegend deutschsprachigen Provinz Bozen einen Minderheitenschutz genießen, während sie in der italienischsprachigen (und ihnen daher philologisch näher stehenden) Provinz Belluno derzeit noch auf einen solchen verzichten müssen.

Die berühmtesten Fronleichnamsprozessionen gibt es am Fuß des Schlern.

Italienisch

Der Frieden von Saint-Germain hatte den Südtirolern zunächst eine gewisse sprachliche und kulturelle Autonomie zugesichert. Die in den zwanziger Jahren einsetzende und bald rigoros gehandhabte Italianisierungspolitik zielte auf eine völlige Eliminierung des Deutschen und die Etablierung des Italienischen als einziger Verkehrs-, Amts- und Verwaltungssprache. Der verstärkte Zuzug von Arbeitskräften vor allem aus dem strukturschwachen Mittel- und Süditalien tat ein übriges; Orts-, Flur- und selbst Familiennamen wurden (aufbauend u.a. auf der weitgehend künstlichen Nomenklatur Ettore Tolomeis) italianisiert. Doch blieb das Italienische in der Praxis auf die Industrieregion um Bozen sowie auf die anderen größeren Ballungszentren beschränkt.
Die italienische Sprache ist die gradlinige Fortsetzung der lateinischen Sprache, der sie von allen romanischen Sprachen am nächsten steht, und hat sich bis heute die Fähigkeit zur antiken Monumentalität des rednerischen Stils bewahrt. Nicht zuletzt infolge der früheren politischen Zerrissenheit des Landes entstanden zahlreiche Mundarten, aus denen die großen Dichter des 13. und 14.

Jahrhunderts das Toskanische als noch heute gültige Schriftsprache heraushoben. Die Sprache der Florentiner gilt als das reinste Italienisch.

Sprachen, Italienisch (Fortsetzung)

Als deutschsprachiger Gast kommt man heute in ganz Südtirol, auch auf Ämtern und Behörden, mit der eigenen Muttersprache aus.

Sitten und Bräuche

Volkskunst, Brauchtum und Festlichkeiten sind weniger augenfällig als die historischen Zeugnisse des Kunstschaffens. Das Brauchtum lebt vor allem in den zahlreichen Musikkapellen und Schützenvereinen mit ihren schmucken Trachten weiter. Berühmt sind die prunkvollen, farbenfreudigen Fronleichnamsprozessionen, vor allem diejenige in Kastelruth.
Als Tourist sollte man sich darüber im Klaren sein, dass die kirchlichen Feste noch immer wichtiger und fester Bestandteil der Volksfrömmigkeit sind, und sich entsprechend taktvoll verhalten.

Reiseziele von A bis Z

Routenvorschläge

Hinweis

Nachstehend werden einige Routenvorschläge für Fahrten durch Südtirol sowie durch Teile der angrenzenden italienischen Provinzen gemacht, soweit diese in der dem vorliegenden Reiseführer beigefügten Karte enthalten sind.
Die hier vorgeschlagenen Routen berühren nicht alle in diesem Band vorgestellten Hauptsehenswürdigkeiten. Orte, die im Abschnitt "Reiseziele von A bis Z" mit einem Hauptstichwort genannt sind, erscheinen nachstehend **in halbfetter Schrift.** Alle beschriebenen sehenswerten Orte, Täler, Berge und Einzelpunkte, gleichgültig ob Haupt- oder Nebenstelle, sind im Register (ab S. 356) zusammengefasst.
Die meisten der beschriebenen Routen folgen den Staatsstraßen (SS ...).
Kürzere Routenvorschläge, z.B. Talrouten, finden sich bei den Beschreibungen der einzelnen Reiseziele.

1. Vom Brennerpass durch das Eisacktal nach Bozen (ca. 90 km)

Hinweis

Die schnellste Verbindung stellt die gebührenpflichtige Brennerautobahn her. Wer die an der Strecke liegenden Orte besuchen möchte, wählt besser ab der Staatsgrenze die Brenner-Staatsstraße (SS 12). Sie ist allerdings streckenweise schmal, kurvenreich und führt vielfach durch die Ortskerne, so dass ein Befahren mit Wohnwagengespannen nur bedingt empfohlen werden kann.

Man verlässt am **Brennerpass** die Autobahn und fährt über das kleine Brennerbad talabwärts nach ***Gossensaß** an der Einmündung des Pflerschtals. Über ****Sterzing** mit seinem reizvollen Ortsbild fährt man weiter parallel zur Autobahn, an dem alten Sperrfort von **Franzensfeste** und an der Abzweigung ins **Pustertal** (s. unten) vorbei, nach ****Brixen** mit seinem prachtvollen Dom. Weiterhin berührt die Route den Ort ****Klausen** mit der hochgelegenen Klosteranlage Säben, zieht an der Abzweigung der Strecke durch das ****Grödner Tal** vorbei, dann unterhalb des ****Ritten** entlang und erreicht die Provinzhauptstadt ***Bozen.**

2. Durch das Penser- und Sarntal nach Bozen (ca. 70 km)

In Sterzing (s. zuvor) wendet man sich nach Südosten und fährt aufwärts zum 2214 m hohen Penser Joch, dann im Penser Tal abwärts,

◂ **Von Dorf Tirol blickt man auf Meran, das Etschtal und den Gantkofel.**

das sich im *Sarntal fortsetzt, durch welches man nach Bozen gelangt.
Diese Routenvariante ist im Teil “Reiseziele von A bis Z” in umgekehrter Richtung beschrieben.

Route 2
(Fortsetzung)

3. Von Bozen nach Meran (ca. 30 km)

Aus dem Stadtzentrum von **Bozen fährt man nach Osten und auf der SS 38 am Ostrand des breiten **Etschtals** flussaufwärts zwischen Obst- und Weingärten hin. Über den weinberühmten Ort ***Terlan** mit seiner schönen Pfarrkirche erreicht man Burgstall (s. bei **Lana)** und fährt schließlich durch die südlichen Vororte nach ****Meran** ein.
Die schnellste Verbindung von Bozen nach Meran bildet die MEBO, eine autobahnartig ausgebaute, aber gebührenfreie Schnellstraße, die parallel zum westlichen Ufer der Etsch verläuft.

4. Von Sterzing über den Jaufenpass nach Meran (ca. 60 km)

Vom Südrand von ****Sterzing** folgt man der SS 44, die in zahlreichen Serpentinen zum ***Jaufenpass** (2094 m ü.d.M.) ansteigt. Jenseits der Passhöhe kommt man nach St. Leonhard im ***Passeiertal,** wo rechts die Straße über das ****Timmelsjoch** nach Österreich abzweigt. Die Hauptstrecke zieht weiter im Passeiertal abwärts und unterhalb von Dorf ****Tirol** und dem Küchelberg nach ****Meran.**

Diese Strecke ist im Teil “Reiseziele von A bis Z” bei Passeiertal bis zum Timmelsjoch bzw. zum Jaufenpass in umgekehrter Richtung beschrieben.

5. Vom Reschen durch den Vinschgau nach Meran (ca. 80 km)

Vom *Reschenpass folgt man dem oberen **Etschtal**, welches hier den ***Vinschgau** bildet. An ****Burgeis** mit dem höchst eindrucksvoll auf der Höhe gelegenen Kloster Marienberg sowie an **Mals** auf der Malser Haide vorbei erreicht man bei ****Schluderns** (in der Churburg eine hervorragende Waffensammlung) die Abzweigung zu dem mauerumgebenen Städtchen ***Glurns**, von wo man einen Abstecher ins Münstertal nach ****Taufers** mit der freskengeschmückten Kapelle St. Johann machen kann.
Die Hauptstrecke führt hinter Schluderns weiter sanft abwärts; bald kommt rechts die Abzweigung der eindrucksvollen Bergstraße auf das ****Stilfser Joch** und zum ****Ortler.**
Im Vinschgau folgt der durch seine Marmorbrüche bekannte stattliche Ort **Laas**; hinter ***Schlanders**, dem Hauptort des mittleren Vinschgaus, kann man südlich in das ***Martelltal** abzweigen.
Die Staatsstraße passiert ***Latsch** (in der Spitalkirche ein ausgezeichneter gotischer Hochaltar von Jörg Lederer); wenig später mündet von links das ****Schnalstal** ein. Dann verdient in der von Reinhold Messners Schloss Juval überragten stattlichen Fremdenverkehrsgemeinde ****Naturns** das kleine St.-Prokulus-Kirchlein einen Besuch, in dessen Innerem sich die ältesten bekannten Fresken des deutschen Sprachraums befinden. Schließlich kommt man in die berühmte Kurstadt ****Meran.**

6. Von Bozen über den Mendelpass und Cles nach Meran (ca. 125 km)

Man verlässt ****Bozen** in westlicher Richtung und folgt der ***Südtiroler Weinstraße** in das ausgedehnte Gemeindegebiet von ****Eppan.** Hinter dem Ortsteil Girlan geht es auf einer serpentinenreichen Bergstraße mit herrlichen Ausblicken hinauf zum ****Mendelpass**, wo man vom Penegal einen umfassenden Rundblick genießt. Jenseits der Passhöhe schwenkt man bei Cavareno – falls man nicht direkt nach Fondo fahren möchte – auf die Straße Nr. 43d ab, von der sich ein Abstecher zu dem abseits gelegenen burgartigen Kloster San Romedio (s. bei Cles) lohnt. Am Südende des Lago di Santa Giustina vorbei kommt man nach ****Cles.**
Von hier geht es anschließend in nördlicher Richtung weiter am See entlang, dann über dem Tal der Novella hin nach Fondo, das vom Mendelpass auch direkt erreichbar ist. Durch das schöne, waldreiche Nonstal, das einzige deutsche Sprachgebiet der Provinz Trient, fährt man aufwärts zum ***Gampenjoch**, das von der Großen Laugenspitze, einem schönen Aussichtsberg, überragt wird. Dann zieht die Straße in weiten Serpentinen hinunter nach ****Lana**, wo in der Pfarrkirche von Niederlana der berühmte gotische Schnatterpeck-Altar steht. An der Abzweigung der Straße ins ***Ultental** vorbei kommt man auf der SS 238 in die berühmte Kurstadt ****Meran.**

7. Von Bozen durch das Überetsch nach Salurn (ca. 30 km)

Diese Route führt durch das ungemein fruchtbare und burgenreiche ***Überetsch**, eine über dem Etschtal gelegene Hochfläche; sie ist mit der ***Südtiroler Weinstraße** identisch und berührt die Orte ****Eppan,** ***Kaltern** und ****Tramin.**

8. Von Bozen durch das Etschtal nach Salurn (ca. 35 km)

Die Straße führt in einiger Entfernung am linken Ufer der Etsch nach Süden; am rechten Flussufer verläuft parallel die gebührenpflichtige Autobahn.
Man verlässt die Provinzhauptstadt ****Bozen** auf der SS 12, der man auf dem gesamten Routenverlauf folgt. Oberhalb von ****Auer** befindet sich Castelfeder, das größte alte Ruinenfeld von Südtirol, wo es bereits in vorgeschichtlicher Zeit einen Ringwall gab. Östlich kann man von hier ins **Fleimstal** und nach **Cavalese** gelangen.

Montan liegt südlich von Auer und nahe der Salurner Klause.

Auf der Etschtalstraße kommt man schließlich zu dem von der Ruine der Haderburg überragten Ort **Salurn** im südlichsten Zipfel der Provinz Bozen und des deutschen Sprachraumes.

9. Von Bozen nach Cortina d'Ampezzo (ca. 110 km)

Diese Route ist wohl die großartigste in dem hier beschriebenen Gebiet. Sie ist identisch mit der zum größten Teil bereits 1909 fertiggestellten Großen ****Dolomitenstraße,** welche durch das Eggental, über den Karerpass, das Pordoijoch und den Falzárego-Pass verläuft.

Reiseziele von A bis Z

Hinweis

Der Einfachheit wegen folgt die Schreibung und Alphabetisierung der Ortsnamen den deutschen Bezeichnungen, wobei die anderen amtlichen Schreibungen – falls abweichend bzw. überhaupt vorhanden – in der Reihenfolge italienisch / ladinisch gleichberechtigt nachgestellt sind.

Hinweis für Wohnmobil- und Gespannfahrer

Im nachstehenden Teil dieses Reiseführers werden des öfteren lohnende Bergstraßen, insbesondere im Dolomitenraum, beschrieben. Viele von ihnen sind ziemlich schmal und steil, so dass von einem Befahren mit Wohnwagengespannen und großen Wohnmobilen abgeraten werden muss. Nähere Auskunft gibt die diesem Band beigefügte Reisekarte, auf welcher angegeben ist, ob die betreffende Strecke für Gespanne geeignet erscheint. Im Zweifelsfall sollte man sich stets vor Ort erkundigen.

Adamello-Presanella-Gruppe — F 4 – H 3

Regionen: Lombardei und Trentino-Südtirol
Provinzen: Sondrio und Trient
Höhe: bis 3554 m ü.d.M.

***Bergmassiv**

Das großenteils vergletscherte Massiv der Adamello- und Presanella-Gruppe erhebt sich im Grenzbereich der Regionen Trentino-Südtirol und Lombardei, östlich der Bergamasker Alpen bzw. westlich der Brenta-Gruppe.

***Monte Adamello**

Der Monte Adamello (3554 m ü.d.M.) im westlichen Teil des Massivs ist zugleich dessen zweithöchste Erhebung. Der firnbedeckte Gipfel fällt im Norden über 600 m tief zum Tal des Oglio ab; die Ersteigung geschah im Jahre 1864.
Den bestgeeigneten Ausgangspunkt für die Ersteigung des Monte Adamello bildet der kleine Ort Temu (▶ Tonalepass), von wo ein Fahrweg südlich talaufwärts nach Gozza und von dort ein Sessellift zum Laghetto, einem kleinen Bergsee, führt.
Für die Ersteigung des Gipfels bieten sich als Startpunkte das Rifugio Garibaldi oder das Rifugio Mandrone an. Beide Touren sind für Geübte nicht sehr schwierig, aber anstrengend.

Adamello-Höhenweg

Der Adamello-Höhenweg beginnt bei dem genannten See und führt über das Rifugio Carcano, den Passo dell' Avio (2940 m) und das Rifugio Tonolini (2473 m ü.d.M.) am Lago Rotondo sowie das Rifugio Prudenzini westlich um den Hauptgipfel des Bergmassivs herum.

Im Grenzbereich von Trentino und Lombardei ragt die bis 3554 m hohe Adamellogruppe auf.

Adamello-Höhenweg (Fortsetzung)

Das Rifugio Tonolini ist auch von Edolo (▶ Tirano) über Rino (660 m ü.d.M.; dann 12 km Fahrweg zur Malga Premassone) und über den prachtvollen Lago Baitone (2281 m ü.d.M.) zu erreichen.

*Cima Presanella

Die zur Provinz Trient gehörende Cima Presanella ist mit 3556 m zugleich der höchste Gipfel der Presanella-Gruppe und des gesamten Adamello-Presanella-Massivs. Die vermutlich erste Ersteigung des Gipfels führte eine britische Seilschaft im Jahre 1864 durch.
Die günstigste Route für die Ersteigung beginnt in Vermiglio an der Ostrampe des Passo del ▶ Tonale und führt in 5 Std. über Stavel (1234 m ü.d.M.), bis wohin es auch einen Fahrweg gibt, zum Rifugio Stavel (auch Rifugio Derna; 2298 m ü.d.M.), dann weiter in 6 Std. zum Gipfel.

Ahrntal

▶ Tauferer Tal

Antholzer Tal / Val di Anterselva — B 14 – C 13

Region: Trentino-Südtirol
Provinz: Bozen

Allgemeines

Das Antholzer Tal, ein nördliches Seitental des ▶ Pustertals, in welches es unweit östlich von Olang mündet, liegt weit im Nordosten

von Südtirol. Die landschaftlich schöne Talstraße ist im letzten Abschnitt, jemseits des Campingplatzes Antholz-Obertal, für Wohnwagengespanne gesperrt.

Antholzer Tal (Fortsetzung)

Der ruhige Urlaubsort Rasen mit den Ortsteilen Oberrasen und Niederrasen liegt nahe bei der Mündung des Antholzer Tals zwischen 1030 und 1088 m ü.d.M.; in Niederrasen ist der Sitz der Gemeindeverwaltung. In Oberrasen steht der stattliche Ansitz Heufler (16. Jh.) der jetzt als Hotel eingerichtet ist.

Rasen / Rasun

Das kleine Bad in 1098 m Höhe ü.d.M. besteht nur aus einem Hotel und einem Privathaus; es besitzt eine eisenhaltige Quelle. Vom Ort bietet sich ein prächtiger Blick auf die sich im Norden erhebende Rieserfernergruppe.

Bad Antholz (Salomonsbrunn)

Antholz-Niedertal liegt in einer Höhe von 1120 m ü.d.M. Die Außenwand der Kirche St. Walburg trägt ein Christophorus-Fresko aus dem 15. Jahrhundert.

Antholz-Niedertal

Antholz-Mittertal (1236 m ü.d.M.) ist ein ruhiges Feriendorf in dem hier hochalpinen Teil des Antholzer Tales. Die Kirche stammt aus dem Jahr 1798.

Antholz-Mittertal

Die Straße führt weiter über Antholz-Obertal zu dem prächtig am Fuße der Rieserfernergruppe gelegenen Antholzer See (1640 m ü.d.M.) und dem dortigen Feriendorf. Nahe beim Ostende des Sees steht die Enzianhütte, von wo eine Fahrstraße über den Staller Sattel (2052 m ü.d.M.) zu dem österreichischen Ort Erlsbach (1555 m ü.d.M.), der letzten Dauersiedlung des Defereggentals, führt.

***Antholzer See**
Staller Sattel

Direkt beim Grenzübergang liegt auf österreichischem Gebiet in 2015 m Höhe die Stallerseehütte; nahebei ein “Olympiadorf” genanntes großes Skizentrum.

Stallerseehütte

Arabba

Große ▶ Dolomitenstraße

Auer / Ora — E 8

Region: Trentino-Südtirol
Provinz: Bozen
Höhe: 250 m ü.d.M.
Einwohnerzahl: 3000

Auer liegt im Südtiroler Unterland, rund 18 km südlich der Provinzhauptstadt Bozen, am östlichen Ufer der Etsch. Der Ort im überaus fruchtbaren Schwemmland bettet sich in eine gegen Osten geschützte Bucht des angrenzenden Berglandes. Das nahe Castelfeder ist die älteste Burganlage der Region.

Allgemeines

◀ Nahe der italienisch österreichischen Staatsgrenze liegt unter dem Hochgall der Antholzer See.

Sehenswertes in Auer

Pfarrkirche

Die Pfarrkirche St. Peter, südlich vom Ortskern, stammt aus der Zeit um 1500; die Fassade zeigt bereits Elemente der Renaissance. Im Inneren befinden sich ein wuchtiger frühbarocker Altar sowie eine 1601 gebaute Orgel.

St. Daniel am Kiechlberg

Auf einem Felsplateau über dem Ortskern steht das um 1400 im Stil der Hochgotik erbaute Kirchlein St. Daniel. Im Inneren sind die Fresken beachtenswert, die um die Mitte des 15. Jh.s von einem lombardischen Maler geschaffen worden sind; sie zeigen Daniel in der Löwengrube und Christus in der Tumba. Der spätgotische Altar, ein Werk der Ulmer Schule, entstand im Jahre 1525.

Von Castelfeder, der ältesten Burgruine Südtirols, geht der Blick etschabwärts zur Salurner Klause.

**Castelfeder

Gleichfalls südlich von Auer liegt auf einer Anhöhe das Ruinenfeld Castelfeder (von lat. castellum vetus = alte Burg oder von ladinisch federa = Weide). Es handelt sich um die ausgedehnteste alte Burganlage in Südtirol; bereits ein vorgeschichtlicher Ringwall ist nachgewiesen. Im Gelände verstreut sind Turm- und Mauerreste aus römischer oder frühmittelalterlicher Zeit sowie die Fundamente der im 10. Jh. erbauten Barbarakapelle. Von der Höhe des dicht mit Flaumeichen bestandenen Hügels genießt man

Baedeker TIPP Fun & Fitness

Am südlichen Ortsrand, am Schwarzenbach, liegt das gleichnamige Erholungszentrum mit Freibad, Kinderspielplatz, Schießstand, Tennisanlage und Kegelbahn; von November bis März ist auch der Kunsteisplatz in Betrieb. Auskunft: Tourismusverein Auer, ☎ 04 71 81 02 31, FAX 04 71 81 11 38.

einen prachtvollen Blick nach Süden in das Etschtal und zur Salurner Klause. Die in Castelfeder zutage geförderten Funde sind heute im Stadtmuseum von ▶ Bozen ausgestellt.

Auer, Castelfeder (Fortsetzung)

Umgebung von Auer

Montan / Montagna

Rund 4 km südlich von Auer liegt erhöht der kleine Ort Montan, beherrscht von der im 19. Jh. restaurierten Burg Enn mit ihrem massigen Wehrturm. Die Pfarrkirche St. Bartholomäus stammt ursprünglich aus dem 14. Jh.; von dem damaligen Bau ist noch der vierkantige romanische Glockenturm mit seinen rundbogigen Klangarkaden erhalten. Der Rest wurde im 19. Jh. in historisierendem Stil erneuert; im Inneren gibt es eine Sandsteinkanzel mit gotischem Maßwerk.

Pinzon

Südlich von Montan erreicht man Pinzon. Hier verdient die Kirche St. Stephan einen Besuch. In der um 1720 angefügten Loretokapelle steht ein spätgotischer Flügelaltar (um 1500) von Hans Klocker aus Brixen, dessen größtes und am besten erhaltenes Werk er darstellt.

Truden / Tródena

18 km südöstlich von Auer erreicht man über Montan das ruhige, ausgedehnte Bergdorf Truden. Die Kirche St. Blasius (15./16. Jh.) birgt eine gotische Pietà.

Naturpark Trudner Horn

▶ Neumarkt, Umgebung

Aldein / Aldino

Ungefähr 12 km östlich von Auer liegt auf einer wald- und wiesenreichen Bergterrasse im Bereich des Regglbergs der Urlaubsort und Tourenstützpunkt Aldein (1223 m ü.d.M.), den man über Castelfeder erreichen kann. Im Dorfmuseum sind religiöse Kunst, Votivbilder, Dokumente und anderes zu sehen.

Nahe beim Talrand befinden sich der Göller See und ein Aussichtspunkt mit prachtvollem Blick über das Etschtal und auf das Gebirge im Westen. Eine lohnende Wanderung führt durch die geologisch interessante, enge Bletterbachschlucht mit ihren Wasserfällen.

Radein / Redagno

Am östlich folgenden Fuß des 2317 m hohen Weißhorns erreicht man Radein mit den Fraktionen Unterradein (1098 m ü.d.M.) und Oberradein (1556 m ü.d.M.). Eine schöne Bergtour führt von hier über den Zirmersteig auf das Weißhorn.

Maria Weißenstein

▶ Deutschnofen, Umgebung

Auronzo di Cadore — D 15

Region: Veneto
Provinz: Belluno
Höhe: 864 m ü.d.M.
Einwohnerzahl: 4000

***Hauptort des Valle d'Ansiei**

Auronzo, der Hauptort des Valle d'Ansiei, hübsch an dem 2 km langen, künstlich aufgestauten Lago di Santa Caterina gelegen, wird als Luftkurort sowie zum Wintersport und als Stützpunkt für Berg-

Auronzo di Cadore (Fortsetzung)

touren besucht. Von dem 930 m hohen Kalvarienberg bietet sich ein hervorragender Blick, u.a. auf die im Nordwesten aufragenden Drei Zinnen und den Zwölferkofel sowie auf die Gruppe der Marmarole, die südwestlich liegen. Touristisch ist Auronzo mit dem westlich talaufwärts gelegenen Misurina (▶ Cortina d'Ampezzo, Umgebung) zusammengeschlossen.

Monte Agudo

Westlich des Ortes erhebt sich der 1585 m hohe Monte Agudo, zu dessen Gipfel und Skigebiet eine Kabinenbahn hinaufführt.

Lago di Santa Caterina

Der Stausee, an dessen Nordostufer Auronzo liegt, wird von dem aus dem Misurinasee entspringenden Ansiei durchströmt. Seine Uferpartien werden wegen ihrer schönen Badestrände auch "Spiaggia delle Dolomiti" ("Dolomitenstrand") genannt. Es besteht die Möglichkeit zum Angeln und Bootfahren; im Winter Eislauf.

Belluno G 14

Region: Veneto
Provinz: Belluno
Höhe: 383 m ü.d.M.
Einwohnerzahl: 36 000

*Einstige Venezianersrtadt

Belluno, die Hauptstadt der gleichnamigen Provinz, liegt südlich des Dolomitenmassivs auf einem Sporn zwischen den Flüssen Ardo und Piave. Die Innenstadt mit ihren Laubengängen und schönen Renaissancehäusern ist noch von der venezianischen Herrschaft (1404–1797) geprägt; von 1813 bis 1866 gehörte Belluno zur habsburgischen Doppelmonarchie.

Sehenswertes in Belluno

Dom

An der Westseite der zentral gelegenen Piazza del Duomo erhebt sich mit 69 m hohem Campanile (Glockenturm) der Dom Santa Maria Assunta, der ursprünglich im frühen 16. Jh. an der Stelle einer älteren Kirche erbaut worden war. Bei dem Erdbeben von 1873 wurde die Chorkapelle, bei einem zweiten Beben 1936 die Hauptkuppel zerstört; beide Bauteile wurden erneuert. Das dreischiffige Innere ist barock ausgestattet; im rechten Seitenschiff sind Altarbilder von Jacopo Bassano und Palma il Giovane (beide 16. Jh.) zu sehen.

*Palazzo dei Rettori

Nördlich gegenüber dem Dom steht der Palazzo dei Rettori, ein 1491–1496 entstandener guter Frührenaissancebau mit einer Loggia im Erdgeschoss. Der seitlich in das Gebäude einbezogene Turm (12. bis 13. Jh.) ist ein Überrest des mittelalterlichen Bischofspalastes.

Museo Civico

Wenige Schritte östlich des Domplatzes gelangt man zum Museo Civico (Städtisches Museum) mit Funden aus vorgeschichtlicher und römischer Zeit, Gemäldesammlung und Münzkabinett (Öffnungszeiten: Di.–So. 10^{00}–12^{00} und 15^{00}–18^{00} Uhr).

S. Pietro

Am östlichen, dem Ardo zugewandten Rand des Bergsporns gab es schon um 1290 ein Kloster des Franziskanerordens. Dessen Kirche

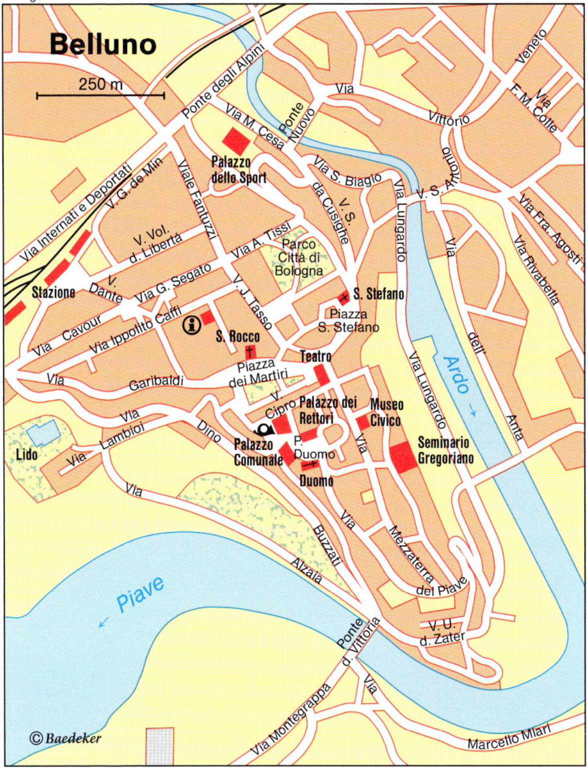

S. Pietro (Fortsetzung)

San Pietro wurde um die Mitte des 18. Jh.s barock umgestaltet; die Klosterbauten sind mehrmals modernisiert worden und beherbergen heute das Seminario Gregoriano.

S. Stefano

Beim nördlichen Rand des alten Stadtkerns steht die Kirche Santo Stefano. Der gotische Bau wurde 1480–1496 errichtet; 1899 fügte man in die südliche Langhausfassade das spätgotische Portal der profanierten Kirche Santa Maria dei Battuti ein. Im Kircheninneren gibt es einen Kruzifixus von Andrea Brustolon.

Umgebung von Belluno

Alpago

Nordöstlich von Belluno und jenseits des Piave erstreckt sich das Alpago, ein beliebtes Sommerziel im Bereich der Belluneser Voralpen. Eine kurvenreiche, aber landschaftlich reizvolle Straße führt nach Pieve d'Alpago (690 m ü.d.M.), dem Hauptort des Gebiets, und weiter nach Chies d'Alpago (718 m ü.d.M.), einem ruhigen, beschaulichen Urlaubsort.

Belluno (Fortsetzung), Lago del Mis

Nordwestlich von Belluno wurde der fjordähnliche Lago del Mis künstlich aufgestaut. Die Uferstraße mit zahlreichen Tunnels führt zum Canale del Mis, einer bis 10 m engen Felsschlucht, die hier bis 1919 die italienisch-österreichische Grenze bildete.

Von Belluno nach Gosaldo

Agordo

Man verlässt Belluno in westlicher Richtung auf der SS 203 d und wendet sich nach 7 km rechts (SS 203). Die landschaftlich lohnende Strecke führt im Cordévoletal aufwärts und erreicht nach 21 km Agordo (Betonung auf der ersten Silbe), den als Touristenzentrum vielbesuchten Hauptort des Tals. Am Hauptplatz steht der Palazzo Crotta di Manzoni (17./18. Jh.); in der Pfarrkirche (1836–1852) hängen Gemälde von Palma il Giovane (16./17. Jh.).

Taibon Agordino

Unweit nördlich liegt abseits der Durchgangsstraße der Weiler Taibon Agordino (628 m ü.d.M.), in dessen Pfarrkirche sich Gemälde von Paris Bordone (16. Jh.) befinden. Nach Westen erstreckt sich das sehr malerische, streckenweise enge Felsental Val di San Lucano.

Die Straße nach Gosaldo verlässt in Agordo das Tal des Cordévole und zieht in südwestlicher Richtung windungsreich bergan.

Frassenè

Frassenè ist ein auch zum Wintersport besuchter Ort; ein Sessellift führt aufwärts zur Malga Losch (1704 m ü.d.M.) mit dem Rifugio Scarpa (1735 m ü.d.M.); von hier gelangt man in 2 Std. auf einem markierten Fußsteig auf den 2872 m hohen Monte Agner.

Forcelle Aurine Gosaldo

Die Straße überquert dann den 1299 m hohen Pass der Forcelle Aurine und führt weiter nach Gosaldo (1150 m ü.d.M.), einem zum Sommerurlaub besuchten, verstreuten Dolomitendorf.
Die Fortsetzung der Strecke erreicht jenseits des 1369 m hohen Passo Cereda den Ort Fiera di Primiero (▶ San Martino di Castrozza).

Bormio — E 3

Region: Lombardei
Provinz: Sondrio
Höhe: 1225 m ü.d.M.
Einwohnerzahl: 4000

Luftkurort

Der einst "Worms" genannte Ort Bormio, als Luftkurort, Tourenzentrum und Wintersportplatz besucht, besitzt einen hübschen altertümlichen Kern. In der Umgebung entspringen heilkräftige Mineralquellen. Er liegt im Veltlin (ital. Valtellina) am Nordwestfuß der Ortlergruppe sowie am westlichen Ende der Passstraße über das Stilfser Joch, unweit der italienisch-schweizerischen Grenze.

Sehenswertes in Bormio

Pfarrkirche

An der Piazza Cavour, im Osten des Ortskerns, steht die barocke Pfarrkirche (Chiesa Collegiata SS. Gervasio e Protasio; 17. Jh.); am

Platz links bemerkt man die offene Loggia des Kuèrč, die einstige Gerichtshalle; dahinter die Torre Civica (Stadtturm).

Pfarrkirche (Fortsetzung)

Nordwestlich der Pfarrkirche ist im Palazzo De Simoni an der Via Buon Consiglio das Museo Civico (Stadtmuseum) mit historischen und volkskundlichen Sammlungen zu finden.

Museo Civico

Weit am nördlichen Ortsrand, Via Monte Ortigara, ist der Standort des Mineralogischen Museums (offiziell Museo Mineralogico Naturalistico Valli di Bormio). Ganz in der Nähe, an der Via Sertorelli, erreicht man auch den Botanischen Garten.

Museo Mineralogico

Unweit südlich jenseits des Flusses erreicht man im Ortsteil Combo das Santuario del Crocifisso, auch Sant' Antonio Abbate genannt (14. Jh.), in dessen Innerem sich Fresken aus dem 15. und 16. Jh. befinden.

Santuario del Crocifisso

Umgebung von Bormio

Bagni di Bormio

Bagni di Bormio (1318 m ü.d.M.), der 3 km nordöstlich gelegene vielbesuchte Badebezirk des Ortes, besteht aus den Bagni Vecchi und den Bagni Nuovi.

Bagni Vecchi

Die sieben Quellen der Bagni Vecchi (Alte Bäder), schon von Plinius erwähnt, entspringen aus Dolomitfelsen über der tiefen Addaschlucht. Interesse verdienen die "piscine", von den Römern in die Felsen gehauene Badebecken.

Bagni Nuovi

Auf einer aussichtsreichen Bergterrasse liegen die Bagni Nuovi (Neue Bäder). Ihr radioaktives, schwach gipshaltiges Wasser tritt mit Temperaturen zwischen 38 und 41 °C zu Tage.

Bormio 2000 / Bormio 3000

Am südlichen Ortsrand von Bormio befindet sich die Talstation der Schwebebahn, welche nach Bormio 2000, nahe der Baumgrenze, führt. Mit der zweiten Sektion gelangt man nach Bormio 3000, unmittelbar unterhalb der Cima Bianca (3012 m ü.d.M.).
Das umliegende Gelände bietet ausgezeichnete und vielseitige Wintersportmöglichkeiten.

Vallecetta

Von Bormio 3000 kann man in 45 Min. zur 3148 m hohen Vallecetta aufsteigen. Ferner stellt in diesem Gebiet eine Gondelbahn die Verbindung zum Ciuk (1620 m ü.d.M.) her, von wo ein Sessellift nach La Rocca (2126 m ü.d.M.) weiterführt.

Santa Caterina Valfurva

Im schönen Valfurva, welches von Bormio in die Ortlergruppe vorstößt, liegt 13 km südöstlich Santa Caterina Valfurva (1736 m ü.d.M.), ein lebhafter Fremdenverkehrs- und Wintersportort. Lohnende Ausflüge führen östlich zum Rifugio Branca (2493 m ü.d.M.) am Fornogletscher oder südlich zum 2621 m hohen Gaviapass.

Sóndalo

Im Addatal, auf der SS 38 zu erreichen, liegt 2 km südlich von Bormio an einer steilen Bergflanke der Luftkurort Sóndalo. Er besitzt zwei alte Kirchen, in deren Innerem Fresken zu sehen sind, und ein in einem schönen Park gelegenes Sanatorium.

Bozen / Bolzano

D–E 8–9

Region: Trentino-Südtirol
Provinz: Bozen
Höhe: 265 m ü.d.M.
Einwohnerzahl: 107 000

**Provinzhauptstadt

Bozen, die Hauptstadt der gleichnamigen Autonomen Provinz, liegt an der Vereinigung der aus dem ▶ Vinschgau bzw. dem ▶ Eisacktal kommenden Fernstraßen. Die Stadt, kultureller Mittelpunkt des überwiegend deutschsprachigen Gebiets der Region, ist in ein fruchtbares Talbecken gebettet, in dem der vom Brenner kommende Eisack nach der Aufnahme der dem Sarntal entströmenden Talfer in die unweit südlich vorbeifließende Etsch mündet. Östlich im Hintergrund erheben sich der Schlern mit seiner markanten Silhouette und die phantastische, sagenumwobene Dolomitgruppe des Rosengartens mit den Vajolettürmen, südwestlich der lange Höhenrücken der Mendel. Die Stadt weist einen überaus lebhaften Durchgangsverkehr auf, wird aber auch wegen ihrer verkehrsgünstigen Lage und der reizvollen Umgebung (▶ Überetsch, ▶ Ritten, ▶ Südtiroler Weinstraße) viel als Standquartier gewählt.

Bozen galt lange Zeit als Geburtsort des Minnesängers Walther von der Vogelweide.

Stadtbild

Die zwischen Talfer und Eisack gelegene Altstadt hat mit ihren stattlichen Bürgerhäusern aus Renaissance und Barock, den malerischen Erkern, Lichthöfen und Treppenhäusern rein tirolerischen Charakter. Jenseits der Talfer sind gegen Gries und Quirein hin in der Zeit zwischen den Weltkriegen und nach 1945 nüchterne italienische Beamten- und Arbeiterviertel entstanden, an die sich südlich eine große Industriezone anschließt.

Geschichte

Bozen, das römische Bauzanum, kam 680 unter langobardische, 740 unter fränkische Herrschaft und war später Sitz der bayerischen Grenzgrafen. Eine Zeit lang gehörte es zum Bistum Trient, das die Stadt im 13. Jh. den Grafen von Tirol überlassen musste. Seit 1363 habsburgisch, teilte Bozen bis 1919 die Geschicke Tirols und wurde im Frieden von Saint-Germain dem italienischen Staat zugesprochen. 1948 wurde aus den Provinzen Bozen und Trient das autonome Gebiet Trentino – Tiroler Etschland gebildet und Deutsch in der Provinz Bozen als zweite Amtssprache zugelassen. Seit 1919 führte der starke Zuzug von Arbeitskräften aus den südlichen Teilen des Landes zu einem erheblichen Anwachsen der italienischsprachigen Bevölkerungsgruppe. Seit 1964 ist Bozen zudem der Sitz des Bistums Bozen-Brixen; seit 1997 besteht die Freie Universität. Der im März 1999 eröffnete Flughafen wird u.a. von Frankfurt/Main, Wien und Rom angeflogen.

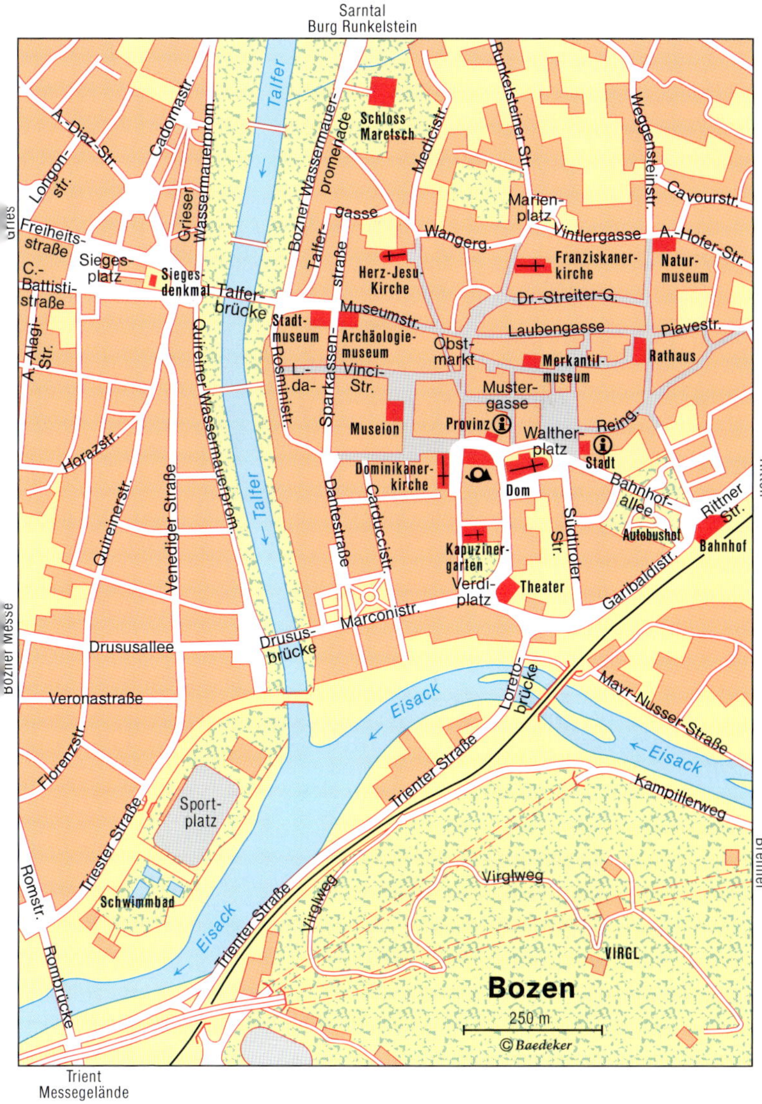

Stadtteile östlich der Talfer

Waltherplatz

Mittelpunkt der alten Stadt ist der große, weiträumige Waltherplatz. Benannt ist er nach dem Minnesänger Walther von der Vogelweide, dem bedeutendsten Dichter des deutschen Hochmittelalters, von dem lange Zeit vermutet wurde, dass er aus Südtirol

Auf dem Waltherplatz, dem Kern der Bozner Altstadt, steht das Denkmal für den größten Dichter des Mittelalters.

Waltherplatz (Fortsetzung)

stammte; jüngste Forschungsergebnisse lassen aber eher auf seine Herkunft aus Niederösterreich schließen. Sein Denkmal (1889) aus Laaser Marmor ist ein Werk von Heinrich Natter. Unter dem Platz ist eine große Tiefgarage angelegt.

*Pfarrkirche

An der Südseite des Waltherplatzes erhebt sich die im 14. und 15. Jh. erbaute gotische Pfarrkirche mit ihrem 62 m hohen, filigranen Turm (1501–1519). Seit 1964 ist sie neben dem Dom zu ▶ Brixen die zweite Bischofskirche des Bistums Bozen-Brixen. Die Seitenschiffe der dreischiffigen Halle setzen sich in einem Chorumgang fort; vor dem barocken Hauptaltar zeigt der Fußboden ornamentale Einlegearbeit in verschiedenfarbigem Marmor. Im Chorumgang hinter dem Altar befindet sich die Grabplatte Erzherzog Rainers von Österreich (geb. 30.9.1783 in Pisa, gest. 16.1.1853 in Bozen); gegenüber die im Barock angefügte überkuppelte Gnadenkapelle. In den Wänden des Chorumgangs gibt es einige Renaissancegrabsteine, an der rechten Langhauswand Reste gotischer Bilderzyklen aus dem 14. Jh.; die kunstvolle Sandsteinkanzel stammt aus der Werkstatt des oberdeutschen Steinmetzmeisters Hans Lutz von Schussenried, der auch den Kirchturm gestaltet hat. Die Vorhalle (1499) an der Westfassade ruht auf zwei von Löwenplastiken getragenen Säulen und verrät oberitalienischen Einfluss.

Dominikanerkirche

Westlich vom Waltherplatz kommt man zur Dominikanerkirche, welche um 1300 erbaut und 1498 in eine dreischiffige Hallenkirche umgewandelt wurde. Sie liegt etwas unter dem Straßenniveau; an der rechten Langhauswand finden sich umfangreiche Freskenreste aus dem mittleren 14. und frühen 15. Jahrhundert. Der durch einen Lettner vom Langhaus getrennte, lang gestreckte Chor wurde um 1740 mit barocker Stukkatur versehen.

****Johanneskapelle**

Aus dem Chor tritt man hinüber in die unmittelbar anstoßende Johanneskapelle, einen schmalen und hohen gotischen Bau. Wände und Decke sind lückenlos bedeckt mit Fresken aus der Schule Giottos (um 1340). Sie zeigen Szenen aus dem Marienleben, aus den Legenden der Heiligen Johannes d.T., Johannes Evangelista und Nikolaus sowie den Triumph des Todes. Insgesamt gehören diese Bilder zu den bedeutendsten Zeugnissen oberitalienischer Wandmalerei im Südtiroler Raum. Der Kreuzgang des einstigen Dominikanerklosters birgt einige Fresken von Friedrich Pacher (um 1490).

Altstadt

Nördlich des Waltherplatzes erstreckt sich die malerische Altstadt, großenteils als Fußgängerzone gestaltet.

Obstmarkt

An der Ecke Goethestraße / Lauben liegt der von alten Häusern eingerahmte Obstmarkt mit dem 1746 gegossenen Neptunbrunnen, wo werktags der Obst- und Gemüsemarkt abgehalten wird.

Lauben

Vom Obstmarkt ziehen die Lauben nach Osten, eine von teils noch aus dem 15. Jh. stammenden Häusern flankierte schmale Gasse mit zahlreichen Textilgeschäften, Parfümerien, Boutiquen u.a. Beachtung verdient die Apotheke zur Madonna (Haus Nr. 17) mit ihrer gediegenen altertümlichen Einrichtung.

Baedeker TIPP Kunsthandwerk vom Feinsten

Die Bozner Lauben sind eine berühmte Einkaufsmeile. Im Gebäude Nr. 39 sind die "Südtiroler Werkstätten" zu finden. Es handelt sich um eine umfangreiche Verkaufsausstellung des Südtiroler Kunstgewerbes. Hier gibt es nur wenig Dutzendware; es überwiegen gute Artikel überwiegend bäuerlich-folkloristischer Art, die mit viel Materialgefühl und Stilsicherheit aus Holz, Glas, Keramik und Textilien gefertigt sind, sowie moderne Arbeiten, u.a. guter Modeschmuck. Besondere Beachtung verdient die kunstvolle Federkielstickerei.

Ein Mosaik von Farben und Düften bietet der berühmte Obstmarkt.

Kornplatz

An den Lauben öffnet sich rechts der Kornplatz mit dem alten Waaghaus, dessen Fassade mit Fresken geschmückt ist und in dem sich von 1342 bis 1633 die Fronwaage befand.

Merkantilgebäude
Museum

Vom Kornplatz gelangt man in die Silbergasse, eine Parallelstraße der Lauben. Ihr wendet sich die barocke Hauptfassade des Merkantilgebäudes zu, welches im Jahre 1708 nach Entwürfen des Veroneser Architekten Francesco Pedrotti errichtet wurde und dessen Rückfront an die Lauben stößt. Hier zeigt das Merkantilmuseum Exponate zur Handelsgeschichte, historisches Mobiliar und eine reiche Gemäldesammlung (Öffnungszeiten: Mo.–Fr. 10^{00}–17^{00} Uhr). Der Zugang zum Museum befindet sich in den Lauben, direkt neben den Südtiroler Werkstätten (s. zuvor).

Rathausplatz

Den östlichen Endpunkt der Lauben bildet der Rathausplatz mit seinen zum Teil schmuckreichen Häuserfassaden und dem im 19. Jh. in historisierenden Barockformen erbauten Rathaus.

Museion

Am westlichen Ende der Fußgängerzone gelangt man zur Sernesistraße. An ihr steht das Museion (Museum für Moderne Kunst), das eine seiner wichtigsten Aufgaben in der Gegenüberstellung von Kunst aus dem deutschen und dem italienischen Sprachraum sieht (Öffnungszeiten: Di.–So. 10^{00}–12^{00} und 15^{00}–19^{00} Uhr).

Städtisches Museum

Noch etwas weiter westlich steht an der Museumsstraße, unweit der Talferbrücke, das Städtische Museum Bozen; es umfasst Sammlungen zur Vorgeschichte, Kunstwerke aus Romanik, Gotik, Renaissance, Barock und Biedermeier, ferner die umfangreichste Trachtensammlung in Südtirol (Öffnungszeiten: Di.–Sa. 9^{00}–12^{30} und 14^{30}–17^{30} Uhr).

Südtiroler Archäologiemuseum

Die Hauptattraktion des 1998 eröffneten Landesmuseums für Archäologie ist der "Ötzi", die am 19. September 1991 in der Similaungruppe aufgefundene Gletschermumie (▶ Baedeker-Special S. 82). Die in einer Klimakammer befindliche kupferzeitliche Mumie und ihre Beifunde geben einen einmaligen Einblick in die Kultur der Jungsteinzeit. Weitere Exponate dokumentieren die Geschichte Südtirols vom Ende der letzten Eiszeit bis zur Ära Karls des Großen (Öffnungszeiten: Di.–So. 10^{00}–18^{00}, Do. bis 20^{00} Uhr).

Franziskanerkirche

Nahe dem nördlichen Rand des alten Stadtkerns steht hinter einer Mauer und gegenüber dem Straßenniveau abgesenkt die aus dem 13.–15. Jh. stammende gotische Franziskanerkirche. Das Innere wird von Rippengewölben überspannt; an der linken Langhauswand sind Reste spätgotischer Wandmalereien von Konrad Waider zu sehen, die Päpste und Ordensleute darstellen. Die bunten Glasfenster im Chor sind Arbeiten aus dem 20. Jahrhundert. Im Chor befindet sich auch der schöne, "Krippenaltar" genannte gotische Schnitzaltar (um 1500) des Brixner Meisters Hans Klocker. Links neben der Kirche liegt der stimmungsvolle, zum Teil noch romanische Kreuzgang.

Naturmuseum

Im einstigen Amtshaus Kaiser Maximilians, an der Bindergasse, zeigt das Naturmuseum Südtiroler Landschafts- und Naturgeschichte. Modelle, Dioramen und Multimedia geben Einblicke in die Erdgeschichte und in die Entwicklung der Lebensräume (Öffnungszeiten: Di.–So. 10^{00}–18^{00} Uhr).

Bozner Wassermauerpromenade

Unweit vom Stadtmuseum beginnt die am östlichen Ufer der Talfer entlangziehende Bozner Wassermauerpromenade, eine schöne, schattige Parkanlage mit gutem Blick auf die Rosengartengruppe.

Im Schloss Maretsch ist ein Tagungszentrum eingerichtet.

Der Tote vom Hauslabjoch

Angefangen hat es im Jahr 1991, und geradezu wie jeder bessere Kriminalroman mit einem Leichenfund. In 3210 m Höhe entdeckte ein Nürnberger Ehepaar in den Ötztaler Alpen einen noch halb im Eis liegenden Toten, der Schädel- und Rückenverletzungen aufwies. Die Staatsanwaltschaft, vermeintlich einem Kapitalverbrechen auf der Spur, schaltete sich ein, und die von ihr veranlassten Untersuchungen brachten Überraschendes zu Tage.

Wer war der Tote?

Der Tod hat den Sechsundvierzigjährigen schon vor rund 5300 Jahren ereilt, und seine Leiche wurde im Eis mumifiziert, so dass sie heute Kunde gibt vom Leben an der Schwelle zwischen Stein- und Bronzezeit.
An Stelle der Kriminologen traten jetzt die Anatomen und Altertumswissenschaftler auf den Plan. Der nahezu unversehrte Körper weist im Bereich von Lendenwirbelsäule, Knien und Sprunggelenken über fünfzig Tätowierungen auf – nicht als Schmuck, sondern zur Therapierung dieser besonders beanspruchten Körperregionen.
Auch über die körperliche Verfassung des Gletschermannes herrscht weitgehend Klarheit. Neben den Verschleißerscheinungen an Gelenken und Wirbelsäule zeigt die Leiche starke Abnutzung am Gebiss, das allerdings völlig frei von Karies ist. Einige Rippen sind gebrochen. Im Verdauungstrakt fanden sich Reste seiner aus Fleisch, Weizenkleie und Pflaumen bestehenden letzten Mahlzeit. Seine durch Peitschenwürmer verursachte Darminfektion bekämpfte er mit Holzkohle – auch heute noch ein probates Hausmittel.

Die Bekleidung

Auch die Bekleidung des Gletschermannes – der schon bald "Ötzi" genannt und unter diesem Namen bekannt geworden ist – gibt dank ihres ausgezeichneten Erhaltungszustandes Auskunft über die Lebensweise von Ötzi und Konsorten.
Die Schuhe sind die ältesten erhaltenen weltweit. Sie bestehen aus einer Sohle von Bärenleder, einem Oberteil von Hirschleder und einem wärmenden Futter von Heu. Ein Lendenschurz aus Ziegenleder bildete die Unterkleidung; er wurde von einem Gürtel gehalten, der als Tasche gearbeitet war und allerlei kleines Werkzeug barg. Die Beinkleider aus Ziegenfell bedeckten die Ober- und Unterschenkel. Darüber trug der Gletschermann einen knielangen Fellmantel und über allem einen weiten Umhang, der aus langen Grashalmen geflochten war. Den Kopf bedeckte eine Mütze aus Bärenfell.

Waffen und Gerät

Ötzis Ausrüstung war sehr zweckmäßig und gestattete es ihm, sich längere Zeit fern seiner Siedlung im unwirtlichen Hochgebirge aufzuhalten. Der wichtigste Gegenstand war das vollständig erhaltene kupferne Beil, das sorgfältig in Eibenholz geschäftet ist. Der in einer am Gürtel getragenen Lederscheide steckende Dolch besteht aus einer kleinen Feuersteinklinge mit einem Griff aus Eschenholz. Als Jagdwaffe diente ein Bogen; im Köcher fanden sich fertige gefiederte Pfeile und Rohschäfte. Dass Ötzi ein bergerfahrener Mann war, geht auch daraus hervor, dass er einen Rucksack trug,

dessen Gestell erhalten ist. In Gefäßen aus Birkenrinde trug er unter anderem immer einen kleinen Glutrest seines letzten Lagerfeuers mit sich, um sich die Mühe des Feueranzündens mit Stein und Zunder zu sparen.

Ötzi war ein Südtiroler

Im Jahr 1996 stellte sich heraus, dass Ötzi von Süden zum Hauslabjoch aufgestiegen sein muss, denn er trug Moospflanzen bei sich, die nur an der Alpensüdseite vorkommen – beispielsweise im Vinschgau. Auch die Tatsache, dass bei der Obduktion Reste von Hopfenbuche gefunden wurden, stützt diese Theorie. Noch exakter umgrenzt der Innsbrucker Wissenschaftler Konrad Spindler die Heimat des Toten; er ist fest davon überzeugt, Ötzi habe in der Nähe von Schloss Juval gelebt, das heute dem Extrembergsteiger Reinhold Messner gehört.

Ötzis Tod

Ganz genau lässt sich die Todesursache nicht klären; zu vermuten ist, dass er im Spätsommer am Hauslabjoch von einem Wettersturz überrascht wurde und in einer Felsrinne Deckung suchte. Seine Verletzungen legen die Vermutung nahe, dass er in einen Kampf verwickelt gewesen war. Auch hatte er keinen funktionsfähigen Bogen bei sich. Die bei ihm gefundene Waffe hatte er nicht mehr fertigstellen können. Erschöpft schlief er ein und ist erfroren.

Was dann geschah

Nach den lange währenden und intensiven Untersuchungen, u.a. an der Universität von Innsbruck, hat der Eismann seine Odyssee wohl ein für alle Male beschlossen. Seit 1998 ruht er im Südtiroler Archäologiemuseum von Bozen in einer Klimakammer, in der Gletscherbedingungen herrschen: eine Temperatur von -6 °C und eine relative Luftfeuchtigkeit von 98 Prozent. Durch ein kleines Panzerglasfenster kann man ihn betrachten.
Um den Gletschermann hat sich allerdings auch ziemlich viel Rummel entwickelt. Mittlerweile gibt es Ötzi-Eis, Ötzi-Wein und Ötzi-Pizza. Und im Schnalstal, in Sichtweite vom Fundort der Leiche, ist ein archäologischer Erlebnispark zum Thema Ötzi eingerichtet worden.

Promenade (Fortsetzung) Schloss Maretsch (Abb. S. 81)

Sie führt nordwärts bis zu dem hübsch in weiten Rebflächen gelegenen Schloss Maretsch.
Das Schloss Maretsch ist zu einem Tagungszentrum ausgebaut worden. Das Gebäudekarree mit runden Ecktürmen und vierkantigem Bergfried wurde im 13. Jh. erbaut und im 16. Jh. erweitert. Im ersten Stock gibt es eine ausgemalte Loggia.

***St.-Oswald-Promenade**

Vom Schloss Maretsch kommt man über das im 17. Jh. entstandene Schloss Klebenstein zum Beginn der St.-Oswald-Promenade. Diese führt zwischen Weinbergen bis 400 m bergan und erreicht über den malerischen Winzerort St. Magdalena den Bozner Vorort Rentsch an der Brennerstraße.

Jenesiener Seilbahn

Die St.-Anton-Brücke überquert beim Schloss Klebenstein die Talfer; über sie gelangt man zur Talstation der nach Jenesien (s. unten) führenden Seilbahn.

Rittnerseilbahn

Den südlichen Teil der St.-Oswald-Promenade überquert die Rittnerseilbahn, welche von der Talstation an der Rittner Straße zu dem auf dem Hochplateau des ▶ Ritten gelegenen Ortschaft Oberbozen führt.

Die Fresken von Runkelstein spiegeln das höfische Leben.

Burg Runkelstein

Nordöstlich von Klebenstein erhebt sich über der Talfer die Burg Runkelstein (13./14. Jh.). Im 16. Jh. wurden im Auftrag Kaiser Maximilians die Fresken aufgefrischt; durch eine Explosion des Pulvermagazins im Jahre 1520 erlitt die Burg schwere Schäden und verfiel in den späteren Jahrhunderten immer mehr, ehe sie um 1880 gründlich wiederhergestellt wurde (Öffnungszeiten: Di.–So. 10^{00} bis 18^{00}, Juni–Sept. bis 20^{00} Uhr).

Die um 1400 gemalten Fresken von Runkelstein gehören zu den bedeutendsten weltlichen Schöpfungen ihrer Art. Die meisten sind im westlichen Palas und im Sommerhaus zu finden; sie zeigen Szenen aus dem höfischen Leben sowie aus Ritterromanen und dem Alten Testament. In der Schlosskapelle gibt es Reste von Fresken, welche das Leben der hl. Katharina schildern. **Fresken

Stadtteile westlich der Talfer

Über die Talferbrücke erreicht man die in der Mussolini-Ära neu angelegten westlichen Stadtteile. Rechts erstreckt sich – als Pendant zur Bozner Wassermauerpromenade – der Petrarcapark mit der Grieser Wassermauerpromenade, links die Quireiner Wassermauerpromenade, die südlich an der Drususbrücke endet. Talferbrücke Wassermauerpromenaden

Hinter dem für seinen Rotwein berühmten Bozner Stadtteil St. Magdalena ragen die Felszacken der Dolomiten auf.

Die Talferbrücke führt direkt zum Siegesplatz. Hier steht das klotzige faschistische Siegesdenkmal von 1928, in der Gestaltung einem antiken Triumphbogen nachempfunden. Die von hier nach Westen weiterreichenden Stadtviertel zeigen breite Prachtboulevards und einheitlich gestalteten Häuserblocks. Siegesdenkmal

Vom Siegesplatz führt die breite Freiheitsstraße in den Bozner Stadtteil Gries, einen gärtenreichen Villenvorort am Fuße des Guntschnabergs. Gries

Blick von der Rittnerstraße auf die Provinzhauptstadt Bozen.

*Benediktinerkloster

Am Grieser Platz steht das große Benediktinerkloster Gries-Muri, das aus der ehemaligen Burg der Herren von Morit-Greifenstein entstanden und von einer nahezu vollständig erhaltenen Ringmauer umzogen ist. Im Jahre 1410 war die Burg durch eine Schenkung Herzog Leopolds von Habsburg in den Besitz der Augustiner-Chorherren übergegangen. Nach der Säkularisierung durch die bayerische Regierung (1807) blieb der Konvent zweckentfremdet, bis Kaiser Ferdinand im Jahre 1845 das Kloster den aus Muri im schweizerischen Kanton Aargau gekommenen Benediktinern zur Verfügung stellte. Von den verschiedentlich durchgeführten Änderungen und Erweiterungen haben diejenigen der Jahre 1769–1787 das heutige Aussehen der Gesamtanlage am deutlichsten geprägt. Die Stiftskirche St. Augustinus (1769–1771) ist ein Werk des lombardischen Baumeisters Sartori und wurde von dem aus Steinach am Brenner stammenden Martin Knoller (1725–1804) mit ausgezeichneten Wand-, Decken- und Altarbildern ausgestattet.

*Pfarrkirche

Wenig weiter nördlich, am Fuße des Guntschnabergs, erreicht man die alte Grieser Pfarrkirche Unsere Liebe Frau, deren Vorgängerbau schon um 855 bestanden haben soll. Aus der Romanik stammen noch das Westportal und ein Kruzifix. Im 15. und 16. Jh. wurde die Kirche umgestaltet, so dass sie im übrigen gotische Formen zeigt.

**Michael-Pacher-Altar

Die Hauptsehenswürdigkeit der Pfarrkirche und zugleich eines der bedeutendsten gotischen Kunstwerke in Südtirol ist der 1475 von Michael Pacher gefertigte, in der Erasmuskapelle aufgestellte Schnitzaltar mit der Marienkrönung (So. und Fei. unzugänglich).

*Guntschna-Promenade

In unmittelbarer Nähe der Grieser Pfarrkirche beginnt die schöne Guntschna-Promenade, ein aussichtsreicher Spazierweg, auf dem man in 45 Min. zum Hotel Reichrieglerhof gelangt.

Umgebung von Bozen

Sigmundskron

Rund 3 km südlich von Bozen, am Beginn der ► Südtiroler Weinstraße, bildet die hoch gelegene Burgruine Sigmundskron einen markanten Akzent. Eine Stichstraße führt zur Ruine hinauf, die an einer strategisch wichtigen Stelle nahe dem Zusammenfluss von Etsch und Eisack errichtet worden ist und im 15./16. Jh. ein Bollwerk gegen das Vordringen venezianischer Söldner war. Von oben bietet sich eine gute Aussicht; es gibt auch ein Burgrestaurant. Es ist vorgesehen, hier ein Gebirgsmuseum einzurichten.

Jenesien / San Genesio

Das 6 km südlich von Bozen gelegene Dorf Jenesien (1087 m ü.d.M.) ist von Bozen entweder mit einer Seilbahn oder auf einer kurvenreichen Bergstraße zu erreichen. Es liegt am Hochplateau des von lichten Lärchengehölzen und Weideflächen bedeckten Salten, eines ausgedehnten Erholungs- und Wandergebiets mit prachtvollem Blick auf den Schlern und in die Landschaft der Dolomiten.

Steinegg / Collepietra

Steinegg (823 m ü.d.M.) liegt 12 km südlich von Bozen schön auf einem Hochplateau zwischen dem Eggental (Große ► Dolomitenstraße) und dem Tierser Tal. In der Kirche (1984) befindet sich auch das Heimatmuseum mit Zeugnissen bäuerlicher Kultur.

Baedeker TIPP — Schiff ahoi!

Das kleine Schiffsmuseum in Leifers (Fabio-Filzi-Str. 7) zeigt schwimmfähige Modelle von neuzeitlichen Kriegsschiffen im Maßstab 1:20 bis 1:80. Geöffnet ist es von Mai bis Mitte November mittwochs und sonntags von 16^{00} bis 20^{00} Uhr.

Leifers / Laives

Leifers liegt ca. 8 km südlich von Bozen in der fruchtba-

Bozen, Leifers (Fortsetzung)

ren Ebene des Südtiroler Unterlandes am linken Ufer der Etsch, die hier den Eisack aufnimmt. Östlich ragt der langgestreckte Höhenzug des Regglberges auf.
Östlich etwas außerhalb von Leifers steht am Weg nach Maria Weißenstein (▶ Deutschnofen) das romanische Kirchlein St. Peter am Köfele.

Branzoll Pfatten

Zum Fremdenverkehrsverband Leifers gehören auch der südlich anstoßende Ort Branzoll mit seinem hübschen Ortskern und einem Porphyrsteinbruch sowie das jenseits des Flusses gelegene Pfatten.

Brennerpass / Passo del Brennero — A–B 10

Region: Trentino-Südtirol
Provinz: Bozen
Höhe: 1375 m ü.d.M.
Öffnungszeit: ganzjährig

Grenzübergang

Der Brennerpass, der niedrigste Übergang über die Hauptkette der Alpen, ist seit dem Frieden von Saint-Germain (1919) österreichisch-italienische Grenze bzw. Grenze zwischen Nord- und Südtirol. Über die Passhöhe verlaufen die 1959–1973 angelegte gebührenpflichtige Brennerautobahn, die Brenner-Bundesstraße (Österreich) bzw. Brenner-Staatsstraße (Italien) sowie die 1864–1867 gebaute und 1931 elektrifizierte Brennerbahn.
Schon in prähistorischer Zeit überquerten Saumpfade den Pass; die Räter drangen über ihn in das Eisacktal vor. Um die Wende vom 2. zum 3. nachchristlichen Jahrhundert legten die Römer eine Straße an, der im wesentlichen auch die heutige Straßenführung entspricht. In der Folgezeit wuchs die Bedeutung der Straße auch für den Handel, beispielsweise zwischen der reichen Fuggerstadt Augsburg und der Stadtrepublik Venedig.

Brennerbad

Rund 4 km südlich der Passhöhe, abseits der Autobahn, liegt das kleine Brennerbad (1309 m ü.d.M.) mit radioaktiver Thermalquelle (23 °C). Ein Sessellift führt östlich aufwärts zum Wintersportgebiet auf der Ziroger Alm.

Brentagruppe

▶ Madonna di Campiglio
▶ Molveno

Brixen / Bressanone — C 10–11

Region: Trentino-Südtirol
Provinz: Bozen
Höhe: 561 m ü.d.M.
Einwohnerzahl: 16 000

****Älteste Stadt Tirols**

Brixen, die drittgrößte Stadt Südtirols, liegt in einer Weitung des ▶ Eisacktals an der Brennerautobahn. Hier mündet die aus dem

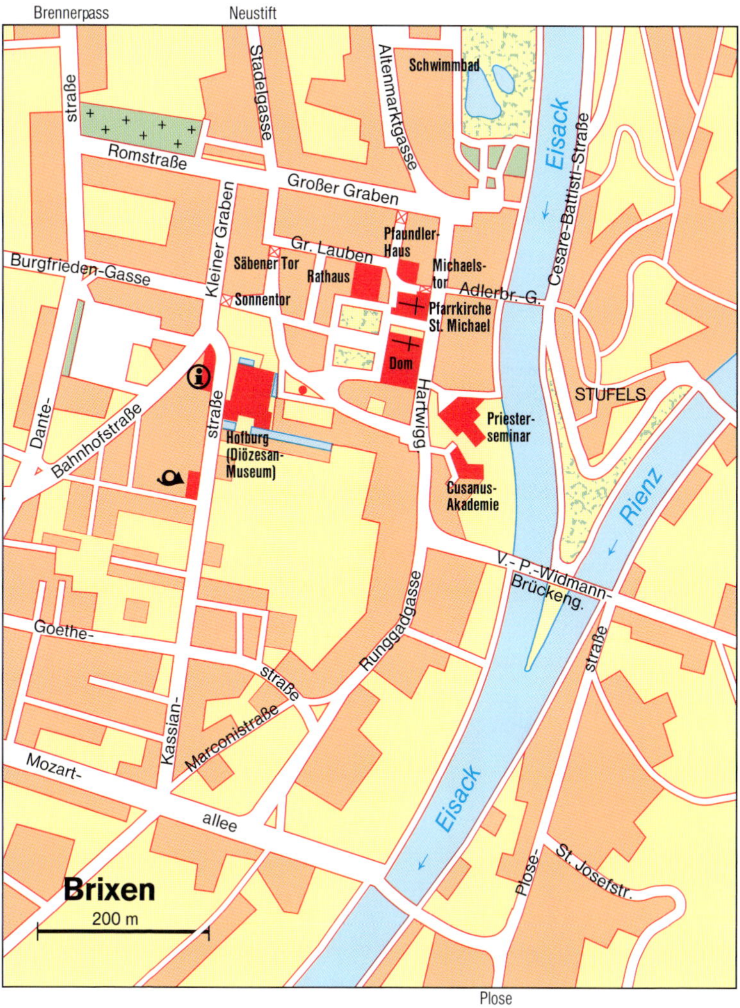

► Pustertal kommende Rienz in den Eisack. Am 13. September 901 auf altem Siedlungsgebiet gegründet, ist Brixen die älteste Stadt Tirols. Um 970 verlegte Bischof Albuin den Sitz des Bistums von Säben bei ► Klausen hierher, und bis gegen 990 entstand der ottonische erste Dom, dem bald eine Schule angegliedert war. Im Jahre 1091 wurde die Stadt Zentrum des Hochstiftes Brixen; im 12. Jh. errichtete man die Stadtbefestigung und gründete etwas weiter nördlich das Kloster Neustift. 1179 erhielt der Bischof von Friedrich I. das Münz-, Markt- und Zollrecht sowie die Gerichtsbarkeit. Die Pest suchte 1348 und 1636 die Stadt heim; 1444 brannte ein großer Teil der Gebäude nieder. Der berühmte Humanist und Theologe Niko-

Älteste Stadt Tirols (Fortsetzung)

Älteste Stadt Tirols (Fortsetzung)

laus von Kues, latinisiert Cusanus, war 1450–1461 Bischof von Brixen, und in dieser Eigenschaft geriet der reformfreudige Kirchenmann in Konflikt mit Erzherzog Sigismund von Tirol, der – eher konservativ – das Nonnenkloster Sonnenburg im Pustertal unterstützte. Nachdem Sigismund den Bischof in Bruneck belagert hatte, musste dieser das Bistum aufgeben.
Mit dem Bau des barocken Doms begann man 1745; die Weihe erfolgte 1758. In den Napoleonischen Kriegen wurde die Stadt 1797 von 12 000 Franzosen besetzt und nach deren Niederlage in der Schlacht von Spinges (vgl. ▶ Mühlbach) wieder geräumt.
Der Reichsdeputationshauptschluss von 1803 brachte die Säkularisierung der Kirchengüter und damit das Ende des Fürstentumes Brixen; von 1806 bis 1814 war es unter bayerischer Herrschaft, kam dann an Tirol.
Das späte 19. und frühe 20. Jh. brachten eine großzügige technische Erschließung mit dem Bau von Straßen und Eisenbahnlinien, Elektrifizierung der Stadt und Verbesserung der Wasserversorgung. 1962 wurde die Akademie eingeweiht und nach Cusanus benannt. 1964 erfolgte die Neugründung der Diözese Bozen-Brixen; zugleich verlegte man den Sitz des Bistums in die Provinzhauptstadt ▶ Bozen.

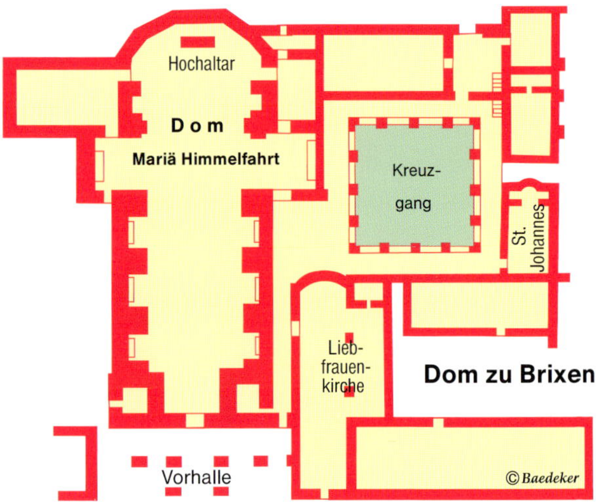

Sehenswertes in Brixen

*Dom

Beherrschend steht am östlichen Rand der Altstadt der barocke Dom Mariä Himmelfahrt. Seine klare, flächige Fassade verrät lombardischen Einfluss; die von Pfeilern und Säulen getragene klassizistische Vorhalle wurde erst 1785 angefügt. Die beiden Westtürme stammen im unteren Teil noch von dem romanischen Vorgänger-

Der Dom zu Brixen ist das geistliche Zentrum Südtirols. ▶

Der Kreuzgang des Doms ist nahezu lückenlos mit Fresken bedeckt.

Dom (Fortsetzung)

bau. Das einschiffige, von einem Tonnengewölbe überspannte Innere ist beiderseits von Altarkapellen flankiert, die durch marmorverkleidete Pfeiler voneinander getrennt sind. Die Langhausdecke trägt ein riesiges Fresko (1750) von Paul Troger, der auch die Deckengemälde im Chor geschaffen hat, während die Ausgestaltung der Vierung erst im 19. Jh. geschah (Öffnungszeiten: tägl. 8^{00}–12^{00} und 15^{00}–18^{00} Uhr).

**Kreuzgang

In der Vorhalle des Doms öffnet sich rechts ein Durchgang, welcher zum Kreuzgang führt. Dessen ursprüngliche Bausubstanz stammt aus der Romanik (um 1200); die Kreuzrippengewölbe wurden in der Gotik angebracht. Besondere Hervorhebung verdienen hier die prachtvollen, mit großem Sachverstand restaurierten Gewölbefresken. Sie stammen aus verschiedenen Entwicklungsstufen der Gotik in der Zeit von 1390 bis 1510. Dargestellt sind Szenen aus dem Alten und Neuen Testament.

Johanneskirche

Am südlichen Rand des Komplexes von Dom und Kreuzgang ist die Johanneskirche zu finden, ein aus der Zeit kurz nach 1200 stammender romanischer Bau mit gotischem Gewölbe und Freskenschmuck (13.–15. Jh.).

Pfarrkirche

Nördlich neben dem Dom, jenseits des ummauerten Kirchhofs, bemerkt man die ursprüngliche Pfarrkirche St. Michael (um 1500), die 1757/1758 im Inneren barockisiert und von dem Troger-Schüler Josef Hauzinger mit Deckengemälden ausgestattet wurde. Im Kirchhof, an der Dommauer, befindet sich ein Gedenkstein für Oswald von Wolkenstein.

Gegenüber der nördlichen Langhausfassade steht das im 16. Jh. erbaute Pfaundlerhaus mit zwei Erkertürmchen und kunstvollen schmiedeeisernen Fenstergittern.

Pfaundlerhaus

Die Nordseite des Domplatzes wird begrenzt vom Rathaus mit Fassadenturm, Treppen- und Zinnengiebeln. In der Rathausgalerie finden wechselnde Kunstausstellungen statt. Im nahen Altstadtkern bieten vor allem die Großen und Kleinen Lauben mit ihren malerischen Erkerhäusern ein schönes Bild.

Rathaus

Südwestlich vom Dom steht die exzellent restaurierte ehem. fürstbischöfliche Hofburg. An dieser Stelle befand sich seit 1260 eine befestigte Burg, die ab 1595 dem Renaissanceschloss weichen musste. Diese Anlage wurde bis zum Jahr 1710 vollendet; die letzten Baustufen zeigen daher barockes Gepräge. Im repräsentativen Innenhof mit seinen dreistöckigen Loggien in den Seitenflügeln stehen die Terrakottafiguren von Mitgliedern des Hauses Habsburg (1600), Werke des Schongauer Meisters Hans Reichle. Auf dem weiten Platz vor der Hofburg wurde im Jahre 1909 die Jahrtausendsäule zum Gedenken an das Stadtjubiläum von 1901 aufgestellt.

****Hofburg**

Das Diözesanmuseum Brixen, das seinen Sitz in der Hofburg hat, umfasst den Domschatz, Kunst des Mittelalters und der Neuzeit, Gemälde, Möbel, Porzellan, Sammlungen zur Diözesan- und Fürstentumsgeschichte sowie eine weitberühmte Krippensammlung (Öffnungszeiten: Di.–So. 10^{00}–17^{00} Uhr).

***Diözesanmuseum**

Südöstlich vom Dombezirk steht das stattliche Gebäudekarree des Priesterseminars. Das Seminar ist eine Gründung von 1607; die Bau-

Priesterseminar

Die Hofburg, einst Sitz der Fürstbischöfe, birgt heute eine berühmte Krippensammlung.

Priesterseminar (Fortsetzung)

ten sind barock. Beachtung verdient die Hauptfassade mit Rocailleschmuck. Im Jahre 1764 wurde in die bereits bestehende Hauptfront die Heiligkreuzkirche eingefügt; im Inneren sind Fresken von Franz Anton Zeiller zu sehen.

Umgebung von Brixen

Neustift / Novacella

Das Augustiner-Chorherrenstift Neustift, 3 km nördlich von Brixen, ist eine Gründung von 1142, wurde aber schon fünfzig Jahre später völlig erneuert. Die Klosteranlage besteht aus mehreren Gebäudeblocks, welche zwei große Innenhöfe umschließen (Führungen Mo.–Sa. 10^{00}, 11^{00}, 14^{00}, 15^{00} und 16^{00} Uhr).

Am Eingang in den Klosterbezirk steht die Michaelskapelle, gewöhnlich "Engelsburg" genannt, ein eigenartiger, zinnengekrönter Rundbau aus romanischer Zeit. Auf dem dahinter liegenden Hof gibt es Parkplätze; hier beginnen auch die Führungen. Durch einen Torbau gelangt man in den eigentlichen Klosterhof, wo ein hübscher achteckiger Renaissancebrunnen mit freskengeziertem Baldachin steht.

Brixen

Das Innere der Klosterkirche wurde im Barock reich ausgestattet.

**Klosterkirche

Die dreischiffige Basilika Unsere Liebe Frau stammt aus der Zeit der ersten Klostererneuerung im späten 12. Jh., wurde aber im Barock, vor allem 1734–1737, weitgehend umgestaltet und gilt heute als reichstes Baudenkmal der deutschen Barockbaukunst südlich des Brenners. Die Deckenfresken wurden von Matthias Günther gemalt. In der Sakristei sind Fresken von Michael Pacher aus der Zeit um 1470 zu sehen.

Bibliothek

Weiterhin verdient der spätbarocke Bibliothekssaal mit mehrfarbigem Parkettboden, Rocailleschmuck und umlaufender zierlicher Galerie besondere Beachtung, desgleichen der gotische Kreuzgang mit seinen Fresken sowie die Pinakothek mit Tafelbildern aus Neustifter Kirchenbesitz.

Neustift (Fortsetzung)

Vahrn / Varna

Am Eingang in das Schalderer Tal, 3 km nordwestlich von Brixen, liegt das Erholungsdorf Vahrn (648 m ü.d.M.) am gleichnamigen kleinen See. Die gotische Pfarrkirche St. Georg besitzt ein Außenfresko aus dem 15. Jh.; in der ursprünglich romanischen, aber im 16. Jh. gotisierten Kapelle der Burgruine Uttenheim befinden sich ein Barockaltar sowie Freskenreste aus der Zeit der Wende vom 17. zum 18. Jahrhundert.

Plose

Von St. Andrä stellt eine Umlaufbahn die Verbindung zur 2504 m hohen Plose, dem auch zum Wintersport besuchten "Hausberg" der Stadt, her. Die Bergstation befindet sich nahe dem Berggasthof Kreuztal; ein Sessellift führt von dort weiter bis zur Plosehütte.

****Aussicht**

Die Plose ist wegen ihres prächtigen Gebirgspanoramas berühmt. Da der Hauptgipfel, Telegraph oder Fröllspitze genannt, militärisches Sperrgebiet ist, bleibt die Ersteigung der Pfannspitze oder des Großen Gablers. Von der Plosehütte gelangt man zu Fuß in 45 Min. auf die 2547 m hohe Pfannspitze, auch Großer Pfannberg genannt; rund 30 Min. weiter östlich erhebt sich der Große Gabler (2561 m ü.d.M.). Von den Gipfeln überblickt man die Geislerspitzen und einen großen Teil der Zentralalpen.

Lüsen / Luson

Eine streckenweise windungsreiche Straße führt von Brixen 12 km östlich in das Lüsener Tal, das als ruhige Urlaubsregion aufgesucht wird. Im Ort Lüsen steht die spitztürmige Pfarrkirche St. Georg, spätgotisch und um 1775 barockisiert. Die Außenfresken sind um 1700 entstanden. An der Nordseite des Friedhofs bemerkt man die im 15. Jh. entstandene kleine Kilianskirche mit Innenausstattung aus dem 15. und 17./18. Jahrhundert.

Brixner Dolomitenstraße

▶ Gadertal

Bruneck / Brunico C 12

Region: Trentino-Südtirol
Provinz: Bozen
Höhe: 835 m ü.d.M.
Einwohnerzahl: 5000 (Gemeindegebiet 12 000)

Hauptort des Pustertals

Bruneck ist nach Bischof Bruno von Brixen benannt, der um 1250 Stadt und Burg gegründet hat. Die durch Handel zu Wohlstand gelangte Stadt liegt mitten im ▶ Pustertal, dessen Hauptort sie ist, an der Einmündung des ▶ Tauferer Tals. Die zwischen rundkuppige Berge von ausgeprägtem Mittelgebirgscharakter gebettete Stadt umfasst als Gemeinde auch Reischach, St. Georgen, Aufhofen, Dietenheim und Stegen.

Sehenswertes in Bruneck

Stadtgasse

Die malerische Stadtgasse, die Hauptachse des alten Ortskerns, ist heute Fußgängerzone; die Pustertaler Straße zieht nördlich der al-

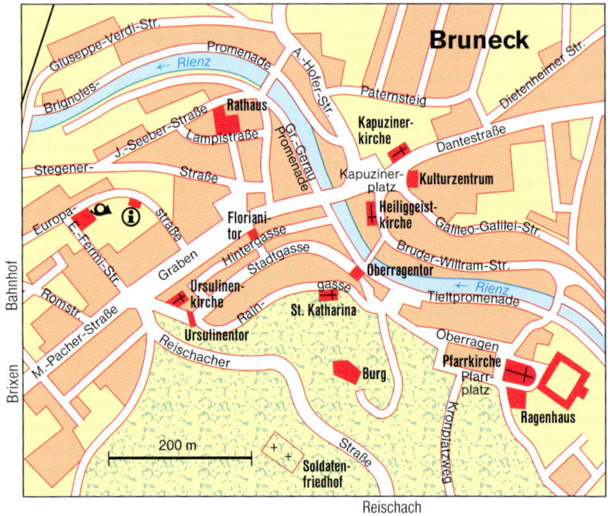

Stadtgasse (Fortsetzung)

ten Stadtmauer vorbei. In leichtem Bogen verlaufend, verbindet die Stadtgasse das Ursulinentor beim gleichnamigen Konvent mit seiner schlichten kleine gotischen Kirche mit dem Oberragen-Tor, außerhalb dessen sich die Bebauung mit altertümlichen Bürgerhäusern noch bis zur Pfarrkirche (s. unten) fortsetzt. Die meisten der an der Stadtgasse stehenden stattlichen Gebäude gehen auf das 15. und 16. Jh. zurück; im Haus Nr. 29 wurde um 1435 der Bildhauer Michael Pacher geboren.

St. Katharina am Rain

Etwas oberhalb des Stadtkerns steht die Kirche St. Katharina am Rain, ursprünglich ein 1345 entstandener gotischer Bau, der aber während des 17. Jh.s im Stil des Frühbarock grundlegend erneuert wurde. Aus dieser Zeit stammen auch das Hochaltarblatt, eine Kopie nach Paolo Veronese, sowie das Deckenfresko im Chor. 1723 brannte die Kirche ab; bei der Wiederherstellung im folgenden Jahr erhielten die beiden Türme ihre Helme.

Burg

Ein Fußweg führt von der Kirche St. Katharina aufwärts zur Burg Bruneck (13.–16. Jh.), die in parkähnlichem Gelände mit vielen Robinien, Buchen und Ahornbäumen steht. Im Sommer finden Führungen statt.

Kühbergl

Am Hang des Kühbergls, östlich vom Zentrum, liegt im Wald ein Soldatenfriedhof, der einzige in Südtirol unverändert erhaltene derartige Friedhof aus der Zeit des Ersten Weltkrieges.

Pfarrkirche

Im Stadtteil Oberragen ist die Pfarrkirche zu finden, ein stattlicher neuromanischer Bau aus dem Jahr 1855. Im Inneren gibt es Deckengemälde von G. Mader (1860), eine Pietà (um 1400) sowie am rechten Seitenschiffaltar einen ausgezeichneten lebensgroßen Kruzifixus von Michael Pacher.

Die Burg von Bruneck ist im 13. – 16. Jahrhundert erbaut worden.

Ragenhaus

Rechts neben der Pfarrkirche steht das Ragenhaus, ein stattlicher Ansitz, der vermutlich aus dem 13. Jh. stammt, in der Renaissance grundlegende Veränderungen erfuhr und vor kurzem hervorragend restauriert worden ist. Jetzt enthält es die städtische Musikschule und eine Ferienakademie. Im Arkadenhof werden Sommerkonzerte veranstaltet.

Kapuzinerplatz
Spitalkirche

Beim Kapuzinerplatz, einem belebten Straßenknoten, steht in der Fluchtlinie der alten Stadtmauer die spätbarocke Spitalkirche zum Heiligen Geist aus der Zeit um 1760.

Stadtmuseum

Wenige Schritte südlich steht in der Bruder-Willram-Straße das 1995 eröffnete Stadtmuseum, das eine reiche Sammlung von Grafik und Gemälden, darunter vieles von Michael Pacher und seinen Schülern, zeigt (Öffnungszeiten: Di.-Fr. 15^{00}–18^{00} Uhr).

Umgebung von Bruneck

Dietenheim / Teodone

Das 2 km nordöstlich gelegene Dietenheim, ein Gemeindeteil von Bruneck, ist ein malerisches Dorf mit einigen stattlichen alten Edelsitzen.

**Volkskundemuseum

Der Ansitz Mayr am Hof, oberhalb des Ortskerns, wurde zu einem Volkskundemuseum umgestaltet, welches Schausammlungen und eine Freilichtabteilung umfasst (Öffnungszeiten: April–Okt. Di.-Sa. 9^{30}–17^{30}, So., Fei. 14^{00}–18^{00} Uhr). Die Ausstellungsräume befinden sich in dem stattlichen Herrschaftshaus und der benachbarten großen Scheune. Im Haupthaus sind viele Räume originalgetreu wie-

Dietenheim (Fortsetzung)

der hergestellt, u.a. Keller und Küche sowie die barocke Hauskapelle. Im Erdgeschoss ist besonders die gänzlich holzvertäfelte Gute Stube beachtenswert, die noch Stilelemente des Barock zeigt. Hier auch eine umfangreiche Sammlung von Votivgaben und -bildern, kunstvoll geflochtenen Wachsstöcken und Hinterglasmalereien. Im Obergeschoss befinden sich Wohnräume mit Mobiliar großbürgerlicher und adliger Kreise sowie eine Trachtensammlung.

In der großen Scheune sind Werkstätten von Schreiner, Schuster und Weber zu sehen, ferner eine interessante Sammlung von Prunkgehängen für Kuhglocken, z.T. mit beachtenswerter Federkielstickerei; hier auch viele Kutschen. Ein Paradestück bäuerlicher Technik ist die große rotierende Dreschmaschine, welche durch zwei Stockwerke reicht und fast ganz aus Holz gefertigt ist. In den oberen Geschossen stehen Schlitten und Wagen aller Art, bäuerliches Gerät, Pflüge, Eggen, Häckselbänke u.a.

Das Freigelände zieht sich vom Herrschaftshaus hangabwärts; hier stehen Bauernhäuser, Mühle und Sägemühle, Backhäuschen und Bienenhaus sowie eine der charakteristischen Pustertaler Heuharpfen.

Das Volkskundemuseum in Bruneck-Dietenheim birgt eine Fülle bäuerlicher Kulturdenkmale.

Percha / Perca

Rund 5 km östlich von Dietenheim liegt an der nach ▶ Toblach weiterführenden Durchgangsstraße der kleine Sommerurlaubsort Percha. In der spätgotischen Kirche St. Kassian gibt es bemerkenswerte Gewölbefresken.

Erdpyramiden

Bei Platten, unweit nordöstlich, steht eine Gruppe von Erdpyramiden. Wie solche Erosionsformen entstehen, ist bei der Beschreibung des ▶ Ritten erklärt.

Reischach, 2 km südlich von Bruneck gelegen, ist eine sehr gepflegte Streusiedlung, die sich südlich von Bruneck auf einem sanft gewellten, weiträumigen Plateau erstreckt und heute ganz überwiegend vom Tourismus geprägt ist. Man hat von hier einen guten Blick nach Norden auf Bruneck und den Eingang des Tauferer Tals. Nahebei befindet sich die Talstation der Kabinenbahn auf den Kronplatz; es gibt auch eine Sesselbahn.

Bruneck, Reischach / Riscone
*Landschaft

Der Kronplatz hat sich zum wichtigsten Skigebiet der Provinz Bozen entwickelt.

Die von Reischach kommende Kabinenbahn führt auf den 2272 m hohen Kronplatz, einen hervorragenden Aussichtsberg. Ähnlich der Plose bei ▶ Brixen ist der Kronplatz ein eher sanft gerundeter Berg; die hochalpinen Gipfel der Dolomiten ragen weiter südlich auf. Die weiten, baumfreien Hänge sind ein viel besuchtes Wintersportgelände.

*Kronplatz / Plan de Corones

▶ Pustertal

Olang

Burgeis / Burgusio — C 4

Region: Trentino-Südtirol
Provinz: Bozen
Höhe: 1215 m ü.d.M.
Einwohnerzahl: 700

Der im weiten Tal der oberen Etsch und am Rand der Malser Haide (▶ Mals) gelegene Ort Burgeis hat sich seinen altertümlichen Cha-

Burgstädtchen

Hoch über dem altertümlichen Ort Burgeis steht das Stift Marienberg, berühmt für seine Krypta.

Ortsbild

rakter noch weitgehend bewahrt. Die aus dem 13.–16. Jh. stammende Burg Fürstenberg war einst Sitz der Fürstbischöfe von Chur. Im Burghof und in der Burgkapelle sind zahlreiche eindrucksvolle Fresken aus dem 16. und 17. Jh. zu finden; Beachtung verdienen auch die einstigen fürstbischöflichen Wohnräume.
Etwas oberhalb von Burgeis steht in einer Kehre der Reschenstraße ein rundes Ossarium, in dem die sterblichen Überreste gefallener italienischer Soldaten aus dem Ersten Weltkrieg beigesetzt sind.
Bei klarem Wetter bietet sich vom Ort und seiner Umgebung ein prächtiger Blick auf die südlich aufragende Ortlergruppe.

Abtei Marienberg

Zufahrt

Hoch über dem Ort Burgeis steht weithin sichtbar der weiße Gebäudekomplex der Benediktinerabtei Marienberg (1336 m ü.d.M.). Man folgt der nach Schlinig (s. unten) führenden Panoramastraße; in der zweiten Kehre zweigt die Stichstraße zum Kloster ab; oben gibt es nur begrenzte Park- und Wendemöglichkeit. Vom Klostervorplatz bietet sich ein weiter Blick in die Talverebnung sowie auf Teile des Obervinschgaus.

Kirche

Der Klosterhof ist recht stimmungsvoll; an seinem Ende rechts die Klosterkirche, an deren glattflächiger Fassade sich etwas verblasste barocke Wandmalereien befinden. Das vertieft in der Vorhalle liegende Portal ist noch romanisch; im Bogenfeld eine gotische Madonnenskulptur, seitlich zwei um 1650 gemalte Fresken, welche den Klosterstifter Ulrich von Tarasp und den hl. Leopold darstellen.

Die Hauptsehenswürdigkeit von Marienberg ist die nur mit Führung (im Sommer 10⁰⁰, 11⁰⁰, 15⁰⁰ und 16³⁰ Uhr; Sa. nachm. sowie So. und Fei. keine Führung) zugängliche Krypta mit ihren ausgezeichnet erhaltenen romanischen Fresken aus der Zeit um 1160. Diese wurden erst 1887 wiederentdeckt und freigelegt, nachdem die Krypta seit dem 17. Jh. als Begräbnisstätte gedient hatte. In der Hauptapsis ist Christus in der Mandorla dargestellt, flankiert von Petrus und Paulus sowie vier Erzengeln und umgeben von den Evangelistensymbolen. In der Krypta befindet sich außerdem in einer Vitrine ein über 800 Jahre altes Messgewand, welches auf die Gemahlin des Klosterstifters Ulrich zurückgeht.

**Krypta

Von Burgeis führt eine Panoramastraße, an der Abtei Marienberg vorüber, im Schlinigtal aufwärts zu der 6 km westlich gelegenen Häusergruppe Schlinig (1726 m ü.d.M.).

Schlinig / Slingia

Darüber erhebt sich der 2554 m hohe Watles mit Sessellift und Skiliften.

Watles

Canazei

Große ▶ Dolomitenstraße

Cavalese F 9

Region: Trentino-Südtirol
Provinz: Trient
Höhe: 1000 m ü.d.M.
Einwohnerzahl: 4000

Cavalese, der Hauptort des vom Avisio durchströmten ▶ Fleimstals (Val di Fiemme), liegt unweit südlich der Grenze zwischen den Provinzen Bozen und Trient, östlich des Etschtals. Als Ferienzentrum und Wintersportplatz wird Cavalese viel besucht. Die südliche Begrenzung des Tals bildet die Lagorai-Kette. Im Winter 1997/1998 durchtrennte ein US-amerikanischer Kampfjet im Tiefflug die Tragseile einer Bergbahn; beim Absturz der Gondel kamen zwanzig Menschen ums Leben. Dass der Pilot von einem US-Militärgericht in erster Instanz freigesprochen wurde, hat in Italien zu großer Empörung geführt.

Hauptort des Fleimstals

Sehenswertes in Cavalese und Umgebung

Der Palast der Fleimser Talgemeinschaft (Palazzo della Magnifica Communità) war in früheren Zeiten Sommerresidenz der Bischöfe von Trient. Die Fassadenfresken stammen aus dem 16. Jh.; heute beherbergt das Gebäude eine Gemäldegalerie mit Werken einheimischer Meister aus dem 17. und 18. Jahrhundert.
Bei der gotischen Pfarrkirche aus dem 12.–16. Jh. steht in der Parkanlage ein Steintisch, der zur Thingstätte des Tals gehörte.

Palazzo della Magnifica Communità

An der Nordflanke der Lagorai-Kette liegt in 1980 m Höhe die Alpe Cermís. Von Cavalese führt eine Schwebebahn über den Doss dei

Alpe Cermís

Cavalese (Fortsetzung)

Laresi (1279 m ü.d.M.) hierher; dann Sessellift zum Paion del Cermís (2222 m).

Altrei / Anterivo

Südwestlich von Cavalese liegt auf einer Höhenterrasse über dem Val di Cembra der ruhige Urlaubsort Altrei (1209 m ü.d.M.), ein gutes Standquartier für Wanderungen in den Naturpark Trudner Horn (▶ Neumarkt, Umgebung).

Tésero

Auch das 5 km östlich gelegene Tésero wird als Sommer- und Winterferienort besucht. Hier gibt es etliche freskengeschmückte Hausfassaden und eine hübsche Pfarrkirche. aus dem 12. und 15. Jahrhundert

Pampeago

Nördlich führt eine Stichstraße talaufwärts zum Gemeindeteil Pampeago (1750 m ü.d.M.), am Südfuß des Latemar und in unmittelbarer Nähe der Provinzgrenze. Hier ist ein Skizentrum entstanden, das in Verbindung mit dem Wintersportgebiet von ▶ Predazzo steht.

Ziano di Fiemme

Von Tésero in östlicher Richtung kommt man nach 4 km zu dem Ort Ziano di Fiemme (953 m ü.d.M.), der gleichfalls guten Sommer- und Winteraufenthalt bietet. Die Skigebiete liegen südlich beim Belvedere (1320 m ü.d.M.) und südwestlich bei Panchià (981 m ü.d.M.).

Die Fleimstalstraße führt weiter nach ▶ Predazzo.

Cles

E 7

Region: Trentino-Südtirol
Provinz: Trient
Höhe: 658 m ü.d.M.
Einwohnerzahl: 6000

Hauptort des Nonstals

Cles, der Hauptort des Val di Non (Nonstal), liegt erhöht über dem Westufer des künstlich angelegten Lago di Santa Giustina und unweit vom Südwestfuß der Mendelgruppe. Die stattlichen Bürgerhäuser aus dem 16.–18. Jh. mit ihren glatten Fassaden und den flachen, nur wenig vorkragenden Dächern entsprechen der oberitalienischen Bauweise. Das Nonstal ist die einzige deutschsprachige Gegend der Provinz Trient.

Sehenswertes in Cles

Pfarrkirche

Im alten Ortskern steht die gotische Pfarrkirche (Chiesa dell'Assunta), 1518–1522 von Antonio Madaglia erbaut und mit schönem Renaissanceportal. Das einschiffige Innere zeigt gleichfalls bereits Einflüsse der Renaissance; in der Sakristei ist der kleine Kirchenschatz mit Silbergerät zu sehen.

Palazzo Assessorile

Die Gemeindeverwaltung ist im einstigen Palazzo Assessorile aus dem 14. und 16. Jh. untergebracht. Das über dem Portal befindliche Fresko zeigt das Wappen des Hauses Clesio; daneben eine Wiedergabe der Tavola Clesiana. Das 46 n.Chr. entstandene Original der

Bronzetafel wurde 1869 aufgefunden; in ihm verlieh Kaiser Tiberius Claudius den Bewohnern des Nonstals das römische Bürgerrecht. In den Räumen des zweiten Stockwerks gibt es schöne Holzdecken und Bilderfriese von 1543.

Palazzo Assessorile (Fortsetzung)

Nordöstlich vom Ortskern steht auf einem Bergkegel das zweitürmige Schloss Cles, der im 12. Jh. erbaute und im 16. Jh. großenteils erneuerte Stammsitz der Familie Clesio. Im Inneren sind die Reste von im 16. Jh. entstandenen Fresken bemerkenswert.

Schloss Cles

Im Ortsteil Pez verdient die Kirche San Vigilio Beachtung. Ihre Ursprünge gehen auf das 5. Jh. zurück; somit gehört sie zu den ältesten Kirchen des Trentino. Der heutige romanische Bau mit seinem Renaissanceportal entstand im 14. Jh.; das Innere ist reich mit Fresken aus dem 16. Jh. geschmückt.

San Vigilio

Baedeker TIPP Wasserspaß mit Hindernissen

Der Lago di Santa Giustina bietet Gelegenheit zum Wassersport und Angeln; in niederschlagsarmen Zeiten sinkt der Wasserspiegel jedoch sehr stark ab, was die Freizeitmöglichkeiten völlig zunichte machen kann.

Der Lago di Santa Giustina entstand 1943 bis 1950 mit dem Bau der eindrucksvollen 153 m hohen Staumauer und fasst rund 172 Mio. m³. Vor dem Damm überquert der Ponte di Santa Giustina, eine kühne Stahlkonstruktion von 1888, in 144 m Höhe den Noce.

Lago di Santa Giustina

Cles

Umgebung von Cles

Das malerische Dorf Sanzeno (10 km östlich; 641 m ü.d.M.) ist auf der südlich um den See führenden Straße zu erreichen. Es besitzt eine große romanisch-gotische Kirche. An die niedrige dreischiffige Hallenkirche, die einen schweren Barockaltar besitzt, ist an Stelle des Querhauses eine Seitenkapelle angeschlossen, in welcher auf kurzen romanischen Säulen ein Sarkophag von 1472 aus rotem Porphyr ruht. An dieser Stelle sollen die Märtyrer Sinisius und Alexander, die aus Kappadokien stammenden ersten christlichen Missionare des Nonstales, im Jahre 397 getötet worden sein.

Sanzeno

Eine Stichstraße führt von Sanzeno in östlicher Richtung durch die wilde Romedioschlucht und endet nach 3 km bei dem Wallfahrtsziel San Romedio (718 m ü.d.M.; Öffnungszeiten: tägl. 9⁰⁰–13⁰⁰ und 14⁰⁰–18⁰⁰ Uhr). Das alte Santuario steht sehr malerisch an einer steilen Felskante im wildromantischen Talschluss; es besteht aus fünf übereinander angeordneten und durch Treppen miteinander verbundenen Kapellen, deren älteste Teile auf das 8. Jh. datiert werden. Durch das Eingangstor betritt man einen kleinen Loggienhof; dann führt eine steile Treppe an zwei kleinen Kapellen vorüber. Links steht die Gedenkkapelle für die Toten des Ersten Weltkriegs; im Rippengewölbe der rechten Kapelle zeigen Fresken die Evangelistensymbole. Die Treppe setzt sich im oberen Gebäudekomplex

****San Romedio**

fort; an den Wänden befinden sich Votivbilder und -gaben, entlang der Treppe einige große Figurengruppen mit Passionsszenen. Die Hauptkirche von San Romedio ist im Innern mit Fresken aus dem frühen 17. Jh. geziert; ein schönes romanisches Portal aus der Zeit um 1100 mit Reliefschmuck führt in die Cappella di San Niccolò, welche gleichfalls Wandmalereien aus dem 17. Jh. birgt.

Cles, San Romedio (Fortsetzung)

An der Mauer der Cappella di San Romedio (Romediuskapelle) sind hinter einem Schutzgitter die Reste von Fresken zu sehen, die im 10.–12. Jh. angebracht wurden und als die ältesten der Provinz Trient gelten. In dieser Kapelle befinden sich die Reliquien des hl. Romedius; darunter die Romediusgrotte, durch ein Gitter im Fußboden zu sehen.

Außen umzieht ein Wehrgang die oberste Kirche, der einen Schwindel erregenden Tiefblick in die Romedioschlucht gewährt.

Castel Brughiero

Das Castel Brughiero, auch Castel Braghér genannt, liegt 10 km südöstlich über dem Tal des Noce. Der im 13. und 16.–17. Jh. errichtete Bau gilt als das am besten erhaltene Schloss des Nonstals. Erstmals im Jahre 1270 erwähnt, zeigt es dank seiner eher ruhigen Geschichte noch heute die Resultate aller seiner Bauepochen. Im Inneren gibt es gotische Skulpturen und Tafelbilder sowie Wandgemälde aus dem 17. Jh.; der bedeutendste Freskenschmuck indessen ist in der dem hl. Coelestin geweihten Schlosskapelle zu finden, dessen Reliquien hier aufbewahrt werden. Die Passionsfresken aus dem Jahre 1461 sind ein Werk der Brixener Malerschule.

Val di Sole

Das vom Noce durchströmte Val di Sole (Sulzberg), westlich von Cles, ist ein lohnendes Wandergebiet. Von Cles durch den knapp 1800 m hohen Rücken des Monte Cles getrennt, wird es im Norden vom Ortlermassiv, im Süden von der Brentagruppe überragt.

Caldès

Gut 10 km von Cles liegt das Dorf Caldès (697 m ü.d.M.) mit seiner aus dem 13. Jh. stammenden Burg und dem romanischen Glockenturm der abgerissenen Kirche San Bartolomeo.

Malè

Malè (738 m ü.d.M.), der Hauptort des Tals, ist von Cles knapp 15 km entfernt. Sehenswert sind die Pfarrkirche Mariä Himmelfahrt aus dem 15.–16. Jh. und die Renaissancekapelle San Valentino.

Val di Tovel

Von Cles kann man südlich über Tuenno und auf einer sehr lohnenden, aber schmalen Straße durch das Val di Tovel zum Lago di Tovel (▶ Madonna di Campiglio, Brentagruppe) fahren.

Cortina d'Ampezzo — D 13

Region: Veneto
Provinz: Belluno
Höhe: 1224 m ü.d.M.
Einwohnerzahl: 8000

***Wintersportort**

Cortina im oberen Teil des Valle d'Ampezzo liegt im östlichen Teil der Dolomiten am Fuß des Monte Cristallo und der Marmarole. Es

◂ Die romantische Einsiedelei San Romedio liegt unweit von Cles.

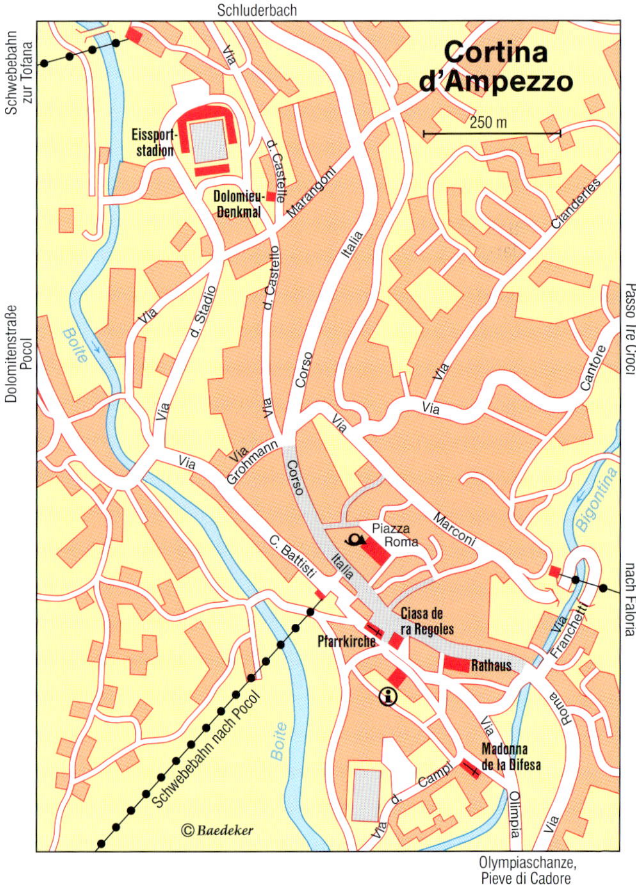

Wintersportort (Fortsetzung)

ist ein weltberühmtes Fremdenverkehrszentrum am östlichen Ende der Großen ▶ Dolomitenstraße und der am meisten besuchte Wintersportplatz Italiens. Schon im Jahre 1900 fand in Cortina ein alpines Skirennen statt; hier wurden 1956 die VII. Olympischen Winterspiele veranstaltet. Auch als Bergsteigerort hat Cortina eine bedeutende Tradition; es ist Heimatort berühmter Bergsteiger wie Angelo Dibona (1879–1956), Fulgenzio Dimai (1821–1904) sowie der Brüder Angelo und Giuseppe Dimai. Prachtvoll ist die Lage in einem weiten, von hohen Dolomitbergen umgebenen Talkessel.

Sehenswertes in Cortina d'Ampezzo

Pfarrkirche

Am Corso Italia, der stets belebten Hauptstraße, steht die stattliche Pfarrkirche (18. Jh.), deren Decken- und Chorfresken im Jahre 1774

Nordöstlich von Cortina ragt der Monte Cristallo auf.

Pfarrkirche (Fortsetzung)

von Franz Anton Zeiller, dem Hofmaler der Brixener Bischöfe, gemalt worden sind. Der Marienaltar (1703) ist ein Werk von Andrea Brustolon. Der 72 m hohe, isoliert stehende Turm der Kirche wurde 1853–1857 erbaut; von oben bietet sich eine prachtvolle Rundsicht.

Ciasa de ra Regoles

Südöstlich gegenüber der Kirche sind in der Ciasa de ra Regoles die zeitgenössische Kunstsammlung Mario Rimoldi und das reichhaltige Geologische Museum mit Mineralien, Fossilien und Volkskunde aus dem Ampezzaner Tal zu finden (Öffnungszeiten Di.–So. 10^{00} bis 12^{30} und 16^{00}–19^{30} Uhr).

Madonna della Difesa

Im Südosten des Ortsgebietes, beim aussichtsreich gelegenen Friedhof, steht die schöne Barockkirche Madonna della Difesa mit reich ausgestattetem Inneren.

Sportstätten
Eissportstadion

Im Norden von Cortina befindet sich das Olympia-Eissportstadion (Stadio Olimpico del Ghiaccio) mit einer Eisfläche von 4230 m^2 und 14 000 Zuschauerplätzen; beim zugehörigen Parkplatz ist ein Gedenkstein aus Dolomit für den französischen Geologen Dieudonné Dolomieu (1750–1801) aufgestellt, nach dem die Dolomiten benannt sind.

Olympiaschanze

Südlich außerhalb von Cortina d"Ampezzo, an der Ausfallstraße nach ▶ Pieve di Cadore im südöstlichen Dolomitenvorland, steht rechts abseits die große Olympia-Sprungschanze.

Westliche Talseite
**Tofana

Eine Schwebebahn ("Freccia del Cielo" = "Himmelspfeil") stellt vom Eisstadion über den Col Drusciè (1770 m ü.d.M.) und Ra Valles (2470 m ü.d.M.; von hier auch ein Doppelsessellift zum Bus Tofana, 2823 m ü.d.M.) die Verbindung zur Tofana di Mezzo (3244 m ü.d.M.) her.

Colfiere Ein Sessellift führt vom Campo Corona (1220 m ü.d.M.) über Colfiere (1462 m ü.d.M.) zum Col Druscìè.

Forcella Pomedes Zwei parallele Lifte führen von Rumerlo (1678 m ü.d.M.) über das Rifugio Duca d'Aosta (2098 m ü.d.M.) zur 2282 m hohen Forcella Pomedes mit Schutzhaus.

***Pocol-Belvedere** Von der Piazza Roma, nahe der Pfarrkirche, fährt eine Schwebebahn nach Pocol-Belvedere (Crepa; s. unten bei Pocol).

Östliche Talseite Rifugio Mietres Ein Sessellift stellt die Verbindung von Guargnè (1304 m ü.d.M.) über den Col Tondo (1437 m ü.d.M.) zum Rifugio Mietres (1710 m ü.d.M.) her.

***Capanna Tondi di Faloria** Vom Autobushof führt eine Schwebebahn über Mandres (1480 m ü.d.M.) zum Rifugio Faloria (2123 m ü.d.M.) und zur 2327 m hoch gelegenen Capanna Tondi di Faloria.

Umgebung von Cortina

Von Pocol (s. unten) kommt man mit der Schwebebahn zum Belvedere auf der Crepa; weiter mit Pkw oder Bus zum Falzáregopass (Große ▶ Dolomitenstraße); vorher Sessellift oder markierte Wanderwege zum Rifugio Cinque Torri, dann Bergwanderung in 1¼ Std. auf den Nuvolau (s. S. 110) und weiter in 1¼ Std. zum Giaupass.

Pocol Die Hotelsiedlung Pocol liegt 6 km westlich hoch über dem Talkessel von Cortina an der Großen ▶ Dolomitenstraße. Der beste Ausblick bietet sich vom Belvedere auf der 1539 m hohen Crepa. Unweit nördlich steht ein Ossarium für fast 8000 italienische Gefallene des Ersten Weltkriegs.

***Croda da Lago** Von Pocol kann die 2716 m hohe Croda da Lago umwandert werden. Zunächst folgt man 4 km weit der Straße auf den Giaupass; dann links auf markiertem Weg in 2½ Std. zum Rifugio Palmieri am Federasee, unter der Ostwand der Croda da Lago. Von hier geht man südlich in 1 Std. zur Forcella Ambrizzola (Forcella da Lago; 2277 m ü.d.M.), dann nördlich über die Forcella Rossa (2456 m ü.d.M.) unterhalb der 2716 m hohen Cima Ambrizzola; dahinter an der Westseite der Croda da Lago steil bergab und zurück zur Giaupassstraße und nach Pocol (3½ Std.).

Passo Tre Croci Man verlässt Cortina in östlicher Richtung und folgt der SS 48, die durch Lärchenwälder bergan zieht. Die Passhöhe (1809 m ü.d.M.) ist als Ausgangspunkt für Bergtouren besucht.

***Lago Sorapis** Auf einem beschilderten Wanderweg erreicht man zu Fuß in 2 Std. den südöstlich gelegenen Lago Sorapis mit dem Rifugio Luzzatti (1928 m ü.d.M.), überragt vom 3205 m hohen Sorapis.

****Monte Cristallo** Rund 1 km südwestlich des Tre-Croci-Passes steht die Capanna Rio Gere (1690 m ü.d.M.); von hier Doppelsessellift zum Rifugio Son Forca (2235 m ü.d.M.); von hier stellt eine Gondelbahn die Verbindung zur Forcella Staunìès (2900 m ü.d.M.) her, wo die Capanna Guido Lorenzi (2933 m ü.d.M.) steht. Gesicherte Klettersteige führen von hier nordwestlich in 15 Min. auf den 3036 m hohen Cristallino d'Ampezzo bzw. südöstlich in 1½ Std. auf den Monte Cristallo (Cima di Mezzo; 3163 m ü.d.M.); die 3216 m hohe Cima Principale ist nur Kletterern zugänglich.

Der Misurinasee wird von den Drei Zinnen überragt.

*Misurinasee

Jenseits des Tre-Croci-Passes erreicht man die Hotelsiedlung Misurina am gleichnamigen See, auf dem bei den Olympischen Spielen von 1956 die Wettkämpfe im Eisschnelllauf ausgetragen wurden.

**Auronzohütte

Kurz hinter Misurina zweigt von der nach Toblach führenden Straße rechts eine sehr gut ausgebaute Nebenstrecke ab, die an dem kleinen Lago Antorno vorbeiführt. Im gebührenpflichtigen zweiten Abschnitt geht es steil und serpentinenreich bergauf; schließlich endet die Straße an der in 2320 m Höhe gelegenen Auronzohütte. Von hier oben genießt man einen phantastischen Rundblick; hinter der Hütte ragt mächtig die Südwand der Großen Zinne auf.

*Bonacossaweg

Von der Auronzohütte führt der Bonacossaweg, ein gesicherter Klettersteig, südlich durch die wilde Gruppe der Cadinspitzen (2839 m ü.d.M.) zum 2367 m hohen Passo dei Tocci mit dem Rifugio Fratelli Fonda Savio, dann noch 2 Std. zum Col de Varda, von wo ein Sessellift abwärts nach Misurina führt.

**Monte Piana

Vom Misurinasee gibt es außerdem ein 6 km langes einstiges Kriegssträßchen zum Rifugio Maggiore Bosi (2225 m ü.d.M.); dann zu Fuß in 30 Min. auf den 2324 m hohen Monte Piana, wo Reste von Stellungen aus dem Ersten Weltkrieg zu sehen sind.

Von Cortina nach Longarone (ca. 50 km)

Die Strecke folgt der SS 251; sie erschließt eine herrliche Gebirgslandschaft. Man verlässt Cortina in westlicher Richtung und folgt

Pocol zunächst bis Pocol der Großen ▶ Dolomitenstraße, von der hier die Strecke zum Giaupass abzweigt.

***Passo di Giau** Der 2236 m hohe, auch zum Wintersport besuchte Passo di Giau (Giaupass) ist der höchste Punkt der gleichnamigen Bergstraße. Von den nahen Wiesenkuppen bieten sich gute Ausblicke; der Pass wird überragt vom 2597 m hohen Monte Gusella, dem Südpfeiler der Nuvolaugruppe, hinter dem die Tofana aufragt.

****Nuvolau** Auf dem Gipfel des Nuvolau (2575 m ü.d.M.) steht das gleichnamige Rifugio (Schutzhaus). Der Nuvolau ist der am meisten besuchte Hauptgipfel der gleichnamigen Gruppe, welche im Ersten Weltkrieg stark umkämpft war (vgl. Große ▶ Dolomitenstraße, Falzárego-Pass).

Alleghe Vom Passo di Giau geht es stärker bergab; nach ca. 5 km folgt rechts die Abzweigung zu dem Ferienort und Tourenzentrum Alleghe (Betonung auf der ersten Silbe; 979 m ü.d.M.) am gleichnamigen See, der 1771 durch einen Bergsturz entstanden ist.

***Monte Coldai Civetta** Von Alleghe wandert man in rund 3½ Std. zum östlich gelegenen Lago Coldai (2146 m ü.d.M.), dann in 20 Min. über den 2190 m hohen Coldaipass zum prachtvoll gelegenen Rifugio Coldai (2135 m ü.d.M.). Von hier nördlich in 1 Std. auf den Monte Coldai (2396 m ü.d.M.) oder südlich in 6 Std. (mit Führer) auf den 3218 m hohen Monte Civetta; 20 Min. unterhalb das Rifugio Torrani (3130 m ü.d.M.).

Vom Rifugio Coldai gelangt man ferner über den Lago Coldai in 2 Std. zum aussichtsreichen Rifugio Tissi (2250 m ü.d.M.;) das den prächtigsten Blick auf die orgelartige Nordwestwand des Civetta bietet. Weiter in 2 Std. auf herrlichem Weg zum Rifugio Vazzoler (1750 m ü.d.M.). Von hier kann man nordöstlich in 5 Std. den Civetta ersteigen bzw. südlich in 2 Std. nach Listolade (682 m ü.d.M.) absteigen.

Selva di Cadore Kurz jenseits der genannten Abzweigung nach Alleghe folgt an der nach Longarone führenden Straße der Ort Selva di Cadore (1317 m ü.d.M.) mit gutem Blick auf den Monte Pelmo und die Marmolada.

***Forcella Staulanza** Die Strecke steigt bald wieder an zur 1773 m hohen Forcella Staulanza (Staulanzapass), die von der gewaltigen Felswand des 2993 m hohen Pelmetto überragt wird.

***Monte Pelmo** Auf dem Dolomiten-Höhenweg gelangt man vom Pass in östlicher Richtung zum Rifugio Venezia al Pelmo (1950 m ü.d.M.), von wo man in 5 Std. mit Führer den Monte Pelmo ersteigen kann.

Pocol Vom Staulanzapass senkt sich die Strecke, führt in Windungen hinab zu dem Dörfchen Pocol (1375 m ü.d.M.) und folgt dann dem schönen Zoldotal abwärts zu dem im Piavetal gelegenen Ort ▶ Longarone.

Colfosco

▶ Corvara

Corvara

Region: Trentino-Südtirol
Provinz: Bozen
Höhe: 1568 m ü.d.M.
Einwohnerzahl: 1200

***Wintersport-zentrum**

Der vielbesuchte Wintersportort Corvara hat dank des alpinen Baustils noch weitgehend ländlichen Charakter. Er liegt im nördlichen Teil der Zentraldolomiten im Hochabteital (Alta Badia), dem obersten Teil des ▶ Gadertals, das bei St. Lorenzen vom ▶ Pustertal südlich abzweigt. Er ist in eine Talweitung gebettet, wo sich die Gadertalstraße, die Straße zum Grödnerjoch und weiter ins ▶ Grödnertal sowie die Straße über den Passo di Campolongo nach Arabba an der Großen ▶ Dolomitenstraße verzweigen. Nördlich ragt, das Ortsbild beherrschend, die imposante Felsmasse des Sassongher auf, während im Südwesten die mächtige Gruppe der ▶ Sella den Blick auf sich zieht.

> *Baedeker* TIPP **Küche par excellence**
>
> Eines der besten Restaurants des Landes ist die Stüa di Michil im Romantik Hotel La Perla – allerdings nur im Winter geöffnet. Eine echte Tirolerstube mit zauberhafter Atmosphäre lädt zur Neuentdeckung der ladinischen und tirolischen Küche ein. Vorbestellung ist dringend angeraten:
> ☎ 04 71 83 61 32, FAX 04 71 83 65 68.

In der Mitte des von zahlreichen Hotels geprägten Orts steht die neue Kirche (1959); weit am bergwärtigen Ortsende die sehr viel kleinere, schlichte alte Kirche von 1452, in deren Innerem sich ein kleiner gotischer Schnitzaltar von 1520 und Reste von Wandgemälden befinden.

Bergbahnen

***Piz Boé**

Eine Kabinenbahn verbindet den Ort mit dem 1540 m hoch in der Sellagruppe gelegenen Plan del Sass am Lago Boé, von wo ein Sessellift zum 2540 m hohen Vallon mit seiner Schutzhütte weiterführt. Von hier gibt es lohnende Wanderwege, u.a. in 4 Std. auf den 3151 m hohen Piz Boé.

Col Alt Pralongià

Ein Sessellift führt auf den Col Alt (1982 m ü.d.M.); auch hier schöne Wanderwege in weniger hochalpinem Gelände, u.a. über Wiesenhochflächen zur aussichtsreichen Pralongià (2028 m ü.d.M.; ca. 2 Std.), von wo man mit einem weiteren Lift zur Straße über den Campolongo hinabfahren kann.

Umgebung von Corvara

Kolfuschg / Colfosco / Colfosch

Das 3 km westlich gelegene malerische Dolomitendorf Kolfuschg (1645 m ü.d.M.) an der Straße zum Grödnerjoch, im Sommer wie im Winter besucht, ist wesentlich ruhiger als das benachbarte Corvara. Überragt wird es vom 2667 m hohen Ciampac und dem 2665 m

Kolfuschg (Fortsetzung)

hohen Sass Sóngher, zwischen denen das vor allem zum Skilauf besuchte Edelweißtal liegt. Nördlich führt eine Kleinkabinenbahn zum Col Pradat (2038 m) mit seiner Berghütte, Ausgangspunkt für die Ersteigung des Sassongher.

Von Kolfuschg, der ruhigeren Schwester von Corvara, blickt man auf den mächtigen Sellastock.

Deutschnofen / Nova Ponente E 9

Region: Trentino-Südtirol
Provinz: Bozen
Höhe: 1355 m ü.d.M.
Einwohnerzahl: 3000

Wanderparadies

Der ruhige Ferienort Deutschnofen liegt unweit südlich von Bozen etwas versteckt auf einer aussichtsreichen, hügeligen und schütter bewaldeten Hochfläche über dem östlichen Ufer der Etsch sowie über dem Eggental. Er ist Zentrum eines vielseitigen Wandergebiets; ein besonders lohnendes Ziel in der Umgebung ist Maria Weißenstein.

Sehenswertes in Deutschnofen

Pfarrkirche

Die gotische Pfarrkirche St. Ulrich, im 13. Jh. gegründet, erhielt ihre heutige Gestalt in den Jahren 1455–1498 und wurde gegen Ende des 19. Jh.s im Inneren gründlich restauriert.

Mit der Baugeschichte ist eine interessante mündliche Überlieferung verbunden, der ein gewisser Wahrheitsgehalt wohl nicht abzusprechen ist: Als die Gemeinde im 14. Jh. den Kirchenneubau in Angriff nehmen wollte, besaß sie nicht genug Geld. So lieh man sich bei den Bewohnern des südlich über dem Bergkamm liegenden, damals noch ladinischsprachigen ▶ Fleimstals eine erhebliche Summe, musste diesen aber dafür die Waldungen und Weideflächen diesseits des Zanggenberges verpfänden; bei Terminüberschreitung sollte das Pfand den Fleimsern zufallen. Als der vereinbarte Rückzahlungstermin gekommen war und die Deutschnofener mit dem Geld anrückten, sollen es die Fleimser durch höchst anrüchige Winkelzüge fertiggebracht haben, erst nach Verstreichen des vereinbarten Zeitpunktes die fällige Summe entgegenzunehmen, womit auch Wald und Weide in ihr Eigentum übergingen. Tatsächlich verläuft auch die heutige Provinzgrenze nördlich unterhalb des Zanggengipfels. Baugeschichte

Das romanische Kirchlein St. Helena steht südöstlich von Deutschnofen.

Das Kircheninnere ist mit Netzgewölben überspannt. Die spätgotische Kanzel zeigt schönes Maßwerk. Besondere Beachtung verdienen die Reste des großen gotischen Hochaltars, der im Jahr 1422 von Hans von Judenburg ursprünglich für die Pfarrkirche in Bozen geschaffen und im frühen 18. Jh. infolge einer Schenkung nach Deutschnofen verbracht wurde. Als dann auch hier der Zeitgeschmack sich änderte, wurde der Altar zugunsten eines Barockwerks 1771 ausgelagert und 1880 stückweise in den Kunsthandel gebracht. Fünf Reliefs sind wieder aufgetaucht und in der Kirche aufgestellt werden, wo sie heute in den neugotischen Hochaltar und einen Seitenaltar eingefügt sind. Kircheninneres

***St. Helena**
(Abb. S. 113)

Ungefähr 3 km südöstlich steht auf einer aussichtsreichen Anhöhe (1350 m ü.d.M.) mit Blick auf Rosengarten und Latemar das Kirchlein St. Helena, dessen Schlüssel im nahen Kreuzhof zu bekommen ist. Außen und innen ist es mit Fresken geziert; die Ausmalung des Inneren erfolgte um 1410 durch Künstler der Bozner Schule.

Umgebung von Deutschnofen

Maria Weißenstein / Pietralba

Das 10 km südlich gelegene Maria Weißenstein (1521 m ü.d.M.), auf einer Stichstraße oder einem von Deutschnofen ausgehenden Fußweg zu erreichen, ist der bekannteste Wallfahrtsort in Südtirol. Die Geschichte der Wallfahrten beginnt mit der Auffindung des Gnadenbildes im Jahr 1553, dessen Kopie heute in der barocken Kirche des breit hingelagerten Servitenklosters steht. Das Wallfahrtsziel liegt auf einem Hochplateau, von wo sich ein guter Blick nach Nordosten in die Rosengartengruppe öffnet. Es besteht aus Kirche und Kloster, einem Kongress- und Exerzitienhaus sowie einer Herberge.

Maria Weißenstein liegt auf einem Hochplateau mit weiter Sicht.

Die Kirche, in die Gebäudeflucht des Klosters integriert, ist ein ziemlich kleiner Barockbau; an die innere linke Langhauswand angefügt die Kapelle, welche den Auffindungsort des Gnadenbildes bezeichnet. Links führt eine Tür zu der überreichen Sammlung von Votivgaben und -bildern. Unter der großen Freitreppe liegt am Ende eines kurzen Ganges die Krypta mit den Grabstätten von Ordensgeistlichen.

Südlich von Maria Weißenstein erstreckt sich der sanftwellige Höhenzug des Regglbergs, ein schönes Wandergebiet. Bei Petersberg befindet sich ein Golfplatz.

Regglberg

Dolomiten

D 15 – E 9

Allgemeines

Die nach dem französischen Geologen Dieudonné Dolomieu (1750 bis 1801) benannte großartige Gebirgsgruppe der Dolomiten ist eines der schönsten und am meisten besuchten Gebiete der ganzen Alpen. Die Begrenzung der Dolomiten im weiteren Sinne wird von den Flüssen Eisack, Etsch, Brenta, Piave und Rienz gebildet. Im engeren Sinne bestehen sie jedoch nur aus dem inneren, aus Dolomitgestein – einer Mischung von Kalzium- und Magnesiumkarbonat – aufgebauten Kern, der etwa die Hälfte des genannten Gebietes umfasst.

**Landschaftsbild

Geologie

Im geologischen Aufbau herrscht in den westlichen Dolomiten der massige Korallenriffkalk vor, während im östlichen Teil hauptsächlich die auf diesen flach auflagernden geschichteten Kalke auftreten, z.B. am Monte Cristallo (▶ Cortina d'Ampezzo). Eine dazwischen liegende weichere, tonige und mergelige Schicht bildet ein Band, das z.B. an der ▶ Sella besonders auffällig ist. Diese Kalke sind von den Flüssen in einzelne Stöcke zerlegt worden, die zum Teil Plateaus bilden, wie den Schlern und die 3342 m hohe ▶ Marmolada, den höchsten Gipfel der Dolomiten, der auch einen kleinen Gletscher trägt. Zum Teil sind zerklüftete Felsmauern entstanden, wie der Rosengarten und die Pala-Gruppe. Die Felsformen des Kalks, der äußerst schroffe Wände bildet, sind von der Verwitterung zu scharfen Gipfeln, Pfeilern und Türmen von oft phantastischer Wildheit gestaltet worden. Vulkanische Ergüsse haben die dunkle Lava geliefert, welche die zackige Kette zwi-

Geologischer Aufbau der Dolomiten

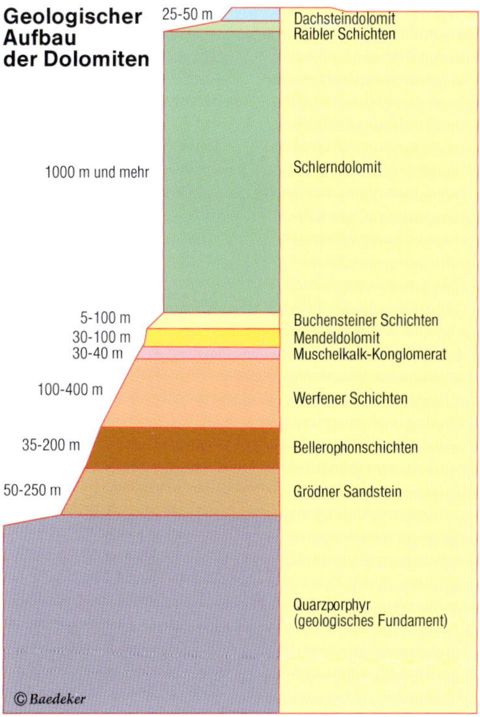

Im Reich des Zwergenkönigs

Um die Dolomiten rankt sich ein Kranz von Sagen, die zum ganz überwiegenden Teil dem ladinischen Sprachraum entstammen und in denen Riesen und Zwerge, Hexen und Geister, Prinzen und Helden eine bedeutende Rolle spielen.

Die bleichen Berge

Eine von diesen Sagen erzählt, dass das wilde und unwegsame Bergland einst aus düster-schwärzlichem Gestein bestanden habe. In ihm herrschte ein König, dessen Sohn von unstillbarer Sehnsucht nach dem Mond erfüllt war. Eines Tages hatte er sich auf der Jagd verirrt und musste die Nacht in einem von Alpenrosen bewachsenen Hochtal verbringen. Dort erschien ihm im Traum ein schönes fremdes Mädchen, das ihm sagte, sie sei die Tochter des Mondkönigs.

Als der Prinz erwachte, herrschte tiefe Nacht, und das Mondlicht flutete über Gipfel, Kare und Tal. Unstet wanderte der Prinz, einen Strauß von Alpenrosen pflückend, immer höher zu den Felstürmen hinauf, wo er endlich zwei uralte Männer traf. Er erfuhr, dass sie Mondbewohner seien, die sich hierher verirrt hätten, und erzählte ihnen von seinem großen Wunsch, zum Mond zu gelangen. Sie lachten, versprachen ihn dorthin mitzunehmen und machten sich mit ihm auf die Reise. Als er auf dem silberweiß leuchtenden Erdtrabanten die Hauptstadt der Mondbewohner erreichte, sprach ihn ein Mann an und fragte nach der Herkunft der Alpenrosen, welche der Prinz bei sich trug. Die Mondprinzessin – so sagte er weiter – liebe schöne und seltene Blumen sehr, und der Königssohn werde sich wohl reichen Lohn verdienen, wenn er der Königstochter seine Alpenrosen schenke. So trat der Königssohn ihr gegenüber, und er erkannte das schöne Mädchen wieder, welches ihm im Traum erschienen war.

Bald verliebten sich die beiden ineinander, und der Königssohn blieb lange Zeit in der Mondhauptstadt. Schließlich merkte er aber, dass das gleißende Licht seine Augen zu schwächen begann, und er fürchtete zu erblinden. So gewährte ihm der Mondkönig endlich die Bitte, zusammen mit der Prinzessin zur Erde zurückzukehren. Die Mondtochter fand großen Gefallen an des Prinzen heimatlichen Bergen mit ihrer Blumenpracht, aber bald erfasste sie ein übermächtiges Heimweh nach dem hellen heimatlichen Land, das so anders war als die finsteren Dolomitenberge. Eine große Schwermut befiel sie, und der Mondkönig, um ihr Leben fürchtend, holte sie und den Prinzen zu sich zurück. Dieser litt jedoch mit jedem Tag mehr unter dem hellen Licht auf dem Mond, und er musste diesen ein zweites Mal verlassen, um nicht sein Augenlicht zu verlieren. Auf der Erde mied er hinfort die Menschen und streifte ziellos durch die Felsen, wobei seine Sehnsucht nach der Mondprinzessin immer unbezwingbarer wurde. Eines Tages begegnete ihm in der Bergeinsamkeit der König der Salwáns, eines mit Zauberkraft begabten Zwergenvolks, und fragte ihn nach dem Grund seines Kummers. Als er alles erfahren hatte, meinte er, nur die bedrückende Düsternis der Dolomiten sei der Grund für das große Heimweh der Prinzessin gewesen, und versprach Abhilfe. Er sandte sieben seiner Zwerge, die das Mondlicht einfingen, es zu einem großen Netz spannen und knüpften und dieses über die Felszinnen warfen, so dass das einst finstere Gestein am nächsten Morgen mit silbernbleichem Glanz überzogen war. Froh holte der Königssohn seine Mondprinzessin zurück, und als sie die helle Landschaft der Dolomiten sah, waren ihre Trübsal und ihr Heimweh nach dem Mond für immer verflogen. Die Dolomiten aber werden seit jener Zeit auch "die bleichen Berge" (ladin. "Lis montes pàlyes") genannt.

Die Enrosadüra

Auch über das Alpenglühen, ladinisch 'Enrosadüra' genannt, gibt es eine uralte Sage. In dieser Berggruppe herrschte einst der Zwergenkönig Laurin inmitten eines prächtigen Gartens voller Rosen. Dieser Garten war von einem goldenen Faden umzogen, den niemand zu zerreißen wagte. Eines Tages brach Dietrich von Bern in diese friedliche Gegend ein, verwüstete den Rosengarten und führte Laurin gefangen mit sich fort. Diesem gelang es jedoch zu entfliehen, und er kehrte auf einer abenteuerlichen Fahrt in seine Bergheimat zurück. Als er die über und über blühenden Rosen erblickte, sprach der Zwergenkönig zu sich: "Die Rosen mit ihrem Glanz haben Unglück über mein Reich gebracht. Hätten die fremden Kriegsmänner sie nicht gesehen, so wären sie nie in meine Berge gekommen." Er sprach über die Rosen einen Zauber aus, damit sie weder bei Tag noch bei Nacht jemals wieder sichtbar sein sollten. Dabei vergaß er aber die Dämmerung. So werden noch heute im Zwielicht zwischen Tag und Nacht die Rosen wieder sichtbar, und die Berge erstrahlen in rotem Glanz.

Wer mehr über die Sagenwelt der Dolomiten erfahren möchte, sei auf die hervorragende Sammlung "Dolomitensagen" von Karl Felix Wolff verwiesen, der auch die Vorlage zu diesen beiden Geschichten entnommen ist.

Zwischen Horizont und Wolkendecke tritt die Abendsonne hervor und lässt die Drei Zinnen in märchenhaftem Glanz erstrahlen.

Wintersport total: Dolomiti Superski.

Geologie
(Fortsetzung)

schen Marmolada und Pordoi-Joch aufbaut. Predazzo mit seiner Umgebung ist eine der von der Abtragung tiefgehend bloßgelegten Ausbruchstellen. Der Fuß der Kalkwände ist von riesigen Schutthalden bedeckt. Daran schließen sich weite almenreiche Hochflächen, in die unregelmäßig verlaufende Täler in wechselnder Breite eingeschnitten sind.

Einen besonderen Schmuck der Dolomiten bilden die kleinen Seen, vor allem der Pragser Wildsee, der Karer-, Misurina- Dürren- und Alleghe-See. Umgeben von grünen Almen, über die sich die weißen oder gelblichen Kalkwände, gebändert von braunrötlichen Mergelschichten und dunklen vulkanischen Tufflagen, in den mannigfaltigsten Formen erheben, bieten sie einzigartige Landschaftsbilder.

Alpenglühen

In den Dolomiten zeigt sich auch besonders schön die “Enrosadüra”, das strahlend rote Alpenglühen, mit dem die untergehende Sonne die Gipfel übergießt, insbesondere das bei leichtem westlichem Gewölk fünf bis zehn Minuten nach Sonnenuntergang einsetzende Nachglühen in Gelb, Purpur und Violett.

Bevölkerung

Mit der seit dem 6. Jh. erfolgten bairischen Landnahme von Norden und dem Vordringen der Italiener von Süden zogen sich die rätoromanischen, heute Ladiner genannten Bewohner in die inneren Dolomitentäler zurück und siedeln jetzt im wesentlichen nur noch im Grödner- und Gadertal. Noch vor wenigen Jahrzehnten zählten auch das Fleimser-, Fassa-, Buchenstein- und das obere Ampezzaner

Dolomiten, Bevölkerung (Fortsetzung)

Tal zum geschlossenen ladinischen Sprachgebiet. Die Ladiner sprechen eine eigene, dem Lateinischen verwandte Sprache, die wieder zunehmend gepflegt wird und in der auch Zeitungen und Zeitschriften erscheinen.

Tourismus

Haupterwerbszweig der Dolomitenbevölkerung ist neben Viehzucht und Holzwirtschaft in erster Linie der Tourismus: Alpinismus und vor allem Wintersport. Touristisch ist das Gebiet durch die weit in das Gebirge vordringenden Täler und ein dichtes Netz von Straßen, darunter die Große ▶ Dolomitenstraße, außerordentlich gut erschlossen. Neben den großen bekannten Luftkurorten und Wintersportplätzen wie ▶ Cortina d'Ampezzo, ▶ Corvara und ▶ San Martino di Castrozza gibt es zahlreiche mittlere und kleine Ferienorte sowie eine ganze Reihe abgelegener, gut geführter Hotels und Berggasthäuser, die meist auf Bergstraßen zu erreichen sind. Die Kriegsstraßen aus dem Ersten Weltkrieg, von denen viele allerdings zusehends verfallen, bieten auch Nichtbergsteigern die einzigartige Möglichkeit, aussichtsreiche Gipfel zu erreichen. Außerdem erschließt ein unglaublich dichtes Netz von Bergbahnen und Skilifts weite Hochgebiete.

****Dolomiti Superski**

Unter der Bezeichnung "Dolomiti Superski" wurde das Gebiet zwischen ▶ Eisacktal sowie ▶ Pustertal und ▶ Fleimstal zum größten Skiverbund der Alpen zusammengefasst. Es ist eine Region der Superlative: Annähernd fünfhundert Liftanlagen erschließen über tausend Kilometer Skipisten, Tiefschneeabfahrten und Tourenrouten, die alle mit einem einzigen Skipass benutzt werden können. Der gesamte Höhenunterschied, den diese Bergbahnen überwinden, liegt bei etwa 100 000 Metern. Allerdings hängen die Gebiete nicht so lückenlos zusammen, dass man nur mit Hilfe der Liftanlagen alle Punkte erreicht; bisweilen muss man mit Bus oder Taxi Zwischenstrecken überwinden.
Die Teilgebiete von "Dolomiti Superski" sind ▶ Eisacktal, Kronplatz bei ▶ Bruneck, Hochpustertal, ▶ Grödnertal /▶ Seiseralm, Hochabteital (Alta Badia; ▶ Gadertal), ▶ Cortina d'Ampezzo, Arabba an der Großen ▶ Dolomitenstraße, Fleimstal (▶ Cavalese und ▶ Predazzo), ▶ Fassatal sowie Karersee, ebenfalls an der Großen ▶ Dolomitenstraße, dazu ▶ San Martino di Castrozza und Rolle-Pass.

Sella Ronda

Wohl die bekannteste Rundtour, allerdings nur bei guten Schneeverhältnissen lückenlos in beiden Richtungen befahrbar, ist die Sella Ronda, ein Skizirkus rund um das Massiv der ▶ Sella.

Dolomitenstraße (Große Dolomitenstraße) E 9 – D 14

Allgemeines

Die rund 110 km lange Große Dolomitenstraße zwischen ▶ Bozen und ▶ Cortina d'Ampezzo wurde 1909 in ihrem Hauptteil fertiggestellt und während des Ersten Weltkriegs weiter ausgebaut. Sie ist hervorragend angelegt, besitzt keine extremen Steigungen und ist wohl die am meisten befahrene Strecke in diesem Gebiet.
Östlich von Canazei ist das Befahren der Großen Dolomitenstraße mit Wohnwagengespannen nicht empfehlenswert!

**Fahrt auf der Großen Dolomitenstraße

Die berühmte Straße, bis Vigo di Fassa SS 241, dann SS 48, führt durch die großartigsten Gebiete der Dolomiten. Wer sie in ihrer ganzen Länge befahren möchte, sollte mindestens einen Tag veranschlagen. Von der Strecke führen einige Bergbahnen zu Aussichtspunkten, die einen noch besseren Einblick in die wilde Bergwelt der Dolomiten gewähren.

*Eggental
Karneid

Unweit östlich von ▶ Bozen unterquert man die Brennerautobahn und fährt in der vom Karneider Bach durchströmten engen Porphyrschlucht des Eggentals aufwärts. Links steht auf steilem Fels die um 1880 erneuerte, ursprünglich aus dem 13. Jh. stammende Burg Karneid mit malerischem Hof und freskengeschmückter Kapelle; im Ortsteil Kardaun das 1926–1929 erbaute Eisack-Kraftwerk mit sechs Druckstollen von 175 m Höhenunterschied. Dahinter führt eine Straßenbrücke über den Eggentaler Wasserfall.
Später weitet sich das Tal; bei Birchabruck (Ponte Nova; 877 m ü.d.M.) bietet sich ein schöner Blick auf Latemar (rechts) und Rosengarten (links). Rechts zweigt die Straße nach ▶ Deutschnofen bzw. über das 1805 m hohe Lavazè-Joch nach ▶ Cavalese ab.
Die Dolomitenstraße verlässt hinter Birchabruck das Eggental und führt im Welschnofener Tal mäßig aufwärts durch Nadelwald.

Welschnofen / Nova Levante
*Kölner Hütte

Das schön am Hang gelegene Dorf ▶ Welschnofen (1182 m ü.d.M.) wird als Sommerferienort und Ausgangspunkt für Bergtouren in die Rosengartengruppe und zum Latemar, aber auch zum Wintersport besucht. Von der Hainzensäge (1340 m ü.d.M.) führt der Korblift "Laurin" in zwei Sektionen zur Zwischenstation auf der Frommer Alm (1730 m ü.d.M.) und weiter zur prächtig gelegenen Kölner Hütte (Rosengartenhütte, 2337 m ü.d.M.). Der Hirzelweg führt in rund 1½ Std. zur Paolina-Hütte (2127 m ü.d.M.) über dem Karerpass (s. unten).

Oberhalb vom Karerpass steht das Denkmal für den Dolomitenpionier Theodor Christomanos.

*Karersee

Nach knapp 6 km gelangt man zu der kleinen Hotelsiedlung Karersee (1609 m ü.d.M.) unweit oberhalb des unter Naturschutz stehenden Karersees (1530 m ü.d.M.), in dem sich die wilden Felstürme des südlich aufragenden, 2794 m hohen Latemar spiegeln. Nordöstlich erhebt sich die Rotwand (2806 m ü.d.M.).

Paolina-Hütte

Vom Karersee-Hotel führt ein Sessellift zu der schön unter der Rotwand am Hang gelegenen Paolina-Hütte (vgl. oben), von welcher sich eine prächtige Aussicht auf die Ortlergruppe sowie die Ötztaler und Stubaier Alpen bietet.

Ostertag-Hütte

Ein Bergpfad führt von hier in 40 Min. zur Ostertag-Hütte (Rotwand-Hütte, 2280 m ü.d.M.), geöffnet von Ende Juni bis Mitte September.

Karerpass / Passo di Costalunga

Die Dolomitenstraße zieht über Matten weiter mäßig bergan zum Karerpass (1753 m ü.d.M.) an der deutsch-ladinischen Sprachgrenze zwischen Latemar und Rosengarten; es bietet sich ein schöner Blick auf die Fleimstaler und Fassaner Dolomiten mit dem Cimone della Pala sowie auf die Ötztaler Alpen im Nordwesten und die Ortlergruppe im Westen. Weit oberhalb der Passhöhe, mit einem Sessellift und zu Fuß zu erreichen, steht das erneuerte Denkmal für den Dolomitenpionier Theodor Christomanos.

Vigo di Fassa

Jenseits der Passhöhe folgt Vigo di Fassa (1382 m ü.d.M.), ein beliebter Ferien- und Wintersportort am Hang über dem großenteils noch ladinischsprachigen ▶ Fassatal. Die asus dem 15. Jh, stammende Pfarrkirche im Ortsteil San Giovanni birgt im 16. Jh. entstandene Fresken; oberhalb liegt ein Soldatenfriedhof aus dem Ersten Weltkrieg. Eine Schwebebahn führt hinauf zum 1998 m hohen Ciampedíe mit der von Ende Juni bis Mitte September geöffneten Schutzhütte Rifugio Ciampedíe.
Kurz hinter Vigo zweigt rechts die Strecke über ▶ Moena nach ▶ Predazzo ab. Im weiteren Streckenverlauf hat man einen schönen Blick hinab nach Pozza di Fassa.

Pozza di Fassa

Weiter in dem vom Avisio durchflossenen Fassatal aufwärts folgt der Ferienort Pozza di Fassa (1290 m ü.d.M.) mit Korblift zum Buffaurehang (2020 m ü.d.M.).

Campitello di Fassa
***Rodella**

Das gleichermaßen im Sommer und Winter besuchte Campitello di Fassa wird von den Zacken des Langkofels überragt. Eine Kabinenbahn führt auf den Col Rodella (2387 m ü.d.M.); 15 Min. oberhalb die 2485 m hohe Rodella, von deren Schutzhütte sich ein schöner Ausblick öffnet. Zwischen Rodella und Langkofel sowie Sellajoch liegt ein gut erschlossenes Skigebiet.

Canazei

An der Mündung des Val Lastíes liegt Canazei, der als Tourenstützpunkt und Wintersportplatz beliebte Hauptort des oberen Fassa-Tals.

Pecol
*Bindelweg

Eine Schwebebahn führt nach Pecol an der Straße über das Pordoijoch; hier befindet sich ein weites Skigebiet. Ein Sessellift erreicht das in 2389 m Höhe gelegene Schutzhaus beim Belvedere; vom Pordoijoch kommt der sehr lohnende Bindelweg (Viel dal Pan), auf dem man in 2½ Std. über das Rifugio Viel dal Pan (2346 m ü.d.M.) zum Rifugio Marmolada / Castiglioni am schönen, künstlich aufgestauten Fedaiasee (2046 m ü.d.M.) gelangt.

Alba
*Straße zum Fedaiapass

Auf der von Canazei südlich zum Fedaiapass führenden Straße erreicht man das viel besuchte, in prachtvoller Umgebung gelegene Dolomitendorf Alba, von wo eine Schwebebahn zum Skigebiet von Ciampac (2136 m ü.d.M.) führt; im Winter geht es weiter mit einem Doppelsessellift zur 2450 m hohen Sella Brunec.
Die Straße zum Pass erreicht das malerische Bergdorf Penía (1556 m ü.d.M.) und führt oberhalb vom Pian Trevisan (1717 m ü.d.M.) mit dem Rifugio Villetta Maria zum Fedaiasee (s. zuvor).

Auf einer zweistündigen Bergtour vom Fedaiapass über die Baita Robinson (1828 m ü.d.M.) erreicht man das herrlich gelegene Contrinhaus (Rifugio Contrin, 2016 m ü.d.M.). Weiter in 4½ Std. über den 2704 m hohen Ombrettapass mit schönem Blick auf Monte Pelmo und Civetta, dann unterhalb der gewaltigen Marmolada-Südwand entlang zum Juli bis Mitte September geöffneten Rifugio O. Falier (Ombrettahütte, 2080 m ü.d.M.) und zur 1446 m hoch gelegenen Hotelsiedlung Malga Ciapela an der Ostseite der ▶ Marmolada.

Malga Ciapela

Die Strecke führt über Pecol (s. zuvor) weiter in zahlreichen Kehren bergauf zum 2239 m hohen Pordoijoch, der Grenze zwischen den Regionen Trentino-Südtirol, Provinz Bozen, und Veneto, Provinz Belluno, und dem höchsten Pass der Großen Dolomitenstraße. Es bietet sich ein prachtvoller Ausblick; im Osten erheben sich die Ampezzaner Dolomiten mit der Tofana.

***Pordoijoch / Passo Pordoi**

Noch besser ist die Aussicht von dem auf dem Bindelweg (s. zuvor) in 30 Min. erreichbaren Belvedere mit herrlichem Anblick der Marmolada. Vom Belvedere gelangt man ferner in 2 Stunden zu dem großartig am Fuß der ▶ Marmolada gelegenen Rifugio Venezia (1950 m ü.d.M.) und weiter in 1½ Std. zum Gletscher der Marmolada. Vom Pordoijoch führt eine Schwebebahn auf den 2950 m hohen Sasso Pordoi. Von hier in 1½ Std. über das Rifugio Forcella Pordoi (2850 m ü.d.M.) auf den 3151 m hohen Piz Boé, den höchsten Gipfel der ▶ Sella.

Belvedere

Etwa 1,5 km östlich des Pordoijochs, auf einem Fußweg zu erreichen, erhebt sich links oberhalb der Dolomitenstraße das weithin sichtbare kreisrunde Ehrenmal für die gefallenen deutschen Soldaten, das 1959 eingeweiht wurde. Auf den dazugehörigen Friedhof wurden die bis dahin auf österreichisch-ungarischen Soldatenfriedhöfen in Norditalien und auf italienischen Gemeindefriedhöfen bestatteten deutschen Gefallenen des Ersten Weltkrieges sowie in Italien nördlich der Linie Riviera–Triest bestattete Gefallene des Zweiten Weltkrieges umgebettet.

Ehrenmal

Die Dolomitenstraße zieht vom Pordoijoch kurvenreich bergab und erreicht nach knapp 10 km den hübsch am Fuß der Sellagruppe gelegenen, vor allem zum Wintersport besuchten Ort Arabba (1602 m ü.d.M.). Hier mündet eine aus nördlicher Richtung von ▶ Corvara und über den Passo di Campolongo kommende Straße ein.

Arabba

Eine Schwebebahn und im Winter parallel dazu ein Sessellift führen zum Berghaus auf der Porta Vescovo (2510 m ü.d.M.), einer Einsenkung zwischen dem Belvedere (2650 m ü.d.M.) und der Mesola (2739 m ü.d.M.), von der sich ein eindrucksvoller Blick über den aufgestauten Fedaiasee (s. zuvor) auf die Nordflanke der Marmolada bietet.

***Porta Vescovo**

Die Dolomitenstraße folgt nun dem vom Cordévole durchflossenen Buchenstein-Tal (Livinallongo), zuerst im Talboden, dann hoch am Nordhang hin und über eine Schlucht. Dann erreicht man Pieve di Livinallongo, den nach dem Ersten Weltkrieg völlig neu aufgebauten Hauptort des Tals, heute Verwaltungssitz der ausgedehnten Gemeinde Livinallongo del Col di Lana, die früher ladinischsprachig war, seit 1919 aber weitgehend italianisiert ist. Vor der Pfarrkirche

Livinallongo / Buchenstein

Livinallongo (Fortsetzung)

steht ein Denkmal für Katharina Lanz, das "Mädchen von Spinges" (vgl. ▶ Mühlbach).
Südöstlich unterhalb von Pieve liegt das Sacrario di Pian di Salesi, ein italienischer Soldatenfriedhof mit 704 bekannten und 4700 unbekannten Gefallenen. Die zu der Gedenkstätte führende Straße zieht weiter in südlicher Richtung nach Caprile und Alleghe am gleichnamigen See (beide Orte ▶ Cortina d'Ampezzo, Umgebung).

*Col di Lana

Nördlich über Pieve di Livinallongo ragt der 2462 m hohe Col di Lana auf, den man zu Fuß in etwa 3 Std. über das Rifugio Gaetani (1835 m ü.d.M.) erreicht. Der Gipfel war in den Jahren 1915–1918 hart umkämpft: Italienische Alpini-Truppen trieben einen Stollen unter die von österreichischen Kaiserjägern gehaltene Gipfelstellung und sprengten den Gipfel am 17./18. April 1916 in die Luft; auf dieser Episode fußt die Handlung des Luis-Trenker-Films "Berge in Flammen". Im Gipfelbereich gibt es eine Gedenkkapelle sowie Reste von Stellungen; man hat auch einen ausgezeichneten Rundblick.

Monte Sief

Ein ähliches Schicksal erfuhr der unweit nördlich des Col di Lana aufragende Monte Sief (2425 m ü.d.M.). Hier wurden im Bereich des Knotz (Dente del Sief; 2424 m ü.d.M.) zwischen März und Oktober 1917 zwei italienische und eine österreichische Sprengung durchgeführt.

Falzárego-Pass / Passo di Falzárego

Hinter Pieve di Livinallongo wendet sich die Dolomitenstraße nach Norden und erklimmt in zahlreichen Serpentinen den 2117 m hohen Falzárego-Pass, eine breite, geröllbedeckte Einsenkung, die westlich vom Sasso di Stria (ladin. Sass dla Strega; "Hexenfels", 2477 m ü.d.M.), östlich von den seltsamen Cinque Torri (2362 m ü.d.M.) sowie südlich vom Nuvolau (2575 m ü.d.M.) überragt wird.

Baedeker TIPP **Blick-Punkt**

Nördlich des Falzarego-Passes führt eine Schwebebahn zum Kleinen Lagazuoi (2728 m ü.d.M.); von der Bergstation und der Terrasse des nahen Bergrestaurants öffnet sich ein prachtvoller Blick nach Süden auf Civetta, Monte Pelmo und Antelao.

*Valparola-Joch

Vom Falzárego-Pass führt eine schöne Straße nordwestlich durch das gigantische Felsgewirr "Tra i Sassi" und am schönen Lago di Valparola vorbei zum 2192 m hohen Valparola-Joch mit dem Rifugio Passo di Valparola, nordöstlich überragt vom Lagazuoi (2803 m ü.d.M.). Dann geht es in Kehren teils durch Wald bergab und durch das von hohen Dolomitenbergen umrahmte Tal von St. Kassian nach Armentarola (1640 m ü.d.M.). Es folgt das reizvoll gelegene Dorf St. Kassian (San Cassiano, 1537 m ü.d.M.), von wo ein Sessellift südlich zum 2003 m hohen Piz Sorega) führt. Schließlich kommt man zu dem im ▶ Gadertal (Hochabteital) gelegenen Dorf Stern (ital. La Villa, ladin. La Ila, 1483 m ü.d.M.).

Die Dolomitenstraße führt vom Falzárego-Pass in Windungen und Serpentinen mäßig bergab; links die gewaltige Felswand der Tofana (▶ Cortina d'Ampezzo). Tofana

Gut 5 km hinter der Passhöhe zweigt ein 3 km langer Weg zum Rifugio Cinque Torri (2131 m ü.d.M.) ab; von hier Klettertour in die bizarre Felsgruppe der bis 2362 m hohen Cinque Torri, deren Umwanderung sehr lohnt. Etwa 15 Min. westlich der Hütte liegt das Rifugio Scoiattoli (2230 m ü.d.M.), von wo ein Sessellift abwärts zum Rifugio Bai de Dones (1900 m ü.d.M.) an der Dolomitenstraße führt. Ferner gelangt man vom Rifugio Cinque Torri in 1¼ Std. auf den im Ersten Weltkrieg viel umkämpften Nuvolau (2575 m ü.d.M.) mit Schutzhaus und großartiger Aussicht. Cinque Torri **Nuvolau

Rund 7 km hinter der Höhe des Falzárego-Passes zweigt links ein 6 km langer Kriegsfahrweg zum Rifugio Cantore (2545 m ü.d.M.), dem Ausgangspunkt für die Ersteigung der 3243 m hohen Tofana (▶ Cortina d'Ampezzo) ab. **Tofana
Über Pocol (▶ Cortina d'Ampezzo, Umgebung) gelangt man nach 9 km zu dem renommierten Wintersportort ▶ Cortina d'Ampezzo.

Drei Zinnen / Tre Cime di Lavaredo — D 14

Regionen: Trentino-Südtirol und Veneto
Provinzen: Bozen und Belluno
Höhe: 2998 m ü.d.M.

Die Drei Zinnen liegen weit im Nordosten des italienischen Dolomitenraums. Über das Massiv verläuft die Grenze zwischen den Regionen Trentino-Südtirol und Veneto. Da der Hauptkamm der Zinnen teilweise nach Norden überhängt, ist es theoretisch möglich, dass man beim Durchklettern der Nordwände unbemerkt zwischen den Regionen wechselt. Die schroff aufragenden, markanten Drei Zinnen sind die wohl schönste und bekannteste Berggruppe in den Dolomiten. Die insgesamt fünf Hauptgipfel sind: Westliche Zinne (2973 m ü.d.M.), Große Zinne (2998 m ü.d.M.), Kleine Zinne (2857 m ü.d.M.), Punta di Frida (2792 m ü.d.M.) und Kleinste Zinne (2700 m ü.d.M.), auch Preußturm genannt. Hinzu kommen etliche Nebengipfel. Lage und **Landschaftsbild
Die erste Ersteigung der Großen Zinne geschah im Jahre 1869; zehn Jahre später wurde auch die Westliche Zinne bezwungen, zwei Jahre danach die Punta di Frida. Die Erstbegehungen schwierigerer Routen erstreckten sich noch bis in die Sechzigerjahre des 20. Jahrhunderts. Geschichte

Vom Misurina-See (▶ Cortina d'Ampezzo, Umgebung) über den Misurina-Pass (Col Sant'Angelo, 1757 m ü.d.M.) folgt man der Staatsstraße 48 b, biegt dann rechts ab auf eine streckenweise mautpflichtige und häufig mit Bussen befahrene Nebenstraße, die einst als Kriegsstraße angelegt und inzwischen sehr gut ausgebaut worden ist. Zufahrtsrouten

Nach etwa 500 m folgt eine Straßenteilung; geradeaus geht es weiter zur Auronzohütte (Rifugio Auronzo, s. unten), links etwa 5,5 km *Monte Piana

Die Drei Zinnen sind gut von Sexten und durch das Innerfeldtal zu erreichen.

Monte Piana (Fortsetzung)

ziemlich steil (bis 20%) bergauf zum Rifugio Bosi etwas unterhalb des im Ersten Weltkrieg stark umkämpften Gipfelplateaus des 2324 m hohen Monte Piana mit wiederhergestellten Kampfstellungen und einer Steinpyramide für den italienischen Dichter und Literatur-Nobelpreisträger G. Carducci (1835–1907). Vom Gipfel genießt man eine hervorragende Aussicht.

**Auronzohütte

Noch lohnender ist die an der zuvor genannten Straßenteilung geradeaus weiterführende Straße, die zunächst stark bergauf durch Wald, dann 2 km ziemlich eben durch ein mooriges Hochtal zieht. Der letzte Abschnitt zur Auronzohütte ist recht steil und windungsreich. Dann erreicht man die großartig in 2320 m Höhe auf der Forcella Longéres und unter den Südwänden der Drei Zinnen gelegene Auronzohütte. Von dieser gelangt man auf gesicherten Klettersteigen in 3–4 Std. auf die Große Zinne oder auf die Westliche Zinne.

*Dreizinnenhütte

Ein guter Fußweg führt von der Auronzohütte in 30 Min. über den Patérn-Sattel mit dem berühmtesten Blick auf die Drei Zinnen zur großartig gelegenen Dreizinnenhütte (Rifugio Locatelli alle Tre Cime di Lavaredo, 2438 m ü.d.M.). Von dieser führt ein Rundweg in ca. 4 Std. um die Drei Zinnen. Die Dreizinnenhütte ist auch von ▶ Sexten zu Fuß durch das Innerfeldtal zu erreichen.

Uralter Verkehrsweg

Das Eisacktal, vom gleichnamigen 95 km langen Fluss durchströmt, der westlich des ▶ Brennerpasses entspringt und südlich von ▶ Bozen in die Etsch mündet, ist ein uralter Verkehrsweg über die Alpen. Es scheidet die Sarntaler Alpen (▶ Sarntal) von den östlich aufragenden Massiven (u.a. ▶ Dolomiten). Wie schon in der Antike folgen ihm heute wichtige Straßen: die Brennerautobahn und die Brenner-Staatsstraße (SS 12 / E 4) sowie die untersten Abschnitte der in die Seitentäler führenden Straßen.

Wipptal

Der nördliche Abschnitt des Eisacktals, ab der Sachsenklemme (▶ Franzensfeste), gehört zur Landschaft des Wipptals, die sich jenseits des Brenners bis Innsbruck erstreckt und im Südtiroler Raum auch das Pflerschtal sowie das Pfitscher Tal umfasst. Die Region wird als Touren- und Wintersportgebiet besucht.

Die Pfarrkirche des Eppaner Gemeindeteils St. Pauls wird wegen ihrer Größe "Dom auf dem Lande" genannt (s. S. 128).

Eppan / Appiano

Region: Trentino-Südtirol
Provinz: Bozen
Höhe: 247–940 m ü.d.M.
Einwohnerzahl: 10 000 (Gemeindegebiet)

Wein und Burgen

Eppan liegt im nördlichsten Teil des ▶ Überetsch und westlich von Bozen über dem rechten Ufer der Etsch. Durch das Gemeindegebiet führt die ▶ Südtiroler Weinstraße. Die wichtigsten Ortsteile der als Tourenstützpunkt und Luftkurort besuchten Großgemeinde Eppan sind Missian, St. Pauls, Girlan, St. Michael und Montiggl. Im Westen beherrschen die schroffen Wände des Mendelkamms und des Gantkofels das Hochplateau. Mit über hundert Burgen, Schlössern und Edelsitzen ist Eppan das burgenreichste Gebiet Südtirols. Auch ist Eppan der Mittelpunkt des größten Weinbaugebiets und reicher Obstbaumpflanzungen.

Die Burgruine Hocheppan ist einer der Glanzpunkte im Überetsch.

St. Pauls / San Paolo
Pfarrkirche

Von ▶ Bozen und aus dem Etschtal kommend, erreicht man zunächst den rechts etwas abseits der Weinstraße gelegenen Gemeindeteil St. Pauls (139 m ü.d.M.). Hier steht die gotische Pfarrkirche, die größte Dorfkirche Südtirols; sie wird wegen ihrer Dimensionen auch "der Dom auf dem Lande" genannt und besitzt die mit 4984 kg angeblich größte Glocke der Region. Die Kirche ist 1461 bis 1560 erbaut worden; die geschweifte Haube des in die Fassade eingefügten Turms entstand erst 1647. Die Hauptfassade wurde von dem Augsburger Baumeister Jakob Zwiesel entworfen und zeigt die Formensprache der süddeutschen Spätgotik; dagegen sind in dem

St. Pauls (Fortsetzung)

von Kreuzrippenkonstruktionen (um 1550) überwölbten Inneren deutliche oberitalienische Einflüsse zu bemerken. Teile der Ausstattung sind alt, so etliche Totenschilde und das um 1600 angefertigte Chorgestühl. An den Wänden des Langhauses Porträtbüsten der zwölf Apostel, einheimische Arbeiten aus dem späten 16. Jahrhundert.
Die stattlichen alten Bürgerhäuser von St. Pauls verdienen gleichermaßen Beachtung; im 16. und 17. Jh. erbaut, zeigen auch sie oberitalienisch-lombardischen Einfluss.

Missian / Missiano

Von St. Pauls führt eine kleine Nebenstraße nordwestlich zu dem kleinen Gemeindeteil Missian (388 m ü.d.M.) in aussichtsreicher Lage. Das nahebei auf einer Anhöhe stehende Schloss Korb, ursprünglich im 13. Jh. errichtet, dient heute als Hotel. Noch höher befindet sich die Ruine von Schloss Boymont (601 m ü.d.M.), ein beliebtes Ziel am Burgenweg (s. unten).

**Hocheppan

Noch weiter nordwestlich gelangt man auf einem Sträßchen nach Unterhausen, das von der Halbruine der Burg Hocheppan (633 m ü.d.M.) überragt wird. In ihren Anfängen auf das 12. Jh. zurückgehend, ist die ab Unterhausener Hof auf einem Fußweg erreichbare Burg der Stammsitz der Grafen von Eppan, einer Seitenlinie der Welfen; im 13. und 16. Jh. erfolgten Um- und Ausbauten der Wehranlage, zu der auch der talwärts bei Unterhausen stehende Kreideturm aus dem 12. Jh. gehört.

Burgkapelle

Die weithin berühmte Hauptsehenswürdigkeit von Hocheppan ist die in einfachen romanischen Formen errichtete Burgkapelle, deren Schlüssel im Burgrestaurant zu bekommen ist. Sie birgt einen hervorragenden Freskenzyklus aus der Zeit um 1180, welcher in zwei übereinander angeordneten Bilderfriesen das Leben und die Passion Christi schildert. In der mittleren der drei Apsiden die thronende Muttergottes; in der linken das Lamm Gottes und in der rechten Christus, welcher Petrus die Schlüssel des Paradieses und Paulus die Gesetzesrollen übergibt. Diese Malereien zeigen byzantinischen Einfluss, der über das östliche Oberitalien hierher gelangt ist. Von Hocheppan bietet sich ein wundervoller Panoramablick auf das Etschtal und die nördlichen Teile des Überetsch.

Die Darstellung von Christi Geburt mit der berühmten "Knödelesserin".

Auf dem "Burgenweg" kann man von Hocheppan über Boymont zum Schloss Korb (beide s. zuvor) absteigen.

St. Michael / San Michele

St. Michael mit seinem stadtähnlichen Gepräge ist der zentral gelegene größte Gemeindeteil und zugleich Verwaltungssitz. Auch hier stammen viele der Bürgerhäuser aus der Renaissance. Über dem Ort erhebt sich der 550 m hohe rebenumkränzte Kalvarienberg mit

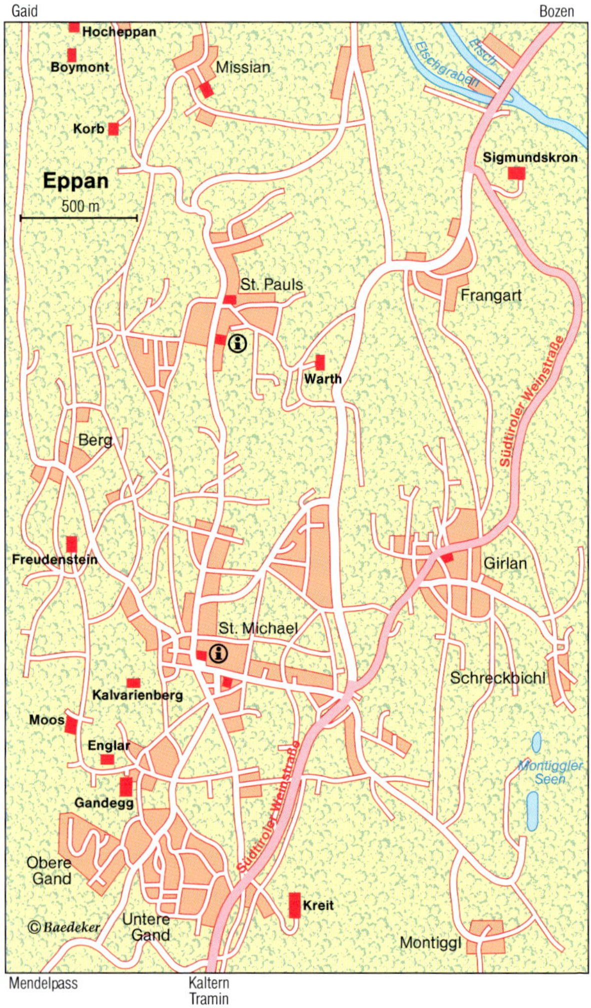

St. Michael (Fortsetzung)

der Kapelle zur Schmerzhaften Muttergottes, auch Gleifkapelle genannt, einem der wenigen Barockbauten in Südtirol.

Schloss Gandegg Museum

Unweit südwestlich von St. Michael, bei Pigen, lohnt das Schloss Gandegg, ein stattlicher Bau im Stil der Südtiroler Ansitze, einen Besuch. Es ist in einer Urkunde aus dem Jahr 1454 erstmals erwähnt und ging 1537 in den Besitz der Freiherren und späteren Grafen zu Khuen über, denen es wie das nahe Schloss Englar (13. und 15.–16. Jh.) noch heute gehört. Im Schloss Gandegg ist ein Museum eingerichtet, das Blankwaffen, Mobiliar und Ausstattung aus dem 16. und 17. Jh. sowie eine Galerie mit Gemälden des 18. und 19. Jh.s enthält (Führungen von April bis Oktober, Mo. gewchlossen).

Die Montiggler Seen sind in dichte Wälder gebettet.

Maria Schnee

Unmittelbar neben dem Ansitz steht die 1698 geweihte Kapelle Maria Schnee mit niederem Langhaus und überhöhtem Chor; im Innern Fresken und eine der ältesten Orgeln Südtirols (17. Jh.).

Schloss Moos-Schulthaus Museum

Unweit nordwestlich von Schloss Gandegg erreicht man das Schloss Moos-Schulthaus (13. Jh.). Auch dieses Schloss ist als Museum zugänglich; es enthält eine Sammlung zur mittelalterlichen Wohnkultur sowie Gemälde von Südtiroler Künstlern des 20. Jahrhunderts (Öffnungszeiten: Mitte März bis Ende Okt. Di.–So.).

Eppaner Höhensteig
***Gantkofel**

Der Eppaner Höhensteig, zu dem man von St. Michael über den Kreuzstein und Buchwald gelangt, zieht ohne allzu große Steigungen in rund 1000 m Höhe durch Bergwald an der Ostflanke des Mendelkamms südlich zum Schloss Matschatsch an der Straße von ▶ Kaltern zum ▶ Mendelpass. Von ihm zweigt bei Buchwald eine Bergroute (ca. 5 Std.) zum 1868 m hohen Gantkofel ab. Von diesem genießt man eine hervorragende Fernsicht, die allerdings bisweilen durch Emissionen aus dem industriellen Großraum von Bozen erheblich beeinträchtigt sein kann.

Girlan / Cornaiano

Den am weitesten östlich gelegenen Gemeindeteil bildet Girlan (435 m ü.d.M.), berühmt durch seine Spitzenweine. Die nahen Hänge bilden u.a. die bekannte Weinlage "Schreckbichl".

Montiggl / Monticolo
Montiggler Seen

Eine von St. Michael ausgehende Nebenstraße durchquert in südöstlicher Richtung den Montiggler Wald und erreicht den kleinen Gemeindeteil Montiggl. Ein stark besuchtes Naherholungsgebiet sind der von schönen Waldungen eingefasste Große und Kleine Montiggler See, die ohne natürlichen Zufluss sind, jedoch künstlich mit Quellwasser gespeist werden; es gibt ein heizbares

Eppan, Montiggl (Fortsetzung)

Schwimmbad, Strandbäder und Gelegenheit zum Wassersport. Im Strandrestaurant Lido ist in einer Vitrine ein aus dem 15. Jh. stammender Einbaum ausgestellt, der hier gefunden wurde.
Die Südtiroler Weinstraße führt von St. Michael weiter nach ▶ Kaltern und ▶ Tramin.

Fassatal / Val di Fassa — E 10–11

Region: Trentino-Südtirol
Provinz: Trient

Ladinisches Sprachgebiet

Das Fassatal, noch heute großenteils ladinischsprachig, wird vom Oberlauf des oberhalb von Canazei am Fedaiapass entspringenden Avisio durchströmt; südlich von ▶ Moena geht es in das pfeil;Fleimstal über. Touristisch haben sich die in diesem Abschnitt gelegenen Orte zum "Centro Fassa" zusammengeschlossen. Vor allem zum Wintersport wird das zur Großregion "Dolomiti Superski" (▶ Dolomiten) gehörende Gebiet viel besucht, überwiegend von italienischen Gästen.
Der Talabschnitt zwischen Vigo di Fassa und Canazei ist im Rahmen der Großen ▶ Dolomitenstraße beschrieben.

Fleimstal / Val di Fiemme — F 9 – E 10

Das Fleimstal ist die südwestliche Fortsetzung des Fassatals und wird wie dieses vom Avisio durchströmt, ehe er in das Val di Cembra übertritt. Hauptort des Fleimstals ist das an seinem westlichen Ende gelegen Cavalese, der nächstwichtige Ort Predazzo. Wenngleich das Fleimstal zumindest an seiner südlichen Flanke nicht ganz so hochalpin ist wie die nördlich angrenzenden Dolomitenregionen, wird es zum Skilauf viel besucht und ist in die Wintersport-Großregion "Dolomiti Superski" (▶ Dolomiten) eingegliedert.
Im Detail sind die Sehenswürdigkeiten des Fleimstals bei ▶ Cavalese und ▶ Predazzo beschrieben.

Franzensfeste / Fortezza — C 10

Region: Trentino-Südtirol
Provinz: Bozen
Höhe: 747 m ü.d.M.
Einwohnerzahl: 1000

K.u.k. Festung

Franzensfeste liegt im mittleren Abschnitt des ▶ Eisacktals; unweit südlich mündet das ▶ Pustertal ein. Das Bild des an einer Engstelle zwischen bewaldeten Bergflanken gelegenen Ortes wird von der mächtigen Festung am Flussufer geprägt, die von den Österreichern in den Jahren 1833–1838 als vorgeschobene Schutzbastion zur Sicherung des Brennerpasses angelegt wurde, heute als Munitionsdepot dient und dem Ort den Namen gegeben hat. Gleichwohl hat sie in militärischen Konflikten nie eine Rolle gespielt. Im Ort gibt es mehrere Denkmäler für die Tiroler Freiheitskämpfe von 1797 und 1809.

Ein Stausee, an dessen Rand die Brenner-Autobahn vorbeizieht, dient der Gewinnung elektrischer Energie zur Versorgung der über den ▶ Brennerpass ziehenden Eisenbahnstrecke.

Stausee

In Mittewald, unweit talaufwärts, steht die gotische Kirche St. Anna im Sack aus dem frühen 16. Jh. mit Resten von Fresken aus der Entstehungszeit und historisierenden Ergänzungen.

Mittewald / Mezzaselva

Die Sachsenklemme, noch weiter talaufwärts, ist eine Engstelle, deren Name auf die Gefangennahme von 500 unter den Franzosen kämpfenden Sachsen im Jahr 1809 zurückgeht. Hier stehen ein stattliches altes Gasthaus und eine kleine Kapelle; zwischen der Staatsstraße und der Autobahn, direkt am Fluss, wurde ein Obelisk zur Erinnerung an die Schlacht vom 4. und 5. August 1809 errichtet.

Sachsenklemme

Gadertal (Abteital) / Val Badia

C–D 12

Region: Trentino-Südtirol
Provinz: Bozen

Das Gader- oder Abteital ist ein südliches Seitental des ▶ Pustertals, von dem es bei St. Lorenzen abzweigt. Es wird vom Gaderbach durchströmt, dem auch die windungsreiche Straße folgt. In seinem unteren Teil ist das Gadertal ziemlich eng und von steilen, waldreichen Bergflanken gesäumt; oberhalb von Stern / La Villa weitet es sich und nimmt bei ▶ Corvara die aus dem ▶ Grödner Tal und über das Sellajoch (▶ Sella) kommende Straße auf. Das Tal endet am Passo di Campolongo, den die Straße überquert, ehe sie bei Arabba in die Große ▶ Dolomitenstraße mündet. Im Jahr 1987 wurde in der 2800 m hoch gelegenen Conturines-Höhle ein “Bärenfriedhof” mit den Überresten von etwa 30 Höhlenbären entdeckt.

Allgemeines

*Fahrt durch das Gadertal

Vom Befahren der teilweise ziemlich engen Gadertalstraße mit Wohnwagengespannen wird abgeraten.
Zwischen den im Pustertal gelegenen Orten Kiens und St. Lorenzen zweigt die Gadertalstraße (SS 244) südlich ab und führt zunächst mit mäßiger Steigung aufwärts. Bei Zwischenwasser zweigt links die Straße ins Rautal ab.

Hinweis

Das in den Naturpark Fanes–Sennes–Prags (▶ Welsberg) führende Rautal wird noch heute überwiegend von Ladinern bewohnt. Die Straße erreicht 4 km hinter der oben genannten Abzweigung den Ort St. Vigil in Enneberg (1210 m ü.d.M.), der im Sommer und zum Wintersport viel besucht wird. Die Pfarrkirche Unsere Liebe Frau ist im Kern spätgotisch, wurde aber 1764 barockisiert und vergrößert. Im Inneren befinden sich barocke Wandgemälde von Matthäus Günther und Deckengemälde aus dem 19. Jahrhundert. Beachtung

Rautal / Valle di Tamores

St. Vigil in Enneberg / San Vigilio di Marebbe

Enneberg (Fortsetzung)

verdienen die naiven Votivtafeln. Nahe der Pfarrkirche steht ein Denkmal für Katharina Lanz (vgl. ▶ Mühlbach, Spinges).

Piz di Plaies

Ein Korblift führt westlich zum Großen Joch (1620 m ü.d.M.) unterhalb des 1700 m hohen Piz di Plaies, der von der Bergstation zu Fuß in 1 Std. erreicht werden kann.
In nordöstlicher Richtung stellt ein Sessellift in zwei Sektionen die Verbindung zu dem vor allem als Skigebiet geschätzten Kronplatz (▶ Bruneck, Umgebung) her.

St. Vigil liegt in der zum Wandern viel besuchten Talschaft des Enneberg.

Kreuzkofel

Die Rautalstraße folgt weiter dem Vigilbach aufwärts und endet am Fuß der Kreuzkofelgruppe, die in der Zehnerspitze 3023 Höhenmeter erreicht und durch etliche lohnende Bergwanderwege erschlossen ist.

Gadertal (Fortsetzung), St. Martin in Thurn

Von Zwischenwasser folgt man weiterhin der SS 244 in dem weiter sich verengenden Tal des Gaderbachs; nach 5 km erreicht man St. Martin in Thurn.

Untermoi

Ein Stichsträßchen zweigt rechts ab nach Untermoi (1515 m ü.d.M.), einem als Sommerferienort besuchten hübschen ladinischen Bergdörfchen am Fuß des 2874 m hohen Peitlerkofels. Die Brixner Dolomitenstraße führt zum 2006 m hoch gelegenen Würzjochhaus; von hier gelangt man auf einem lohnenden Wanderweg in $1^{1}/_{2}$ Std. zur Peitlerscharte (2361 m ü.d.M.) und in weiteren $1^{1}/_{2}$ Std. auf den Peitlerkofel (▶ Klausen, Umgebung).

Baedeker TIPP Ladinerkultur

Das ladinischen Kulturinstitut "Micurá de Rü" in St. Martin in Thurn und das seit 2001 im Schloss eingerichtete Ladinische Landesmuseum bieten höchst interessante Einblicke in die Entwicklung des Naturraums und die Geschichte der Dolomitenladiner.

Pederoa / Pederü

Nach weiteren 4 km erreicht die Gadertalstraße den kleinen Weiler Pederóa; hier links etwas abseits der ruhige Sommerferien- und Wintersportort Wengen (ital. La Valle; 1352 m ü.d.M.).

Badia

Rund 6 km sind es nun bis Badia (1180–1537 m ü.d.M.) in der gleichnamigen Gemeinde, die auch die beliebten Urlaubsorte Pedraces, Stern / La Villa, S. Cassiano und Armentarola (vgl. Große ▶ Dolomitenstraße, Falzárego-Pass) umfasst.

Pedraces

Pedraces (1315 m ü.d.M.) ist Hauptort und Verwaltungssitz der Gemeinde Badia. Hier beginnt der als Hochabteital (ital. Alta Badia) bekannte oberste Talabschnitt. Ein Sessellift führt nach Heiligkreuz (ital. Santa Croce, ladin. La Crusc; 1840 m ü.d.M.), östlich oberhalb; von hier gibt es einen Stationenweg zur gleichnamigen Wallfahrtskapelle (2043 m ü.d.M.) am Fuße des 2908 m hohen Heiligkreuzkofels in der Kreuzkofelgruppe (s. zuvor bei Rautal).

Stern / La Villa

Piz La Ila

Nun folgt das an einem aussichtsreichen Hang gelegene und von dem stattlichen Ansitz Rubatsch überragte Dorf Stern (1483 m ü.d.M.). Mit einer Großkabinenbahn erreicht man den 2077 m hohen Piz La Ila, der einen schönen Blick nach Norden sowie in die östlich sich erstreckende Dolomitenlandschaft bietet und auch als Wintersportgebiet von großer Bedeutung ist.

San Cassiano

Museum

San Cassiano (ladin. San Ciascian) liegt im gleichnamigen östlichen Seitental, das bei La Villa vom Gadertal abzweigt. Auch dieser Ort ist vorwiegend bei Wintersportlern beliebt. Im Pic' Museo Ladin (Öffnungszeiten: Di.–Sa. 16^{00}–19^{00}, So. 16^{30}–19^{30} Uhr)sind regionale Fossilien, darunter ein Bärenskelett aus der Conturines-Höhle (s. oben), und einheimisches Hausgerät und Werkzeug zu sehen. Der 2003 m hohe Piz Sorega ist mit einem Sessellift zu erreichen.
Über Armentarola und den Passo di Valparola führt die Straße weiter zur Großen ▶ Dolomitenstraße.

Baedeker TIPP Obstsalat ist Trumpf

Das Hotel Armentarola, nahe bei San Cassiano an der Passstraße, ist weithin berühmt für seine herrliche Lage. Auf der direkt nach Süden ausgerichteten Sonnenterrasse kann man sich kulinarisch verwöhnen lassen – nicht zuletzt mit dem geradezu legendären üppigen Obstsalat.

Nicht nur zum Wintersport, sondern auch zum Wandern ist das Gadertal beliebt.

San Cassiano (Fortsetzung)

Die Gadertalstraße zieht aufwärts und tritt in die Talweitung ein, in welcher ► Corvara liegt und die vom Grödner Joch kommende Passstraße einmündet.

Passo di Campolongo

Der 1875 m hohe Passo di Campolongo (ladin. Jú de Ciaulonch) bildet den Übergang vom Gadertal in das von der Großen ► Dolomitenstraße durchzogene Buchensteiner Tal (ital. Livinallongo).

Gampenjoch / Passo delle Palade — D 7

Region: Trentino-Südtirol
Provinz: Bozen
Höhe: 1518 m ü.d.M.
Öffnungszeit: ganzjährig

Allgemeines

Von Lana stellt die kurvenreiche, landschaftlich lohnende Straße über das Gampenjoch die Verbindung zum Nonstal, einer im nördlichen Teil deutschsprachigen Landschaft der Provinz Trient, dar.

*Fahrt über das Gampenjoch

Von ► Lana folgt man der SS 238, die zunächst am Talhang mäßig bergan zieht; links steht die aus dem 12. und 15. Jh. stammende Leonburg mit ihren beiden markanten Wehrtürmen. Im Vorblick auf der Höhe bemerkt man die St.-Christof-Kapelle, dahinter den Steilabfall des Gantkofels (► Eppan).

Links etwas abseits der Passstraße liegt Tisens (631 m ü.d.M.); von dort lohnt ein Abstecher von 1½ km nach Prissian und zu Fuß in 40 Min. zu dem Weiler Grissian (922 m ü.d.M.), wo in der erhöht stehenden Jakobskapelle u.a. höchst bemerkenswerte Fresken aus dem 13. Jh. zu sehen sind, darunter die erstmalige Darstellung der Dolomitengipfel. Beide Orte sind Gemeindeteile von ▶ Nals, wo Grissian eingehender beschrieben ist.

Tisens / Tesimo
***Grissian**

Von der Abzweigung nach Tisens zieht die Gampenstraße weiter in Kurven aufwärts; bei einer großen Serpentine liegt das aus einem "Bauernbadl" – einem ursprünglich von der ländlichen Bevölkerung besuchten kleinen Heilbad – hervorgegangene kleine Bad Gfrill (1183 m ü.d.M.).

Bad Gfrill / Caprile

Bei einem Straßentunnel erreicht man das Gampenjoch (1518 m ü.d.M.). Von der Passhöhe gelangt man auf einem steilen und beschwerlichen Fußweg in 3½ Std. auf die 2433 m hohe Große Laugenspitze, von der man einen hervorragenden Blick genießt. Leichter ist der Anstieg in 4–5 Std. von Mitterbad im ▶ Ultental.

Gampenjoch
***Große Laugenspitze**

Unser liebe Frau im Walde gehört mit St. Felix, Laurein und Proveis zur "Deutschgegend" (s. S. 138).

Unsere Liebe Frau im Walde / Senale

Jenseits der Passhöhe liegt Unsere Liebe Frau im Walde (1342 m ü.d.M.), ein neben St. Felix (1265 m ü.d.M.), Laurein (1148 m ü.d.M.) und Proveis (1420 m ü.d.M.) zur "Deutschgegend" gehörendes Südtiroler Dorf im sonst italienischsprachigen Nonstal (ital. Val di Non). Alle vier sind ruhige Erholungsdörfer, teils mit Wintersportmöglichkeiten.

Auf dem Friedhof von Unsere Liebe Frau steht die kleine gotische Wallfahrtskirche; im dreischiffigen Inneren schwere Barockaltäre, an der Innenwand der Hauptfassade einige Votivbilder und am Beginn des rechten Seitenschiffes zwei Flügel eines farbig gefassten gotischen Schnitzaltars sowie ein Kruzifixus. Von Proveis gibt es eine durch etliche Tunnels verlaufende Straße ins ▶ Ultental, die allerdings wegen gravierender Baumängel immer wieder für Schlagzeilen sorgt.

Die Strecke zieht weiter abwärts und mündet bei Fondo in die vom ▶ Mendelpass kommende und zum Lago di Santa Giustina (▶ Cles) führende Straße.

Glurns / Glorenza C–D 4

Region: Trentino-Südtirol
Provinz: Bozen
Höhe: 920 m ü.d.M.
Einwohnerzahl: 800

***Miniaturstadt**

Glurns, die kleinste Stadt südlich der Alpen, liegt direkt an der Etsch im Obervinschgau, unweit westlich abseits der Reschenstraße. Der Ortsname, rätischen Ursprungs, wird schon 1163/1164 ur-

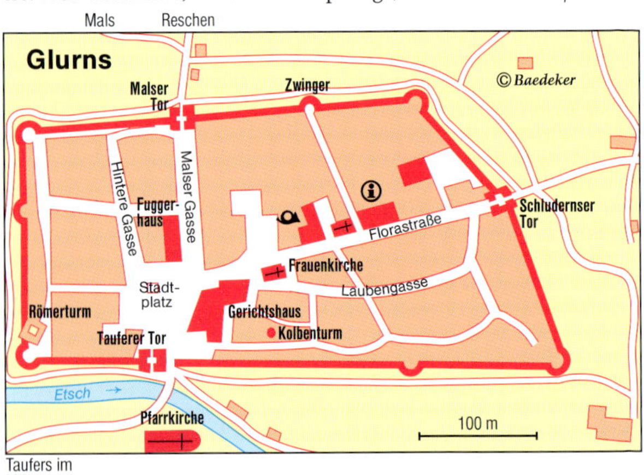

kundlich genannt. Um 1223 nahm hier das landesfürstlich tirolische Gericht seinen Sitz und bildete ein Gegengewicht zu dem unweit nördlich gelegenen bischöflich-churerischen Gerichtsort Mals. Seit 1294 ist der Bartholomäusmarkt bezeugt, und spätestens 1304 besaß Glurns die Stadtrechte. In der Folgezeit wuchs die Bedeutung des Städtchens als Markt, wovon noch heute die alten Laubengassen zeugen. Im Schweizer Krieg, auch Schwabenkrieg genannt, wurde Glurns 1499 von den Engadinern geplündert, niedergebrannt und die Stadtmauer zerstört, allerdings wenig später erneuert. Im 16.–18. Jh. gab es wiederholt schwere Brandkatastrophen, und vollends still wurde es in den alten Mauern, als man 1931 das Landgericht nach Schlanders verlegte. Das Städtchen ist Geburtsort des Karikaturisten Paul Flora, nach dessen Familie einer der Hauptstraßenzüge benannt ist.

Miniaturstadt (Fortsetzung)

*Ortsbild

Das höchst malerische Ortsbild ist vor allem durch die im 16. Jh. erbaute einzige vollständig erhaltene, turmbewehrte Stadtmauer Südtirols geprägt, die bequem in etwa 30 Min. umwandert werden kann.

Glurns gilt als die kleinste Stadt südlich der Alpen.

Stadtmauer

Durch die Stadtmauer führen drei wehrhafte Tore ins Innere: das nördliche Malser Tor, in dessen Nähe an der Stadtmauer die Hochwassermarken vom 16. Juni 1855 zu sehen sind, das östliche Schludernser Tor und das westliche Tauferer Tor. Beachtung verdient vor allem die Laubengasse mit ihren kühlschattigen Bogengängen und den fast durchweg im 16. Jh. erbauten Bürgerhäusern. Im Zentrum stehen die neuromanische Frauenkirche, wenige Schritte weiter westlich am Stadtplatz das jetzt als Rathaus dienende Fuggerhaus mit seiner Zinnenmauer und das Frölichhaus. Direkt beim Malser Tor steht das seit 1527 urkundliche Stadtpalais mit einer bemerkenswerten Verbindung von Gotik mit Netzrippengewölbe im Flur und Stiegenhaus und Renaissance mit Fassade und Arkadenhof.

Pfarrkirche

Die Pfarrkirche St. Pankraz (15. Jh.) befindet sich südlich außerhalb der Ummauerung und jenseits der Etsch; ihre Ursprünge sind älter als die der Stadt. An ihrem Turm ist ein Fresko von 1490 mit der Darstellung des Jüngsten Gerichts zu sehen; im Inneren ein Wandgemälde mit der Heiligen Sippe (um 1500).

Gossensaß / Colle Isarco

Region: Trentino-Südtirol
Provinz: Bozen
Höhe: 1098 m ü.d.M.
Einwohnerzahl: 1000

Allgemeines

Gossensaß liegt im ▶ Eisacktal, ungefähr auf halber Strecke zwischen ▶ Brennerpass und ▶ Sterzing. Im Innerortsbereich zeugen stattliche Bürgerhäuser aus dem 16. Jh. von dem Wohlstand, welchen damals der Bergbau gebracht hatte.

Neben der Pfarrkirche von Gossensaß steht die kleine, der hl. Barbara geweihte Bergmannskapelle.

Sehenswertes in Gossensaß

Pfarrkirche

Die hoch gelegene spätbarocke Pfarrkirche Mariä Empfängnis (1745) besitzt Deckenfresken von Matthäus Günther; dargestellt sind die Marienkrönung und die Vertreibung der Händler aus dem Tempel. Die Orgel ist ein Werk des Rokoko.

Barbarakapelle

Nahebei steht die Barbarakapelle von 1510; am gotischen Portal rechts und links zeigen Wappenschilde die Werkzeuge der Bergleute, welche die Kapelle gestiftet haben. Im Inneren befinden sich das sog. Dürerkreuz, ein Kruzifixus, der nach dem berühmten Werk Dürers um 1500 geschnitzt worden ist, sowie Fresken.

Gossensaß (Fortsetzung)

Amthorspitze Hühnerspielalm *Rollspitze

Ein Sessellift führt zunächst zur Hühnerspielalm (1900 m ü.d.M.) mit der Hühnerspielhütte und in einer zweiten Sektion zur Bergstation unweit unterhalb der 2749 m hohen Amthorspitze. Von hier geht man nordöstlich in 30 Min. zur Rollspitze (2806 m ü.d.M.) oder einfacher südlich in gleichfalls rund 30 Min. zur 2716 m hohen Weißspitze, die beide eine freiere Aussicht bieten.

Umgebung von Gossensaß

Pflerschtal / Val di Fleres

Eine besonders im zweiten Abschnitt lohnende Straße führt von Gossensaß westlich in das romantische Pflerschtal. Von Außerpflersch gelangt man mit einem Sessellift zur Ladurnsalm (1710 m ü.d.M.).

Von Innerpflersch (Weiler Boden, 1245 m ü.d.M.) kann man eine sehr lohnende ungefähr dreistündige Bergtour über Stein zur Tribulaunhütte (2379 m ü.d.M.) machen, die prächtig am kleinen Sandessee gelegen ist. Die Hütte bildet auch den Ausgangspunkt für eine geführte Klettertour auf den 3096 m hohen Pflerscher Tribulaun bildet.

Grödner Tal / Val Gardena / Gherdëina

D 10–11

Region: Trentino-Südtirol
Provinz: Bozen

Allgemeines

Das knapp 30 km lange Grödner Tal zweigt unweit südlich des Ortes ▶ Klausen östlich vom ▶ Eisacktal ab und dringt in die großartige Hochgebirgslandschaft der ▶ Dolomiten vor. Über das Grödner Joch steht es mit dem ▶ Gadertal, über das Sellajoch (▶ Sella) mit dem ▶ Fassatal in Verbindung. Im Süden wird es von der ▶ Seiser Alm begrenzt. Die wichtigsten Talorte sind St. Ulrich, St. Christina und Wolkenstein. Die noch heute östlich von Pontives vorwiegend ladinische Bevölkerung lebt in erster Linie von der Holzschnitzerei und vom Tourismus.

***Holzschnitzerei**

Die Grödner Holzschnitzerei blickt auf eine gut 350 Jahre alte Tradition zurück. Sie entstand aus dem Zwang zum Nebenerwerb, denn die mageren, hoch gelegenen Ackerböden warfen nur geringe Erträge ab. Bald entwickelte sich aus der Anfertigung hölzernen Hausgeräts die Bildschnitzerei, die sich an süddeutschen wie an norditalienischen Vorbildern orientierte und zunächst fast ausschließlich sakrale Motive wählte. Mit

Baedeker TIPP Mit Gütesiegel

Sofern die Grödner Holzplastiken ausschließlich handgefertigt sind, tragen sie ein Gütesiegel und erhalten ein Zertifikat. Einen ausgezeichneten Überblick über die Entwicklung der Schnitzkunst bietet das Grödner Heimatmuseum in St. Ulrich.
Viele Werkstätten können besichtigt werden und verkaufen auch direkt, z.B. Karl Demetz, St. Christina, Dursan-Str. 55, ☎ 0471-793468

Holzschnitzerei (Fortsetzung)

dem Anwachsen des Tourismus wandte man sich dann stärker profanen Themen und rein dekorativen Werken zu, und in jüngster Zeit ist auch ein Trend zu hohen Stückzahlen und maschineller Vorfertigung zu erkennen. Der handwerklichen Ausbildung widmen sich heute die 1872 in St. Ulrich und 1907 in Wolkenstein gegründeten Schnitzerfachschulen. Die vollständig handgearbeiteten Stücke sind durch ein Gütesiegel gekennzeichnet; ein Zertifikat bestätigt die Handfertigung.

Die Grödner Bildschnitzerei ist aus dem Zwang zum Nebenerwerb entstanden.

Grödner Bahn Planetenweg

Im Ersten Weltkrieg wurde von Klausen nach Plan de Gralba eine Militärbahn gebaut, die noch bis 1960 in Betrieb war. Die alte Bahntrasse bildet heute zwischen St. Ulrich und Wolkenstein einen angenehmen, nur wenig ansteigenden Wanderweg. Der Abschnitt bei St. Christina (s. unten) ist als "Planetenweg" mit maßstabgetreuer Darstellung des Sonnensystems gestaltet.

Wintersport

Das Grödner Tal hat sich mit über 80 Bergbahnen und Liften zu einem besonders geschätzten und frequentierten Wintersportgebiet auch für höchste Ansprüche entwickelt; es gehört zum Großraum "Dolomiti Superski" (▶ Dolomiten).

**Fahrt durch das Grödner Tal

Die gut ausgebaute Straße beginnt bei ▶ Waidbruck; bis vor St. Ulrich bietet die von ▶ Klausen kommende Straße Nr. 242d eine Alternative. Der unterste Abschnitt des Grödner Tals mit Edelkastanien- und Nussbäumen ist lieblich und bewaldet; die wenigen Ortschaften liegen auf Terrassen etwa 500 m über der Talsohle. Der

Blick auf die Dolomiten ist hier noch beengt. Bei Pontives beginnt sich das Tal zu weiten und gibt einer Anzahl von stattlichen, im Sommer und vor allem zum Wintersport besuchten Dörfern Raum. Wenig später wird die Berggruppe der ▶ Sella sichtbar.

Pontives

Bei St. Ulrich besteht die Möglichkeit, auf landschaftlich reizvoller Strecke über den Planidersattel nach ▶ Kastelruth sowie in das Gebiet um Schlern und ▶ Seiser Alm zu fahren.

Planidersattel

Der stattliche, malerisch gelegene Markt St. Ulrich (1236 m ü.d.M.) ist der Hauptort des Tals und Geburtsort des Schriftstellers, Regisseurs und Filmschauspielers Luis Trenker.

St. Ulrich / Ortisei / Urtijëi

Die Pfarrkirche St. Ulrich wurde 1746–1749 in spätbarocken Formen errichtet und 1907 erweitert; im Inneren zahlreiche bedeutende Holzschnitzereien. Im Kongresshaus ist eine ständige Ausstellung von Schnitzkunst zu sehen, desgleichen im Grödner Heimatmuseum (Öffnungszeiten: Di.–Fr. 14^{30}–18^{30}, im Juli und August auch 10^{00}–12^{00} Uhr), das zusammen mit der Ladinischen Bibliothek in der Cësa di Ladins am Antoniusplatz untergebracht ist.

Blick auf die Seceda, die nördlich über St. Ulrich aufragt.

Direkt bei der Talstation der zur ▶ Seiser Alm führenden Kabinenbahn steht das überdachte Kunsteisstadion.

Eisstadion

Ein Sessellift führt zur Raschötzer Alpe (2107 m ü.d.M.); von hier gibt es einen Fußweg westlich über die Raschötzhütte (2165 m ü.d.M.) auf die Raschötz (Außerraschötz; 2283 m ü.d.M.) bzw. östlich in 1½ Std. zur Broglesalm (2045 m ü.d.M.) mit der Brogleshütte, die einen schönen Blick auf die nahen Geislerspitzen bietet.

***Raschötz**

Von der Brogleshütte stellt der Adolf-Munkel-Weg die Verbindung über die Schlüterhütte (2297 m ü.d.M.) zum 2874 m hohen Peitlerkofel im Naturpark Puez-Geisler (▶ Klausen, Umgebung) her.

***Adolf-Munkel-Weg**

Eine von St. Ulrich ausgehende Schwebebahn erreicht über die Mittelstation Furnes die 2518 m hohe Seceda; die Bergstation liegt 68 m unterhalb des Gipfels.

***Seceda**

St. Jakob

Reizvoll ist eine eineinhalbstündige Wanderung von St. Ulrich in östlicher Richtung zu der gotischen Kirche St. Jakob, welche Außenfresken aus dem 15. Jh. sowie ein Hochaltarbild von 1751 besitzt und eine lohnende Aussicht, besonders auf den Langkofel, bietet.

St. Christina in Gröden / S. Cristina Valgardena / S. Cristina Gherdëina

Das am Hang gelegene St. Christina in Gröden (1427 m ü.d.M.) ist als Ferienort, Tourenzentrum und Wintersportplatz sehr beliebt. Südlich über dem Ort erhebt sich beherrschend die steile, gezackte Langkofelgruppe (s. unten).

Die Kirche von St. Christina geht auf romanische Ursprünge zurück, wurde aber bis ins 19. Jh. derart stark verändert, dass von der alten Bausubstanz nur noch der untere Teil des Turmes übriggeblieben ist. Im Kircheninneren, dessen Ausstattung überwiegend aus dem 19. und frühen 20. Jh. stammt, befindet sich ein barocker Hochaltaraufsatz; in den Seitenschiffen Altäre, in denen die Reliquien der hl. Christina und des hl. Valentin aufbewahrt werden.

Fischburg

Südlich jenseits des Grödnerbachs steht auf einer Anhöhe die Fischburg, die im 17. Jh. von Engelhardt Dietrich von Wolkenstein-Trostburg als Sommersitz erbaut wurde. Ihren Namen hat sie von den Fischteichen, die damals ringsum angelegt wurden, um die Tafel des Grafen zu versorgen. Das Innere der Burg ist unzugänglich.

***Geislerspitzen Naturpark Puez-Geisler**

Am östlichen Ortsende findet man die Talstation der Gondelbahn, die auf den 2106 m hohen Col Raiser mit seiner Schutzhütte führt. Von hier kommt man zu Fuß in 20 Min. zur Regensburger Hütte, auch Geislerhütte genannt (2039 m ü.d.M.); dann auf gesichertem Klettersteig in 3 Std. auf den Sass Rigais, den 3027 m hohen Hauptgipfel der Geislerspitzen. Das gesamte Massiv vom Peitlerkofel im Norden bis zu den Flanken des Grödner- und Gadertals bildet den Naturpark Puez-Geisler (▶ Klausen, Umgebung).

Monte Pana
**Confinboden
*Langkofel

An der Südflanke des Tals verbindet ein Sessellift den Ort mit dem 1625 m hohen Monte Pana mit dem gleichnamigen Sporthotel und einer großen Äquatorial-Sonnenuhr, auf den von St. Christina auch eine Straße führt. Hier beginnt eine besonders lohnende Wanderung, auf der man nach 1 Std. den Confinboden (1808 m ü.d.M.), eine der prächtigsten Dolomitenalmen, erreicht, um nach weiteren 3 Std. zur Langkofelhütte (2252 m ü.d.M.) zu gelangen. Von hier in 5 Std. mit Führer auf den Langkofel (ital. Sasso Lungo, ladin. Sass Long; 3181 m ü.d.M.). Ferner kann man von der Langkofelhütte in 1½ Std. über Schnee zur Langkofelscharte gehen, die auch mit einer Gondelbahn vom Sellajoch (▶ Sella) zu erreichen ist.

Mont de Soura
*Friedrich-August-Weg

Vom Monte Pana besteht auch eine Sesselliftverbindung zum 2117 m hohen Mont de Soura, von wo man in etwa 6 Std. die Langkofelgruppe umwandern kann: Man kreuzt den zuvor genannten Weg vom Confinboden zur Langkofelscharte und erreicht nach 2 Std. Gehzeit die Plattkofelhütte (2297 m ü.d.M.); dann östlich auf dem Friedrich-August-Weg unterhalb der Rodella (Große ▶ Dolomitenstraße, Vigo di Fassa) vorbei in 2 Std. zum Sellajoch (▶ Sella) und durch das Blockfeld der Steinernen Stadt in 2 Std. zurück zum Mont de Soura.

Ciampinoi

Bei der Straße zur Fischburg beginnt die nach Sochers (1960 m ü.d.M.) führende Schwebebahn; dann Sessellift zum 2255 m hohen Ciampinoi, der auch von Wolkenstein (s.S. 145) mittels einer Seilbahn erschlossen ist.

Wolkenstein, der letzte und am höchsten gelegene große Talort, ist ein hervorragender Tourenstützpunkt und einer der bedeutendsten Wintersportplätze in den Dolomiten, deren wilden, hochalpinen Teil man hier erreicht. Die Ortsteile Plan (1614 m ü.d.M.) und Plan de Gralba (1810 m ü.d.M.) liegen prachtvoll zwischen Sella und Langkofel. Das ladinische Kulturinstitut "Micurá de Rü" (vgl. ▶ Gadertal, St. Martin) unterhält beim Gemeindehaus ein Zweigbüro mit ladinischer Bibliothek u.a.

Wolkenstein / Selva Gardena

Am Eingang in das wildromantische Langental steht, überragt von der Steilwand der Stevia, die Ruine der Burg Wolkenstein, einst Stammschloss des gleichnamigen Adelsgeschlechts, dessen bekanntester Sproß der Dichter Oswald von Wolkenstein war. Von der einstigen Burg sind nur ganz geringe Überreste erhalten geblieben.

Burgruine

Die Bergflanken um Wolkenstein sind ein Dorado für Wintersportler.

Grödner Tal

In nordöstlicher Richtung erstreckt sich das Langental (ital. Vallunga, ladin. La Val) in den Naturpark Puez-Geisler (▶ Klausen, Umgebung).

Langental

Eine Gondelbahn verbindet Wolkenstein mit Cir (2264 m ü.d.M.) am Fuße der 2592 m hohen Tschierspitzen (Pizzes da Cir); hier beginnt die bekannte Danterceppies-Skiabfahrt zurück nach Wolkenstein. Von der Bergstation führt auch ein Fahrweg in 15 Min. hinab zum Grödner Joch (s. unten).

Tschierspitzen

Eine zweite Schwebebahn verbindet Wolkenstein mit dem 2255 m hohen Ciampinoi, der auch von St. Christina (s. zuvor) mit Bergbahnen erreichbar ist.

Ciampinoi

Der Ortsteil Plan de Gralba liegt an der Straßenteilung, wo links die sehr lohnende Straße zum Grödner Joch und weiter nach ▶ Corvara, rechts die gleichfalls höchst eindrucksvolle Straße zum Sellajoch führt. Beide Straßen sind im Winter meist gesperrt.

*Plan de Gralba
*Grödner Joch

In Plan de Gralba befindet sich die Talstation einer Schwebebahn auf den 2248 m hohen Piz de Sella (▶ Sella). Ein eindrucksvoller Blick – noch besser allerdings von der Sellajoch-Straße – bietet sich auf das Massiv der ▶ Sella und auf den Langkofel.

Piz de Sella

Gsieser Tal / Valle di Casíes | C 14

Region: Trentino-Südtirol
Provinz: Bozen

Ruhige Sommerfrische

Das freundliche Gsieser Tal ist ein nördliches Seitental des ▶ Pustertals, von dem es bei ▶ Welsberg abzweigt. Es wird vorwiegend als ruhiges Sommerurlaubs- und Wandergebiet besucht.

Taisten

Die Straße folgt dem Bett des Pidigbachs aufwärts. Westlich etwas abseits liegt Taisten, in dessen barockisierter Kirche Fresken von Franz Anton Zeiller zu finden sind.

St. Martin

An Pichl, dem Hauptort der Gemeinde, vorbei kommt man nach St. Martin in Gsies (1319 m ü.d.M.), einem kleinen Erholungsdorf mit Eisbahn.

St. Magdalena

Im obersten Gsieser Tal endet die Straße bei der ausgedehnten Streusiedlung St. Magdalena (1398 m ü.d.M.), die als ruhiges Sommerziel und zum Wintersport besucht wird.

Innichen / San Cándido | C 14

Region: Trentino-Südtirol
Provinz: Bozen
Höhe: 1175 m ü.d.M.
Einwohnerzahl: 3000

Hauptort des Pustertals

Innichen, der als Ferien- und Wintersportziel beliebte Hauptort des breiten Hochpustertals, wird im Süden überragt von der zackigen Kette der Sextner Dolomiten. Es liegt nahe den Quellen der Drau, die unweit östlich auf österreichisches Gebiet übertritt.

Sehenswertes in Innichen

***Stiftskirche**

Im Zentrum des Ortes, am Pflegplatz, steht die Stiftskirche St. Candidus und Korbinian, auch "Dom" genannt. Sie wurde im 13. und 14. Jh. unter Mitwirkung lombardischer Baumeister errichtet und ist der bedeutendste romanische Sakralbau in Südtirol.
Mit der Baugeschichte eng verbunden ist die Sage vom Riesen Haunold. Er war einer von etlichen rauen Gesellen, die in der Umgebung ihr Unwesen trieben, doch den Bürgern gelang es, ihn zur Mithilfe beim Kirchenbau zu überreden, für den er die schweren Steinquadern herbeischleppte. Dafür erhielt er als tägliche Zehrung ein Kalb und drei Scheffel Bohnen, und an diese bequeme Nahrungsquelle gewöhnte er sich so sehr, dass er sie auch nach der Vollendung des Kirchenbaus forderte. Die Bürgerschaft war nicht bereit, weiter die Kosten dafür zu tragen, und wollte den ungeschlachten Kerl wieder los werden. Dazu hob man eine tiefe Fallgrube aus, und als man den Riesen dort hinlockte, stürzte er sich zu Tode. Eine seiner Rippen wurde als Erinnerung in der Vorhalle der Kirche aufgehängt, wo sie sich noch heute befindet; in Wirklichkeit handelt es sich um die Rippe eines Wals, wie sie früher an

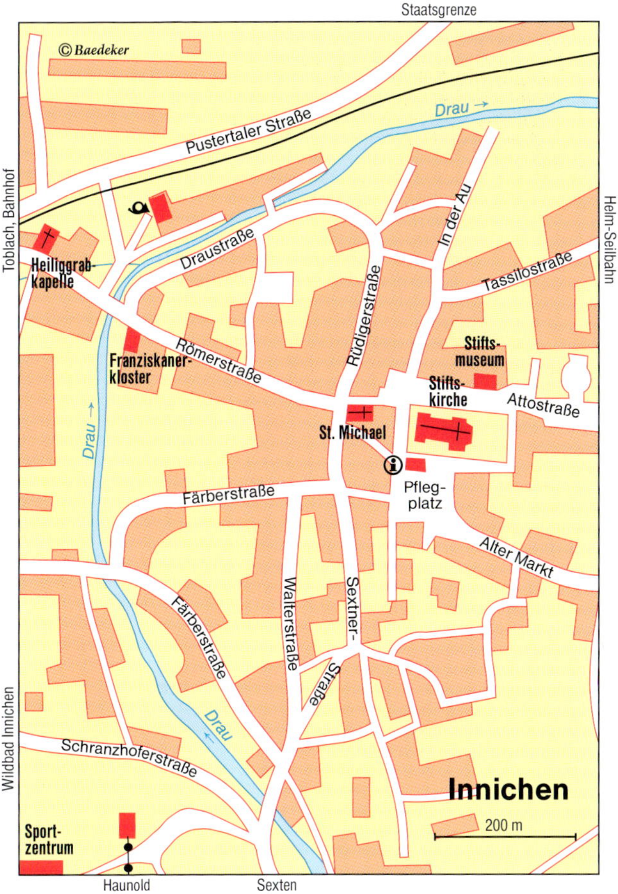

Stiftskirche
(Fortsetzung)

vielen Orten als Riesenrippen gedeutet und gezeigt wurden. Der Name des Riesen lebt in dem gleichnamigen Berg fort, der südlich von Innichen aufragt. Ähnliche Geschichten erzählt man sich auch in der Gegend von ▶ Lana.

Die Stiftskirche steht inmitten des kleinen Friedhofs, wo die schmiedeeisernen Grabkreuze einen Blick verdienen. Sehr bemerkenswert ist das romanische Portal im südlichen Seitenschiff; im Tympanon Christus als Weltenherrscher mit den Evangelistensymbolen sowie gotischen Fresken von Michael Pacher, die die Hll. Korbinian und Candidus zeigen. Das ziemlich dunkle dreischiffige Innere ist von Rundbogen überwölbt; hinter der Vierung mit dem erhöhten Altarbereich befindet sich eine große romanische Kreuzigungsgruppe (um 1200); das um 1280 entstandene Kuppelfresko wurde 1969 freigelegt. Unter dem Altarraum ist die schöne dreischiffige Krypta frei zugänglich.

Stiftsmuseum

Die Stiftskirche besitzt ein schönes romanisches Seitenportal mit gotischem Bilderschmuck.

Neben der Stiftskirche ist in einem der ältesten Häuser von Innichen das Stiftsmuseum zu finden. Es zeigt neben dem Domschatz Malerei und Plastik, frühe Erzeugnisse der Buchdruckerkunst sowie Dokumente zur Geschichte des Stifts Innichen (Öffnungszeiten: Do.–Sa. 17 00–19 00, So. 10 00–11 00 Uhr).

Pfarrkirche

Unmittelbar westlich der Stiftskirche wurde 1760 die Pfarrkirche St. Michael auf den Resten eines romanischen Vorgängerbaus errichtet. Sie wurde von Rudolf Schraffl in spätbarocken Formen entworfen. Die Fresken im Innern von Christoph Anton Mayr stammen aus der Erbauungszeit.

Heiliggrab-kapelle

Am westlichen Rand des Stadtkerns, beim Bahnübergang, steht die eigenwillige Heiliggrabkapelle. Sie ist im 17. Jh. erbaut worden und besteht aus einer Nachbildung des Heiligen Grabes von Jerusalem und der Altöttinger Gnadenkapelle (Öffnungszeiten: tägl. 11 00–12 00 und 14 00–17 00 Uhr).

Umgebung von Innichen

Baedeker TIPP Musealer Mythos

Die Villa Wachtler in Innichen beherbergt das kleine Museum DoloMythos, das die Dolomiten als Lebens- und Kulturraum darstellt (Mo.–Sa. 10 00–12 00 und 15 30–18 00 Uhr).

Unweit der Talstation der auf den Haunold führenden Sesselbahn wurde vor kurzem das Sportzentrum Erschbaum eröffnet, welches Tennis- und Fußballplätze, Squash-Hallen und gastronomische Einrichtungen umfasst.

Haunold

Der 2904 m hohe Haunold ist der “Hausberg” von Innichen. Ein Sessellift führt zur Haunoldhütte (1489 m ü.d.M.).

Wildbad Innichen

Zwischen Wäldern liegt an der Flanke des Haunold das Wildbad Innichen. Hier entspringen fünf Mineralquellen: Kaiser-, Lavaredo-, Candidaquelle sowie Schwefelwasser und Eisenwasser.

St. Silvester

Im kleinen, nördlich parallel zum Pustertal verlaufenden Silvestertal lohnt das Silvesterkirchl mit seinen um 1455 entstandenen schönen gotischen Fresken einen Besuch.

Jaufenpass / Passo di Monte Giovo — B 8

Region: Trentino-Südtirol
Provinz: Bozen
Höhe: 2094 m ü.d.M.
Öffnungszeit: Mai bis Mitte November

Der Jaufenpass stellt die Verbindung von ▶ Meran und durch das ▶ Passeiertal nach ▶ Sterzing dar.

*Jaufenstraße

Die ziemlich schmale, kurvenreiche und streckenweise nicht besonders gute Jaufenstraße, für Gespanne gesperrt, für große Wohnmobile nicht empfehlenswert, ist in den Jahren 1905–1911 angelegt worden. Die Strecke verläuft großenteils durch Wald, wobei sich auf der Südrampe ein guter Blick auf die Sarntaler Alpen (▶ Sarntal) bietet; von der Nordrampe überblickt man die Stubaier Alpen. Südlich der Passhöhe steht auf der Leitebenalm das Passeier Jaufenhaus (1815 m ü.d.M.) mit Gasthof, nördlich das Sterzinger Jaufenhaus (1995 m ü.d.M.) mit schönem Rundblick. Auf der Passhöhe führt bei der Panoramahütte ein kleiner Fußsteig zum Kamm, von welchem sich ein guter Blick auf beide Seiten des Jaufen bietet. Zu Fuß gelangt man in 1½ Std. auf die 2483 m hohe Jaufenspitze.

Kaltern / Caldaro — E 8

Region: Trentino-Südtirol
Provinz: Bozen
Höhe: 426 m ü.d.M.
Einwohnerzahl: 6000

*Weinort

Kaltern, südwestlich von ▶ Bozen gelegen, ist der Hauptort des fruchtbaren ▶ Überetsch, eines Plateaus über dem rechten Ufer der Etsch. Am Ort führt die ▶ Südtiroler Weinstraße vorüber. Der stattliche Markt, der sich zu einem ungeheuer belebten Touristenort entwickelt hat, ist in eine Senke gebettet, die westlich von den Steilhängen des Penegal und der Mendel, östlich vom Kalvarienberg und den bewaldeten Höhen um Montiggl (▶ Eppan) geschützt wird. Ringsum breiten sich berühmte Weinlagen aus. Wie auch die Nachbargemeinden besitzt Kaltern im Kern viele Häuser aus dem 16. und 17. Jh., die den auch von Norditalien beeinflussten Überetscher Stil zeigen.

Baedeker TIPP — Schmeckt's?

Eine willkommene Gelegenheit zu Weinverkostung und -einkauf bietet die Kellerei Kaltern. Man findet sie in der Kellereistraße 12. Voranmeldung unter ☎ 04 71 96 31 49.

Sehenswertes in Kaltern

Pfarrkirche

Die Pfarrkirche Mariä Himmelfahrt ist in der Zeit um 1790 entstanden und zeigt klassizistische Bauformen. Aus der Entstehungszeit stammen auch die spätbarocken Deckenfresken von Josef Schöpf, die übrige Ausstattung ist frühklassizistisch. Der freistehende Glockenturm ist rund 300 Jahre älter als die Kirche.

Der Kalterer See ist das wärmste natürliche Badegewässer der Alpen.

Südtiroler Weinmuseum

1 Eingang
2 Übersichtskarte
3 Dokumentensammlung
4 Fuhrwerk, Erntegerät
5 Weinbergswächter (Saltner)
6 Küferwerkstatt
7 Vitrinen:
Flaschen, Krüge, Weinschläuche
8 Korksetzer, Maßgefäße
9 Weinpressen
10 Große Torggel
11 Weinfuhrwerk
12 Gärkeller mit Gärstandern
13 Lagerkeller mit Fässern
14 Antiker Weinkeller
aus dem Mittelmeerraum

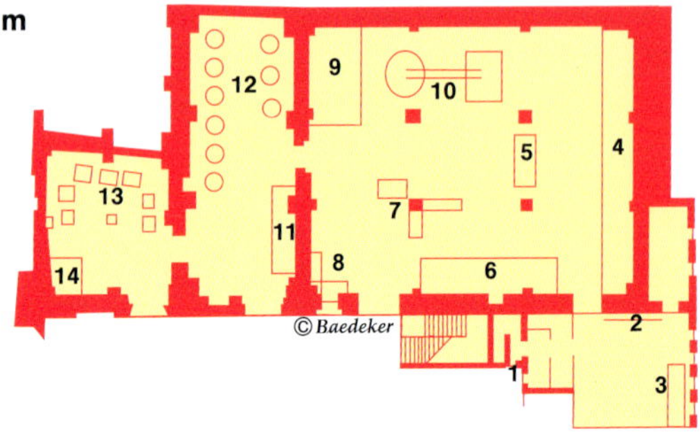

***Südtiroler Weinmuseum**

In der Ortsmitte lohnt besonders das Südtiroler Weinmuseum einen Besuch (Öffnungszeiten: im Sommer Di.–Sa. 9^{30}–12^{00} und 14^{00} bis 18^{00}, So. und Fei. 14^{00}–18^{00} Uhr). In einem aus dem 17. Jh. stammenden Gewölbe, das schon von dem Südtiroler Kunsthistoriker Josef Weingartner als einer der schönsten Keller Tirols gerühmt worden ist, sind Zeugnisse des Weinbaus in Südtirol von der Zeit der Römer, die wohl die Reben ins Etschland gebracht haben, bis in unsere Tage zu finden, darunter eine komplette Küferwerkstatt, verschiedene "Torggeln" genannte Weinpressen, Fuhrwerke, Fässer, die Ausrüstung eines Saltners (= Weinbergshüter), Kupfer- und Tongefäße – darunter ein origineller "Saufteufel" –, ferner gläserne Pokale und volkstümliche Tafelbilder.

Kalvarienberg

Vor den Montiggler Höhen, jenseits der Weinstraße, liegt der Kalvarienberg mit der Heiligkreuzkirche. Der um 1720 errichtete Zentralbau birgt Fresken, die Paul Troger zugeschrieben werden.

Schloss Ringberg

Südlich von Kaltern steht an der Straße zum Kalterer See das Schloss Ringberg (um 1600), im Grunde kein Schloss im eigentlichen Sinne, sondern einer jener in Südtirol häufigen Ansitze wohlhabender Grundbesitzer.

Kalterer See / Lago di Caldaro

Der Kalterer See (216 m ü.d.M.) liegt rund 4 km südlich vom Ort in einer weiten, von Weingärten und Obstkulturen bedeckten Senke. Er ist der wärmste Alpensee und hat den Weinen der ihn umgebenden Lagen den Namen gegeben. Durch Anlage einer Ringkanalisation und künstliche Zufuhr von Frischwasser ist seine Qualität entscheidend verbessert worden. Hier findet man Strandbad, Boots- und Surfbrettverleih, Strandrestaurants u.a.

Baedeker TIPP — Jetzt geht's aufwärts!

Vom Ortsteil St. Anton auf die Höhe des ▶ Mendelpasses führt die längste und steilste Standseilbahn Europas. In zwölf Minuten bewältigt sie einen Höhenunterschied von 850 m, und von der Bergstation bietet sich ein herrlicher Blick.

Leuchtenberg Laimburg

Östlich über dem See stehen die Ruine der Leuchtenburg (575 m ü.d.M.) und die Reste der Laimburg (333 m ü.d.M.). Westlich vom See in Richtung Altenburg liegt die Rastenbachklamm.
Die Weinstraße zieht vom Kalterer See leicht abwärts nach ▶ Tramin.

Kastelruth / Castelrotto

D 10

Region: Trentino-Südtirol
Provinz: Bozen
Höhe: 1096 m ü.d.M.
Einwohnerzahl: 6000

Ortsbild

Das als Urlaubsort und Wintersportplatz vielbesuchte Kastelruth, ungefähr auf halber Strecke zwischen ▶ Klausen und ▶ Bozen gelegen, besitzt im Kern eine Reihe schöner alter Häuser mit Zinnengiebeln und vorkragenden, blumengeschmückten Erkern. Die große Pfarrkirche St. Petrus und Paulus ist ein Werk des 19. Jh.s und auch im Stil dieser Zeit ausgestattet, hat aber einen Turm aus der Zeit des Spätbarock.

***Fronleichnamsprozession**

Die Fronleichnamsprozession in Kastelruth (am auf Fronleichnam folgenden Sonntag) ist die größte und schönste ihrer Art in Südtirol – und keine Folklore!

Das stattliche Kastelruth liegt zu Füßen von Seiser Alm, Lang- und Plattkofel.

Kastelruther Spatzen

Weitbekannt ist die Gesangsgruppe "Kastelruther Spatzen", die hier alljährlich im Oktober das "Spatzenfest" veranstaltet.

Seiser Alm

Südlich über dem Ort, zu erreichen mit dem Pendelbus "Buxi", dehnt sich die weite Hochfläche der ▶ Seiser Alm.

Planidersattel

Über den Planidersattel gelangt man in östlicher Richtung zum ▶ Grödner Tal, das man bei St. Ulrich erreicht.

Klausen / Chiusa

Region: Trentino-Südtirol
Provinz: Bozen
Höhe: 523 m ü.d.M.
Einwohnerzahl: 4000 (Gemeindegebiet)

*Stadtbild

Klausen liegt im ▶ Eisacktal, knapp 15 km südlich von ▶ Brixen bzw. 35 km nordöstlich von ▶ Bozen. Um 1400 vom Bischof von Brixen mit den Stadtrechten ausgestattet, ist es ein altertümliches Städtchen, überragt von dem mauerumgebenen Kloster Säben; es wird vorwiegend als Tourenzentrum und Sommerferienort besucht. Die Landschaft um Klausen ist auf Albrecht Dürers Kupferstich "Das große Glück" dargestellt. Die enge Hauptstraße besitzt malerische, wenig restaurierte Bürgerhäuser; die sonst in Südtirol häufigen überwölbten Lauben gibt es hier nicht.

Sehenswertes in Klausen

Pfarrkirche

In der Ortsmitte steht nahe am Eisackufer die spätgotische Pfarrkirche St. Andreas, die 1480–1494 an der Stelle eines älteren Gotteshauses errichtet worden ist; von diesem stammt das Südportal. Das Innere, von Netzrippen überwölbt, birgt Plastiken aus dem 15. und 16. Jh. sowie barocke Altarbilder.

Das Städtchen Klausen im Eisacktal wird überragt von der weithin sichtbaren Kirchenburg Säben.

Lange Zeit war die Loretokirche wegen des gleichnamigen Kunstschatzes berühmt. Mit diesem als Kernstück ist im alten Kapuzinerkloster ein Museums- und Kulturzentrum (Öffnungszeiten: Di.–Sa. 10⁰⁰–12⁰⁰ und 16⁰⁰–18⁰⁰ Uhr) entstanden, das auch eine Pinakothek und Räume für wechselnde Kunstausstellungen umfasst. Im Garten ein Standbild des streitbaren Kapuziners Joachim Haspinger, eines Waffengefährten von Andreas Hofer. Über Kloster und Loretokirche erhebt sich ein kleiner Hügel, von dem man die vom Kloster Säben beherrschte Altstadt überblickt.

Loretokirche Kulturzentrum

Etwas erhöht zwischen dem Städtchen und dem Klosterberg von Säben wurde im 13. Jh. die Burg Branzoll erbaut. Im Jahre 1671 durch Brand zerstört, erhielt sie ihr heutiges Aussehen durch umfangreiche Erneuerungsarbeiten im 19. Jahrhundert. Das Innere ist unzugänglich.

Burg Branzoll

**Kloster Säben

Allgemeines

Auf einem steilen Dioritkegel, der schon in der Hallstattzeit besiedelt gewesen sein dürfte, steht die mauerumgürtete Klosteranlage Säben (717 m ü.d.M.). Vom 4. bis zum 10. Jh. befand sich hier ein rätischer Bischofssitz, dann wurde die Kirchenresidenz burgartig ausgebaut und schließlich 1681 in ein Benediktinerinnenstift umgewandelt. Ein steiler alter Stationenweg und die bei der Burg Branzoll von diesem abzweigende Promenade führen von Klausen in gut 30 Minuten auf den Säbener Berg. Die Kirchen sind Di.–Fr. 14⁰⁰–17⁰⁰, Sa. und So. 10⁰⁰–12⁰⁰ und 14⁰⁰–17⁰⁰ Uhr geöffnet.

Marienkapelle

Die von vielen Wallfahrern besuchte Marienkapelle, auch Gnadenkapelle genannt, steht an der Stelle der ältesten Säbener Kirche. In der Sakristei befindet sich ein aus dem Felsen gehauenes Taufbecken (4. Jh. n.Chr.), das zu einer spätrömischen Wohnsiedlung gehörte. Im übrigen hat die Marienkapelle im Barock ihre heutige Gestalt erhalten. Das aus dem 15. Jh. stammende Gnadenbild wurde zum Schutz vor Kunstdieben in die Klosterkirche (s. unten) verbracht; in der Marienkapelle befindet sich eine Kopie.

Liebfrauenkirche

Der achteckige Zentralbau der Liebfrauenkirche entstand 1652 bis 1658 als Dank der Klausener Bürger für die Errettung vor der Pest. Zwischen Pfeilern öffnen sich im Innern acht Rundbogenkapellen; die Kuppelfresken (1658) von dem Brixener Hofmaler Stefan Kessler zeigen Szenen aus dem Marienleben.

Klosterkirche

Die hochgelegene Klosterkirche, ein schlichter Barockbau von 1687, wurde auf Fundamentteilen der einstigen Burg errichtet. Das schmiedeeiserne Gitter zwischen Kirchenraum und Nonnenchor ist eine Rokoko-Arbeit. Vor der Klosterkirche steht der Jubiläumsbrunnen mit den Symbolen der Heiligen Dreifaltigkeit sowie den Darstellungen von Ingenuin, dem ersten Säbener Bischof († um 605), dem hl. Benedikt und der hl. Scholastika.

Heiliggrabkapelle

Auf der höchsten Stelle des Säbener Berges steht die Heiliggrabkapelle, die aus der im 13. Jh. errichteten Palastkapelle hervorgegangen ist. Später häufig verändert, zeigt sie gotische und vor allem

Säben
(Fortsetzung)

barocke Elemente. Die Altar- und Deckengemälde stellen die Passion Christi dar; am Hochaltar ein schönes Kruzifix aus dem 15. Jahrhundert. Im Fußboden ist das Grab des heiligen Bischofs Ingenuin eingesenkt; in die rechte Langhauswand eingefügt ein Sarkophag mit den Reliquien einiger Säbener Bischöfe.

Umgebung von Klausen

Feldthurns / Velturno

Das ruhige Erholungsdorf Feldthurns (851 m ü.d.M.) liegt 5 km nördlich von Klausen inmitten von Wiesenflächen auf einer aussichtsreichen Bergterrasse oberhalb des Eisacktals.

Das Schloss Velthurns oberhalb von Klausen war in der Renaissance die Residenz der Brixener Bischöfe.

*Schloss Velthurns

Das aus dem Mittelalter stammende Schloss der Herren von Feldthurns, die seit dem 12. Jh. als Ministerialen der Brixener Bischöfe bekannt waren, kam später in den Besitz der letzteren und wurde 1578–1587 umgestaltet. Es ist eines der reichsten Beispiele der Tiroler Renaissance. Beachtung verdienen Prunksaal und Fürstenzimmer; auch für Tagungen bietet das Schloss einen repräsentativen Rahmen (Öffnungszeiten: März–Nov. Di.–So. 10^{00}–15^{30} Uhr).
Fährt man weiter in nördlicher Richtung, so bietet sich bald ein schöner Blick auf Brixen.

Villanders / Villandro

Auf kurvenreicher Straße kommt man von Klausen südwestlich nach Villanders (880 m ü.d.M.), einem eher ruhigen Erholungsdorf. Sein Bild wird geprägt von den beiden mauerumzogenen Kirchen und stattlichen Gehöften. Die auch als Langlaufgebiet besuchte Villanderer Alpe erstreckt sich aufwärts bis zum ▶ Ritten. Der Ortsname leitet sich angeblich von einer Sage her, nach der das in früherer Zeit hier gelegene stattliche Dorf Schönberg von einem verheerenden Erdrutsch verschüttet worden sei. Ein Mann, der danach des Weges kam, sah die verwüstete Gegend und rief: "O, wie ist es dort oben viel anders!".

Villanders (Fortsetzung)

Latzfons

7 km nördlich von Klausen über dem Tinnetal liegt, auf Straßen von Klausen oder von Feldthurns zu erreichen, der Weiler Latzfons (1163 m ü.d.M.). Die beiden kleinen Kirchen Unsere Liebe Frau im Dorf und St. Peter im Wald haben romanischen Ursprung. Vom Ort bietet sich ein schöner Blick auf die Dolomiten. Unweit östlich steht die Burg Garnstein, ursprünglich aus dem 12. Jh., aber gegen 1880 in historisierendem Stil von Grund auf erneuert.

Baedeker TIPP Wer suchet ...

der findet an der Nordflanke des Pfunderer Berges (1519 m ü.d.M.), gegen Latzfons zu, mit etwas Glück hübsche Kupfermineralien aus dem Abraum der einstigen Minen. Ein altes Silber- und Vitriolbergwerk kann besichtigt werden.

Verdings

Die Straße von Klausen nach Latzfons führt an Verdings, einem aussichtsreich gelegenen ländlichen Weiler, vorbei. Hier gibt es eine kleine Kirche aus dem 11. Jh. und eine um 1500 erbaute gotische Friedhofskapelle, beide mit schönen Fresken.

Gufidaun / Gudon
Museum

Auf einer kurvenreichen Straße, zunächst im Villnösser Tal (s. unten) aufwärts, gelangt man zu dem hoch über dem Eisacktal gelegenen Klausener Gemeindeteil Gufidaun (730 m ü.d.M.). Man sollte es nicht versäumen, das Dorfmuseum mit seinen Exponaten zur ländlichen Kultur zu besuchen (Öffnungszeiten: tägl. 11^{00}–12^{30}Uhr).

Villnösser Tal / Val di Funes

Das etwa 25 km lange Villnösser Tal erstreckt sich von Klausen östlich bis in die Peitlerkofel-Gruppe; es wird vom Villnöß-Bach durchströmt. Die Talschaft wird als ruhiges Sommerferien- und Wintersportgebiet besucht.

Villnöß / Funes

Die Gemeinde Villnöß (850–1350 m ü.d.M.) umfasst die Ortsteile Teis (850 m ü.d.M.), St. Peter (1150 m ü.d.M.) und St. Magdalena (1339 m ü.d.M.).

Teis

Der Gemeindeteil Teis liegt abseits der Durchgangsstraße an der nördlichen Talflanke. Eine Besonderheit dieser Gegend sind die "Teiser Kugeln", runde Drusen von Nuss- bis Kindskopfgröße, die im anstehenden Porphyrgestein vorkommen und im Inneren meist von Kristallen, u.a. Kalzit und Amethyst, überzogen sind. Das Mineralienmuseum (April–Okt. Di., Mi., Do. 10^{00}–12^{00} und 14^{00}–16^{00}, Sa., So. 14^{00}–17^{00} Uhr) zeigt Teiser Kugeln, Bergkristalle u.a.

St. Peter

St. Peter ist das Zentrum der Talgemeinde. In der um 1800 erbauten Pfarrkirche gibt es spätbarocke Altäre und Deckenfresken von Joseph Schöpf.

St. Valentin

Ein Sträßchen führt westlich nach St. Valentin; in der Kirche steht ein beachtenswerter gotischer Flügelaltar aus der Werkstatt des Brixener Holzschnitzers Hans Klocker.

St. Jakob

Oberhalb von St. Valentin, auch auf der Fahrstraße von St. Peter zu erreichen, liegt der Weiler St. Jakob, in dessen Kirche sich ein weite-

rer – allerdings nicht so bedeutender – gotischer Schnitzaltar von 1517 befindet.

Klausen (Fortsetzung)

St. Magdalena

Im malerischen Talschluss erreicht man St. Magdalena, von wo sich ein prächtiger Blick auf die Geislerspitzen bietet, besonders lohnend von der 1,5 km südlich in 1352 m Höhe gelegenen Kapelle St. Johann, auch "Ranuikirchl" genannt. St. Magdalena ist die Heimat des Bergsteigers Reinhold Messner, der vor allem durch die spektakulären Ersteigungen aller Achttausender des Himalaya bekannt geworden ist und hier eine Alpinschule gegründet hat.

Naturpark Puez-Geisler

Das Tal endet zwischen Peitlerkofel und Geislergruppe. Dieses Gebiet ist bis zum ▶ Grödner Tal als Naturpark unter Schutz gestellt worden; eine Straße führt bis zur Zanser Alm (1689 m ü.d.M.), wo es ein Wildgehege und eine Informationsstelle des Naturparks gibt. Der 9400 ha große Naturpark in den westlichen Dolomiten zeichnet sich vor allem durch seine hochalpine Flora – darunter Zirbelkiefern, Legföhren, Alpenrosen, Türkenbund, Seidelbast, Frauenschuh – und Fauna mit Rotwild, Murmeltieren, Eulen- und Greifvögeln, Auerwild und Steinadlern aus.

*Peitlerkofel

Der 2874 m hohe Peitlerkofel (vgl. ▶ Gadertal, Untermoi) ist ein hervorragender Aussichtsberg. Von der Zanser Alm gelangt man auf einer bis zur Gampenalm (2062 m ü.d.M.) ausgebauten Forststraße oder direkt auf einem Wanderweg zur Peitlerkofel- oder Schlüterhütte (2297 m ü.d.M.); von dort in 2 Std. auf den Gipfel des Peitlerkofels. Von der Schlüterhütte führt ferner der Adolf-Munkel-Weg zur Broglesalm (▶ Grödner Tal, St. Ulrich).

Puez

Im Südostteil des Naturparkes ragt die in der Puezspitze 2913 m Höhe erreichende gleichnamige Berggruppe auf, zu der man über die an der genannten Forststraße zur Gampenalm gelegene Tschantschenonalm (1928 m ü.d.M.) gelangt.

Geislergruppe

▶ Grödner Tal, St. Christina

Laas / Lasa — D 5

Region: Trentino-Südtirol
Provinz: Bozen
Höhe: 870 m ü.d.M.
Einwohnerzahl: 4000

Marmorzentrum

Laas mit den Gemeindeteilen Eyrs, Tschengls und Allitz liegt nahe dem oberen Ende des Untervinschgaus (▶ Vinschgau) an der Etsch, in die hier der von Süden kommende Laaser Bach mündet. Der Ort ist bekannt durch die wirtschaftlich bedeutenden Vorkommen an dem als "Laaser Marmor" geschätzten Gestein, das im Laaser Tal ansteht und wohl seit der Römerzeit abgebaut wird.

◀ Im Talschluss von Villnöß steht vor der Kulisse der Geislergruppe das Ranuikirchl.

Sehenswertes in Laas

Marmorbrüche

Seit 1929 dient eine Schrägbahn dem Transport der mächtigen Blökke von den in 2000 m Meereshöhe gelegenen Steinbrüchen ins Tal. Der feinkörnige weiße "Statuario" oder auch farbig gemaserter Stein, bis zu einer Plattenstärke von etwa 10 mm lichtdurchlässig, gilt als besonders qualitätvoll und wird auch nach Übersee exportiert; im Ortsbereich haben etliche Marmorschleifereien und Steinmetzbetriebe ihren Sitz.

Die romanische Apsis der Kirche von Laas wurde aus dem hier gebrochenen Marmor errichtet.

Pfarrkirche

Die Pfarrkirche St. Johannes der Täufer ist ein Werk des Historismus; Beachtung verdient jedoch die 1973 wiederhergestellte romanische Chorschlussmauer mit Rundapsis, einst Ostfassade der im späten 12. Jh. erbauten alten Kirche, von der auch im Turm Teile erhalten sind.

St. Sinisius

Am nordwestlichen Rand von Laas erhebt sich ein kiefernbestandener kleiner Hügel, wo schon in vorgeschichtlicher Zeit Menschen siedelten. Auf seiner mauerumzogenen Höhe steht malerisch die kleine Kirche St. Sinisius. Das Langhaus entstand in vorromanischer Zeit (ca. 8./9. Jh.), der steingedeckte Glockenturm mit zweibogigen Klangarkaden wurde im 12. Jh. angefügt.

Sonnenberg

Die als "Sonnenberg" bekannte nördliche Talflanke ist der Sonneneinstrahlung voll ausgesetzt und bis in mittlere Höhe unbewaldet. Hier hat sich eine Steppenvegetation entwickelt, die in Südtirol sonst keine Entsprechung hat und wo sich Wärme liebende Tiere, u.a. Eidechsen und Schlangen, aufhalten.

Laas (Fortsetzung)

Tannas

Eine Panoramastraße führt am Berghang hin nach Tannas; von hier hat man einen weiten Blick über den gesamten Mittelvinschgau und bis zur Ortlergruppe sowie zum Stilfser Joch.

Lana

D 7–8

Region: Trentino-Südtirol
Provinz: Bozen
Höhe: 316 m ü.d.M.
Einwohnerzahl: 8000

Obst- und Weinort

Die stattliche Winzer- und Obstbauerngemeinde Lana mit den Ortsteilen Niederlana, Mitterlana und Oberlana sowie Völlan liegt im Burggrafenamt südlich von ▶ Meran zwischen dem rechten Ufer der Etsch und den Höhen von Vigiljoch und Laugenspitze an der Mündung des ▶ Ultentales. Lana ist Ausgangspunkt der Straße über das ▶ Gampenjoch sowie des in Planung befindlichen nördlichen Zweiges der ▶ Südtiroler Weinstraße.

Niederlana

Pfarrkirche

Die spätgotische Pfarrkirche Mariä Himmelfahrt wurde 1492 geweiht, im Barock und im 19. Jh. umgestaltet, aber später wieder vom Beiwerk jener Epochen befreit, so dass sie sich nach dem Südtiroler Kunsthistoriker Josef Weingartner heute als "schönste spätgotische Landkirche des Burggrafenamtes" präsentiert. Die um 1600 angefügte Vorhalle zeigt toskanischen Einfluss. Das Innere ist von Netzrippen überwölbt; geringe Reste der gotischen Glasmalereien finden sich im Chor sowie in den Langhausfenstern. Um 1500 entstand die maßwerkgeschmückte Kanzel.

**Schnatterpeck-Altar

In der Pfarrkirche befindet sich eine der kunsthistorischen Hauptsehenswürdigkeiten von Südtirol: der mit 14,10 m Höhe größte gotische Schnitzaltar des gesamten Alpenraumes. Benannt ist er nach dem Meraner Meister Hans Schnatterpeck, der dort im Jahre 1478 erwähnt wurde und 1540 gestorben ist. Der Vertrag über die Anfertigung des Altars wurde am 18. August 1503 geschlossen, wobei dem Künstler ein Honorar von 1600 rheinischen Gulden zugesagt wurde – für damalige Verhältnisse eine sehr hohe Summe. Weitere Urkunden lassen den Schluss zu, dass das Werk vor 1511 fertiggestellt war. In späterer Zeit gingen Teile des Altars, darunter die Predella, verloren; eine Erneuerung der farbigen Fassung im 19. Jh. hat den Gesamteindruck vergröbert. Ein Ölbild mit der Himmelfahrt Mariä sollte im späten 18. Jh. den Altar ersetzen; es befindet sich heute gleichfalls in der Kirche.
Der überaus reiche Mittelschrein umfasst 24 der insgesamt 33 erhaltenen Plastiken. Im Zentrum der Gnadenstuhl mit Gottvater, der den Leichnam Christi hält und über dem der Heilige Geist schwebt, flankiert von den Heiligen Petrus mit dem Schlüssel des Paradieses und Paulus mit dem Schwert; darüber in der Mitte die Marienkrönung sowie seitlich die hl. Anna selbdritt sowie die hl.

Schnatterpeck-Altar (Fortsetzung)

Katharina mit Schwert und Rad. Auf den Innenflächen der Seitenflügel links die Verkündigung Mariä und die Beschneidung Jesu, rechts die Geburt Jesu und die Anbetung der Könige. Die Außenflächen der Schreinflügel tragen um 1510 gemalte Tafelbilder des oberdeutschen Dürer-Schülers Hans Schäuffelein. Dargestellt ist die Passion Christi: Christus am Ölberg, Christus vor Pilatus, Kreuztragung und Geißelung (Führungen Mo.–Sa. ab 9^{30} Uhr stündlich).

Michaelskapelle

Auf dem Friedhof stehen eine freistehende Lichtsäule (16. Jh.) und die spätgotische Michaelskapelle mit barockem Altarbild und Gewölbefresken.

St. Margrethen

Westlich der Pfarrkirche verdient die romanische Kirche St. Margrethen Aufmerksamkeit, in deren Innerem Fresken aus dem frühen 13. Jh. zu sehen sind, die allerdings im 19. Jh. stark restauriert worden sind.

Leonburg
Burg Brandis

Südlich von Niederlana verdienen die im 12. und 15. Jh. entstandene Leonburg (vgl. ▶ Gampenjoch) mit ihren zwei mächtigen Bergfrieden sowie die Ruine der aus dem 13. Jh. stammenden Burg Brandis Beachtung.

Mitterlana

Die Pfarrkirche in Mitterlana wurde 1938 von dem Stuttgarter Architekten Otto Linder erbaut.
Die Kirche St. Peter stammt in ihrer heutigen Gestalt aus dem 15. und späten 17. Jh., der Hochaltar aus dem Spätbarock.
Etwas randlich steht die Kirche St. Agatha auf der Wiese, um 1400 erneuert und im 16. Jahrhundert neu eingewölbt. Am Triumphbogen eine Darstellung des Jüngsten Gerichts; im Kircheninnern befindet sich ein barocker Hochaltar.

Baedeker TIPP Früchte des Landes

Im mittelalterlichen Ansitz Larchgut wurde vor kurzem ein bemerkenswertes Obstbaumuseum eröffnet, das die Entwicklung und heutige Situation des Südtiroler Obst- und Weinbaus dokumentiert (Ostern–Nov. Di.–Sa. 10^{00}–12^{00} und 14^{00}–17^{00}, So., Fei. 14^{00}–18^{00} Uhr, Mo. geschl.).

Oberlana

Braunsberg

Der Ortsteil Oberlana wird beherrscht von der Burg Braunsberg jenseits des Falschauer Baches, dessen Hochwasser 1647 die kurz zuvor erst geweihte Kirche St. Johann Nepomuk zerstört hat Der Wieder-

◀ **Der berühmte Hochaltar des Meisters Hans Schnatterpeck steht in Niederlana.**

Lana (Fortsetzung)

aufbau erfolgte um 1650. Die Burg mit ihrem malerischen Innenhof stammt aus dem 13. Jh.; am Chor der im Jahre 1660 erbauten Burgkapelle zeigt ein Fresko den hl. Blasius.

Umgebung von Lana

*Vigiljoch / San Vigilio

Das 1850 m hohe Vigiljoch, der als Wandergebiet geschätzte "Hausberg" von Lana, ist von dort mit einer Kabinenbahn und einem anschließenden Sessellift zu erreichen. Zu Fuß erreicht man in 10 Min. das alte Vigiljoch-Kirchlein. Die Sage erzählt, dass es einst von einem Riesen erbaut worden sei, während einer seiner Kameraden östlich jenseits der Etsch auf dem Tschögglberg beim Bau der Kapelle St. Katharina in der Schart half. Da beide zusammen nur einen Hammer besaßen, sollen sie sich diesen abwechselnd über das Tal hinweg zugeworfen haben.

Schloss Lebenberg

Nördlich von Oberlana, etwas oberhalb von dem nach Marling führenden Waalweg, erhebt sich das im 18. Jh. erneuerte Schloss Lebenberg (▶ Meran, Umgebung).

Völlan / Foiana

Südlich oberhalb von Lana breitet sich auf einer Bergterrasse der Luftkurort Völlan (650 m ü.d.M.) aus. Das 1816 eröffnete Völlaner Badl ist eines jener in Südtirol häufigen "Bauernbadln".

Baedeker TIPP Ländliche Kultur

Am Badlweg befindet sich das sehenswerte Bauernmuseum Völlan (Di. u. Fr. 9[30]–18[00] Uhr), das altes bäuerliches Gerät und Mobiliar zeigt.

Am Ortsrand steht die Mayenburg (12. Jh.) mit ihrem wuchtigen Bergfried und Fresken aus dem 15. Jh. im Innern. Im Chor der Völlaner Pfarrkirche St. Severin findet sich eine Darstellung der unzerstörten Burg.

Burgstall / Postal

Burgstall (268 m ü.d.M.) liegt 4 km östlich von Lana jenseits der Etsch inmitten von Wein- und Obstpflanzungen. In der Pfarrkirche hängt ein aus dem Jahre 1541 stammendes Bild mit der Anbetung der Könige; die übrige Ausstattung zeigt den Stil des Historismus.

Tschögglberg Vöran

Die Hochfläche des Tschögglbergs (1200 m ü.d.M.) ist von einer nach Vöran führenden Seilbahn erschlossen. Die reizvolle Almlandschaft wird von einem Wanderwegenetz durchzogen.

Mölten

▶ Terlan, Umgebung

Langtauferer Tal — B–C 4

Region: Trentino-Südtirol
Provinz: Bozen

Lage

Das Langtauferer Tal ist ein östliches Seitental des Obervinschgaus (▶ Vinschgau), in welches es bei Graun am Reschensee (▶ Reschenpass) mündet. Durchflossen wird es vom Karlin-Bach. Eine streckenweise ziemlich steile und schmale Straße führt bis zu dem im Talschluss gelegenen Weiler Melag.

Die Häusergruppe Melag (1915 m ü.d.M.), verwaltungsmäßig zu Graun gehörend, liegt im großartigen Talschluss unweit vom Fuß der 3738 m hohen, teils vergletscherten Weißkugel, über welche die italienisch-österreichische Staatsgrenze verläuft. Melag

Von Melag kann man auf einer Bergtour in 2½ Std. zur Weißkugelhütte (2544 m ü.d.M.) wandern, dann in 4 Std. auf die 3526 m hohe Weißseespitze und in weiteren 5 Std. mit Führer auf die Weißkugel, den zweithöchsten Berg der Ötztaler Alpen. Eine leichtere Tour auf diesen Gipfel hat ihren Ausgangspunkt in Kurzras (▶ Schnalstal). *Weißkugel

Die Tatsache, dass der Talschluss an den Fuß der Gletscher stößt, ist mit einer Sage verbunden, die auf den Engadiner Krieg (1498) Bezug nimmt. Sage

Durch das Münstertal stießen damals die Schweizer gegen Osten vor, verwüsteten ▶ Glurns und wandten sich etschabwärts gegen Meran. Doch ein gewitzter Meraner Gastwirt und Rosshändler versprach Abhilfe. Von seinen Geschäftsreisen her wusste er, dass die Engadiner Kriegsmannen einem guten Tropfen nicht abhold waren, und so lud er ein großes Fass voll Meraner Wein auf sein Fuhrwerk und zog den Söldnern entgegen. Die Engadiner hielten ihn an und fragten, welche Fracht er mit sich führe. Als sie erfuhren, dass es sich um guten Wein handelte, probierten sie diesen, bis das Fass leer war, und begehrten mehr von dem Rebensaft. Der beherzte Wirt gab zur Auskunft, dieser Wein wachse in einem Seitental nahe dem Etschursprung, und zwar in so reicher Menge, dass die Winzer, weil sie nicht genug Fässer hätten, ihn dort über die Felsen hinabschütteten. Lautstark verlangten die Schweizer, in dieses Tal des Überflusses geführt zu werden, und tatsächlich folgten sie dem schlauen Wirt in das Langtauferer Tal. Der Abend senkte sich, und der Wackere schlug sich seitwärts in die Büsche, während die Engadiner weiter talaufwärts zogen, bis sie zum Ende der Gletscherzunge gelangten. Was dort über die Felsen herabrann, war freilich keineswegs Wein, sondern das schiere Schmelzwasser. So war die Gefahr von Meran abgewandt und der Wirt ein gefeierter Held geworden. Wenn aber später in seiner Gaststube jemand eins über den Durst trank und allerlei Unfug anzustellen begann, so sagte der Wirt in Anspielung auf jene Geschichte: "Du kannst jetzt nach Langtaufers gehen und von dem Wein trinken, der dort über die Felsen herabrinnt." Auf Handelsfahrt ins Engadin ist er allerdings danach nie wieder gegangen.

(Erzählt nach Karl Felix Wolff, Vom Wein im Etschland)

Latsch / Laces — D 6

Region: Trentino-Südtirol
Provinz: Bozen
Höhe: 639 m ü.d.M.
Einwohnerzahl: 4000 (Gemeidegebiet)

Latsch liegt im mittleren Teil des Untervinschgaus (▶ Vinschgau), östlich der Mündung des ▶ Martelltals. Zum Latscher Fremdenverkehrsverband gehören auch Goldrain, Morter (beide ▶ Schlanders) und Tarsch. Lage

Sehenswertes in Latsch

Pfarrkirche

Im Zentrum von Latsch steht die Pfarrkirche St. Peter und Paul, deren Chor um 1500 erbaut worden ist, während das Langhaus (um 1525) Teile eines älteren Vorgängerbaus umfasst. Am Westportal finden sich ein Relief mit der Darstellung des hl. Michael und Heiligenfiguren von örtlichen Bildhauern. Das Innere wurde im 19. Jh. in historisierenden Formen neu ausgestattet.

Burg Latsch

Neben der Pfarrkirche bemerkt man die Burg Latsch mit ihrem zinnenbekrönten vierkantigen Wehrturm, dem einzigen Rest der alten Burg. Die übrige heute sichtbare Bausubstanz entstand an der Wende vom 18. zum 19. Jahrhundert.

Der Hochaltar in der Spitalkirche ist ein Werk des oberschwäbischen Bildschnitzers Jörg Lederer.

Spitalkirche
*Hochaltar

Die Kirche des einstigen Heiliggeistspitals wurde im 14. Jh. auf der Basis eines älteren Gotteshauses erneuert und im 15./16. Jh. umgestaltet. In dem von Fresken (um 1600) gezierten und barock ausgestatteten Inneren steht ein beachtenswerter Schnitzaltar (16. Jh.) von dem aus Kaufbeuren in Oberschwaben stammenden Meister Jörg Lederer, in dessen Werkstatt auch die Tafelbilder auf Außen- und Rückwand entstanden sind.
Das Innere zeigt einen sogenannten Gnadenstuhl, die Figur Gottvaters mit dem Leichnam Christi und dem Heiligen Geist, flankiert von den Heiligen Florian und Georg; an den Innenseiten der Altarflügel Szenen aus dem Marienleben.

Die Außenseiten der Flügel zeigen Gemälde mit der Passion Christi; auf der bemalten Rückwand Christus als Schmerzensmann sowie Maria, Johannes, Rochus und Sebastian.

Hochaltar (Fortsetzung)

Der Ansitz Mühlrain, auch "Rotes Schloss" genannt, ist in der Renaissance errichtet worden.

Mühlrain ("Rotes Schloss")

Direkt an der Durchgangsstraße steht der auch als "Rotes Schloss" bekannte Ansitz Mühlrain, im 16. Jh. entstanden und mit polygonalen Erkern zu beiden Seiten der Hauptfassade. Der Stukkaturschmuck wurde um 1700 angebracht.

Annakapelle

Unmittelbar neben dem Ansitz steht der Barockbau der Annakapelle. An der zweistöckigen, von Säulen flankierten Hauptfassade ist eine Reliefdarstellung der Unbefleckten Empfängnis angebracht.

St. Martin am Vorberg

Eine Schwebebahn führt zu dem Bergdorf St. Martin, dem Ausgangspunkt schöner Höhenwanderungen. Von St. Martin genießt man einen herrlichen Blick auf die Ortlergruppe.

Umgebung von Latsch

Tarsch / Tarres

Südwestlich von Latsch liegt jenseits des Marienwaals der Gemeindeteil Tarsch mit der schlichten romanisch-gotischen Michaelskir-

Tarsch (Fortsetzung)	che. Die Fresken stammen aus dem 13.–15. Jh.; der Hochaltar ist gotisch.
Tarscher Alm	Eine Straße führt zur Talstation des Sessellifts auf die Tarscher Alm (1940 m ü.d.M.), die als weiträumiges Wandergebiet und als Teil der Skiregion Ortler auch zum Wintersport besucht wird.
Kastelbell / Castelbello	Knapp 3 km östlich steht über dem linken Ufer der Etsch auf einem Felsen die im 13. Jh. erbaute und im 19. Jh. erneuerte Burg Kastelbell, in deren Kapelle Fresken aus dem 15./16. Jh. zu finden sind.
Marein	Südlich des Flusses liegt der Ortsteil Marein mit der um 1400 erbauten und später barockisierten Andreaskirche.
Galsaun Tschars	Etwas talabwärts folgen abseits der Durchgangsstraße die Ortsteile Galsaun mit der hochgelegenen Burgruine (13./14. Jh.) und Tschars mit der gotischen Martinskirche (16. Jh.).
Juval	▶ Naturns

Livigno D 1 – E 2

Region: Lombardei
Provinz: Sondrio
Politischer Status: Freizone (Zollausschlussgebiet)
Höhe: um 1800 m ü.d.M.
Bewohnerzahl: 4000

Zollausschluss-gebiet	Das Tal von Livigno liegt im äußersten Westen des in diesem Reiseführer beschriebenen Gebiets. Es wird vom Spölbach durchzogen, der den Lago del Gallo, einen zur Energiegewinnung aufgestauten See, durchströmt und nördlich auf schweizerischem Gebiet in den Inn (rätoromanisch En) mündet. Die einst weltabgeschiedene Landschaft hat sich zu einem stark besuchten Feriengebiet entwickelt, zu dessen Attraktivität der Status als Zollausschlussgebiet beiträgt.
Zufahrt	Das Hochtal ist ganzjährig nur durch den gebührenpflichtigen und nachts gesperrten Munt-La-Schera-Tunnel zu erreichen, der vom schweizerischen Münstertal ausgeht und vom Vinschgau über ▶ Glurns und ▶ Taufers zu erreichen ist. Im Sommer kann man auch von der über das ▶ Stilfser Joch nach ▶ Bormio führenden Straße (SS 301) zum Passo di Foscagno (2291 m ü.d.M.) und hinab zum Dorf Livigno fahren. Die südliche Zufahrt aus dem schweizerischen Puschlav (Val Poschiavo) und über die 2315 m hohe Forcola di Livigno ist gleichfalls im Winter unpassierbar.

Landschaftsbild in Livigno

Lago del Gallo	In Livigno stehen viele schöne alte Holzhäuser. Am nördlichen Ortsrand breitet sich der Lago del Gallo (Lago di Livigno; 1806 m ü.d.M.) aus, ein besonders der Energieversorgung der Schweiz dienender Stausee. Beim Ponte del Gallo (rätoromanisch Punt dal Gal) mündet

der zuvor genannte Tunnel zum Punt La Drossa im großartigen Schweizerischen Nationalpark. Die weiter östlich außerhalb der Freizone gelegenen Seen Lago di San Giacomo (1946 m ü.d.M.) und Lago di Cancano (1900 m ü.d.M.) sind durch die Adda mit dem Lago del Gallo verbunden.

Baedeker TIPP **Schnäppchen ...**

Livigno hat noch immer den Status eines Zollausschlussgebiets und bietet daher vielerlei attraktive Einkaufsmöglichkeiten. Aktuelle Informationen erhält man aus dem Internet unter folgender Adresse: http://www.livigno.com/ge.

Bergbahnen

Östliche Talseite

Sessellift vom Ponte di Bondio (1822 m ü.d.M.) zur Alpe Eira (Mottolino; 2400 m ü.d.M.), dann Sessellift zum Monte della Neve (2785 m ü.d.M.); Sessellift von Rin del Ciuk (2112 m ü.d.M.) zum 2521 m hohen Monte Sponda; Sessellift von Trepalle zur Alpe Eira (s. zuvor).

Westliche Talseite

Gondelbahnen von San Rocco (1875 m ü.d.M.) zur Baita Pel (2200 m ü.d.M.), von hier zum Lac Salin (2761 m ü.d.M.); Sessellift von Tagliede (1972 m ü.d.M.) nach Costaccia (2355 m ü.d.M.).

Longarone

F 14

Region: Veneto
Provinz: Belluno
Höhe: 474 m ü.d.M.
Einwohnerzahl: 5000

Neu erbauter Ort

Longarone liegt am südöstlichen Rand der ▶ Dolomiten im Tal des Piave, unweit der Grenze zur Region Friuli – Venezia Giulia. Der früher in der Talsohle gelegene Ort wurde am Westhang des Tals neu aufgebaut, nachdem er am 9. Oktober 1963 von einer 100 m hohen Flutwelle zerstört worden war. Die Flut war durch einen Erdrutsch vom Monte Toc ausgelöst worden, welcher den Lago di Vaiont (s. unten) zum Überlaufen gebracht hatte. Die Katastrophe forderte 2018 Todesopfer.

*Valle di Zoldo

Forno di Zoldo

Im Ortskern zweigt eine Straße ab, die nordwestlich ins Zoldotal führt. Am Lago di Pontesei vorbei erreicht man Forno di Zoldo (848 m ü.d.M.), den auch zum Wintersport besuchten Hauptort des Tals. Lohnend ist eine Bergtour vom Ortsteil Casals in etwa 3 Std. auf den 1953 m hohen Monte Punta.

Zoppè di Cadore

Von Forno gelangt man auf einer serpentinenreichen Stichstraße nach Zoppè di Cadore (1461 m ü.d.M.), einem malerischen Dolomitendorf, in dessen Kirche sich ein Gemälde des im nahen ▶ Pieve di Cadore geborenen Malers Tizian befindet. Zoppè wird überragt vom Monte Pelmo (▶ Cortina d'Ampezzo, Umgebung), den man von hier über das Rifugio di Venezia al Pelmo (1950 m ü.d.M.) in 3 Std. ersteigen kann.

Longarone, Zoldo Alto

Die das herrliche Obere Zoldotal umfassende, weit verstreute Gemeinde Zoldo Alto (1177–1495 m ü.d.M.) zwischen Monte Pelmo und Monte Civetta (beide ▶ Cortina d'Ampezzo, Umgebung) ist ein noch relativ wenig besuchtes prächtiges Wandergebiet. Im Ortsteil Mareson (1338 m ü.d.M.) steht eine Kirche mit Altären von Andrea Brustolon.
Eine für Wohnwagengespanne nicht empfehlenswerte und im Winter unpassierbare Straße über den 1605 m hohen Passo Duran stellt die Verbindung nach Agordo im Tal des Cordevole (▶ Belluno) her.

*Vaiontschlucht F 15

Von Longarone führt eine kühn angelegte Straße mit Tunnels und Felsgalerien durch die wilde Vaiontschlucht und oberhalb der 265 m hohen mächtigen Staumauer hin zum Lago di Vaiont (725 m ü.d.M.), von dem die zuvor genannte Flutwelle ausging.

Madonna di Campiglio F 5–6

Region: Trentino-Südtirol
Provinz: Trient
Höhe: 1522 m ü.d.M.
Einwohnerzahl: 700

Berühmter Wintersportort

Madonna di Campiglio liegt am westlichen Fuß der Brentagruppe im Valle di Campiglio. Die aus einem einstigen Kloster entstandene große Hotelsiedlung zwischen den bewaldeten Vorbergen der Presanella (▶ Adamello-Presanella-Gruppe) und der Brenta ist als Fremdenverkehrszentrum, hervorragender Tourenstandort und Wintersportplatz sehr stark besucht. Im Ort wurde ein 200 m langer künstlicher See angelegt, der im Winter als Eisstadion dient und bei dem sich Tennisplätze und ähnliche Sportanlagen befinden. Darüber hinaus ist Madonna di Campiglio Austragungsort verschiedener wintersportlicher Weltmeisterschaftsveranstaltungen, z.B. Ski alpin, Snowboard, Eis-Speedway; Beachtung verdient der örtliche Karneval.

Kirche

Die neue Kirche ist ein Bau von 1975; daneben die alte gotische Wallfahrtskirche, in deren Innerem Fresken und ein schlichter gotischer Schnitzaltar (15. Jh.) zu sehen sind. Zwischen beiden Kirchen ist ein Stacheldrahtkruzifix aufgestellt.
Einen Golfplatz gibt es beim nördlich gelegenen Gemeindeteil Campo Carlo Magno.

*Bergbahnen und Bergtouren

Westliche Talseite (Presanella)

Schwebebahn zum Pradalago (2100 m ü.d.M.), 10 Min. oberhalb des gleichnamigen Bergsees (2082 m ü.d.M.) mit dem zwischen Mitte Juni und Mitte September geöffneten Rifugio Silvio Agostini.
Seilbahn "Cinque Laghi" zum Rifugio Pancúgolo, auch Rifugio Cinque Laghi genannt (2064 m ü.d.M.); von hier Bergtour zu den Fünf Seen (ital. Cinque Laghi) mit Abstieg nach Madonna di Campiglio:

auf dem Weg Nr. 232 in 15 Min. zum Lago Ritorto (2055 m ü.d.M.) und weiter in 1 Std. zum Lago Lambin (2329 m ü.d.M.), dann in 30 Min. zum Lago Serodoli (2370 m ü.d.M.); von hier auf dem Weg 217 in 15 Min. zum Lago Gelato ("Eissee", 2393 m ü.d.M.) mit großen Eisschollen auch im Sommer. Zurück zum Lago Serodoli auf den Wegen Nr. 267 und 269 in 1 1/4 Std. hinab zum Lago Nambino (1768 m ü.d.M.), zuletzt auf dem Weg 262 über die Malga Nambino (1634 m ü.d.M.) zurück nach Madonna di Campiglio.

Presanella (Fortsetzung)

Ein von Madonna di Campiglio ausgehender Panoramaweg (Nr. 251) führt in 45 Min. südlich zum ehemaligen Hotel Panorama mit hervorragendem Blick auf die Brentagruppe; auf halbe Strecke rechts Abzweigung des Weges Nr. 253 in 1 Std. bergan zur Malga Ritorto (1747 m ü.d.M.) mit noch freierer Aussicht.

Östliche Talseite (Brenta)

Schwebebahn zum Monte Spinale (2110 m ü.d.M.) mit dem Albergo Dosson und dem Rifugio Monte Spinale).
Schwebebahn "Grostè I" und "Grostè II" von Campo Carlo Magno über die Mittelstation (1900 m ü.d.M.) zum Rifugio Stoppani (2430 m ü.d.M.) unweit unterhalb vom Passo del Grostè, dem nördlichen Endpunkt des ungemein lohnenden Bocchettewegs (► Molveno, Umgebung). Von der Bergstation sehr schöne Hüttenwanderung (6 Std. bis Madonna di Campiglio, mit Abstecher zu den Tosa-Häusern 8 1/4 Std.) zunächst südwestlich auf dem Weg Nr. 316 in 1 1/2 Std. zum Rifugio Tuckett (2271 m ü.d.M.) mit dem Nebenhaus Rifugio Quintino Sella in höchst aussichtsreicher Lage. Von hier führt der Osvaldo-Orsi-Weg über die Bocca del Tuckett (2648 m ü.d.M.; Kreuzung mit dem Sentiero Delle Bocchette Alte, einem Zweig des Bocchette-Wegs) in 3 1/2 Std. zu den Tosahäusern (► Molveno, Umgebung). Die Hüttenwanderung führt vom Rifugio Tuckett weiter auf dem großartigen Panoramaweg (Nr. 328 und 318; leichter und lohnender als der weiter unten genannte höhere S.O.S.A.T.-Weg) in 2 Std. zum prachtvoll gelegenen Rifugio Brentei (2120 m ü.d.M.; Unterkunft, geöffnet Mitte Juni bis Mitte September) unter dem Crozzon di Brenta (3118 m ü.d.M.) und der Cima Tosa (► Molveno, Umgebung). Ein besonders lohnender Blick auf beide Berge und den Talschluss bietet sich vom S.O.S.A.T.-Weg (ca. 2,4 km) oberhalb der Hütte. Vom Rifugio Brentei Abstecher (hin und zurück 2 1/2 Std.) über die 2552 m hohe Bocca di Brenta zu den Tosa-Häusern, wo der Bocchette-Weg beginnt. Vom Rifugio Brentei zurück auf dem Panoramaweg (Nr. 318); nach 1 Std. links weiter auf dem Weg Nr. 318 und abwärts in 30 Min. zum Rifugio Casinei (1803 m ü.d.M.; Unterkunft, geöffnet Mitte Juni bis Mitte Oktober); weiter in 30 Min. steil bergab zum Rifugio Vallesinella (1513 m ü.d.M.; Unterkunft); 30 Min. östlich der Obere Vallesinellafall (Cascate Superiori), 10 Min. westlich unterhalb der Hütte der Mittlere Vallesinellafall (Cascate di Mezzo, 100 m hoch). Vom Rifugio Vallesinella dann entweder auf einer 4 km langen Straße (Taxi) oder einem Waldweg parallel oberhalb in 1 Std. zurück nach Madonna di Campiglio.

**Brentagruppe

Naturpark Brenta

Die Brentagruppe, welche im Osten das Valle di Campiglio beherrscht, ist der westlichste Bergstock der ► Dolomiten. Eingegrenzt wird sie im Norden vom Val di Sole, im Osten vom Etschtal,

Brentagruppe (Fortsetzung)

im Süden von den Valli Giudicarie sowie im Westen vom Valle di Campiglio und dem südlich anschließenden Valle Redenda. Obgleich der Bergstock der Brentagruppe durch das breite Etschtal von der Hauptmasse der Dolomiten getrennt ist, wird er wegen seiner geologischen Beschaffenheit diesem Massiv zugerechnet. In den hoch gelegenen Geländeeinsenkungen finden sich zahlreiche kleine Gletscher. Das gesamte Massiv ist zum Naturpark erklärt worden.

Die Brentagruppe ist eines der eindrucksvollsten Bergmassive in den italienischen Alpen.

***Lago di Tovel**

Ein landschaftlicher Glanzpunkt der Brentagruppe ist der in 1178 m Höhe gelegene Lago di Tovel, auch Lago Rosso ("Roter See") genannt, den man von ▶ Cles über Andalo erreicht. Sein hinterer Teil wurde früher von Juli bis Mitte September durch Milliarden mikroskopisch kleiner Protozoen (Glenodinium sanguineum) blutrot gefärbt. Wegen Wasserverschmutzung ist diese Erscheinung derzeit nicht zu beobachten; Maßnahmen zur Gewässerreinigung sind inzwischen getroffen worden.

Ein Teil der Brentagruppe ist bei ▶ Molveno beschrieben.

Folgárida

Der zum Sommerurlaub, vor allem aber zum Wintersport besuchte Ort Folgárida (1290–1860 m ü.d.M.), 10 km nördlich von Madonna die Campiglio, besteht zu seinem überwiegenden Teil aus Hotels. Ein Korblift führt auf den 1860 m hohen Monte Folgárida.
Über dem Nocetal liegen die Retorten-Skistationen Marilleva 900 und Marilleva 1400.

Mals / Malles Venosta

C 4

Region: Trentino-Südtirol
Provinz: Bozen
Höhe: 1045 m ü.d.M.
Einwohnerzahl: 5000 (Gemeindegebiet)

*Ortsbild

Mals liegt im Obervinschgau (▶ Vinschgau) unweit südlich des ▶ Reschenpasses. Das Bild des als Urlaubszentrum besuchten Marktfleckens mit den Gemeindeteilen ▶ Burgeis, Laatsch, Matsch, Planeil, Plawenn, Schleis, Schlinig, Tartsch und Ulten-Alsack wird geprägt von schönen alten Häusern und fünf romanischen Kirchtürmen. Die Reschenstraße führt am Ortskern vorbei.

Sehenswertes in Mals

Fröhlichsburg

Im Zentrum des stattlichen Ortes steht die Fröhlichsburg (12. Jh.), wo bis ins 15. Jh. der Sitz des Gerichtes von Glurns und Mals war. Der 33 m hohe Rundturm ist das Wahrzeichen von Mals.

Durchschnittlich gibt es in Mals einen Kirchturm je 1000 Einwohner.

*St. Benedikt

Die ehemalige Benediktskirche befindet sich am nördlichen Ortsrand. Sie ist in karolingischer Zeit (9. Jh.) entstanden und besitzt Fresken aus jenen Jahren, die neben denen von St. Prokulus in ▶ Naturns die ältesten Wandmalereien im deutschen Sprach- und Kulturraum darstellen. Der Kirchenschlüssel ist in der Benediktstraße (Haus Nr. 31) zu bekommen.

St. Martin, St. Johann Die Kirche St. Martin, deren Schlüssel im Haus Nr. 119 zu bekommen ist, besitzt einen Turm aus dem 12. Jh.; von St. Johann ist nur der Turm übrig geblieben.

Malser Haide Haidersee St. Valentin Nördlich vom Ort erstreckt sich in einer Talweitung östlich der Etsch die Malser Haide bis zum Haidersee, wo es eine Windsurfschule gibt. Beim Ort St. Valentin auf der Haide führt ein Sessellift westlich zur Haider Alm (2060 m ü.d.M.), die auch zum Wintersport besucht wird.

Umgebung von Mals

Laatsch / Laudes St. Leonhard Der Gemeindeteil Laatsch, südwestlich vom Hauptort direkt an der Etsch, ist bekannt durch die freskengeschmückte gotische Kirche St. Leonhard mit ihrem gleichfalls gotischen Flügelaltar. Den Schlüssel erhält man im Haus Nr. 21, neben der Pfarrkirche.

Tartsch / Tarces Tartsch liegt 1 km südöstlich von Mals am Fuß des Tartscher Bühels, eines isoliert aus der Talsohle aufragenden Moränenhügels, der in der Mussolini-Ära als Teil der Badoglio-Linie, einer Befestigungsanlage gegen Norden, durch zahlreiche Bunkerbauten unterminiert worden ist. Auf dem lärchen- und kiefernbestandenen Hügel steht die weithin sichtbare Kirche St. Veit, eines der ältesten Gotteshäuser im Vinschgau. Von der Hügelkuppe bietet sich ein lohnender Blick in den Untervinschgau und auf das mauerumgürtete Städtchen ▶ Glurns.
Unweit südlich von Tartsch zieht die Straße an einem großen, 1949 angelegten Kavernenkraftwerk des Montecatini-Konzerns vorüber; rechts der Straße das bombastische Denkmal "Vereinte Kraft", einen Rossebändiger darstellend.

Marmolada (Marmolata) / Marmolèda — E 11–12

Regionen: Trentino-Südtirol und Veneto
Provinzen: Trient und Belluno
Höhe: bis 3342 m ü.d.M.

****Landschaftsbild** Die Marmolada (ladin. Marmolèda; die im Deutschen übliche Schreibung "Marmolata" ist philologisch unkorrekt) gehört neben der unweit nördlich sich erhebenden Gruppe der ▶ Sella zu den markantesten Massiven der ▶ Dolomiten und ist deren höchster Berg. Der Bergname leitet sich vom ladinischen Begriff für "Marmor" ab.

Die Marmoladagruppe wird umgrenzt von der Valle di San Pellegrino, dem Fassatal, dem Buchensteiner Tal und dem Tal des Cordévole. Die wesentlichen Erstbesteigungen liegen hundert und mehr Jahre zurück: Die 3309 m hohe Punta di Rocca ("Wintergipfel") wurde schon 1860 bezwungen, die 3342 m hohe Punta Penía ("Sommergipfel") vier Jahre später. Seit 1932 wurden hier auch Skirennen ausgetragen, darunter der erste Riesenslalom überhaupt (1935).

Bei guter Sicht reicht der Blick vom Marmolada-Gipfel bis zur Adria. ▶

Auf die Marmolada di Penía

Von Pian di Fedaia (2097 m ü.d.M.) am Fedaiasee (▶ Dolomitenstraße, Canazei) gelangt man mit einem Korblift zum Pian dei Fiacconi (2626 m ü.d.M.) unweit des Marmoladagletschers, welcher große Teile der Nordflanke überzieht und ein geschätztes Skigebiet bildet. 15 Min. von der Bergstation erreicht man die Capanna Ghiacciai (2700 m ü.d.M.), den Ausgangspunkt des rund dreistündigen Anstiegs auf die Marmolada di Penía, den Hauptgipfel des Massivs.

Auf die Marmolada di Rocca

Ausgangspunkt ist die kleine Hotelsiedlung Malga Ciapela (1446 m ü.d.M.; ▶ Dolomitenstraße, Canazei). Die hier beginnende Schwebebahn über Antermoia (2350 m ü.d.M.) und die Forcella Serauta (2950 m ü.d.M.) endet in 3265 m Höhe beim Rifugio Punta di Rocca, etwa 45 Min. unterhalb der Marmolada di Rocca, die für geübte Kletterer in etwa 1 Std. erreichbar ist.

Passo Ombretta

Eine sehr lohnende Bergtour führt in etwa 6 Std. über den 2704 m hohen Passo Ombretta und an der Südflanke der Marmolada hin zum Rifugio Contrin (2016 m ü.d.M.), das auch von Alba (▶ Dolomitenstraße, Canazei) auf einem erheblich leichterem Bergpfad zu erreichen ist.

Martelltal — D–E 5

Region: Trentino-Südtirol
Provinz: Bozen

Lage und Allgemeines

Das Martelltal ist ein südliches Seitental des Untervinschgaus (▶ Vinschgau), in welchen es zwischen ▶ Schlanders und ▶ Latsch mündet. Im Jahre 1987 verwüstete eine vom Zufrittsee ausgehende Flutwelle weite Teile der Talschaft und riss Teile der Straße weg. Das vom Plimabach durchströmte Tal dringt weit in das Massiv des ▶ Ortlers vor. Es gehört bereits zum ausgedehnten Nationalpark um das ▶ Stilfser Joch. Von Morter (▶ Schlanders, Umgebung) zieht die Talstraße, vorbei an Unter- und Obermontani, in südlicher Richtung bergan.

Martell

Rechts abseits der landschaftlich lohnenden Talstraße liegt Martell (1178 m ü.d.M.), der Hauptort der Talgemeinde, deren weit verstreute Teile sich über den künstlich angelegten Zufrittsee (1850 m ü.d.M.) hinaus bis zu dem großartigen vergletscherten Talschluss mit dem von Februar bis Mai und von Juni bis Mitte September geöffneten Zufallhaus (2264 m ü.d.M.) unterhalb der Zufallspitze (▶ Ortler) erstrecken.

Mendelpass / Passo di Mendola — E 8

Region: Trentino-Südtirol
Provinzen: Bozen und Trient
Höhe: 1363 m ü.d.M.

Lage

Der Mendelpass stellt die Verbindung von ▶ Bozen nach ▶ Cles her; über ihn verläuft die Provinzgrenze ebenso wie die Grenze zwischen deutschem und italienischem Sprachgebiet.

An den Flanken des Martelltals gibt es noch viele Bergbauernhöfe.

*Fahrt über den Mendelpass

Eppan Wer von Bozen kommt, erreicht zunächst St. Michael, den etwas abseits der Straße gelegenen Gemeindehauptort von ▶ Eppan. Dann führt die Straße in mehreren Serpentinen um die bewaldeten Abhänge des 935 m hohen Gandberges herum und an der rechts im Wald gelegenen Burg Matschatsch vorbei. Dahinter ist die Trasse teilweise in die steil abfallende Mendelwand gesprengt; es bietet sich ein guter Blick auf Überetsch und Dolomiten.

Mendelpass Auf der Passhöhe, die als Luftkurort besucht wird, befinden sich eine kleine Hotelkolonie, die auch von ▶ Kaltern mit einer kühn angelegten Standseilbahn erreicht werden kann, und ein Kulturzentrum der katholischen Kirche. Von der Bergstation hat man einen höchst eindrucksvollen Blick.

****Penegal** Die lohnendste Aussicht, nämlich einen vollständigen Rundblick, gewährt der 1737 m hohe Penegal, zu dessen Gipfel eine 4,5 km lange, steile Straße führt. Hier oben gibt es einen Aussichtsturm, eine Sendestation und ein Hotel.

***Monte Roèn** Von der Höhe des Mendelpasses gelangt man zum Halbweghaus (Rifugio Mezzavia; 1594 m ü.d.M.) und zu Fuß weiter in 2½ Std. auf den Monte Roèn, den mit 2116 m höchsten Gipfel der Mendelgruppe. Die sich hier öffnende Aussicht ähnelt derjenigen vom Penegal.

Fondo Etwa 10 km jenseits der Passhöhe zweigt von der Mendelstraße rechts die Verbindungsstrecke nach Fondo ab, wohin man aus Rich-

Mendelpass (Fortsetzung)

tung Meran über das ▶ Gampenjoch fahren kann. Fondo (988 m ü.d.M.) ist der als Ferienzentrum besuchte Hauptort des oberen Nonstals (ital. Val di Non); es liegt über der 40 m tiefen Klamm des Burrone del Sasso.
Nordwestlich steht das Schloss Castelfondo, ursprünglich um 1000 und im 13./14. Jh. erneuert, mit seinem schönen Hof.

Cavareno

Über Cavareno, das als Sommerurlaubsort und zum Wintersport besucht wird, kommt man, an Sanzeno und der Abzweigung der Straße nach San Romedio (beide ▶ Cles, Umgebung) vorbei, zum Lago di Santa Giustina, an dessen westlichem Ufer ▶ Cles liegt.

Meran / Merano

C–D 7–8

Region: Trentino-Südtirol
Provinz: Bozen
Höhe: 324 m ü.d.M.
Einwohnerzahl: 35 000

Kurstadt

Meran liegt in einer Talweitung, wo die Etsch die aus dem ▶ Passeiertal kommende Passer aufnimmt und dann nach Süden schwenkt. Die alte Südtiroler Stadt ist prächtig von burgenreichen Höhen, von Obstplantagen und Weinbergen umgeben. Sie wird wegen ihrer geschützten Lage am südlichen Fuß des Küchelberges und wegen ihrer geringen Luftfeuchtigkeit seit der Mitte des 19. Jh.s von Erholungsbedürftigen besucht und ist heute der bedeutendste heilklimatische Kurort an der Südseite der Ostalpen.
In neuerer Zeit hat sich die Stadt dank ihrer radonhaltigen Quellen auch zu einem Thermalbad von Rang entwickelt. Die Saison konzentrierte sich in der Vergangenheit auf das Frühjahr und die herbstliche Traubenkur, hat sich aber inzwischen auf das ganze Jahr ausgeweitet.

Der Turm der Pfarrkirche ist das Wahrzeichen der Kurstadt.

Geschichte

Schon in vorgeschichtlicher Zeit war das Talbecken besiedelt. Die Römer legten hier das Militärlager Castrum Maiense an, dessen Name noch in den Stadtteilen Ober- und Untermais fortlebt. Im 9. Jh. gehörte der Besitz Mairana den Bischöfen von

Chur. Meran unterstand seit 1233 den Grafen von Tirol, ab 1310 einschließlich des Passeiertales und des Ultentales als "Burggrafenamt". Von 1317 bis 1420 war es die Hauptstadt von Tirol, musste diese Funktion aber dann an Innsbruck abtreten und verlor stark an Bedeutung. Der große Aufschwung setzte ein, als 1836 die Heilkraft des Klimas und der Trauben in der k.u.k. Monarchie bekannt wurde und bald Fürstlichkeiten aus ganz Europa zur Kur hierher kamen.

Geschichte (Fortsetzung)

Altstadtbereich

*Pfarrkirche

In Steinach, dem ältesten Stadtteil, steht am Pfarrplatz die Pfarrkirche St. Nikolaus, ein größtenteils im 14. und 15. Jh. errichteter hoch- bis spätgotischer dreischiffiger Hallenbau. Der obere Teil des gut 80 m hohen Turmes mit seiner charakteristischen Haube ist ein Werk der Renaissance. In der Turmhalle befinden sich Fresken aus dem frühen 15. Jahrhundert. Von der einstigen Innenausstattung ist nur wenig erhalten, darunter ein gotischer Flügelaltar aus der Zeit um 1500. An den Wänden hängen Gemälde aus dem 18.

Pfarrkirche (Fortsetzung)

und frühen 19. Jh.; Beachtung verdienen die bunten gotischen Glasfenster des südlichen Seitenschiffs.

Baedeker TIPP Landestypisches

Eine große Auswahl an geschmackvollem Kunsthandwerk findet man in der Verkaufsausstellung der Südtiroler Werkstätten, Sparkassenstr. 22.

Barbarakapelle

Gegenüber der linken Langhausflanke steht die zweistöckige Barbarakapelle, die 1423–1440 auf achteckigem Grundriss errichtet wurde und als Friedhofskapelle diente.

Passeirer Tor

Östlich vom Pfarrplatz ist als Relikt der alten Stadtummauerung das Passeirer Tor erhalten, durch welches die Straße nach Dorf ▶ Tirol und ins Passeiertal zieht.

Bozner Tor

Südlich vom Pfarrplatz steht das Bozner Tor, durch das man in den Kurbezirk (s. unten) gelangt.

***Laubengasse**

Die Hauptgeschäftsstraße der Innenstadt ist die Laubengasse mit ihren schattigen Gewölbegängen, welche den östlich gelegenen Pfarrplatz mit dem westlichen Rennweg verbindet. Die dem Küchelberg zugewandte Straßenseite wird "Berglauben", die der Passer zugewandte wird "Wasserlauben" genannt. Hier gibt es vor allem Lebensmittel- und Textilgeschäfte, Boutiquen u. dgl. sowie eine Anzahl von Gasthäusern.

Frauenmuseum

Das Frauenmuseum Evelyn Ortner (Lauben 68) zeigt die Mode als Spiegel der Gesellschaft; darunter elegante Kleidung und Schmuck aus der großen Zeit Merans als Kurstadt der Aristokratie.

Landesfürstliche Burg

Etwa auf halber Strecke der Laubengasse steht an der Bergseite das Rathaus. Hier zweigt die Galileistraße ab, auf der man nach wenigen Schritten die kleine Landesfürstliche Burg erreicht, die etwas verloren vor dem großen neuzeitlichen Rathaus steht. Sie wurde um 1470 als Absteigequartier der Tiroler Landesfürsten erbaut; im Inneren gibt es historische Möbel sowie eine Musikinstrumentensammlung.

Auf der gegenüberliegenden Straßenseite beginnt die den Tappeinerweg (s. unten) überquerende Sesselbahn, welche auf den Küchelberg, den "Hausberg" von Meran, führt.

Vinschgauer Tor Kapuzinerkirche

Die Laubengasse endet westlich am Rennweg, wo der Markt stattfindet. Hier wendet man sich nach rechts und kommt zum Vinschgauer Tor, dem westlichen Begrenzungspunkt der Altstadt. Hier steht die Kapuzinerkirche St. Maximilian.

Städtisches Museum

Am Rennweg Nr. 42 zeigt das Städtische Museum Gegenstände aus ur- und frühgeschichtlicher Zeit, gotische Skulpturen, Gemälde aus Tirol sowie volkskundliche Exponate. Interessant sind ein Mo-

Das Kurhaus spiegelt den Pomp der Jahrhundertwende.

dell der von Peter Mitterhofer (vgl. ▶ Partschins) erfundenen Schreibmaschine und die Totenmaske Napoleons I (Öffnungszeiten: Di.–Sa. 10⁰⁰–17⁰⁰, So. bis 13⁰⁰ Uhr).

Museum (Fortsetzung)

Kurbezirk und Promenaden

Beiderseits der Passer erstreckt sich der gepflegte Kurbezirk, der nördlich von der Freiheitsstraße, einer Parallelstraße der Laubengasse, begrenzt wird. An der verkehrsreichen Kreuzung von Rennweg und Freiheitsstraße steht das Theater, ein guter Jugendstilbau von 1900.

Baedeker TIPP Kur pur

Im Jahre 1971 wurde das Meraner Kurzentrum eröffnet. Es umfasst ein mit radonhaltigem Thermalwasser von 30–35 °C gespeistes Hallenbad, ein Freibad sowie Kongresseinrichtungen. Dazu gehört ferner das Kurmittelhaus sowie ein gastronomischer Betrieb.

Kurpromenade
*Kurhaus

Nach Osten erstreckt sich die angenehme Kurpromenade, beherrscht vom Kurhaus (1907), das gut restauriert worden ist.

Winterpromenade
Sommerpromenade

Die Kurpromenade findet ihre Fortsetzung in der am rechten Ufer der Passer aufwärts führenden Winterpromenade mit der Wandelhalle. Auf dem jenseitigen Ufer verläuft die schattige Sommerpromenade, an der ein Denkmal für Kaiserin Sisi steht.

*Gilfpromenade

Winter- und Sommerpromenade vereinigen sich am Steinernen Steg, einer aus dem 16. Jh. stammenden Rundbogenbrücke, welche die Passer überspannt. Nun folgt man am westlichen Flussufer der Gilfpromenade, von der sich gute Einblicke in die von der Passer durchtoste Gilfklamm bieten. Die Gilfpromenade endet an der Zenoburg (12./13. Jh.).

**Tappeinerweg

Oberhalb vom Steinernen Steg kann man auch dem Tappeinerweg folgen. Dies ist eine großartige, von südlicher Vegetation gesäumte Promenade, welche am Pulverturm vorbei 4 km weit an der Flanke des Küchelberges entlangzieht und schließlich bei der Talstation der Küchelberg-Sesselbahn (s. zuvor) wieder das Zentrum erreicht. Benannt ist sie nach ihrem Initiator, dem Meraner Kurarzt Franz Tappeiner.

Der Steinerne Steg ist der Vereinigungspunkt von Sommer- und Winterpromenade.

Untermais

*Spitalkirche

Südlich der Passer erstreckt sich der Stadtteil Untermais. Hier erhebt sich die spätgotische Spitalkirche zum Heiligen Geist, errichtet um 1425. Im harmonischen Innern steht ein neugotischer Hauptaltar, in den Teile eines um 1520 von Jörg Lederer gefertigten Schnitzaltars mit Szenen aus dem Marienleben eingefügt sind.

Pferderennplatz

Im südwestlichen Stadtrandbereich befindet sich der große Pferderennplatz, wo Flach- und Hindernisrennen, der Große Preis von Meran und internationale Turniere ausgetragen werden. Besonders originell sind hier die im Frühjahr und Herbst auf Haflingerpferden ausgetragenen Bauerngaloppreennen.

Obermais

Nordöstlich der Altstadt zieht sich der Stadtteil Obermais am Hang hinan. In dem gepflegten Villenvorort stehen viele alte Edelsitze, so die Schlösser Rametz, Labers, Planta und Goyen, die heute als Weingüter oder Hotels genutzt werden.

Eine besondere Attraktion von Meran sind die Bauerngalopprennen.

Schloss Trauttmannsdorff
***Botanischer Garten**

Das Schloss Trauttmannsdorff wurde 1328 erstmals urkundlich erwähnt; Kaiserin Elisabeth von Österreich, die legendäre Sisi, hat sich zweimal hier aufgehalten. Heute bilden der botanische Garten und das Tourismus-Museum – beide 2002 eröffnet – die Hauptattraktionen.

Umgebung von Meran

Hafling / Avelengo

Man folgt von Meran zunächst der nach ▶ Schenna führenden Straße, biegt dann rechts ab, fährt an der Talstation der Ifinger-Seilbahn (s. unten, Meran 2000) vorbei und auf einer an schönen Ausblicken reichen Straße aufwärts und erreicht nach 11 km den Ort.

****Landschaftsbild**

Die rundkuppige, an Lärchen- und Tannenwäldern sowie an Weideflächen reiche Landschaft ist ein herrliches Wandergebiet. Geradezu legendär ist der Haflinger, eine kleine, ausdauernde blond-

Baedeker TIPP Köstlich!

Das Schloss Rametz in der Obermaiser Labersstraße ist ein bekanntes Weingut. Montags bis freitags um 16[30] Uhr kann man an einer Kellerführung mit Weinverkostung teilnehmen.

Hafling (Fortsetzung)

mähnige Pferderasse, mit der auch die Bauerngalopprennen ausgetragen werden.

St. Katharina

Von der Hauptstraße führt links ein Sträßchen nach St. Katharina ab. Hier steht auf einem Sattel die gleichnamige Kirche, das Wahrzeichen von Hafling; im Innern ein kleiner gotischer Schnitzaltar, unweit ein schöner Bildstock aus der selben Epoche. Von der Kirche bietet sich ein großartiger Tiefblick nach Meran.

Schloss Trauttmannsdorf umfasst heute den Botanischen Garten und das Tourismus-Museum.

Falzeben

Von Hafling-Oberdorf gibt es eine landschaftlich besonders reizvolle Straßenverbindung durch Lärchengehölze nach Falzeben mit dem stattlichen gleichnamigen Gasthof.

Meran 2000

Das Wintersportgebiet Meran 2000, eines der landschaftlich reizvollsten seiner Art, bietet leichte bis mittelschwere Pisten.
Die zuvor genannte Ifinger-Seilbahn oder der von Falzeben ausgehende Sessellift führen zum 1905 m hohen Piffinger Köpfl mit Hotels und Berghütten. Ein weiterer Doppelsessellift verbindet Wallpach mit dem Piffinger Köpfl; von hier führt ein Dreiersessellift zur Waidmannalm.
Gleichfalls mit einem Dreiersessellift gelangt man zur Oswald-Höhe (2185 m ü.d.M.) mit Abfahrtspisten.
Von der Kirchsteiger Alm (1938 m ü.d.M.) stellt ein Sessellift die Verbindung südöstlich zum 2234 m hohen Mittager her. Rund 500 m südlich befindet sich die Meraner Hütte (1930 m ü.d.M.).
Im Sommer sind nur die Seilbahn und der Sessellift Falzeben in Betrieb.

Algund / Lagundo

Die weitverstreute Gemeinde Algund (Betonung auf der zweiten Silbe), 5 km nordwestlich von Meran, wird als Sommerurlaubsort besucht. Sie besitzt eine moderne Pfarrkirche von 1977 mit schönen Buntglasfenstern sowie das aus dem 13., 16. und 19. Jh. stammende Schloss Thurnstein, heute Pension.

Algund (Fortsetzung)

Lohnend ist ein Spaziergang auf dem Algunder Waalweg am Bewässerungskanal entlang von Oberplars bis Gratsch (s. unten); dort Anschluss an den Tappeinerweg, der abwärts nach Meran führt.

Vellau Leiteralm

Im Algunder Ortsteil Plars beginnt ein Sessellift, welcher zunächst nach dem auf einer Bergterrasse in 908 m Höhe gelegenen Ortsteil Vellau führt. Die zweite Sektion endet auf der Leiteralm (1522 m ü.d.M.), die als Wander- und Skigebiet besucht wird.

Forst

Im Ortsteil Forst befindet sich die gleichnamige Großbrauerei; nahebei das Schloss Vorst.

Das Kirchlein St. Peter ob Gratsch ist außen und innen mit schönen Fresken geziert.

*St. Peter ob Gratsch

Von Algund in Richtung Dorf ▶ Tirol gehend, erreicht man das kleine Kirchlein St. Peter ob Gratsch. Seine Ursprünge reichen bis in karolingische Zeit zurück; die heutige Bausubstanz ist romanisch und gotisch. Besonders beachtenswert sind die Fresken; an der rechten Außenwand eine Darstellung Christi zwischen den Aposteln Petrus und Paulus (um 1100); im Innern Wandgemälde aus dem späten 14. Jh., welche Christus mit den Aposteln sowie die vier Evangelistensymbole zeigen.

Marling / Marlengo

Die 3 km südwestlich gelegene Gemeinde Marling ist heute praktisch mit Meran zusammengewachsen; die Umgebung ist ein intensiv genutztes Obstbaugebiet. Die Pfarrkirche Mariä Himmelfahrt, in ihrer jetzigen Gestalt neugotisch, ist seit dem 12. Jh. urkundlich

Meran (Fortsetzung)

*Marlinger Waalweg

belegt; es heißt, ihr melodisches Geläute habe Franz Liszt bei seinem Aufenthalt 1874 zu einer Komposition angeregt.
Der aussichtsreiche Marlinger Waalweg ist einer der bekanntesten seiner Art. Waalwege – deren es in Südtirol eine ganze Anzahl gibt – sind Wege, welche den an den Hangflanken hinziehenden Bewässerungskanälen folgen und für deren Instandhaltung angelegt wurden. Das ganz geringe Gefälle macht sie für Wanderer besonders angenehm, die keine großen Höhenunterschiede überwinden wollen. Der Marlinger Waalweg (13 km) führt nördlich über Forst zur Töll (▶ Partschins), südlich nach ▶ Lana. Nur wenig bergwärts vom Waal steht die um 1500 erbaute Kapelle St. Felix; im Boden des Langhauses ein Brunnen, dem Heilkraft zugeschrieben wird. Oberhalb des Waalwegs zieht der Marlinger Höhenwanderweg an der Hangflanke hin.

Tscherms / Cermes

Unweit der Straßenteilung, an welcher die Strecke ins ▶ Ultental westlich von der Straße zum ▶ Gampenjoch abzweigt, liegt 4 km südlich von Meran in einem ungemein fruchtbaren Obst- und Weinbaugelände der Ferienort Tscherms.

Schloss Lebenberg

Westlich oberhalb des Waalwegs steht das im 18. Jh. erneuerte Schloss Lebenberg mit Burgkapelle aus dem 14. Jh. und sehenswertem Rittersaal.

Mezzocorona F 7

Region: Trentino-Südtirol
Provinz: Trient
Höhe: 219 m ü.d.M.
Einwohnerzahl: 4000

Italienisch geprägter Ort

Mezzocorona liegt weit im Süden des in diesem Reiseführer beschriebenen Gebiets, unmittelbar jenseits der Sprachgrenze bei der Salurner Klause (▶ Salurn). Mit seinem rein italienischen Baustil bildet Mezzocorona einen starken Kontrast zu den Südtiroler Orten. Überragt wird es vom 881 m hohen Monte, auf den eine Seilbahn führt und der ein Wandergebiet mit gutem Blick in das Etschtal darstellt.

Sehenswertes in Mezzocorona und Umgebung

*San Gottardo

Am südwestlichen Steilabfall des Monte ist in eine große horizontale Felskluft das Castello San Gottardo eingebaut. Seine Ursprünge liegen in geschichtlichem Dunkel; erstmals erwähnt ist es im 11. Jh.; es fiel später an Tirol, dann an die Herren von Wolkenstein und schließlich an die von Firmian, denen es noch gehört. Vorübergehend suchte ein Einsiedler hier Zuflucht, und bis ins 19. Jh. war die Felsburg ein Wallfahrtsziel. Die Baureste wurden zu Beginn des 20. Jh.s restauriert.

Mezzolombardo

Mezzolombardo liegt 2 km westlich von Mezzocorona in einer Diluvialebene bei der Mündung des aus dem Val di Non kommenden Noce in die Etsch. Erhöht steht das Schloss, auch Castello della Torre genannt, das im 16. Jh. an einen alten Turm angebaut wurde.

In San Michele, 2 km südöstlich von Mezzocorona, ist in dem burgartigen einstigen Augustinerkloster, welches den Ort überragt, das Museo degli Usi e Costumi della Gente Trentina (Trentiner Volkskundemuseum) untergebracht, das Volkskunst, Trachten und Hausrat aus der Provinz Trient zeigt.

San Michele all'Adige

Der aussichtsreiche Sommerurlaubsort Fai della Paganella (958 m ü.d.M.), 10 km südlich von Mezzocorona, liegt am Nordfuß des Paganellamassivs, das zu den eindrucksvollsten Aussichtsbergen in diesem Gebiet zählt.

Fai della Paganella

Auf die 2125 m hohe Paganella gelangt man mit einer vom Ortsteil Santel zum Dosso dei Larici ("Lärchenhügel"; 1838 m ü.d.M.) führenden Schwebebahn und einem anschließenden Sessellift. Von dessen Bergstation bietet sich ein ausgezeichneter Blick auf die nahe Brentagruppe und die Dolomiten bis zur Marmolada. Hier oben steht auch das Rifugio Cesare Battisti. Eine Schwebebahn führt von hier südöstlich abwärts ins Etschtal bei Lavis.

**Paganella

Weitere Bergbahnen auf die Paganella haben ihren Ausgangspunkt in Andalo (▶ Molveno, Umgebung).

Moéna

E 10

Region: Trentino-Südtirol
Provinz: Trient
Höhe: 1184 m ü.d.M.
Einwohnerzahl: 3000

Moéna liegt im ▶ Fassatal an der Einmündung des vom Karerpass (Große ▶ Dolomitenstraße) kommenden Costalunga-Tals sowie des von Osten kommenden Valle di San Pellegrino. Der schön gelegene, überwiegend ladinischsprachige Dolomitenort wird zum Sommerurlaub und Wintersport besucht. Er besitzt noch etliche reizvolle alte Bauernhäuser.

Ladinerort

Sehenswertes in Moéna

Die Kirche San Volfango (St. Wolfgang) wurde im Jahre 1025 – wie es heißt, auf den Resten eines heidnischen Tempels – errichtet und vor kurzem restauriert. Im Innern Fresken aus dem 15. Jh., welche Szenen aus dem Leben Jesu sowie verschiedener Heiliger zeigen. In der Apsis ein vergoldeter Schnitzaltar aus dem 17. Jh., der bis 1915 in der Kapelle von San Pellegrino (s. unten) stand.

San Volfango

Die Pfarrkirche San Vigilio, 1164 geweiht, wurde im Jahre 1533 gotisiert. Das Altarbild ist ein Werk des Tiepolo-Schülers Valentino Rovisi; es schildert die Geschichte der Heiligen Vigilius und Maxentius.

Pfarrkirche

Valle di San Pellegrino

Im unteren Teil des Tals liegt der Gemeindeteil Ronchi. Hier beginnt eine Schwebebahn über Valbona (1820 m ü.d.M.) nach Le

Ronchi
Alpe Lusia

Moéna (Fortsetzung) **Passo di San Pellegrino**

Cone (2202 m ü.d.M.) oberhalb des 2056 m hohen Passo Lusia, der zum Wintersportgelände der Alpe Lusia gehört.
Die Höhen beiderseits des 1919 m hohen Passo di San Pellegrino werden gleichfalls von Wintersportlern besucht.

Falcade

Über den Passo di San Pellegrino und die Grenze zur Region Veneto erreicht man nach 20 km in östlicher Richtung den als Luftkurort, Tourenzentrum und Wintersportplatz viel besuchten Ort Falcade (1090–1297 m ü.d.M.) in prächtiger Lage in dem vom Biois durchströmten Val Canale. Ein Korblift führt über Le Buse (1885 m ü.d.M.) nach Laresei (2168 m ü.d.M.) oberhalb des Lago di Cavia (2082 m ü.d.M.).

Molveno G 6

Region: Trentino-Südtirol
Provinz: Trient
Höhe: 864 m ü.d.M.
Einwohnerzahl: 1000

Tourenstützpunkt

Der Bergort Molveno liegt weit im Süden des in diesem Reiseführer beschriebenen Gebiets, am Südostfuß der Brentagruppe (vgl. ▶ Madonna di Campiglio), die zwar geologisch noch zu den Dolomiten gerechnet wird, von deren Hauptmasse aber durch das breite Etschtal getrennt ist. Molveno ist der am besten geeignete Ausgangspunkt für eine Bergtour in die großartige Dolomitgruppe.

***Lago di Molveno**

Südlich vom Dorf erstreckt sich der bis 119 m tiefe Molvenosee (823 m ü.d.M.), in dem sich die Brentagruppe spiegelt.

**Brentagruppe

Zunächst kommt man mit einem Sessellift über Pradel (1372 m ü.d.M.) mit dem Rifugio Brenta zum Palòn di Tovre (1520 m ü.d.M.) und dem Rifugio Montanara mit herrlichem Blick auf die Brenta.
Von Pradel geht man etwa 1 Std. bis zum Rifugio Croz dell' Altissimo (1480 m ü.d.M.) unter dem 2339 m hohen gleichnamigen Felsklotz, dann weiter in 30 Min. zum Rifugio Selvata (1630 m ü.d.M.).
Von hier in 1½ Std. zum Felszirkus des Baito Massodi (1995 m ü.d.M.) mit Blick zur Guglia di Brenta (s. unten), dann nochmals 1½ Std. zu den Tosahäusern (Rifugio T. Pedrotti, 2491 m ü.d.M.) in großartiger Lage östlich unterhalb der Bocca di Brenta (s. unten).

Brenta Alta ***Cima Tosa** **Palmieriweg**

Klettertouren führen nördlich in 2 Std. auf die 2960 m hohe Brenta Alta, westlich in 3½ Std. auf die 3173 m hohe Cima Tosa, den höchsten Gipfel der Brentagruppe.
Von den Tosahäusern ferner in 45 Min. über die Bocca di Brenta (2552 m ü.d.M.) zum Rifugio Brentei sowie auf dem Palmieriweg in 3 Std. zum Rifugio Silvio Agostini (2410 m ü.d.M.).

****Bocchetteweg**

Die Tosahäuser sind der beste Ausgangspunkt für den Bocchetteweg (Via delle Bocchette bzw. Sentiero delle Bocchette Alte), einen mit Drahtseilen und Eisenleitern gut gesicherten Felssteig. Er ist der bekannteste von über dreißig derart gesicherten Kletterwegen in den Dolomiten, der z.T. extrem ausgesetzte Felsbänder der zentralen Kette benutzt und unter verschiedenen Bezeichnungen westlich in 4 Std. zum Rifugio Dodici Apostoli ("Zwölf Apostel", 2489 m ü.d.M.), nördlich in 6 Std. an der einzigartigen Felsnadel der Guglia di Brenta (Campanile Basso, 2877 m ü.d.M.; 45 Min.) vorbei und über Felsscharten ("bocchette") zum Passo del Grostè führt.

*Guglia di Brenta

Leichter ist der meist östlich parallel verlaufende Osvaldo-Orsi-Weg in 3½ Std. zum Rifugio Tuckett (▶ Madonna di Campiglio, Bergbahnen und Bergtouren).

*Osvaldo-Orsi-Weg

Auf der Straße Nr. 421 erreicht man den beliebten Urlaubs- und Wintersportort Andalo am gleichnamigen See.

Andalo

**Paganella

Von Andalo über die Malga di Terlago (1772 m ü.d.M.) kommt man mit einem Korblift auf die 2125 m hohe Paganella (vgl. auch ▶ Madonna di Campiglio). Hier steht das Rifugio Cesare Battisti, von welchem sich der Blick auf die nahe Brentagruppe und die Dolomiten bis zur Marmolada öffnet. Sessellift zum Dosso dei Larici (▶ Mezzocorona) und Schwebebahn ins Etschtal.

Ein weiterer Korblift verbindet Andalo mit den 1333 m hoch gelegenen Prati di Gaggia, die zum Skilauf besucht werden.

Prati di Gaggia

Mühlbach / Rio di Pusteria

C 10

Region: Trentino-Südtirol
Provinz: Bozen
Höhe: 777 m ü.d.M.
Einwohnerzahl: 2000 (Gemeindegebiet)

Mühlbach mit den Gemeindeteilen Mühlbach, Meransen, Vals und Spinges liegt am unteren Ende des ▶ Pustertals, nahe bei dessen Einmündung in das ▶ Eisacktal. Mühlbach, im Sommer und neuerdings auch zum Wintersport besucht, liegt an der das Pustertal durchströmenden Rienz, die unweit talaufwärts zu einem langgestreckten See aufgestaut ist. Von Norden mündet das Valser Tal ein. Der Ort war schon im Altertum ein wichtiger Umschlagplatz für den Handel zwischen der reichen Stadtrepublik Venedig und dem süddeutschen Raum. An der Mühlbacher Klause verlief die Grenze zwischen den Grafschaften Tirol und Görz.

Alter Handelsplatz

Sehenswertes in Mühlbach

Im Ortsinnern prägen winklige Gassen und stattliche Bürgerhäuser die Atmosphäre. Die Kirche entstand im Jahre 1277 und wurde vor einigen Jahren modern erweitert; im Inneren Fresken aus der Pacher-Schule, die u.a. die Kreuzauffindung zeigen. Auf dem Kirchhof steht die gotische Florianskapelle mit Außenfresken.

Mühlbacher Klause

Talaufwärts und am Stausee entlang erreicht man die umfangreichen Ruinen der Mühlbacher oder Haslacher Klause, einer einstigen Grenzfestung, an welcher die Staatsstraße unmittelbar vorbeiführt. Das Bollwerk wurde in den Bauernkriegen von den Truppen Michael Gaismairs angegriffen, und in der Zeit der Franzosenkriege fanden hier heftige Kämpfe statt.

Umgebung von Mühlbach

Spinges / Spinga

Südwestlich von Mühlbach, zu erreichen über die Pustertaler Straße, dann rechts in Serpentinen aufwärts, liegt der Gemeindeteil Spinges (1101 m ü.d.M.). Berühmt wurde der Ort durch den Kampf der Tiroler gegen die französischen Truppen (1797), in dem die Bauernmagd Katharina Lanz durch ihr beherztes Eingreifen den Tirolern zum Sieg verhalf. Sie verschwand unerkannt, und erst viel spä-

Hoch über dem Pustertal breitet sich die sonnige Höhenterrasse von Meransen aus.

ter, kurz vor ihrem Tode, gab sie ihr Geheimnis preis; noch heute steht sie als “Mädchen von Spinges” in hohem Ansehen. Eine Darstellung der entscheidenden Kampfszene findet man auf den Glasfenstern der Ortskirche St. Rupert, die mit der benachbarten Kapelle ein hübsches Ensemble bildet. In Pieve di Livinallongo (Große ▶ Dolomitenstraße) wurde Katharina Lanz ein Denkmal gesetzt.

Meransen / Maranza

Von Mühlbach gelangt man mit einer Schwebebahn oder auf einer 8 km langen, teils serpentinenreichen Straße nach Meransen (1420 m ü.d.M.). Das sonnige, aussichtsreiche Hochplateau ist ein herrliches Wandergebiet; Wintersportmöglichkeiten findet man beim Ort selbst sowie an den Hängen des 2512 m hohen Gitschbergs, auf den eine Gondelbahn führt.

Meransen (Fortsetzung)

Der Mühlbacher Gemeindeteil Vals liegt 10 km nördlich im Valser Tal. Hier wurde in jüngster Zeit das Skigebiet Jochtal neu erschlossen, das bis in 2008 m Höhe reicht.

Vals / Valles
Jochtal

Im Schloss Rodeneck ist der älteste Freskenzyklus weltlicher Thematik zu bewundern.

Rodeneck / Rodengo
*Schloss

Südöstlich von Mühlbach steht hoch über der Rienz das Schloss Rodeneck in der gleichnamigen Gemeinde (995 m ü.d.M.). Es ist eine der größten Burganlagen in Südtirol; über seine Ursprünge ist wenig bekannt, doch ist sicher, dass die Bischöfe von Brixen die strategisch günstige Lage des Höhenzuges kannten und nutzten. Um 1120 taucht erstmals ein Mitglied der Ministerialen von Rodeneck urkundlich auf, denen wenig später auch die Mühlbacher Klause unterstand. Im Jahr 1491 belehnte Kaiser Maximilian I. die Herren von Wolkenstein mit dem Anwesen, und noch heute gehört es dem Haus Wolkenstein-Rodeneck (Führungen: Di.–So. 11^{00} und 15^{00} Uhr, bei Bedarf öfter).
Im Erdgeschoss des Hauptbaus befinden sich Fresken mit der frühesten bekannten Darstellung der Iwein-Sage (12. Jh.). Sie gelten als die ältesten erhaltenen Fresken profaner Thematik in ganz Europa.

Natz-Schabs / Naz-Sciaves

Auf der Natzer Hochfläche, um 800 m ü.d.M., liegt Natz, eine Fraktion der Doppelgemeinde Natz / Schabs, inmitten von Obstkulturen. Die nur sanft gewellte Gegend eignet sich für ruhige, erholsame Spaziergänge. Von Raas bietet sich ein schöner Blick hinab nach Brixen. In Natz befindet sich ein Museum mit Werken des

Mühlbach (Fortsetzung)

Holzschnitzers Rudolf Bacher (1903–1983). Die Gemeindefraktion Schabs befindet sich nördlich im Tal, nahe der Pustertaler Straße.

Nals / Nalles D 8

Region: Trentino-Südtirol
Provinz: Bozen
Höhe: 331 m ü.d.M.
Einwohnerzahl: 1300 (Gemeindegebiet)

Winzerort

Nals liegt südlich von ▶ Meran am rechten Ufer der Etsch, abseits der Durchgangsstraße nach ▶ Bozen. Der inmitten von Wein- und Obstgärten gelegene Urlaubsort wird überragt von der Halbruine der Burg Payrsberg und der als Weingut weitbekannten Schwanburg. Die Gemeindeteile Prissian und Grissian erstrecken sich auf einer erhöhten Bergterrasse unterhalb des Prissianer Hochwaldes.

Die Schwanburg ist nicht nur als Weingut bekannt.

Sehenswertes in Nals

*Schwanburg

Die vorzüglich erhaltene Schwanburg im südlichen Ortsrandbereich gleicht eher einem behäbigen Großbauerngut als einem Wehrbau. Ihr heutiges Aussehen erhielt sie bei einem durchgreifenden Umbau in der Renaissance; der Name leitet sich vermutlich von dem Schwan her, den die Herren von Boymont-Payrsberg, im 14. Jh. Eigentümer des Schlosses, im Wappen führten. Der schöne Innenhof von ungleichmäßigem Grundriss ist umgeben von Loggien, deren Kapitelle z.T. Wappenschmuck tragen.

Umgebung von Nals

Prissian / Prissiano

Eine kurvige Straße führt bergan zu dem Gemeindeteil Prissian (610 m ü.d.M.), wo sich der angeblich größte Weinstock Europas befindet. Er überdeckt eine Fläche von rund 350 m² und liefert einen jährlichen Ertrag von etwa 7 hl Wein. Die alten Gebäude der Wehrburg und der Fahlburg sind heute als Hotels eingerichtet.

Katzenzungen

Am östlichen Ortsrand von Prissian ist in dem stattlichen Gebäude von Schloss Katzenzungen (13. Jh.) eine private Kunstschule eingerichtet. Nahebei das hochgelegene Kirchlein St. Martin.

In St. Jakob in Grissian ist die älteste bekannte Darstellung der Dolomitenberge zu sehen.

Grissian / Grissiano
*St. Jakob

Ein schmales Sträßchen verbindet Prissian mit der Häusergruppe Grissian (922 m ü.d.M.). In der hochgelegenen, 1142 geweihten Kapelle St. Jakob findet man Wandgemälde aus dem 13. Jh.; vor allem die Rundapsis und der davor liegende Jochbogen sind mit höchst bemerkenswerten romanischen Fresken bedeckt, darunter die erste bekannte bildliche Darstellung der Dolomitengipfel. Weitere, allerdings nur spärliche Freskenreste befinden sich an den beiden Langhauswänden. Die Turmbasis ist in das Kircheninnere eingestellt und ruht auf einem kantigen romanischen Pfeiler; auch an der Turmbasis finden sich Fresken, allerdings späteren Ursprungs. Über dem Eingang an der Außenseite der rechten Langhauswand Darstellungen des thronenden Christus und der zwölf Apostel. Von dem kleinen Bergplateau, auf welchem das Kirchlein steht, bietet sich ein hübscher Blick, vor allem hinüber zu der kleinen, hochgelegenen Kirche St. Apollonia. Vor der Kirche, etwas tiefer, steht ein schöner Bildstock mit gotischer Ausmalung.

Nals (Fortsetzung)

Grissian ist über Tisens und Prissian auch von der über das ▶ Gampenjoch führenden Straße zu erreichen.

Baedeker TIPP Wein und Weitblick

Direkt unterhalb von St. Jakob liegt der Schmiedlhof, ein viel besuchtes Ausflugslokal, wo man unter uralten Bäumen ein Glas Tiroler trinken und weit über das Etschtal schauen kann.

Andrian / Andriano

Das kleine, verstreut liegende Dorf Andrian, 4 km südlich von Nals, nimmt den fruchtbaren Schwemmkegel eines aus der Gantkofel-Gruppe kommenden Bachs ein. Im spätgotischen Chor der Pfarrkirche St. Valentin finden sich Fresken aus der Erbauungszeit.

*Festenstein

Weiter talaufwärts wurde im 13. Jh. in äußert malerischer, kühner Lage auf einem Felskegel die Burg Festenstein erbaut. Im Jahre 1503 richtete ein Brand erhebliche Schäden an.

Naturns / Naturno — D 6–7

Region: Trentino-Südtirol
Provinz: Bozen
Höhe: 554 m ü.d.M.
Einwohnerzahl: 4000 (Gemeindegebiet)

Luftkurort

Naturns liegt im Untervinschgau (▶ Vinschgau), unweit östlich der Einmündung des von Norden kommenden ▶ Schnalstals sowie am Rand der ▶ Texelgruppe. Der sehr stark besuchte Luftkurort mit den Gemeindeteilen Naturns, Tschirland, Tabland und Staben, Hauptort des Untervinschgaus, ist umgeben von Obstkulturen und wird überragt von der zinnengekrönten Burg Hochnaturns, die heute als Hotel dient. Zu dem am westlichen Ortsrand gelegenen Wasserkraftwerk führt eine vom Vernagt-Stausee (▶ Schnalstal) kommende Druckleitung.

Sehenswertes in Naturns

St. Zeno

Die Pfarrkirche St. Zeno (1475) besitzt Reste eines karolingischen Vorgängerbaus sowie Freskenfragmente aus dem 13. Jh.; die Außenfresken wurden um 1500 gemalt.

Rathaus

Im Rathaus sind heute die frühgeschichtlichen Funde und die gotischen Fresken aus St. Prokulus untergebracht; sie können im Rahmen einer Ortsführung (im Sommer jeden ersten und dritten Dienstag des Monats, 9^{30} Uhr) besichtigt werden.

**St. Prokulus

Östlich außerhalb des Ortskernes steht das uralte Kirchlein St. Prokulus, das bereits in vorkarolingischer Zeit (7. Jh.) erbaut worden ist. An der Außenwand finden sich ein leider sehr stark verblasster gotischer Freskenzyklus aus der Zeit um 1400, welcher die Schöpfungsgeschichte darstellt, sowie ein hl. Christophorus; die weit über Tirol hinaus bekannte Hauptsehenswürdigkeit sind die Fresken im Innern (8. Jh.), erwiesenermaßen die ältesten bisher ent-

Paulus oder Prokulus? Wer der "Schaukler" wirklich war, ist umstritten.

deckten Wandmalereien im deutschen Sprachraum. Die bekannteste Szene ist die Flucht des hl. Paulus aus Damaskus oder des hl. Prokulus aus Verona – nach der Schilderungsweise auch "Schaukler" genannt –, die beim Durchbruch einer jetzt wieder zugemauerten kleinen Lichtluke beschädigt worden ist. Ein Mäanderfries trennt die vorromanischen von den darüber befindlichen gotischen Fresken. In den Jahren 1985 und 1986 haben Grabungen ein Germanengrab aus dem 7. Jh. n.Chr., einen spätantiken Bestattungsplatz und Reste römischer Wohnhäuser zutage gebracht.

Naturns, St. Prokulus (Fortsetzung)

Dornsberg

Südöstlich jenseits der Etsch steht Schloss Dornsberg oder Tarantsberg aus dem 16. Jh., ein Renaissancebau auf bedeutend älteren Fundamenten. Beachtung verdient der arkadenumkränzte Innenhof mit Wandmalereien.

Umgebung von Naturns

Tschirland / Cirlano

Im westlichen Gemeindeteil Tschirland steht die Kirche St. Oswald, deren Inneres mit Gemälden (um 1749) des einheimischen Barockmalers Simon Ybertrachter ausgestattet ist.

Tabland / Tablà

Die ursprünglich romanische, später gotisierte Kirche St. Nikolaus birgt einen Flügelaltar, der dem schwäbischen Bildschnitzer Hans Schnatterpeck (vgl. ▶ Lana) zugeschrieben wird.

Staben / Stava Juval

Nördlich über dem Gemeindeteil Staben steht das Schloss Juval, ursprünglich aus dem 13. Jh.; hier wohnt seit 1983 der bekannte Extrembergsteiger Reinhold Messner. Bergbildgalerie, Tibetika-Sammlung und Maskensammlung können im Rahmen einer Schlossführung besichtigt werden (Öffnungszeiten: Mitte März bis Ende Juni sowie Sept.–Okt. Do.–Di. 10^{00}–16^{00} Uhr). Da beim Schloss keine Parkmöglichkeit besteht, geht man zu Fuß oder nimmt von Naturns den Shuttlebus.

Neumarkt / Egna F 8

Region: Trentino-Südtirol
Provinz: Bozen
Höhe: 218 m ü.d.M.
Einwohnerzahl: 4000

Hauptort des Bozner Unterlandes

Neumarkt, der Hauptort des Bozner Unterlandes, liegt am linken Ufer der Etsch zwischen ▶ Auer und ▶ Salurn. Es ist ein ruhiges, stattliches Straßendorf, dessen verkehrsberuhigter Kern noch

Kühle, schattige Laubengänge prägen das Zentrum von Neumarkt.

Allgemeines schöne altertümliche und gut restaurierte Bürgerhäuser mit Laubengängen besitzt.
Im Gebäude Andreas-Hofer-Straße 20 verbrachte der Tiroler Freiheitsheld auf seinem Weg nach Mantua eine Nacht, woran die Gedenktafel an der Fassade erinnert.

Sehenswertes in Neumarkt

Museum An der Andreas-Hofer-Straße (Nr. 24) lohnt das Museum für Alltagskultur mit Sammlungen zur Volkskunde u.a. einen Besuch.

St. Nikolaus Die Pfarrkirche St. Nikolaus wurde in romanischer Zeit errichtet und in der Gotik dem Zeitstil angepasst. Im Innern sind unter dem Sterngewölbe barocke Altäre und Kanzel zu sehen.

Burg Kaldiff Östlich außerhalb des Ortskerns steht am Rand einer Bergterrasse die Ruine der Burg Kaldiff, ursprünglich aus dem 12. Jh., im 17. Jh. verändert. Im Inneren sind Reste von Fresken aus der Renaissance erhalten.

Frauenkirche Im älteren Ortsteil Vill verdient die 1412–1519 erneuerte dreischiffige Frauenkirche einen Besuch. Sie gilt als eines der reifsten Werke der Tiroler Hochgotik; im Innern große Fresken des frühes 16. Jh.s mit den Darstellungen des Jüngsten Gerichts sowie des Heilands als Schmerzensmann, umgeben von Heiligen.

Pinzon ▶ Auer, Umgebung

Naturpark Trudner Horn

Zwischen dem Etschtal und der weiter östlich verlaufenden Grenze zwischen den Provinzen Bozen und Trient erstreckt sich der 6660 ha große, waldreiche Naturpark Trudner Horn. Er zeichnet sich durch besonders artenreiche Flora und Fauna aus und wird von einem Netz schöner Wanderwege durchzogen.

Ortler / Ortles

D 5 – E 5

Staaten: Italien und Schweiz
Regionen (auf italienischer Seite): Trentino-Südtirol und Lombardei
Provinzen (auf italienischer Seite): Bozen sowie Bormio und Trient
Höhe: bis 3902 m ü.d.M.

Lage

Die Ortlergruppe erstreckt sich zwischen dem schweizerischen Veltlin sowie dem ▶ Vinschgau und dem oberen Nocetal. Südlich schließt die ▶ Adamello-Presanella-Gruppe an. Zusammen mit der schweizerischen Berninagruppe ist das Ortlermassiv das höchste der gesamten Ostalpen; insgesamt erreichen 30 Gipfel eine Meereshöhe von über 3500 m. Aus dem Vinschgau erreicht man das Gebiet über Prad und das ▶ Stilfser Joch.

**Landschaftsbild am Ortler

Die überwiegend kristalline, in den höchsten Gipfeln aber aus triassischen Kalken aufgebaute große, vergletscherte Berggruppe erreicht ihre größte Höhe mit 3902 m ü.d.M. im Ortler und mit 3895 m ü.d.M. in der Königsspitze. Von Norden führen das Suldental (s. unten), das ▶ Martelltal und das ▶ Ultental, von Westen die Valfurva und von Süden das Peiotal (▶ Peio) sowie das Rabbital (▶ Rabbi) in das Ortlermassiv; alle haben vergletscherte Talschlüsse.

"Pseirer Jossele"

Die erste Ersteigung des Ortlergipfels gelang im Jahr 1804 dem Jäger der Churburg (▶ Schluderns), Josef Pichler, genannt Pseirer Jossele, und zwar von Trafoi und über den Unteren Ortlerferner. Die weniger riskante Normalroute von der Payer-Hütte und über den Oberen Ortlerferner wurde von einer britischen Seilschaft 1864 erstmals durchstiegen.

Gomagoi

Der erste bedeutendere Ort an der Südwestrampe der Stilfser-Joch-Straße ist das ruhige Gomagoi (1273 m ü.d.M.), Zentrum eines schönen Bergwandergebiets.

Trafoi

An der über das Stilfser Joch kommenden Passstraße liegt die Hotelsiedlung Trafoi (1543 m ü.d.M.), Heimat der Skisportler Gustav und Roland Thöni, der beste Ausgangspunkt für Gipfelanstiege und Hochtouren. Ein herrlicher Blick bietet sich auf die Trafoier Eiswand (3663 m ü.d.M.).

Kleinboden

Der Kleinboden mit der in 2190 m Höhe gelegenen Furkelhütte ist mittels eines Korblifts zu erreichen; es bietet sich ein schöner Blick auf den Ortler.

Heilige Drei Brunnen Ein Fahrweg und ein anschließender Fußmarsch führt zu den in 1598 m Höhe gelegenen Heiligen Drei Brunnen, einem Wallfahrtsziel, das aus einem Quellheiligtum hervorgegangen ist.

***Weißer Knott** Die Stilfser-Joch-Straße führt zunächst zum Weißen Knott (1836 m ü.d.M.); hier steht ein Obelisk zur Erinnerung an die Erstersteigung des Ortlergipfels im Jahr 1804. Weiter über die Franzenshöhe (2188 m ü.d.M.) zum ▶ Stilfser Joch.

****Ortler** In 1½ Std. kommt man von Trafoi zur 2028 m hoch gelegenen Alpenrosehütte, dann in 3 Std. zum Tabarettajoch (2883 m ü.d.M.); weiter über die Payerhütte zum Ortler s. unten bei Sulden.

Sulden / Solda Bei Gomagoi (s. zuvor) zweigt eine windungsreiche Nebenstrecke ins Suldental ab. Sie endet in Sulden (1848 m ü.d.M.), einem bedeutenden Wintersportplatz und Hauptausgangspunkt für Bergtouren ins Ortlergebiet. Im "Flohhäusl" einer einstigen Bergsteigerunterkunft, hat Reinhold Messner das winzige Museum Alpine Curiosa eingerichtet (tägl. 9^{00}–20^{00} Uhr; Mai–Juni und Oktober geschlossen) wird an Hand ausgefallener Exponate das Selbstverständnis des Bergsteigens hinterfragt.

Langenstein Auf den südwestlich aufragenden Langenstein (2330 m ü.d.M.) und zu der dortigen Schutzhütte führt ein Sessellift.

Bergtouren im Ortlergebiet

****Ortler** Von Sulden (2 Std.) bzw. vom Langenstein (1½ Std.) erreicht man zu Fuß die von Juni bis Mitte September geöffnete Tabarettahütte (2555 m ü.d.M.). In weiteren 1½ Std. gelangt man über das 2883 m hohe Tabarettajoch (vgl. zuvor bei Trafoi) zur Payerhütte (3020 m ü.d.M.). Schließlich ist in fünfstündigem Anstieg mit Führer der Ortlergipfel, der höchste Berg Südtirols, zu ersteigen.
Von Außersulden stellt ferner eine Schwebebahn die Verbindung zur Schaubachhütte (2581 m ü.d.M.) her, von wo man in gleichfalls rund 5 Std. mit Führer auf den Ortlergipfel aufsteigen kann.

Hintere Schöntaufspitze Von der Schaubachhütte führt eine weitere nicht schwierige Bergtour in 2½ Std. auf die 3324 m hohe Hintere Schöntaufspitze.

****Königsspitze** Der zweithöchste und schönste Gipfel des Ortlermassivs, die 3859 m hohe Königsspitze (ital. Gran Zebrù), ist von der Schaubachhütte gleichfalls in 5 Std. mit Führer, vom Rifugio G. Casati (3267 m ü.d.M.) in rund 6 Std. zu ersteigen. Beide Touren sind schwierig.

***Monte Cevedale** Auch der Monte Cevedale (Zufallspitze; 3778 m ü.d.M.) ist vom Rifugio Casati zu erreichen, und zwar über die 3376 m hohe Suldenspitze (2 Std.) und anschließend mit Führer (2 Std.).

Vertainspitze Die Düsseldorfer Hütte (auch Zayahütte; 2721 m ü.d.M.), von Sulden in 2 Std. zu erreichen, bietet einen prachtvollen Blick auf die Königsspitze; sie ist auch Ausgangspunkt einer Bergtour auf die 3544 m hohe Vertainspitze (2½ Std.).

Ortler-Nationalpark ▶ Stilfser Joch

Partschins / Parcines

Region: Trentino-Südtirol
Provinz: Bozen
Höhe: 641 m ü.d.M.
Einwohnerzahl: 3000

Allgemeines

Partschins liegt nahe dem östlichen Ende des Untervinschgaus (▶ Vinschgau), nördlich abseits der Durchgangsstraße. Das im Kern noch altertümliche Dorf steht auf uraltem Siedlungsboden, wo schon Ligurer, Illyrer, Kelten, Römer und Baiern sesshaft waren. Sein Umland ist durch Wanderwege erschlossen, deren bekannteste der Partschinser Waalweg, entlang einem Bewässerungskanal, und der Partschinser Höhenweg sind. Beide führen an der nördlichen Bergflanke hin.

Baedeker TIPP Schreibmaschinen ...

In Partschins wurde Peter Mitterhofer (10.9.1822 bis 27.8.1893), der Erfinder einer Typenkorb-Schreibmaschine, geboren; auf dem hiesigen Friedhof ist er bestattet. Das Schreibmaschinenmuseum im Schulhaus Töll, Di. und Fr. 15^{00}–18^{00} Uhr, präsentiert rund 100 historische Schreibmaschinen.

Sehenswertes in Partschins

Pfarrkirche

Die spätgotische Pfarrkirche St. Peter und Paul wurde 1502 geweiht. Im Inneren stehen ein barocker Hochaltar sowie ein Rosenkranzaltar aus der selben Zeit, ferner gibt es ein Fresko, welches die Familie des Stifters, Georg von Stachelburg, zeigt.

Museum

In Partschins gibt es ein sehenswertes Volkskunstmuseum, das Gegenstände aus dem Südtiroler Raum ausstellt.

Stachelburg

Die Stachelburg, einst Stammsitz der Herren von Partschins, steht nördlich vom Ortskern. Ihr ältester Teil ist der massige Wehrturm auf quadratischem Grundriss. Die Burg ist Privatbesitz und unzugänglich.

Wanderwege

Der Partschinser Waalweg und der Höhenweg beginnen beim Ortsteil Vertigen. Der Waalweg folgt in etwa 730 m Meereshöhe einem alten Bewässerungskanal; der Höhenweg erreicht knapp 1200 m.

Partschinser Wasserfall

Beide Wanderwege enden nahe beim Partschinser Wasserfall, der mit 98 m Höhe der größte seiner Art in Südtirol ist.
Im Frühjahr 1992 wurde der Sonnenberger Panoramaweg eröffnet, der an der nördlichen Talflanke nach ▶ Naturns führt.

Zieltal
Lodnerhütte

Vom Wasserfall nördlich gelangt man in das Zieltal und über die Häusergruppe Nassereith zur in 2559 m Höhe gelegenen Lodnerhütte. Sie ist Ausgangspunkt lohnender Bergtouren in die ▶ Texelgruppe.

Umgebung von Partschins

Rabland / Rablà

Rabland (525 m ü.d.M.), westlich von Partschins jenseits des Zielbaches, liegt an der alten Römerstraße, von welcher ein Meilenstein

Partschins (Fortsetzung)

gefunden wurde. Die kleine gotische Kirche St. Jakob trägt an der Turmfassade eine große Sonnenuhr. Eine Kabinenbahn führt hinauf nach Aschbach, dem Ausgangspunkt schöner, leichter Höhenwanderwege.

Töll / Tel

Unmittelbar an der Etsch liegt Töll, wo die Etsch in eine Felsschlucht stürzt. Das Kirchlein St. Helena ist rund ein halbes Jahrhundert älter als die Pfarrkirche von Partschins; in seinem Inneren befinden sich Plastiken aus dem 16./17. Jh. sowie ein Gemälde der Kreuzabnahme (15. Jh.).

Passeiertal / Val Passiria — C 8

Region: Trentino-Südtirol
Provinz: Bozen

Lage

Das von der Passer durchströmte Passeiertal mündet, von Norden kommend, bei ▶ Meran in das Etschtal. Westlich wird es von der ▶ Texelgruppe, östlich von den Sarntaler Alpen begrenzt. Das waldreiche Tal, rund 35 km lang, steht über den ▶ Jaufenpass mit dem ▶ Eisacktal in Verbindung.

Vom Timmelsjoch zieht das Passeiertal nach Meran.

Von Meran zum Jaufenpass oder zum Timmelsjoch

Man folgt der an der Talflanke hinziehenden Straße Nr. 44; nach 5 km zweigt links die Stichstraße zum Küchelberg und nach Dorf ▶ Tirol ab.

Die Talstraße umgeht den Ortskern von Kuens, wo sich an der Außenwand der Pfarrkirche ein gotisches Fresko aus der Zeit um 1400 befindet. Hier mündet das Spronser Tal ein.

Kuens

Das Weinbaugebiet endet bei Riffian; hier stehen die als Wallfahrtsziel besuchte, 1671 barockisierte Pfarrkirche mit guter Innenausstattung und die Gnadenkapelle, in der es sehenswerte gotische Fresken aus dem 16. Jh. gibt.

Riffian

Der Passeirer Wasserfall ist ein beliebtes Wanderziel.

Bei der Häusergruppe Saltaus (490 m ü.d.M.) erreicht man die Talstation einer Seilbahn, die über Prenn zum 1980 m hohen Hirzer-Hochplateau führt. Hier erstreckt sich das Wander- und Wintersportgebiet "Hirzer-Panorama" mit der Hirzerhütte. Sehr lohnend ist eine Fußtour von ca. 2½ Std. auf die 2781 m hohe Hirzerspitze, den höchsten Gipfel der Sarntaler Alpen.

Saltaus / Saltusio
*Hirzerspitze

Kurz vor St. Martin, westlich der Straße, bildet der aus dem Falser Tal kommende Kalmbach einen 48 m hohen Wasserfall.

Passeirer Wasserfall

St. Martin im Passeier (597 m ü.d.M.) ist ein eher ruhiger, von Bergwanderern besuchter Urlaubsort. In der Umgebung fallen die Schildhöfe ins Auge, uralte Bauerngüter aus dem 13. Jh. an steilem Berghang. Die dem Ortspatron geweihte Kirche St. Martin ist barock ausgestattet. Im Ortskern steht ferner das Turmhaus, dessen Erker mit Barockmalereien geschmückt ist.
Im Gebäude der Raiffeisenkasse ist das Passeirer Heimatmuseum mit bäuerlichem Arbeitsgerät und einer Dokumentensammlung zu finden.

St. Martin / San Martino

An der Westflanke der Riffelspitze (2063 m ü.d.M.) steht die auf einem Wanderweg oder der Fahrstraße bis Prantach erreichbare Pfandleralm, auf der sich Andreas Hofer vor den Franzosen verbarg und wo er durch Verrat gefangengenommen wurde.

Pfandleralm

St. Leonhard (689 m ü.d.M.), der Hauptort des Passeiertals, liegt an der Mündung des vom Jaufenpass kommenden Waltenbachs in die vom Timmelsjoch kommende Passer. Berühmt wurde es als Heimatort des Tiroler Freiheitskämpfers Andreas Hofer, des "Sandwirts im Passeier"; die Ruine der Jaufenburg (13. Jh.) mit ihrem wuchtigen Bergfried überragt den Ort.

St. Leonhard / San Leonardo

Sandhof Im Gasthaus Sandhof am südlichen Ortsrand, dem Geburts- und Wohnhaus Hofers, ist ein kleines Museum eingerichtet; ferner erinnern die Hoferkapelle, die Wandgemälde in der 1883 erbauten Herz-Jesu-Kapelle und der Franzosenfriedhof am Ortsrand an die Kämpfe von 1809.
Im Ortsbereich zweigt rechts die Straße zum ▶ Jaufenpass ab; die Straße zum Timmelsjoch wendet sich nach Westen.

Moos / Moso Der ruhige Ferienort Moos im Hinterpasseier (1007 m ü.d.M.) mit seiner gotischen Kirche von 1402/1403 ist ein guter Ausgangspunkt für Touren in das Gebiet der ▶ Texelgruppe.
Weiter fährt man auf großartiger, aber für Wohnwagengespanne gesperrter Gebirgsstraße mit Galerien und Tunnels zum ▶ Timmelsjoch.

Pfelderer Tal Bei Moos stößt das Pfelderer Tal südwestlich in die ▶ Texelgruppe vor. Der kleine Ort Pfelders (1622 m ü.d.M.) ist Zentrum eines Wander- und Skigebiets.

Schneeberg Rund 5 km nördlich zweigt von der Timmelsjochstraße rechts ein Wanderweg zur Schneeberghütte (2355 m ü.d.M.) ab, wo seit dem 13. Jh. und bis 1967 Silber- und Bleierz abgebaut wurde. Reste der Förderanlagen sind noch vorhanden; ein Stollen kann dienstags bis sonntags besichtigt werden.

Peio — E 4–5

Region: Trentino-Südtirol
Provinz: Trient
Höhe: 1380 m ü.d.M.
Einwohnerzahl: 2000

Thermalquellenort Die mehrteilige Gemeinde Peio liegt südlich vom ▶ Ortler im oberen Teil des Valle di Peio, welches seinerseits vom Val di Sole nördlich abzweigt. Das ausgedehnte Gemeindegebiet reicht bis in den südöstlichen Teil des Stilfser-Joch-Nationalparks (▶ Stilfser Joch) hinein.

Peio Fonti Der touristisch bedeutendste Gemeindeteil ist Peio Fonti im Entstehungsgebiet des Flusses Noce. Er wird wegen der Heilkraft seiner Thermalquellen sowie zum Sommerurlaub und Wintersport besucht.

Thermalquellen In Peio Fonti gibt es zwei schon seit 1650 bekannte, therapeutisch genutzte Thermalquellen: die Fonte Alpina mit ihrem nur geringen Gehalt an Mineralstoffen und die Antica Fonte, einen Eisensäuerling. Vor kurzem wurde ein neues Kurmittelhaus eröffnet; das Wasser wird auch auf Flaschen gezogen und versandt.

Peio 3000 Bergbahnen Eine Gondelbahn führt in nördlicher Richtung nach Tarlenta (2004 m ü.d.M.); von hier gibt es einen Sessellift in zwei Sektionen über den Doss dei Cembri (Pian di Laret; 2370 m ü.d.M.) mit dem gleichnamigen Rifugio zum Wintersportgebiet Peio 3000. Die Bergstation liegt in 2800 m Höhe beim Viozgletscher mit seinem Sommerskigebiet.

Der Gemeindesitz befindet sich im Ortsteil Cogolo (1160 m ü.d.M.), der vor allem im Sommer besucht wird. An der alten Kirche sind Außenfresken aus dem 16. Jh. zu sehen. Die Verwaltung des Stilfser-Joch-Nationalparks (▶ Stilfser Joch) unterhält in Cogolo ein Besucher- und Informationszentrum.

Cogolo

▶ Cles

Val di Sole

Pieve di Cadore

E 15

Region: Veneto
Provinz: Belluno
Höhe: 878 m ü.d.M.
Einwohnerzahl: 4000

Pieve di Cadore liegt am westlichen Ufer des gleichnamigen Sees im südöstlichen Dolomitenvorland. Der Ort ist Heimat des berühmten Renaissancemalers Tizian, eigentlich Tiziano Vecellio (um 1488 bis 27.8.1576).

Tizians Geburtsort

Sehenswertes in Pieve di Cadore

Auf der Piazza Tiziano, dem Hauptplatz von Pieve di Cadore, wurde ein Denkmal für Tizian aufgestellt. An den Platz grenzt der 1525 errichtete Palazzo della Magnifica Comunità Cadorina (Rathaus), in dem auch das Museum für Archäologie und Malerei zu finden ist. An der Turmfassade ein 1880 entstandenes Erinnerungsmal für Tizian; darüber im Relief der Markuslöwe.

Piazza Tiziano

Unweit südöstlich vom Hauptplatz steht die Casa di Tiziano, das Geburtshaus des Malers, welches zu einem kleinen Museum gestaltet ist.

Casa di Tiziano

Nördlich der Piazza Tiziano erhebt sich die Pfarrkirche, ein klassizistisches Gebäude aus den Jahren 1814–1819, dessen Fassade allerdings erst in der Zeit des Historismus hinzu kam. Im Inneren der Kirche hängt links ein Gemälde, welches die Madonna zwischen Heiligen darstellt und das einzige Bild Tizians ist, welches sich in seiner Heimatgemeinde befindet.

*Pfarrkirche

Umgebung von Pieve di Cadore

Östlich von Pieve erstreckt sich der gleichnamige oder auch Lago di Centro Cadore genannte See, der durch Aufstauung des Piave entstanden ist und 68 Mio. m^3 fasst Es gibt Freibad, Bootverleih, Wasserski u.a.

Lago di Pieve

Über dem See liegt der Erholungs- und lebhafte Gewerbeort Calalzo di Cadore (806 m ü.d.M.), über dem sich die gewaltige Gruppe der Marmarole erhebt. Die schwer zugängliche, raue und wilde Gebirgslandschaft ist in weiten Teilen noch kaum erkundet. Auf manchen Gemälden von Tizian sind Darstellungen der Marmarole zu finden.

Calalzo di Cadore
Marmarole

Durch das Valle d'Ampezzo nach Cortina (ca. 30 km)

Valle di Cadore

Man verlässt Pieve di Cadore in südwestlicher Richtung auf der SS 51. Nach knapp 5 km erreicht man den malerisch am Hang gelegenen Sommerurlaubsort Valle di Cadore (819 m ü.d.M.); die nach Westen weiterziehende Straße führt am Stausee von Valle di Cadore vorbei.

Borca di Cadore

Über Vodo kommt man nach Borca di Cadore, das im Sommer und Winter gleichermaßen besucht wird. Der Ort liegt prächtig zwischen dem Monte Pelmo (▶ Cortina d'Ampezzo, Umgebung) und dem 3263 m hohen Antelao. In der barocken Pfarrkirche gibt es einige schöne Gemälde.

San Vito di Cadore

Die Straße steigt weiter an nach San Vito di Cadore (1011 m ü.d.M.), das als Luftkurort, Wintersportplatz und Ausgangspunkt für Touren in die prachtvolle Umgebung stark besucht wird. Nördlich ragt die mächtige Wand der 3154 m hohen Croda Macóra auf. Nahebei erstreckt sich der malerische Lago di San Vito.
In der Pfarrkirche von San Vito ist ein Hochaltarbild zu sehen, welches von Francesco Vecellio, einem Bruder Tizians, gemalt worden ist.

Die Straße folgt weiter der östlichen Talflanke. An der weithin sichtbaren Olympiaschanze vorbei fährt man nach ▶ Cortina d'Ampezzo ein.

Pinzolo G 5

Region: Trentino-Südtirol
Provinz: Trient
Höhe: 765 m ü.d.M.
Einwohnerzahl: 3000

Alpinistenort

Pinzolo (Betonung auf der zweiten Silbe) liegt am Südrand des in diesem Reiseführer beschriebenen Gebiets zwischen der ▶ Adamello-Presanella-Gruppe und der Brentagruppe (▶ Madonna di Campiglio und ▶ Molveno).

Ortsbild

Pinzolo ist ein bekanntes Bergsteigerzentrum am Nordende des von der Sarca durchflossenen, dicht besiedelten Val Rendena. Die schöne Pfarrkirche stammt aus dem Jahre 1765; rund 1 km nördlich steht auf dem Friedhof die kleine Kapelle San Vigilio, an deren Außenwand ein merkwürdiges Totentanzfresko (1539) von Simone Baschenis Beachtung verdient. Im Inneren der Apsis finden sich weitere Fresken des selben Meisters.

Bergbahnen und Ausflüge

***Doss del Sabion**

Eine Kabinenbahn, deren Gondeln von dem bekannten Autodesigner Pinin Farina gestaltet worden sind, führt von Pinzolo östlich zu der Almfläche Prà Rotond (1580 m ü.d.M.); dann Sessellift zur Schutzhütte auf dem Doss del Sabion (2101 m ü.d.M.), Ausgangspunkt einer lohnenden, nicht schwierigen Rundwanderung sowie Wintersportgebiet.

Pinzolo (Fortsetzung)

*Val di Génova

Das malerische Val di Génova zieht von Pinzolo westlich in das Gebiet des Naturparks ▶ Adamello-Presanella; die Sarca di Génova ist in zwei Stufen aufgestaut. Aus dem Presanella-Massiv kommen etliche Wildbäche, die Wasserfälle bilden. Am Taleingang steht auf einem Felsvorsprung das alte Kirchlein Santo Stefano, dessen Fresken gleichfalls von Simone Baschenis gemalt worden sind. Am oberen Ende des zweiten Stausees stürzt der 120 m hohe Nardisfall herab; gegenüber das Albergo della Cascata di Nardis. Weiter gegen den Talschluss zu wird das Val di Génova immer wildromantischer; bei der Malga Génova südlich abseits der Straße der Laresfall. Die Talstraße führt weiter aufwärts zwischen den Berggruppen von Adamello und Presanella hin; im großartigen Talschluss steht auf dem Pian di Bedole die gleichnamige Hütte, Ausgangspunkt lohnender hochalpiner Skitouren. In 3½ Std. kann man zum Rifugio Lobbia alta (3040 m ü.d.M.) aufsteigen.

Eine zweite Tour führt zum Rifugio Mandrone (▶ Adamello-Presanella-Gruppe).

Umgebung von Pinzolo

Massimeno

Etwas talabwärts von Pinzolo liegt links abseits der Straße das Dorf Massimeno (861 m ü.d.M.), mit rund 100 Einwohnern die kleinste Gemeinde auf italienischem Staatsgebiet. Die Kirche San Giovanni erhielt ihr heutiges Aussehen im 17. Jh.; die Fassadenfresken sind ein Werk des zuvor genannten Simone Baschenis. Die Wandgemälde im Innern sind bedeutend älter.

Predazzo

F 10

Region: Trentino-Südtirol
Provinz: Trient
Höhe: 1014 m ü.d.M.
Einwohnerzahl: 4000

Außergewöhnliche Geologie

Predazzo liegt im ▶ Fleimstal, östlich des ▶ Eisacktals und am Südrand der ▶ Dolomiten. Nördlich zweigt hier das ▶ Fassatal ab. Im Osten erheben sich die Gipfel der Pale di San Martino (▶ San Martino di Castrozza, Umgebung). Der als Sommerferienort und zum Wintersport besuchte Markt besitzt bedeutende Holzverarbeitung und Marmorindustrie.
Die Umgebung ist berühmt durch ihren geologisch interessanten vulkanischen Gebirgsaufbau; Syenit, Granit und Triaskalk sind dort von zahlreichen Eruptivgesteinen durchsetzt. Reiches Anschauungsmaterial hierzu findet sich im Museo Geologico (Geologiemuseum) an der Südseite des Hauptplatzes.

Bergbahnen

Eine Gondelbahn führt zum Ronc del Martinel (1464 m ü.d.M.), der anschließende Sessellift über die Malga Gardonè (1654 m ü.d.M.) zum 2206 m hohen Doss Cappello, von wo man Anschluss an das

Die Michelsburg bei St. Lorenzen im Pustertal ist ein schönes Ausflugsziel.

Predazzo (Fortsetzung)

Skiliftsystem von Pampeago (▶ Cavalese) an der Südflanke des Latemar hat.

Umgebung von Predazzo

Bellamonte

Knapp 6 km östlich von Predazzo erreicht man den Gemeindeteil Bellamonte (1373 m ü.d.M.), der einen guten Blick auf die Palagruppe bietet. Die Kapelle Madonna della Nieve (Maria Schnee) stammt aus dem Jahr 1707.

Wintersportgebiete finden sich an den Hängen des nördlich aufragenden Monte Viezzena und am Rollepass (▶ San Martino di Castrozza).

Lago di Paneveggio Naturpark Paneveggio

Noch weiter östlich wurde durch Aufstauung des Travignolo der Lago di Paneveggio (auch Lago di Forte Buso; 1458 m ü.d.M.) angelegt. Er befindet sich bereits im Bereich des Naturparks Paneveggio, wo u.a. zahlreiche Hirsche und Gemsen leben und gelegentlich auch Adler beobachtet werden können.

Pustertal / Val Pusteria

C 10–15

Region: Trentino-Südtirol
Provinz: Bozen

Allgemeines

Das von den Flüssen Rienz und Drau durchströmte Pustertal trennt die Zillertaler Alpen und die Hohen Tauern von den Dolomiten und den Karnischen Alpen. Die Periadriatische Naht, von welcher die Pustertaler Linie einen Teil bildet, ist die große geologische Trennfuge zwischen Zentralalpen und Südalpen. Schon in alter Zeit war das Tal eine wichtige Fernverbindung in west-östlicher Richtung.

*Fahrt durch das Pustertal

Das Pustertal ist eines der längsten und mit seinen Seitentälern touristisch wichtigsten Täler südlich des Brenners. Man fährt entlang der Rienz durch waldreiche Landschaft über den Hauptort ▶ Bruneck und an zahlreichen Urlaubsorten vorbei bis zu dem wichtigsten Touristikzentrum ▶ Toblach; jenseits des Toblacher Sattels erreicht man die östlich strömende Drau. Allenthalben stehen die für das Tal charakteristischen "Heuharpfen", hohe Gerüste mit waagrechten Stangen, an denen das gemähte Gras zum Trocknen aufgehängt wird.

Baedeker TIPP ... des Müllers Lust

Bei Terenten gibt es einen Wanderweg, welcher einige der einst in ganz Südtirol häufigen Wassermühlen miteinander verbindet und entsprechend beschildert ist.

Vintl / Vandoies

Nördlich von ▶ Brixen erreicht man die Abzweigung der Pustertalstraße von der Brennerstraße. An ▶ Mühlbach und dann an den

Vintl (Fortsetzung)

Dieser römische Meilenstein steht bei St. Lorenzen.

Ruinen der Mühlbacher Klause vorbei kommt man an der Mündung des Pfunderer Tales in das Gemeindegebiet von Vintl.

Terenten / Terento

Beim östlichen Rand des Gemeindegebietes liegt abseits der Durchgangsstraße der Ort Terenten, in dessen Nähe Erdpyramiden zu finden sind, jene Erosionsformen, bei welchen große Geschiebeblöcke das darunterliegende weiche Erdreich vor Abtragung schützen.

St. Sigmund / San Sigismondo

In St. Sigmund (786 m ü.d.M.) verdient die spätgotische Pfarrkirche (15. Jh.) Beachtung. Sie besitzt an der äußeren Turmwand ein mächtiges Christophorusfresko. Das von Rippengewölben überspannte Innere birgt einen schönen gotischen Schnitzaltar aus der Zeit um 1430.

Pustertal

Kiens / Chienes

Die Pustertaler Straße führt weiter nach Kiens (878 m ü.d.M.) mit Pfarrkirche von 1838.

***Ehrenburg Casteldarne**

Jenseits der Rienz liegt erhöht der Gemeindeteil Ehrenburg (854 m ü.d.M.). Die ursprünglich aus dem Jahre 1370 stammende, im 18. Jh. durchgreifend umgestaltete Pfarrkirche gehört zu den schönsten Barockkirchen Südtirols. Die im Inneren befindlichen Fresken von 1755 sind ein Werk von Josef Adam Mölk. Die an den Chor anstoßende Gruftkapelle entstand schon 1370; das Gnadenbild (15. Jh.) ist als "Kornmuttergottes" weitbekannt.
Auch das Schloss Ehrenburg, ursprünglich aus dem 13.–16. Jh., wurde barockisiert und besitzt einen schönen Arkadenhof sowie sehenswerte Innenräume mit Deckengemälden und Holzvertäfelung.

Pfalzen / Falzes

Nordöstlich von Kiens, abseits der Durchgangsstraße, erreicht man den auf einer Bergterrasse gelegenen Ort Pfalzen (1022 m ü.d.M.). Die Kirche St. Valentin, südöstlich außerhalb, verdient wegen der Außenfresken aus dem 15. Jh.; darunter eine schöne Golgatha-Gruppe, Beachtung. Ein Strandbad befindet sich beim nahen Issinger Weiher. Kurz vor St. Lorenzen zweigt südlich die Straße in das ▶ Gadertal ab.

St. Lorenzen / San Lorenzo di Sebato

Die Straße überquert den Kniepass; rechts der Straße steht bei Sonnenburg (s. unten) ein alter römischer Meilenstein (217/218 n.Chr.). Das nun folgende Dorf St. Lorenzen am südlichen Flussufer besitzt reizvolle alte Häuser. An der Pustertaler Straße wurden Reste der römischen Siedlung Sebatum freigelegt.

***Pfarrkirche**

Die malerische Pfarrkirche, ursprünglich aus dem 13. Jh., wurde mehrmals umgestaltet; in der Egerer Kapelle befinden sich Fresken und schöne Passionsfiguren von 1714. Das bedeutendste Kunstwerk der Kirche ist die am Hochaltar befindliche "Pustertaler Muttergottes" von Michael Pacher.

Baedeker TIPP Klosterhotel

Nordwestlich von St. Lorenzen steht das lange Zeit verfallene einstige Nonnenkloster Sonnenburg. Heute befindet sich in den alten Mauern das gleichnamige Hotel mit stilechtem Ambiente und hohem Komfort. Im historischen Gerichtsdienerhaus gibt es auch Ferienwohnungen.
☎ 04 74 47 40 99, FAX 04 74 47 40 49.

Bruneck / Brunico Bei ► Bruneck mündet das von Norden kommende ► Tauferer Tal in das Pustertal ein.

Olang / Valdaora Hinter Bruneck folgt am südlichen Ufer der Rienz der ruhige Ferienort Olang (1023–1083 m ü.d.M.). Im Gemeindeteil Niederolang steht die barocke Pfarrkirche St. Petrus und Agnes, in Mitterolang die von 1404 stammende Kirche St. Ägidius mit einem bemerkenswerten Hochaltarbild aus dem späten 15. Jh., das die Anbetung der Könige zeigt. Von Oberolang kann man in das Wander- und Skigebiet am Kronplatz (► Bruneck, Umgebung) gelangen.
Wenig weiter östlich mündet das ► Antholzer Tal von Norden ein.

Welsberg ► dort

Niederdorf / Villabassa Niederdorf (1158 m ü.d.M.) ist ein lebhafter Urlaubs- und Wintersportplatz. In der Pfarrkirche von 1792 mit ihrem 72 m hohen Turm

Das Schloss Ehrenburg zeigt barocke Prunkräume.

gibt es Deckengemälde von J. Altmüller sowie Bilder von Martin Knoller und Paul Troger. Daneben steht die gotische Annakapelle (15./16. Jh.). Im ersten Stock des einstigen Gerichtshauses ist eine reichgeschnitzte Balkendecke (15. Jh.) beachtenswert.

Pustertal (Fortsetzung)

Toblach

▶ dort

Innichen / San Candido

In ▶ Innichen teilt sich die Straße; ihr nördlicher Zweig führt über die italienisch-österreichische Grenze nach Sillian, während der südliche Zweig über ▶ Sexten zum Kreuzbergsattel zieht, über den die Grenze zwischen den Regionen Trentino-Südtirol und Veneto verläuft.

Rabbi — E 5

Region: Trentino-Südtirol
Provinz: Trient
Höhe: 1095–1222 m ü.d.M.
Einwohnerzahl: 2000

Lage

Das weite Gemeindegebiet von Rabbi liegt am oberen Ende des gleichnamigen Tales, welches vom Val di Sole (▶ Cles, Umgebung) nördlich abzweigt. Ein Teil des Gebiets reicht in den Nationalpark ▶ Stilfser Joch.

Bagni di Rabbi (Fonti di Rabbi)

Der kleine Luftkur- und Thermalbadeort Bagni di Rabbi, in einer Verebnung des Rabbitals gelegen, besitzt Eisensäuerlinge, welche in Trinkkuren gegen Blutarmut und Erkrankungen des Verdauungstraktes angewandt werden.

Reschenpass / Passo di Resia — B 4

Region: Trentino-Südtirol
Provinz: Bozen
Höhe: 1504 m ü.d.M.
Öffnungszeit: ganzjährig

Grenzübergang

Der Reschenpass, offiziell Reschen-Scheideck, ist der zweitwichtigste Übergang aus dem Inntal und über den Zentralkamm der Alpen in das Gebiet von Südtirol. Unweit westlich stoßen am Dreiländereck (2179 m ü.d.M.) die Staatsgebiete von Österreich, der Schweiz und Italien aneinander. Nördlich etwas unterhalb der Passhöhe verläuft seit 1919 die italienisch-österreichische Staatsgrenze. Die Südrampe der Passstraße führt, dem Etschtal folgend, in den ▶ Vinschgau und nach ▶ Meran.

Landschaftsbild am Reschenpass

Reschen

Ungefähr 2 km südlich des Grenzübergangs liegt Reschen, als Sommerurlaubsort und zum Wintersport besucht. Das alte Dorf liegt unter dem Spiegel des Reschensees, die heutige Siedlung wurde auf höherem Niveau neu erbaut.

Bis auf den Kirchturm ist das ganze Dorf Graun im Reschen-Stausee versunken.

***Reschensee**

Der Reschensee (1497 m ü.d.M.) wurde 1949 durch Aufstauung der Etsch an der Stelle des alten, natürlichen Reschensees und des Mittersees geschaffen. Ein Druckstollen stellt die Verbindung zu dem bei Tartsch (▶ Mals, Umgebung) befindlichen Kavernenkraftwerk her. Besonders schön ist der Blick von der teils durch schönen Lärchenwald am Ostufer entlangführenden Reschenstraße über den See auf die Ortlergruppe. Auf dem See besteht die Möglichkeit zum Rudern, Segeln und Windsurfen.

Graun / Curon

An der Mündung des ▶ Langtauferer Tals liegt der gleichfalls nach der Aufstauung an erhöhter Stelle wiedererrichtete Ort Graun (1488 m ü.d.M.). Der frühere Ort ist in den Fluten versunken, und nur der aus dem Wasser ragende alte Kirchturm aus dem 13. Jh. ist heute noch zu sehen. Gelegenheit zum Wintersport bietet die Maseben-Alm (1850–2400 m ü.d.M.).
Südlich der Staumauer folgt der Haidersee (▶ Mals, Umgebung).

Ritten / Renón — D 9

Region: Trentino-Südtirol
Provinz: Bozen
Höhe: um 1220 m ü.d.M.

Heimat der "Sommerfrische"

Das vielbesuchte Hochplateau des Ritten erstreckt sich nordöstlich von ▶ Bozen zwischen dem ▶ Sarntal und dem ▶ Eisacktal. Die aussichtsreiche, hügelige Porphyrhochfläche mit ihrem phantasti-

Der Ritten über Bozen gilt als Ursprung der Sommerfrische.

schen Blick auf das Schlernmassiv war schon im 17. Jh. als Sommeraufenthalt wohlhabender Bozner Bürger bekannt; hier wurde der Begriff "Sommerfrische" geprägt. Heute bildet sie ein ruhiges, leichtes Wander- und Feriengebiet.

"Sommerfrische" (Fortsetzung)

**Landschaftsbild am Ritten

Oberbozen / Soprabolzano

Von Bozen erreicht man auf einer kurvenreichen, aber sehr gut ausgebauten Straße mit herrlichem Blick auf den Bozner Talkessel über Wolfsgruben mit dem interessanten Bienenmuseum am gleichnamigen kleinen See (1206 m ü.d.M.) bzw. direkt mittels einer Seilbahn den Rittner Gemeindeteil Oberbozen (1225 m ü.d.M.).

Wolfsgruben / Costalovara
Klobenstein / Collalbo

Über Wolfsgruben (1206 m ü.d.M.) am gleichnamigen kleinen See kommt man mit der genannten Straßenbahn nach Klobenstein (1156 m ü.d.M.), dem größten Gemeindeteil von Ritten. Es liegt nahe am steilen Abhang, welcher zum Eisacktal abfällt, und bietet

Baedeker TIPP **Nostalgiebahn**

Ein besonderes Erlebnis ist eine Fahrt mit dem historischen Straßenbähnchen von 1907, das stündlich zwischen Oberbozen, Wolfsgruben und Klobenstein verkehrt. Man zuckelt gemütlich durch blühende Bergwiesen und genießt den herrlichen Panoramablick!

Von den Erdpyramiden in der Finsterbachschlucht blickt man auf die Dolomite

Ritten (Fortsetzung)

einen herrlichen Blick, vor allem auf den Schlern mit der Santner- und Euringerspitze.

Lengmoos / Longomoso *Erdpyramiden

Ein lohnender Spaziergang führt von Klobenstein nördlich nach Lengmoos (1164 m ü.d.M.). Hier stehen im Graben des Finsterbachs bis zu 30 m hohe Erdpyramiden. Sie sind dadurch entstanden, dass eiszeitliche Geschiebemassen im Lauf der Jahrtausende verwitterten; wo größere Felsbrocken eingelagert sind, wird das darunterliegende Erdreich vor Erosion geschützt und bleibt als hohe, vom Deckstein bekrönte Nadel stehen.

Maria Saal

Noch weiter nördlich von Klobenstein steht etwas abseits der Straße der kleine Wallfahrtsort Maria Saal. Das Kirchlein wurde vor kurzem restauriert; im Innern ein originelles Fresko der Madonna mit dem Regenschirm.

****Rittner Horn**

Eine 8 km lange Fahrstraße verbindet Klobenstein mit dem genau nördlich gelegenen Pemmern (1550 m ü.d.M.). Hier beginnt ein Doppelsesselift, welcher auf die 2070 m hohe Schwarzseespitze, einen Vorgipfel des Rittner Horns, führt. Auf einer einstündigen Wanderung gelangt man auf den Gipfel des 2260 m hohen Rittner Horns mit dem Rittner-Horn-Haus, von wo sich ein berühmter Panoramablick über ganz Südtirol bietet.

Salurn / Salorno — F 8

Region: Trentino-Südtirol
Provinz: Bozen
Höhe: 224 m ü.d.M.
Einwohnerzahl: 3000

Sprachgrenze

Salurn liegt an der deutsch-italienischen Sprachgrenze, weit südlich von ▶ Bozen, im Etschtal. Der Ort bildet den südlichen End-

punkt der ▶ Südtiroler Weinstraße. Salurn, das am weitesten südlich gelegene deutschsprachige Dorf im Alpenraum, ist geprägt von stattlichen Häusern aus Renaissance und Barock. Die alte Siedlung wird umgeben von Obstkulturen und Weinbergen.
Salurn gilt als Heimatort des Zwerges Klemens Perkeo, der als Hofnarr des Kurfürsten Karl Philipp von der Pfalz um 1720 in Heidelberg Berühmtheit erlangte.

Sprachgrenze (Fortsetzung)

Sehenswertes in Salurn

Pfarrkirche

Die große Pfarrkirche, erbaut 1628–1640 und mit einem Turm aus dem 15. Jh., ist ein stark von Norditalien beeinflusster, strenger Barockbau.

Salurner Klause

Südlich des Ortes bilden östlich der Geiersberg und westlich der Fennberg die berühmte Engstelle der Salurner Klause. Sie ist die Grenze zwischen deutschem und italienischem Sprachraum.

Haderburg

Auf einem steilen, exponiert aufragenden Felszacken vor dem Gewände des Geiersberges steht die Ruine der im 12.–16. Jh. errichteten Haderburg, eines einst berüchtigten und nahezu unzugänglichen Raubrittersitzes.

San Martino di Castrozza

F 11

Region: Trentino-Südtirol
Provinz: Trient
Höhe: 1467 m ü.d.M.
Einwohnerzahl: 500

*Ortsbild

San Martino di Castrozza liegt am östlichen Ende der Lagorai-Gruppe, zwischen den Naturparks Paneveggio (▶ Predazzo, Umgebung)

Ortsbild (Fortsetzung)

und Pale di San Martino. Unweit östlich verläuft die Grenze zur Provinz Belluno in der Region Veneto. Die prächtig gelegene Hotelsiedlung wird als Luftkurort und zum Wintersport viel besucht.

Bergbahnen

*Rosetta

In nordöstlicher Richtung gelangt man mit einer Sesselbahn zum 1930 m hohen Col Verde mit dem gleichnamigen Schutzhaus und anschließend mit einer Schwebebahn zur Cima della Rosetta (2602 m ü.d.M.) mit dem Rifugio Rosetta. In 30 Min. kann man zum 2741 m hohen Gipfel der Rosetta aufsteigen.

San Marino di Castrozza liegt in einem Kranz prächtiger Berge.

*Alpe Tognola

Vom südlich gelegenen Gemeindeteil Fratazza (1434 m ü.d.M.) erreicht man mit einer Gondelbahn die zum Skilauf besuchte Alpe Tognola (2164 m ü.d.M.).

*Coston Ces

Im Westen von San Martino befindet sich die Talstation der Bergbahn "Rosalpina", deren erste Sektion zum Skigebiet bei der Malga Ces (1617 m ü.d.M.) führt. Die zweite Sektion endet am Coston Ces (2230 m ü.d.M.) mit seinem Schutzhaus; auch hier besteht Wintersportmöglichkeit.

Umgebung von San Martino di Castrozza

*Rollepass / Passo di Rolle

Eine windungsreiche Straße verbindet San Martino mit dem 10 km nördlich sich erhebenden Rollepass (1955 m ü.d.M.), der im Sommer, vorwiegend aber zum Wintersport besucht wird. Ihn überragt im Osten der 3185 m hohe Cimone della Pala. Dahinter die Cima Vezzana, der mit 3196 m höchste Gipfel der wilden Pala-Gruppe.

San Martino di Castrozza (Fortsetzung)

Ein von der Passhöhe ausgehender Sessellift endet in 2190 m Höhe bei der großartig gelegenen Baita Segantini. Rund 1 km südlich erhebt sich der 2267 m hohe Coston di Rolle.

*Baita Segantini
*Coston di Rolle

Fährt man von San Martino 12 km südlich talabwärts, so erreicht man den Ort Fiera di Primiero (713 m ü.d.M.) mit seiner gotischen Pfarrkirche (1493). Zusammen mit den Nachbargemeinden Tonádico (765 m ü.d.M.) und Transacqua (746 m ü.d.M.) wird er als Ferienort und Tourenstützpunkt besucht.

Fiera di Primiero

Sarntal / Valle Sarentina — C–D 9

Region: Trentino-Südtirol
Provinz: Bozen

Das von der Talfer durchströmte Sarntal, das Haupttal der Sarntaler Alpen, verläuft von ▶ Bozen in nördlicher Richtung und steht über das Penser Joch mit ▶ Sterzing im ▶ Eisacktal in Verbindung.

Verlauf

Die traditionsreiche Federkielstickerei wird im Sarntal liebevoll gepflegt.

*Von Bozen nach Sterzing

Die knapp 70 km lange Strecke zieht von Bozen in dem teilweise schluchtartig verengten Sarntal bergauf und durch zahlreiche Tunnel sowie an steilen Porphyrwänden entlang. Links oben steht die

Rafenstein

ausgedehnte Burgruine Rafenstein (16. Jh.), rechts das Schloss Wangen; bald darauf im Vorblick der mächtige Johanneskofel mit dem alten Johanniskirchlein.

Sarnthein / Sarentino

Sarnthein (961 m ü.d.M.) ist der Hauptort der Talgemeinde und wird vor allem im Sommer besucht. Rechts oberhalb der Durchgangsstraße erhebt sich das aus dem 13. Jh. stammende Schloss Reinegg, eines der am besten erhaltenen in Südtirol.

*St. Cyprian

Am linken Ufer der Talfer steht die ursprünglich romanische, aber im 14./15. Jh. umgebaute Kirche St. Cyprian, die bemerkenswerte Fresken aus der Zeit um 1380 birgt.

Durnholzer Tal / Valdurna

Reinswald

Ungefähr 3 km nördlich von Sarnthein zweigt rechts eine Straße in das Durnholzer Tal mit dem gleichnamigen See (1568 m ü.d.M.) ab. Von der Talstraße geht nach knapp 6 km rechts eine Stichstraße nach Reinswald (1492 m ü.d.M.) ab; am Pichlberg gibt es ein Wintersportgelände.

Sarnthein ist der Hauptort des lieblichen Sarntals.

Penser Tal / Val di Pennes

An der genannten Abzweigung folgt man der links weiterführenden Straße durch das reizvolle, waldige Penser Tal, dessen weitverstreute Weiler als preisgünstiger und ruhiger Sommeraufenthalt besucht werden.

*Penser Joch

An dem 2705 m hohen Weißhorn vorbei erklimmt die Straße in mehreren Serpentinen die Passhöhe des Penser Jochs (2214 m ü.d.M.), von wo sich ein lohnender Rundblick bietet.

Eggertal

Hinter der Passhöhe führt die Straße stärker bergab und zunächst hoch am kahlen Hang über dem Eggertal hin, dann hinab ins Eisacktal und nach ▶ Sterzing.

Region: Trentino-Südtirol
Provinz: Bozen
Höhe: 600 m ü.d.M.
Einwohnerzahl: 2500

Schenna, bekannt als Begräbnisplatz des Erzherzogs Johann von Österreich, liegt auf einer aussichtsreichen Höhe über der Passer (▶ Passeiertal) 5 km nordöstlich von ▶ Meran.

Erzherzog Johanns letzte Ruhestätte

Sehenswertes in Schenna und Umgebung

Pfarrkirche St. Johann (Mausoleum)

Im Ortskern steht die burgartige neue Pfarrkirche (1914–1931); anstoßend die alte gotische Kirche, daneben die kleine neugotische Kirche St. Johann (1869) mit der Gruft des Erzherzogs Johann von Österreich (1782–1859) und seiner bürgerlichem Haus entstammenden Gemahlin Anna, seit 1845 Gräfin von Meran. Der Bau gilt als bestes Werk der Neugotik in Südtirol (Öffnungszeiten: Mo.–Sa. 10^{00} bis 12^{00} und 14^{30}–17^{00} Uhr).

Neben der Pfarrkirche steht das neugotische Mausoleum für Erzherzog Johann und seine Gemahlin.

***Schloss**

Der glattflächige, turmlose Bau auf unregelmäßigem Grundriss geht auf das 14. Jh. zurück; im Inneren sind der Waffensaal und der Rittersaal mit der Wiege Andreas Hofers sehenswert. Im Sommer werden Schlosskonzerte und Theateraufführungen veranstaltet.

St. Georgen
***St. Georg**

Der Gemeindeteil St. Georgen liegt südöstlich in 716 m Höhe. Die aus dem 12. Jh. stammende Rundkirche St. Georg ist im Inneren mit Fresken aus der Zeit um 1400 geschmückt.

Schennaberg

Nördlich außerhalb liegt am Waalweg die Talstation der Bahn zum Schennaberg oder Taser (1445 m ü.d.M.).

Verdins

An der Bergflanke entlang führt eine Straße nach dem 4 km entfernten Verdins (840 m ü.d.M.). Mit einer Schwebebahn kommt man von hier nach Oberkirn (1400 m ü.d.M.) und weiter mit einem Sessellift zur Grube (1808 m ü.d.M.) und dem dortigen Schutzhaus.

Schlanders / Silandro D 5

Region: Trentino-Südtirol
Provinz: Bozen
Höhe: 721 m ü.d.M.
Einwohnerzahl: 5500 (Gemeindebezirk)

Hauptort des mittleren Vinschgaus

Schlanders liegt im Zentrum des Untervinschgaus (▶ Vinschgau) am linken Ufer der Etsch. Die Marktgemeinde, der Hauptort des mittleren Vinschgaus, ist schön zwischen Obstkulturen und Weinberge gebettet.

Die Schlandersburg erstrahlt in neuem Glanz.

Sehenswertes in Schlanders

Pfarrkirche

In der ursprünglich gotischen, um 1760 barockisierten Pfarrkirche Mariä Himmelfahrt finden sich Fresken aus dem 16. und 18. Jh., letztere von Josef Adam Mölk. Vom ersten Geschoss der zweistöckigen Empore überblickt man den Innenraum mit seinem wuchtigen Barockaltar am besten. Gelegentlich finden hier auch Orgelkonzerte statt. Wahrzeichen des Ortes ist der von einem spitzen Helm gedeckte Turm der Pfarrkirche, mit gut 90 m der höchste in Südtirol.

Die Schlandersburg erhielt ihre heutige Form mit Zinnengiebel und kurzem Turm um 1600. Sie gilt als einer der besten Renaissancebauten im Vinschgau; bemerkenswert ist der Loggienhof. **Schlandersburg**

Südöstlich der Schlandersburg kommt man zur Spitalkirche Hl. Geist, die im 16. Jh. entstanden ist und im Innern Wandgemälde aus jener Zeit besitzt. **Spitalkirche**

Am Ausgang des Schlandraun-Tals steht erhöht die heute in Privatbesitz befindliche Burg Schlandersberg mit ihrem vierkantigen Bergfried. **Burg Schlandersberg**

Umgebung von Schlanders

Der malerische westliche Gemeindeteil Kortsch (801 m ü.d.M.) besitzt stattliche alte Bauernhöfe mit schönen Erkern und Portalen sowie teilweise Wandmalereien. In der kleinen Ägidiuskirche wurden Fresken aus dem 13. Jh. freigelegt. **Kortsch / Corces**

Das 4 km östlich von Schlanders gelegene Goldrain (660 m ü.d.M.), ein Teil der Gemeinde ▶ Latsch, liegt am rechten Ufer der Etsch und der Einmündung des ▶ Martelltals. Zwei Burgen prägen das Ortsbild: Schloss Goldrain (15./16. Jh.) mit seinen gedrungenen Rundtürmen und das erhöht außerhalb befindliche Schloss Annaberg (14.–16. Jh.) mit der Annakapelle von 1516. **Goldrain / Coldrano**

Die von Goldrain südlich ins Martelltal ziehende Straße berührt nach 5 km den kleinen Ort Morter (728 m ü.d.M.), der gleichfalls zur Gemeinde Latsch gehört. An der Pfarrkirche St. Dionysius (um 1500) ein großes Christophorus-Fresko; außerhalb die romanische Kirche St. Vigilius (um 1180). **Morter**

Südöstlich jenseits des Plimabachs stehen die Burgruinen Untermontani und Obermontani. Bei der letzteren verdient die Stephanskapelle besondere Beachtung, deren Ursprünge auf das 8. Jh. zurückgehen, die aber im 14. und 15. Jh. verändert wurde. Das Innere ist nahezu vollständig mit Fresken aus dem 15. Jh. bedeckt, die stilistisch teils dem süddeutschen, teils dem norditalienischen Kulturraum zuzurechnen sind. **Untermontani Obermontani *Stephanskapelle**

Schluderns / Sluderno — C–D 4

Region: Trentino-Südtirol
Provinz: Bozen
Höhe: 920 m ü.d.M.
Einwohnerzahl: 1500

Schluderns (Betonung auf der zweiten Silbe) liegt am Übergang vom Ober- zum Untervinschgau (▶ Vinschgau). Auf dem ummauerten Friedhof stehen zwei Kirchen. Die turmlose kleinere Michaelskirche besitzt an ihrer rechten Außenfassade ein stark verwittertes Fresko von 1525, das Christus am Ölberg zeigt; die von einem romanischen Turm überragte Pfarrkirche St. Katharina (um 1500) ist von **Lage und Sehenswertes**

Lage (Fortsetzung)

etwas ungewöhnlichen Proportionen, denn das erst 1910 angefügte Seitenschiff ist deutlich schmäler als das Hauptschiff, aber von gleicher Höhe.

**Churburg

Hoch am Hang über dem Ort steht die stattliche Churburg (13. Jh.; Führungen20. März bis 31. Okt. Di.–So. 10^{00}–12^{00} und 14^{00}–16^{30} Uhr), die am besten erhaltene Burg des Landes. Wie der Name andeutet, wurde sie von den Bischöfen von Chur erbaut; seit 1504 ist sie im Besitz der Grafen von Trapp. Durch die Umgestaltung im 16. Jh. erhielt sie Renaissancegepräge. Die etwa einstündige Besichtigung beginnt im Arkadenhof. Dessen Erdgeschoss bilden große, schlichte Rundgewölbe. Eine Treppe führt dann in den ersten Stock mit der berühmten Renaissance-Loggia. Deren Säulen sind alle unterschiedlich gestaltet; die reiche Ausmalung von 1580 wurde erst 1910–1912 freigelegt. Sie zeigt allerlei Fabelszenen nach Äsop, dazwischen Zitate klassischer Schriftsteller und Philosophen. Eine Reihe schöner Intarsientüren führt in die an den Laubengang anstoßenden Zimmer; darunter das Jakobszimmer, welches seinen Namen von der hier stehenden geschnitzten Figur des Jakob Trapp hat. In der schweren Kassettendecke die Symbole der Tierkreiszeichen; hoch an den Wänden hinlaufend ein Bilderfries mit der allegorischen Darstellung der Jahreszeiten. In dem Raum hängt auch der Pilgermantel Jakobs mit dem Gralkreuz; Beachtung ver-

Baedeker TIPP **Vinschgauer Allerlei**

Das Vinschger Museum (April–Okt. Di.–So. 10^{00} bis 12^{00} und 15^{00}–18^{00} Uhr) an der Meraner Straße präsentiert Ökologie, Sozialstruktur und Kultur des kleinbäuerlichen Lebens in der Region.

1 Arkadenhof
2 Landsknechtsstube
3 Jakobszimmer (1. Obergeschoss)
4 Bibliothek (1. Obergeschoss)
5 Wehrturm
6 Waffenkammer
7 Burgkapelle
8 Ehemalige Stallungen (Kiosk)

dient ferner die kleine einmanualige Orgel von 1559. Anstoßend folgt die Bibliothek, gleichfalls mit Renaissancedecke.

Churburg (Fortsetzung)

Im zweiten Stock befindet sich im Matschersaal eine Ahnengalerie; in einer Vitrine die Urkunde, durch welche Rudolf der Stifter die Grafen Matsch wieder in ihre durch den Anschluss Tirols an Habsburg verloren gegangenen Rechte einsetzte. Dann geht man auf einem gedeckten Gang an dem 26 m hohen Wehrturm vorbei und abwärts in die überaus reiche Waffenkammer, die größte private Sammlung ihrer Art. Die Rüstungen reichen von kriegerischen Zweckmodellen des Spätmittelalters bis zu reinen Prunkharnischen der Renaissance. Sie und die Waffen stammen ausschließlich aus dem Besitz der Burgherren.

Alle Waffen in der reichen Rüstkammer stammen aus dem Besitz der Grafen von Trapp.

Nach einigen Schritten entlang dem Wehrgang betritt man die Burgkapelle (1334); über der niederen Tür im Relief der Tiroler Adler. Im Inneren eine romanische Madonna (1274), darunter ein zweiflügeliges Altarbild von 1415 mit der Passion Christi; an den Wänden zwei große runde Totenschilde aus dem 16. Jahrhundert.

Schnalstal / Val Senales — C 5 – D 6

Region: Trentino-Südtirol
Provinz: Bozen

Das Schnalstal ist ein nördliches Seitental des Untervinschgaus (▶ Vinschgau), von dem es nahe bei ▶ Naturns abzweigt. Es wird vor allem als Ganzjahresskigebiet, aber auch als Wanderregion besucht.

Sommerskigebiet

*Landschaftsbild im Schnalstal

Katharinaberg

Die gut ausgebaute Straße ins Schnalstal führt, vorbei an der hochgelegenen Burg Juval (▶ Naturns), zunächst durch eine wildromantische Felsschlucht aufwärts. Nach etwa 7 km steht rechts auf hohem, steilem Fels die Kirche von Katharinaberg (1245 m ü.d.M.); kurz darauf zweigt rechts die Straße ins Pfossental ab.

Pfossental

Das Pfossental reicht weit in den Naturpark der ▶ Texelgruppe hinein. Die schmale Straße endet nach 5 km beim Vorderkaser (1676 m ü.d.M.), von wo lohnende Wanderwege, u.a. zur Stettiner Hütte am 2895 m hohen Eisjöchl, ausgehen.
Das Schnalstal weitet sich allmählich, und in seiner Sohle breiten sich Wiesenflächen aus, während die Bergflanken Kiefern- und Lärchenbewuchs zeigen.

Das Schnalstal ist bekannt für seine malerischen Berghöfe.

Karthaus

Karthaus (1327 m ü.d.M.), der Verwaltungssitz des Tals, liegt unweit links abseits der Talstraße. Der Ortsname weist auf das einstige Karthäuserkloster Allerengelberg hin, das 1326 durch die Grafen von Tirol gegründet wurde und bis 1782 existierte. Die Gebäude wurden profaniert und an die Talbewohner verkauft; aus den kleinen Mönchsbehausungen innerhalb der Klostermauern sind inzwischen stattliche Bauernhäuser geworden. An der Südwestecke der Ringmauer befindet sich die Heiliggrabgrotte, wo in einer Seitennische eine gut 2 m lange Christusskulptur liegt. Erhalten sind ferner der "Hohe Stock", das einstige Priorhaus, und die Klosterküche sowie geringe Reste des Kreuzgangs.

Unser Frau in Schnals

Links der Straße folgt der Wallfahrtsort Unser Frau in Schnals, eine lockere Streusiedlung. Die Wallfahrten sind seit dem 14. Jh. bezeugt; die sehr malerisch auf einem schmalen Hügelrücken gelegene Kirche, ursprünglich von 1307, ist um 1750 umgebaut worden. Die alten Bauernhöfe sind breit hingelagerte Anwesen in Holzbauweise.

Schnalstal (Fortsetzung)

*Vernagt-Stausee
*Similaun

In Serpentinen steigt die Talstraße zur Häusergruppe Vernagt am gleichnamigen See (1689 m ü.d.M.) an, der 1956–1962 künstlich aufgestaut wurde, 42 Mio. m^3 fasst und durch eine Druckleitung mit dem Kraftwerk von ▶ Naturns verbunden ist. Heute ist er von einem Rundwanderweg umzogen und wird u.a. von Windsurfern besucht. Vernagt hat sich zu einem Urlaubs- und ganzjährig nutzbaren Skiort entwickelt; Tiefschneeabfahrten sind im Bereich der am 3020 m hohen Niederjoch gelegenen Similaunhütte an der Westflanke des 3602 m hohen Similaun möglich, der von hier in 2 Std. erstiegen werden kann und über den die Staatsgrenze verläuft. In der Nähe der Similaunhütte wurde im Herbst 1991 der "Ötzi", eine ca. 4000 Jahre alte Gletscherleiche, gefunden (▶ Bozen, Archäologisches Landesmuseum, und Baedeker-Special S. 82).

Kurzras

Die Straße endet nahe dem Talschluss bei der Häusergruppe Kurzras (2014 m ü.d.M.), die sich seit dem Bau der Gletscherbahn zu einem sehr geschätzten Ganzjahres-Skiort entwickelt hat.

**Schnalstaler Gletscherbahn (Abb. S. 226)

Die Hauptattraktion von Kurzras ist die Schnalstaler Gletscherbahn, deren Talstation sich unmittelbar beim alten Sporthotel befindet. Diese Großkabinenbahn ist in den Jahren 1972–1975 errichtet worden und führt in 6 Min. zur Bergstation in 3212 m Höhe. Hier findet man auf dem sich bis weit in österreichisches Staatsgebiet erstreckenden Hochjochferner ein geschätztes Ganzjahresskigebiet mit insgesamt sieben Liften und etlichen Sommerloipen für Langläufer.

*Schöne-Aussicht-Hütte

In 2½ Std. erreicht man von Kurzras die Schöne-Aussicht-Hütte (2848 m ü.d.M.) unterhalb des 2875 m hohen Hochjochs.

*Weißkugel

Von Kurzras geht man ca. 5½ Std. zur 3739 m hohen Weißkugel, dem zweithöchsten Berg der Ötztaler Alpen, über welche die italienisch-österreichische Staatsgrenze verläuft. Eine schwierigere Tour auf die Weißkugel hat ihren Ausgangspunkt im ▶ Langtauferer Tal.

Seiser Alm / Alpe di Siusi — D 10

Region: Trentino-Südtirol
Provinz: Bozen
Höhe: 1826–2070 m ü.d.M.

Naturparadies

Die Seiser Alm nimmt eine Hochfläche am nördlichen Dolomitenrand, östlich von ▶ Bozen, ein. Sie bildet die größte geschlossene Almfläche Europas; im Juni und Juli entfalten die blühenden Wiesen eine ungeahnte Pracht. In den letzten Jahrzehnten hat sich die Seiser Alm zu einem äußerst belebten Wander- und Wintersportgebiet entwickelt, und es entstanden zahlreiche Hotels, Pensionen, Hütten und Skilifte. Heute umfasst der Naturpark Schlern den größten Teil der Weideflächen.

**Landschaftsbild auf der Seiser Alm

Seis / Siusi

Die günstigste Zufahrtsroute vom ▶ Eisacktal verläuft über ▶ Kastelruth. Südlich von hier führt links die Straße zur Seiser Alm, rechts die Strecke nach Seis, einem stark besuchten Ferienort und Tourenstützpunkt, der von der kühnen, 2414 m hohen Santnerspitze, die dem Schlernplateau vorgelagert ist, überragt wird. Oberhalb des Orts steht die Kapelle St. Valentin.

Völs / Fié

Folgt man der durch Seis führenden Straße weiter, so kommt man nach Völs (880 m ü.d.M.), einem beliebten Ferienort mit spätgotischer Pfarrkirche, Pfarrmuseum und der hochgelegenen romanischen Kirche St. Peter am Bichl (13. Jh.). Nahebei liegt der Völser Weiher (1054 m ü.d.M.).

*Schloss Prösels

In Prösels (857 m ü.d.M.), einem Gemeindeteil von Völs, steht das Schloss Prösels, eine der am besten erhaltenen Burgen in Südtirol. Der Bau geht auf das 14. Jh. zurück und wurde in der Zeit Kaiser Maximilians I. (15./16. Jh.) grundlegend erneuert. Der an Türmen und Erkern reiche Bau besitzt einen schönen Innenhof mit freskengeschmückten Arkaden über mächtigen gotischen Gewölben; sehenswert ist die Waffensammlung (Führungen: April–Okt. Di.–So. 11^{00}–15^{00} Uhr).

*Seiser Alm

Fährt man an der Straßenteilung südlich von Kastelruth (s. zuvor) nach links, so kommt man auf die wellige Hochfläche der Seiser Alm, die im Osten von den schroffen Felsen der Langkofelgruppe und im Südosten vom Rosengarten (▶ Welschnofen, Umgebung) überragt wird. Die Straße endet an einem großen Parkplatz; nur Gäste der auf der inneren Seiser Alm gelegenen Hotels erhalten auf Wunsch eine Sondergenehmigung zum Befahren der dorthin führenden Straßen. Mittelfristig sollen öffentliche Verkehrsmittel die Verbindung von Kastelruth, Seis und Völs übernehmen. Auf der Almhochfläche verkehren einspännige Pferdekutschen.

**Schlern

Von der Seiseralmstraße nahe dem ehem. Frommer-Haus (1720 m ü.d.M.) führt ein Sessellift auf den 1930 m hohen Spitzbühl; anschließend lohnende Fußtour (3 Std.) über die Saltner Hütte (1790 m ü.d.M.) zu den Schlernhäusern (2461 m ü.d.M.), dann noch 20 Min. auf den 2461 m hohen Schlern (ital. Sciliar), eines der Wahrzeichen von Südtirol. Der Berg ist Mittelpunkt des 1975 eingerichteten Naturparks Schlern (64 km²), welcher unbewohnte Teile der Gemeinden Völs, Kastelruth und Tiers (▶ Welschnofen, Umgebung) umfasst und von Ferienzentren und Dauersiedlungen frei gehalten werden soll. Sein charakteristisches Profil mit der weiten Hochfläche und der Santner- und Euringerspitze, welche vor dem steilen Abbruch aufragen, ist noch von weither, so von ▶ Bozen und dem ▶ Ritten, zu sehen. Östlich geht die Hochfläche in die ▶ Seiser Alm über. Der Bergstock hat einer ganzen geologischen Formation den Namen gegeben: dem Schlerndolomit.

*Puflatsch

Von dem in 1850 m Höhe gelegenen Eurotel gelangt man mit einem Sessellift zur Puflatschalpe (2121 m ü.d.M.); von dort in 30 Min. auf den Gipfel des Puflatsch (2174 m ü.d.M.).

◀ **Eine Gletscherbahn führt zum Schnalstaler Sommerskigebiet.**

*Pitzberg
*Wolfsbühl

Rund 30 Min. westlich von der Seiser Alm (2005 m ü.d.M.), auch per Seilbahn von St. Ulrich im ▶ Grödner Tal zu erreichen, erhebt sich der Pitzberg (2108 m ü.d.M.). Von hier stellt ein weiterer Sessellift die Verbindung zum Hotel Sonne her; 30 Min. südwestlich liegt der Wolfsbühl (1910 m ü.d.M.) mit Nahblick auf den Langkofel.

Langkofel und Plattkofel prägen das Landschaftsbild der Seiser Alm.

Sella — D 11–12

Regionen: Trentino-Südtirol und Veneto
Provinzen: Bozen und Belluno
Höhe: 3151 m ü.d.M.

Lage

Die Sellagruppe, eine Hauptgruppe der ▶ Dolomiten, wird umgrenzt vom ▶ Grödner Tal im Norden, Hochabteital (▶ Gadertal) im Osten sowie vom ▶ Fassatal im Süden; im Westen liegt die Einsenkung des Sellajoches. Der höchste Gipfel ist der 3151 m hohe Piz Boé.

**Fahrt um die Sella

Hinweise

Einige Teilstrecken der nachstehend skizzierten Rundtour sind in diesem Reiseführer bereits an anderer Stelle beschrieben (▶ Gadertal, Große ▶ Dolomitenstraße, ▶ Grödner Tal). Um eine geschlossene Routenbeschreibung zu gewähren, sind sie hier nochmals geschildert. Startpunkte für die nachstehende Rundtour sind ▶ Corvara, Arabba an der Großen ▶ Dolomitenstraße, Canazei im ▶ Fassatal sowie Wolkenstein im ▶ Grödner Tal, wo auch die nachfolgende Beschreibung beginnt.

Die Strecke ist gut ausgebaut; dennoch sollte man als Fahrer eines großen Wohnmobils die Straße über den Passo di Campolongo sowie über das Sellajoch meiden. Der Campolongo ist für Wohnwagengespanne nicht zu empfehlen, die Sellajoch-Straße sowie das Grödner Joch für solche gänzlich gesperrt.

Hinweise (Fortsetzung)

Von Wolkenstein fährt man talaufwärts zum Plan de Gralba (1800 m ü.d.M.), wo sich die Straße teilt. Ihr südlicher Zweig steigt nun in Windungen unter den Wänden der Sellagruppe und über Matten mit der "Steinernen Stadt", den wilden Trümmern eines Bergsturzes, bergan. Rechts bietet sich ein herrlicher Blick auf die Langkofelgruppe.

Wolkenstein
***Steinerne Stadt**

Nach 4 km liegt rechts das Sellajochhaus (2176 m ü.d.M.) am Fuß der Langkofelgruppe. Ein Korblift führt hier nordwestlich zur Langkofelscharte, durch die eine schwierige, extrem steile und häufig vereiste Skipiste verläuft. Von der in der Scharte stehenden Demetz-Hütte kann man zur Langkofelhütte und nach St. Christina im ▶ Grödner Tal absteigen.

Langkofelscharte

Sella

An der Abzweigung zum Rifugio Valentini (2201 m ü.d.M.) vorbei erreicht man das Sellajoch (2240 m ü.d.M.), den Passübergang zwischen Grödner Tal und Fassatal. Das Joch ist eine Einsenkung zwischen der Sellagruppe und dem Langkofel und bietet gute Ausblicke. Sehr lohnend ist ein Aufstieg auf die Rodella (2486 m ü.d.M.) mit dem gleichnamigen Schutzhaus. Ferner führt ein bequemer Weg in 3 1/2 Std. zur Boé-Hütte (2871 m ü.d.M.), von welcher man auf einem leichten einstündigen Fußmarsch auf den Boé gelangt.
Hinter der Passhöhe führt die Straße in Windungen wieder ziemlich steil abwärts unterhalb der gewaltigen Felsabstürze der Sella hin; ein prächtiger Blick öffnet sich auf die eisgepanzerte ▶ Marmolada und das Pordoi-Joch (s. unten und Große ▶ Dolomitenstraße), rechts die Rodella. Dann in das waldige Val Lastíes; links das hübsch gelegene Rifugio Monti Pallidi (1877 m ü.d.M.). Wenig später erreicht man bei der Alp Roa (1850 m ü.d.M.) die Einmündung in die Große ▶ Dolomitenstraße, der man dann in östlicher Richtung folgt.

***Sellajoch**
***Rodella**

In 1925 m Höhe liegt die Alp Pecol; weiter in zahlreichen Kehren bergauf und nach 3 km an dem schön gelegenen Albergo Pordoi vorüber. Vom Pordoijoch (2250 m ü.d.M.) genießt man einen hervorragenden Blick: im Osten die Ampezzaner Dolomiten mit der Tofana. Vom Belvedere lohnt auch die zweistündige Fußtour zu dem großartig am Fuße der ▶ Marmolada gelegenen Rifugio Venezia und weiter in 1 1/2 Std. zum Marmolada-Gletscher.
Vom Pordoijoch führt auch eine Schwebebahn auf den 2950 m hohen Sass Pordoi.

Pordoijoch

Rund 1,5 km jenseits der Passhöhe steht links abseits das weithin sichtbare, kreisrunde Ehrenmal für die deutschen Gefallenen der beiden Weltkriege. Weiter fährt man in zahlreichen Kehren bergab und nach Arabba (Große ▶ Dolomitenstraße).

Gefallenen-Ehrenmal

In Arabba wendet man sich nach Norden (links) und fährt über Matten leicht aufwärts zum Campolongo-Pass, über den man den sehr geschätzten Wintersportort ▶ Corvara erreicht.

Arabba
Passo di Campolongo

Reliefkarte von Sellagruppe und Marmolada.

Im Zentrum von Corvara gelangt man zu einer Straßenteilung; geradeaus durch das ▶ Gadertal und in das ▶ Pustertal, links weiter auf der Strecke um die Sellagruppe. Die links abzweigende Straße führt wiederum in Kehren aufwärts.

Corvara

An dem kleinen, rechts abseits gelegenen Ort Kolfuschg, überragt von dem 2667 m hohen Sass Sóngher, vorbei zieht die Straße in Windungen aufwärts zum 2137 m hohen Grödner Joch mit herrlichem Ausblick auf Langkofel, Sella und Tschierschspitzen. Dann geht es wieder windungsreich abwärts und zum Ausgangspunkt der Rundfahrt bei Plan de Gralba.

Grödner Joch

**Sella Ronda

Die Sella Ronda ist eine berühmte Ski-Tagestour, die rund um den Sellastock führt. Sie ist allerdings nur bei guten Schneeverhältnissen in beiden Richtungen durchgehend befahrbar; Zwischenstrecken müssen ggf. mit dem Bus oder Taxi überwunden werden. Ein Wanderweg folgt ungefähr der gleichen Route.

Sexten / Sesto

C 14–15

Region: Trentino-Südtirol
Provinz: Bozen
Höhe: 1310 m ü.d.M.
Einwohnerzahl: 2000

Sexten liegt weit im Osten des nördlichen Dolomitenraums, unweit der italienisch-österreichischen Grenze. Mit den Gemeindeteilen St. Veit, Moos / Bad Moos, Außerberg und Mitterberg sowie Küniger ist es ein bedeutendes Ferien- und Wintersportzentrum in den Sextner Dolomiten. Berühmt ist der Blick auf "des Herrgotts Zifferblatt" (Neuner, Zehner = Rotwand, Elfer, Zwölfer und Einser), die sich südlich erhebenden Dolomitengipfel.

Urlaubszentrum

Sehenswertes in Sexten

Die im Gemeindeteil St. Veit stehende Pfarrkirche St. Peter und Paul geht auf einen romanischen Vorgängerbau zurück und wurde im 15. und 17. Jh. weitgehend umgestaltet. Sie wurde im Ersten Weltkrieg stark beschädigt, jedoch 1921/1922 wiederhergestellt; die Deckengemälde sind von Albert Stolz. Auf dem Friedhof ist das Grab des 1915 am Paternkofel gefallenen Bergführers Sepp Innerkofler; am Friedhofseingang in einem offenen Rundbau ein Totentanzgemälde (1924) von Rudolf Stolz.

Pfarrkirche

Im nahen Freibad findet man auch die höchste Indoor-Kletterhalle Italiens.

Baedeker TIPP **Klein, aber fein**

In der Ortsmitte von Sexten, Dolomitenstr. 13, befindet sich im Gebäude der Raiffeisenkasse das Rudolf-Stolz-Museum, das über 160 Werke dieses Bozner Malers (1874–1960) enthält. Geöffnet ist es Mi. und Sa. von 16^{30} bis 18^{30} Uhr.

Umgebung von Sexten

Moos / Moso

Im Ortsteil Moos (1339 m ü.d.M.) steht das 1717 erbaute und nach dem Ersten Weltkrieg wiedererrichtete Kirchlein St. Joseph mit Wand- und Deckengemälden von Rudolf Stolz. Der Turm wurde 1925 nach Plänen von Clemens Holzmeister erneuert. In Bad Moos (1367 m ü.d.M.) entspringen radioaktive Eisen- und Schwefelquellen, die therapeutisch genutzt werden.
Eine lohnende Fußtour (2½ Std.) führt von der weiter südlich gelegenen Talschlusshütte zur Dreizinnenhütte (▶ Drei Zinnen).

****Helm**

Eine sehr lohnende Fußtour mit herrlichem Dolomitenblick führt nordöstlich in 2½ Std. auf den Helm (2433 m ü.d.M.), den auch mit einer Kabinenbahn erreichbaren Hausberg von Sexten, von dessen Gipfel sich ein phantastischer Blick auf Sextner Dolomiten und Hohe Tauern bietet.

***Fischleintal**

Von Moos zieht eine Straße südlich in das romantische Fischleintal und zum Fischleinboden (1451 m ü.d.M.), dem großartigen Talschluss. Ein zweistündiger Fußmarsch führt dann zur prachtvoll gelegenen Zsigmondi-Comici-Hütte (2235 m ü.d.M.) unter dem Zwölferkofel (3094 m ü.d.M.); von hier in 45 Min. zur Büllelejochhütte (2528 m ü.d.M.) und weiter in 1 Std. zur Dreizinnenhütte (▶ Drei Zinnen).

***Rotwandwiesen**

Von Moos gibt es ferner einen Sessellift zu den Rotwandwiesen (1924 m ü.d.M.) mit der Rotwandwiesenhütte. Bergerfahrene können den schwierigen Alpini-Klettersteig (Strada degli Alpini) durchsteigen.

Kreuzbergsattel

Die von Sexten nach Osten weiter führende Straße erreicht den 1636 m hohen Kreuzbergsattel, Grenzpass zwischen den Regionen Trentino-Südtirol und Veneto und bis 1919 der nördlichste Punkt Italiens. Ein Wanderweg führt südlich auf die Cima Colosei (1984 m ü.d.M.), von welcher sich ein guter Blick ins Cadore (▶ Auronzo di Cadore) bietet.

Naturpark Sextner Dolomiten

Südwestlich von Sexten erstreckt sich der rund 11 700 ha große Naturpark Sextner Dolomiten, der auch auf die Gemeindegebiete von ▶ Innichen und ▶ Toblach übergreift. Hier gibt es weite Lärchenwiesen, die im Herbst besonders stimmungsvoll sind; gelegentlich kann man Steinadler beobachten.
Im Bereich des Monte Piana (▶ Cortina d'Ampezzo) sind noch Reste von Stellungen aus dem Ersten Weltkrieg zu sehen.

Ausführliche Informationen erhält man vom Naturparkhaus in ▶ Toblach, Kulturzentrum Grand Hotel, ☎ 04 74 97 30 17.

◀ **Die "Sextner Sonnenuhr" besteht aus Neuner, Zehner, Elfer, Zwölfer und Einser.**

Region: Trentino-Südtirol
Provinz: Bozen
Höhe: 948 m ü.d.M.
Einwohnerzahl: 5300

Bergbaustadt

Das Stadtbild von Sterzing spiegelt noch heute den enormen Reichtum wider, den ihm im 15. Jh. der Silberbergbau gebracht hat. Das Städtchen beschäftigte damals rund 10 000 Bergknappen. Es liegt 15 km südlich vom ▶ Brennerpass. Hier zweigt westlich die Straße über den ▶ Jaufenpass ins ▶ Passeiertal ab.

Sehenswertes in Sterzing

**Neustadt

Hauptstraße des alten Zentrums ist die Neustadt mit ihren aus der späten Gotik und der Renaissance stammenden bunten Häusern, deren viele mit malerischen Erkern geschmückt sind. In den Erdgeschossen öffnen sich schattige Laubengänge; bemerkenswert sind die zahlreichen alten Gasthausschilder.

Die "Neustadt" genannte Hauptstraße von Sterzing ist von schmucken Bürgerhäusern gesäumt.

Rathaus

Etwa in der Mitte der Neustadt steht das Rathaus, ein stattlicher Bau aus der Übergangszeit zwischen Gotik und Renaissance, mit schönem Innenhof und holzvertäfeltem Sitzungssaal. Nahebei steht eine barocke Statue (1739) des hl. Nepomuk.

Sterzing
200 m
Brenner
Brenner
Rosskopf
Autobahn
Eisack
Bozen
Altstadt
Brennerstraße
Heiliggeist-
kirche
St.
Margaretha
Stadtturm
Jöchls-
thurn
St. Peter
und Paul
Krankenhaus
Neustadt
Rathaus
St. Margarethenstraße
Bahnhofstraße
Eisack
Pfitscher Joch
Bahnhof
Gänsbacher Straße
Hochstraße
Marconistraße
Brennerstraße
Deutschhaus-
straße
Jaufenstr.
Pfarrkirche
Deutsch-
ordens-
kommende
Landesbergbaumuseum
Bozen
Jaufen
Bozen

Jöchlsthurn

Wenige Schritte westlich vom Rathaus, an der Frundsbergstraße, erhebt sich der stattliche Ansitz Jöchlsthurn mit seinem markanten Staffelgiebel. Das hier eingerichtete Südtiroler Bergbaumuseum (Öffnungszeiten: Di.–Sa. 10^{00}–12^{00} und 14^{00}–17^{00} Uhr) informiert in knapper Darstellung über die Geschichte des Bergbaus in Tirol. Ein weiterer Teilbereich des Museums befindet sich in Prettau (▶ Tauferer Tal).

****Heiliggeist-kirche**

Am Nordende der Neustadt erhebt sich der Stadtturm (15. Jh.) mit Sonnen- und Zeigeruhr. Dahinter, am Stadtplatz, die kleine Heiliggeistkirche, die um 1380 in das Bürgerspital eingebaut wurde. Das etwas düstere Kircheninnere ist zweischiffig und im rechten Teil von Kreuzrippen überwölbt. Dieser Raum ist vollständig mit gotischen Fresken ausgestattet, welche im 15. Jh. von Hans von Bruneck geschaffen worden sind. Der seitenschiffartige linke Teil des Gotteshauses ist von einem einfachen Tonnengewölbe überspannt und wurde erst im 17. Jh. angefügt.

Das Kuppelfresko in der Elisabethkirche wurde von Matthäus Günther geschaffen.

Pfarrkirche

Rund 1 km südlich vom Zentrum steht an der Jaufenstraße die stattliche Pfarrkirche (15. Jh.), eine dreischiffige Halle mit etwas weniger hohem, von Netzrippengewölben überdachtem Chor. Im neugotischen Hauptaltar finden sich einige Teile des einstigen Multscher-Altares (s. unten); das Kircheninnere wurde 1753 etwas glücklos barockisiert. An der Außenwand des Chors finden sich spärliche Reste gotischer Wandgemälde.

Direkt bei der Pfarrkirche befindet sich die weite Anlage der einstigen Deutschordenskommende aus dem 15. und 16. Jahrhundert. Hat man das Tor in der Ummauerung des Deutschherrenhofs durchschritten, so kommt man links zu dem spätbarocken Rundbau der Elisabethkirche. In dem lichten Innern zieht ein großes Deckengemälde von Matthäus Günther den Blick auf sich.

Deutschordenskommende
Elisabethkirche

Die hervorragend restaurierten Räume der Kommende beherbergen das Multscher-Museum (Öffnungszeiten: April–Okt. Di.–Fr. 10⁰⁰–12⁰⁰ und 14⁰⁰–17⁰⁰, Sa. 10⁰⁰–12⁰⁰, Mo. 14⁰⁰–17⁰⁰ Uhr). Dessen Hauptsehenswürdigkeit sind die vier frei aufgehängten, von den Plastiken der Wächterheiligen Georg und Florian flankierten Tafelbilder des Multscher-Altars. Die Vorderseiten zeigen Mariä Verkündigung, Christi Geburt, Anbetung der Weisen, Tod Mariä; die Rückseiten Ölberg, Christus an der Geißelsäule, Dornenkrönung, Kreuztragung.

**Multscher-Museum

Das hoch gelegene Schloss Reifenstein bewacht die Engstelle des Eisacktals.

Beachtung verdienen auch die Schauräume, so der vollständig mit spätbarocken Szenen aus der Geschichte des Deutschen Ordens ausgemalte Komtursaal, das Fürstenzimmer, an dessen Wänden Panoramabilder die jeweilige Ansicht des Sterzinger Talkessels zeigen, sowie der Kapitelsaal mit seiner ausgezeichnet erhaltenen hölzernen Wandvertäfelung aus der Renaissance.

Umgebung von Sterzing

Südlich etwas außerhalb von Sterzing ziehen zwei Burgen den Blick auf sich: auf einem niederen Felsriegel über der Talsohle Reifenstein, eine Burg der Fürsten von Thurn und Taxis. Im Grünen

Reifenstein, Sprechenstein

Reifenstein (Fortsetzung)

Saal Wandmalereien, reich geschnitzte Ausstattung der Gotischen Stube. Hoch an der gegenüberliegenden Talflanke steht die Burg Sprechenstein (16. Jh.) der Fürsten Auersperg.

Baedeker TIPP Tiroler Marmor

Die Marmorbrüche am Mareiter Stein bei Außerratschings können besichtigt werden. Voranmeldung beim Verkehrsverein Ratschings, ☎ 04 72 75 66 66, FAX 04 72 75 68 89..

Rosskopf
*Telfer Weißen

Am nördlichen Stadtrand ist die Talstation der Kabinenbahn zu finden, welche zu der in 1860 m Höhe gelegenen Rosskopfhütte inmitten eines prächtigen Wandergebiets führt. Von hier gelangt man weiter zu Fuß in 45 Min. auf den 2176 m hohen Rosskopf mit Skigelände bzw. in 2½ Std. auf die Telfer Weißen (2566 m ü.d.M.).

Im Schloss Wolfsthurn hat das Landesmuseum für Jagd und Fischerei seinen Sitz.

Ridnauntal

Das malerische Ridnauntal, vom gleichnamigen Bach durchströmt, wird als ruhiges Ferienziel besucht. Man erreicht es, indem man von Sterzing zunächst in westlicher Richtung der Straße zum ► Jaufenpass folgt und nach 3,5 km von dieser rechts abzweigt.

Mareit
*Wolfsthurn

Am Anfang des Tales liegt malerisch das Dorf Mareit (1035 m ü.d.M.). Über dem Dorf erhebt sich das Schloss Wolfsthurn, einer der wenigen Profanbauten des Barock in Südtirol. Hier ist das Landesmuseum für Jagd und Fischerei eingerichtet, das zum Volkskundemuseum Dietenheim (► Bruneck) gehört und neben Dioramen auch historische Jagdwaffen, Angelgerät und Volkskunst zeigt (Öffnungszeiten: Di.–Sa. 9^{30}–17^{30}, So. und Fei. 13^{00}–17^{00} Uhr).

Das Ratschingstal liegt südlich von dem zuvor genannten Ridnauntal. Bei Stange (976 m ü.d.M.) gelangt man zu Fuß in 30 Min. zur Gilfenklamm.

Ratschingstal Gilfenklamm

Innerratschings (1290 m ü.d.M.) ist Verwaltungssitz der Gemeinde Ratschings, welche das Ratschingstal und das Ridnauntal umfasst. Ein Sessellift führt zu der 1830 m hoch gelegenen Waldalm.

Innerratschings

Das Pfitscher Tal zieht von Sterzing nordöstlich zum Hochfeiler. Es wird als ruhiges Sommerziel sowie zum Wintersport besucht.

Pfitscher Tal

Das Dorf Burgum (1373 m ü.d.M.) ist Ausgangspunkt für die ca. fünfstündige Ersteigung der 3134 m hohen Wilden Kreuzspitze.

***Wilde Kreuzspitze**

Taleinwärts kommt man zum Ort St. Jakob (1452 m ü.d.M.). Von hier kann man in 45 Min. zum Weiler Stein (1955 m ü.d.M.) und anschließend in 2 Std. zum 2251 m hohen Pfitscher Joch mit dem Pfitscher-Joch-Haus gelangen.

Pfitscher Joch

Von Stein gibt es auch eine vier- bis fünfstündige Fußtour zur wiederaufgebauten Hochfeilerhütte am Fuße des 3510 m hohen Hochfeilers, über den seit 1919 die italienisch-österreichische Grenze verläuft.

*Hochfeiler

An der von Sterzing nach Brixen führenden Straße gelangt man nach 6 km zu dem Wallfahrtsort Trens (993 m ü.d.M.). Die ursprünglich gotische Kirche (1498) wurde 1753 im Stil des Rokoko verändert. Die Schnitzwerke im Inneren stammen aus dem 16. Jahrhundert.

Trens

Stilfser Joch / Passo dello Stelvio — D 3

Regionen: Trentino-Südtirol und Lombardei
Provinzen: Bozen und Sondrio
Höhe: 2757 m ü.d.M.
Öffnungszeit: Juni bis Oktober

Das Stilfser Joch, der dritthöchste Straßenpass der Alpen, liegt auf der Grenze zwischen den italienischen Regionen Trentino-Südtirol und Lombardei, ganz nahe an der italienisch-schweizerischen Grenze. Der vielbefahrene und auch zum Sommerskilauf auf den nahen Gletschern besuchte Pass ist der Scheitelpunkt der Stilfser-Joch-Straße. Südöstlich erstreckt sich der die gesamte Berggruppe des ▶ Ortler umfassende Stilfser-Joch-Nationalpark.

Berühmter Alpenpass

**Stilfser-Joch-Straße

Die etwa 50 km lange Stilfser-Joch-Straße verbindet den ▶ Vinschgau (Abzweigung zwischen ▶ Schluderns und ▶ Laas) mit ▶ Bormio. Sie wurde schon im Jahre 1826 eröffnet, und an ihrer Trassenführung hat sich seither fast nichts geändert. An der Ostseite besitzt sie 48 Kehren, an der Westseite deren 34; die Steigung beträgt durchschnittlich 12% mit einem Maximum von 25% beim Weißen Knott. Die Passstraße ist für Wohnwagengespanne nicht empfehlenswert, hinter Trafoi für solche gänzlich gesperrt; in Höhen über 2000 m macht sich die durch die dünnere Luft bedingte geringere Motorleistung bemerkbar.

Verlauf

Prad Bei Spondinig zweigt die Passstrecke von der den Vinschgau durchziehenden Straße westlich ab und erreicht den Ort Prad am Stilfser Joch. Hier gibt es noch eine Reihe gut erhaltener Häuser aus dem 16. Jh. sowie die romanische Kirche St. Johann mit Resten romanischer Außenfresken und gotischen Fresken (um 1420) im Inneren.

Agums Im benachbarten Gemeindeteil Agums steht die alte Pfarrkirche St. Georg, um 1500 in gotischem Stil neu errichtet und mit barocker Seitenkapelle.

Lichtenberg Unweit nordwestlich liegt der Gemeindeteil Lichtenberg, überragt von der mächtigen Ruine der gleichnamigen Burg aus dem 13. Jahrhundert. Zu dieser führt ein steiler, geschotterter Fahrweg hinauf; die Ruine ist frei zugänglich, aber selbst an exponierten Stellen ungesichert; an einer der talwärtigen Turmfassaden bemerkt man ein Wappenfresko mit dem hl. Andreas.

Das Stilfser Joch ist einer der legendärsten Alpenpässe.

Stilfs Weiter talaufwärts zieht die Passstraße an Stilfs vorüber, einem geschützt gelegenen Erholungsort und Tourenstützpunkt.

Suldental Bei Gomagoi (▶ Ortler) führt eine Nebenstraße ins Suldental und endet in Sulden (▶ Ortler) am Fuße der Ortlergruppe. Hinter Trafoi (▶ Ortler) beginnt der serpentinenreiche, nur im Sommer befahrbare Teil der Stilfser-Joch-Straße.

***Weißer Knott** An dem in 1863 m Höhe gelegenen Weißen Knott steht ein Obelisk zur Erinnerung an die Erstersteigung des Ortlers durch Josef Pichler im Jahre 1804. Hier bietet sich ein prachtvoller Blick auf das Ortlermassiv.

Franzenshöhe
*Stilfser Joch
*Dreisprachenspitze

Über die Franzenshöhe (2188 m ü.d.M.) kommt man zur Passhöhe (2757 m ü.d.M.) des Stilfser Jochs, die im Sommer viel besucht wird und in deren unmittelbarer Umgebung sich das größte Sommerskigebiet Europas ausbreitet. Ein freier Rundblick bietet sich von der Dreisprachenspitze (Cima Garibaldi; 2843 m ü.d.M.), auf die von der Passhöhe ein Fußweg führt. Vom Joch ferner lohnender Aufstieg in 1 Std. südwestlich auf den 3094 m hohen Monte Scorluzzo, den von einer Autostraße am leichtesten erreichbaren Dreitausender. Eine Bergbahn stellt die Verbindung zum Großen Naglerhaus (3025 m ü.d.M.) her; eine zweite Bahn führt weiter zur Livriohütte (3174 m ü.d.M.).

Umbrailpass

Knapp 4 km jenseits der Passhöhe zweigt rechts eine Nebenstraße zum Umbrailpass (2501 m ü.d.M.) mit der italienisch-schweizerischen Staatsgrenze ab; die Stilfser-Joch-Straße folgt in ihrem weiteren Verlauf dem Valle di Brau und endet in ▶ Bormio.

*Stilfser-Joch-Nationalpark

Das Gebiet südlich des Stilfser Joches nimmt der seit 1935 bestehende, 952 km² große Stilfser-Joch-Nationalpark (Parco Nazionale dello Stelvio) ein, in dem zahlreiche Hirsche, Gämsen, Steinböcke und Murmeltiere sowie gelegentlich Adler anzutreffen sind.

Südtiroler Weinstraße

E–F 8

Region: Trentino-Südtirol
Provinz: Bozen

Wein und Burgen

Heute gehört das Gebiet, durch welches die Südtiroler Weinstraße führt, zu den am intensivsten bebauten Weinregionen Europas. Seine Tradition reicht weit zurück: Schwäbische und bayerische Bistümer besaßen hier Grund und Boden, und da man die Vorteile der Lage erkannte, wurde der Wald gerodet, und Rebfluren wurden angelegt. Noch heute verrät die üppige südliche Vegetation, wie richtig die damalige Wahl gewesen ist; und gut zwei Drittel der gesamten Südtiroler Weinproduktion werden hier gekeltert.

Streckenverlauf

Die Südtiroler Weinstraße beginnt am westlichen Ufer der Etsch bei ▶ Bozen und führt im wesentlichen über die dem Mendelkamm vorgelagerte Bergterrasse des burgenreichen und überaus fruchtbaren ▶ Überetsch nach Süden, ehe sie den Fluss überquert und bei ▶ Salurn endet.

*Von Bozen auf der Weinstraße nach Salurn

Man verlässt die Provinzhauptstadt Bozen in westlicher Richtung und überquert auf der nach Kaltern führenden Straße die Etsch,

Girlan

wendet sich an der folgenden Straßenteilung nach Osten (links) in Richtung Girlan.

Bei St. Michael erreicht man das weite Gemeindegebiet von ▶ Eppan, fährt dann an den waldigen Höhen von Montiggl vorbei und kommt nach dem weinberühmten Ort ▶ Kaltern am gleichnamigen See.

Nur wenig weiter südlich durchquert man den wegen seiner Weißweine bekannten Ort ▶ Tramin und kommt, zwischen weiten Wein- und Obstfluren und den Höhen der Mendel hin, an Kurtatsch und Margreid (beide ▶ Tramin, Umgebung) vorbei nach Kurtinig.

Die Südtiroler Weinstraße durchzieht das Überetsch.

Die Südtiroler Weinstraße überquert, nachdem sie ein Stück weit parallel zur Autobahn gezogen ist, die Etsch und endet in ▶ Salurn. Mehr über den Südtiroler Wein erfährt man im Abschnitt "Praktische Informationen" (Baedeker-Special S. 350) dieses Reiseführers.

Einkaufsmöglichkeiten

Wein kann man direkt beim Winzer oder in den örtlichen Kellereigenossenschaften verkosten und kaufen.

Tauferer Tal / Val di Tures

B 12–13

Region: Trentino-Südtirol
Provinz: Bozen

Wander- und Bergsteigerregion

Das herb-liebliche Tauferer Tal zieht von ▶ Bruneck im ▶ Pustertal nach Norden und setzt sich im Ahrntal fort. Das Tälersystem dringt weit in die Zillertaler Alpen und den hochalpinen Naturpark Rieserferner-Ahrn vor. Es wird vor allem von Wanderern und Bergsteigern besucht; auch gibt es Gelegenheit zu Rafting und Trekking.

Das Tauferer Tal ist ein wahres Wanderparadies.

Von Bruneck nach Sand in Taufers

Die Straße führt von Bruneck nördlich durch das vom Ahrnbach durchflossene, schöne Tauferer Tal. Im Vorblick die Keilbachspitze (3093 m ü.d.M.), im Rückblick die Pragser Dolomiten.

Gais

Abseits der Durchgangsstraße liegt Gais (841 m ü.d.M.), ein Urlaubsort mit romanischer Kirche und der Burg Neuhaus (12. Jh.).

Mühlen/Mühlwald

Bei Mühlen zweigt westlich das Mühlwalder Tal ab; der Ort Mühlwald (1221 m ü.d.M.) wird als ruhiger Tourenstützpunkt besucht.

Uttenheim / Villa Ottone

In Uttenheim (839 m ü.d.M.) steht eine barocke Kirche von 1774; in ihrem Inneren Deckengemälde von Fr. A. Zeiller.

Sand in Taufers / Campo Tures

Burg

An dem Erholungsort Mühlen vorbei erreicht man Sand in Taufers (874 m ü.d.M.), den Hauptort des Tals. Der auch als Tourenzentrum geschätzte Luftkurort liegt in der Verebnung des Tauferer Talbodens und wird beherrscht von der erhöht gelegenen, stattlichen

Burg (Fortsetzung)

Burg Taufers (957 m ü.d.M.), die aus dem 13., 15. und 16. Jh. stammt und in deren romanischer Kapelle Fresken (1482) von Michael Pacher zu sehen sind (Führungen tägl. 10^{00}, 11^{00}, 14^{00}, 15^{00} und 16^{30} Uhr, bei Bedarf öfter). In der etwas unterhalb gelegenen Schlosskreuzkapelle, einem einstigen Wallfahrtsziel, befindet sich ein Denkmal für die Gefallenen des Tiroler Freiheitskampfs von 1809. Am linken Ufer des Ahrnbaches steht die gotische Pfarrkirche von 1527, deren Innenraum von Netzgewölben mit wappengezierten Schlusssteinen überspannt ist. Am südlichen Ortsrand befindet sich der stattliche Ansitz Neumelans (1584).

Herrschaftliches Schlafgemach in der Burg Taufers.

****Speikboden**

Rund 2,5 km nordwestlich von Sand befindet sich die Talstation des Doppelsessellifts, der über Michlreis (1380 m ü.d.M.) zur Michlreiser Alm (2000 m ü.d.M.) führt. Von hier gelangt man zu Fuß in rund $2\frac{1}{2}$ Std. auf den Speikboden (2523 m ü.d.M.).

Raintal / Val di Riva

Bad Winkel

Die von Sand östlich ins Reintal führende Nebenstraße berührt zunächst das kleine Bad Winkel mit alkalischer Thermalquelle.

***Reinbachfälle**

Weiter östlich von Bad Winkel stürzen in einer wilden Waldschlucht die drei Reinbachfälle zu Tal, die bedeutendsten Wasserfälle Südtirols.

Besinnungsweg

Von Winkel zieht der "Besinnungsweg zum Sonnengesang" zur Toblkapelle. An ihm liegen zehn Stationen, die auf den berühmten "Sonnengesang" des Franz von Assisi Bezug nehmen. Die Toblkapelle, älteste Kirche des Tals, ist den Heiligen Franziskus und Klara geweiht.

Die Talstraße endet bei Rain in Taufers (1595 m ü.d.M.), einem als Tourenzentrum besuchten Bergdorf in prächtiger Lage gegenüber der vergletscherten Rieserfernergruppe.

Rain

Von Rain kommt man in 2½ Std. zur Kasseler Hütte (Hochgallhütte; 2273 m ü.d.M.); 30 Min. südlich das Tristennöckl (2469 m ü.d.M.). Von der Kasseler Hütte führt eine Hochtour in 4–5 Std. mit Führer auf den 3453 m hohen Hochgall, den höchsten Gipfel der Rieserfernergruppe; weniger schwierig sind der Große Lenkstein (3237 m ü.d.M.) oder das Ruthner Horn (Schneebiger Nock; 3357 m ü.d.M.).

*Rieserfernergruppe

Ahrntal / Valle Aurina

Von Sand in Taufers nördlich kommt man ins Ahrntal, ein zu ruhigem Ferienaufenthalt besuchtes Waldtal und schönes Wandergebiet zwischen Zillertaler Alpen und Hohen Tauern. Weithin bekannt ist die hiesige Spitzenklöppelei und Maskenschnitzerei.

Von dem beliebten Urlaubsort Luttach (969 m ü.d.M.) gibt es eine lohnende Bergtour in 5½ Std. zur Schwarzensteinhütte (2923 m ü.d.M.); weiter in 1½ Std. auf den 3368 m hohen Schwarzenstein. Eine zweite Tour führt westlich über das Erholungsdorf Weißenbach (1330 m ü.d.M.) zu der Häusergruppe Feuchter, dann in 4 Std. zur Nevesjochhütte am 2670 m hohen Schaflaner Nock.

Luttach

In St. Johann wurde vor kurzem ein Museum eröffnet, das dem hier geborenen Schriftsteller Josef Georg Oberkofler (1889–1962) gewidmet ist. Das gleichfalls in St. Johann befindliche Mineralienmuseum zeigt Kristalle aus den Hohen Tauern.

St. Johann

Steinhaus (1052 m ü.d.M.) ist Verwaltungssitz der Talgemeinde. Hier stehen noch etliche Häuser aus der Zeit der Fugger, die hier Bergbau betrieben. Im “Kornkasten”, dem ehemaligen Magazin des Prettauer Kupferbergwerks, ist die bergbautechnische Sammlung bemerkenswert.

Steinhaus

Seit dem 15. Jh. und noch bis 1971 wurde in Prettau Kupfererz abgebaut. Der St.-Ignaz-Stollen ist Teil des Südtiroler Landesbergbaumuseums (▶ Sterzing) und kann mit einer Grubenbahn befahren werden (Öffnungszeiten: April–Okt. Di.–So. 9³⁰–16³⁰ Uhr). Hinzu kommt ein Lehrpfad, der die Erzstollen miteinander verbindet.

Prettau Besucherbergwerk

Taufers / Tubre — D 3

Region: Trentino-Südtirol
Provinz: Bozen
Höhe: 1259 m ü.d.M.
Einwohnerzahl: 1000

Taufers im Münstertal liegt nahe an der italienisch-schweizerischen Grenze, unweit südwestlich von ▶ Glurns. Der anheimelnd-altertümliche Ort wird von zwei mächtigen Burgruinen überragt, in denen einst die Bischöfe von Chur residiert haben.

Uralter Grenzort

Die bedeutendste Sehenswürdigkeit im Südtiroler Teil des Münstertals ist die kleine Kirche St. Johann mit ihren schönen Fresken.

Taufers, **St. Johann

Am östlichen Ortsrand steht direkt neben der Straße die kleine romanische Kapelle St. Johann; der Schlüssel ist im benachbarten Bauernhof erhältlich. Sie wurde um 1220 erbaut und um 1250 nach Westen erweitert; im Rundbogenfeld über dem Portal eine schwarze Muttergottes, flankiert von Wappenschilden. Das Innere der Kirche ist durch eine Quermauer zweigeteilt; in der Apsis finden sich hervorragende romanische Wandgemälde. An der linken Außenwand der Kirche ist ein romanisch-byzantinisches Christophorus-Fresko angebracht; hier führt eine Treppe aufwärts in den Oberstock der Vorhalle, wo gotische Fresken die Wände schmücken.

Rotund Reichenberg

Taufers wird überragt von den Ruinen der Burgen Rotund (12. und 16. Jh.) und Reichenberg (12. Jh.).

Terlan / Terlano — D 8

Region: Trentino-Südtirol
Provinz: Bozen
Höhe: 248 m ü.d.M.
Einwohnerzahl: 3000 (Gemeindegebiet)

Wein- und Spargelzentrum

Terlan liegt an der alten Verbindungsstraße zwischen ▶ Bozen und ▶ Meran unweit vom linken Ufer der Etsch. Die Gemeinde, nördlich überragt vom Tschögglberg, umfasst die Fraktionen Terlan Dorf, Vilpian und Siebeneich. Das Gebiet ist für seine Weine berühmt; im Gegensatz zu den meisten anderen Winzergemeinden

Südtirols entfallen in Terlan rund 45 Prozent auf weiße Weine. Eine berühmte Rotweinlage ist die Terlaner Silberleiten; der Flurname birgt einen Hinweis auf den Erzbergbau, der vom 16. bis zum 19. Jh. hier eine wichtige Rolle gespielt hat.
Seit der Zeit um 1900 wird in den bis dahin großenteils sumpfigen Flussniederungen intensiver Obstbau betrieben; zudem sind hier die ausgedehntesten Spargelkulturen Südtirols zu finden.

Baedeker TIPP Spargelzeit

Das Weindorf Terlan liegt im berühmten Spargeldreieck. Die im April und Mai stattfindenden Spargelwochen sind ein absolutes Muss für Feinschmecker, denn die Wirte wetteifern in phantasievollen kulinarischen Kreationen miteinander.

Sehenswertes in Terlan

*Pfarrkirche

Direkt an der Durchgangsstraße steht die Pfarrkirche Mariä Himmelfahrt, ein Buntsandsteinbau mit einem Dach aus farbig glasierten Ziegeln. Das hochgotische Gebäude stammt aus dem 14. Jh.; der 75 m hohe Hauptturm wurde, da er sich im Laufe der Zeit stark geneigt hatte, im Jahr 1884 abgetragen und 1891–1893 unter weitgehender Verwendung des alten Materials neu aufgebaut. Aus dem 13. Jh. stammt der kleine Seitenturm. Das gesamte Kircheninnere ist mit bedeutenden Fresken bedeckt, die um 1400 von dem Bozner Meister Hans Stotzinger gemalt worden sind.

Ruine Neuhaus

Südlich über Terlan steht die Ruine Neuhaus, im allgemeinen "Ruine Maultasch" genannt. Die Burg bestand schon an der Wende vom 12. zum 13. Jh. und erhielt bei Erneuerungsarbeiten 1320 ihre noch heute erkennbare Form. Nach der Überlieferung soll Margarethe Maultasch, die Herzogin von Kärnten und Tirol, im 14. Jh. öfter hier Hof gehalten haben, woher der Übername der Burg rührt.

Umgebung von Terlan

Siebeneich / Settequerce

Unweit südlich erreicht man den Gemeindeteil Siebeneich. Nach einer durch Karl Felix Wolff überlieferten Sage hat es mit dem Ortsnamen die folgende Bewandtnis: Einst war der Wald um Terlan ein berüchtigtes Räuberrevier, aber auch viele Nörgelen (Zwerge) trieben hier ihr Wesen und warnten manchen Fuhrmann, wenn die Räuber auf der Lauer lagen. Eines Tages fragten die Bürger einen der Zwerge um Rat, wie sie sich endgültig von der Räuberplage befreien könnten, und jener führte sie zu einer Waldlichtung, wo ein Riese lag und schlief. Um ihn zu wecken, müsse man rings um ihn sieben Eichen pflanzen, und dann würde er wohl unter den Räubern aufräumen, denn er könne die Menschen gut leiden. So geschah es; der Riese erwachte und erklärte sich alsbald bereit, den bedrängten Bürgern zu helfen. Zum Lohn sollte man ihm in aller Zukunft jeden Tag ein Fässchen Wein am Waldrand bereitstellen. Man sagte ihm dies zu, und er machte sich zusammen mit den Zwergen an die Arbeit, die er so gründlich erledigte, dass sich bald kein Räuber mehr blicken ließ. Und wie versprochen, erhielt er sein tägliches Weinquantum, bis die Terlaner es leid waren, für alle Zeit so viel Wein herschenken zu müssen. Sie heckten eine List aus,

Siebeneich (Fortsetzung)

und eines Tages erschienen sie mit einer großen Weinfuhre bei dem Riesen, der diese genußvoll austrank. Danach legte er sich unter die sieben Eichen, um seinen Rausch auszuschlafen, und in dieser Zeit fällte man die Bäume, denn die Menschen wussten, dass der große Kerl nur im Schatten von Eichbäumen wieder erwachen könnte. So schläft er noch heute, und in der Höllklamm kann man ihn manchmal schnarchen hören.
Am Ortsrand von Siebeneich steht in den Weinbergen die hübsche Barockkirche eines einstigen Deutschherrenkonvents von 1693.

Der Gemeindeteil Siebeneich mit seinem schönen einstigen Deutschherrenkonvent verdankt seinen Namen einer uralten Sage.

Greifenstein

Hoch über Siebeneich steht die Burgruine Greifenstein, im Volksmund auch "Sauschloss" genannt. Der Übername knüpft an eine Geschichte an, die über viele Burgen erzählt wird und nach der bei einer Belagerung die hungernden Eingeschlossenen die Belagerer über ihre wahre Situation irreführten, indem sie ihr letztes Schwein, statt es zu schlachten, unter Hohngelächter über die Burgmauer und dem Feind vor die Füße warfen. In der Annahme, auf der Burg herrsche noch unglaublicher Überfluss, so dass ein Aushungern unmöglich sei, zogen die Belagerer ab, und die Burg war gerettet. Hier rankt sich die Sage um folgenden historischen Kern: Im Jahre 1420 hatte sich ein Teil des Tiroler Adels gegen Herzog Friedrich von Österreich erhoben und sich auf Greifenstein verschanzt, darunter auch Oswald von Wolkenstein. Die Belagerung durch die landesfürstlichen Truppen blieb erfolglos.

Vilpian / Vilpiano

Nordwestlich von Terlan liegt die Fraktion Vilpian am Südfuß des Tschögglbergs. Auch hier dehnen sich reiche Wein- und Obstkulturen.

Mölten

Die von Vilpian nach Mölten führende Seilbahn und eine neue Panoramastraße erschließen die reizvolle Almlandschaft des Tschögglbergs; hier befindet sich in rund 1200 m Höhe die angeblich höchstgelegene Sektkellerei Europas (vgl. ▶ Lana, Umgebung).

Texelgruppe — C 6–7

Region: Trentino-Südtirol
Provinz: Bozen
Höhe: bis 3336 m ü.d.M.

Fundort des Ötzi

Die Texelgruppe erhebt sich nordwestlich von ▶ Meran; sie wird umgrenzt vom ▶ Passeiertal im Osten, dem Pfelderer Tal im Norden, dem ▶ Schnalstal im Westen und dem Untervinschgau (▶ Vinschgau) im Süden. Im äußersten Nordwesten des Naturparks, am Hauslabjoch, wurde 1991 die berühmt gewordene Gletscherleiche "Ötzi" gefunden (▶ Baedeker Special S. 82).

*Landschaftsbild in der Texelgruppe

Meraner Höhenweg

Die hochalpine Landschaft der zum Vinschgau steil abfallenden Texelgruppe ist ein abwechslungsreiches Wandergebiet. Steht genügend Zeit – ca. fünf Tage – zur Verfügung, so ist der rund 100 km

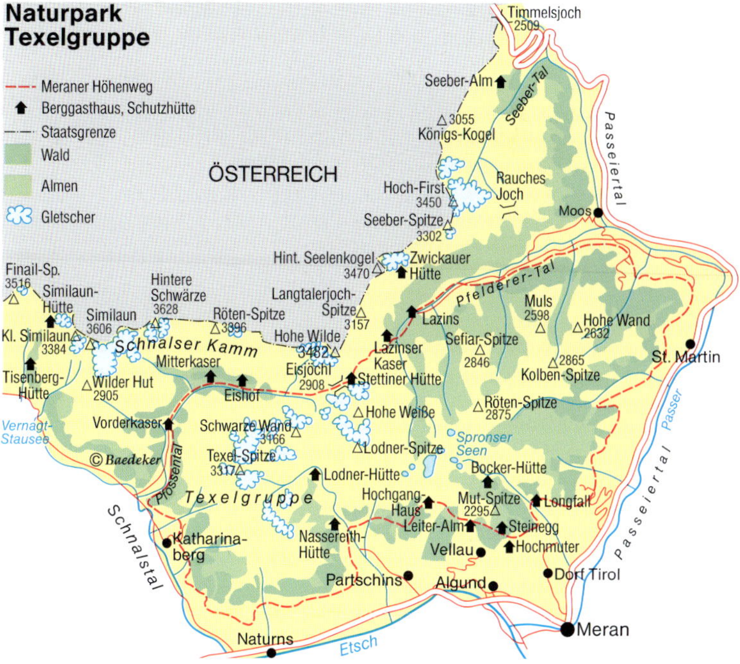

Meraner Höhenweg (Fortsetzung)

lange Meraner Höhenweg besonders lohnend, auf dem man die gesamte Gruppe umwandern kann.

Die am günstigsten gelegenen Einstiegsorte sind Karthaus im ▶ Schnalstal, ▶ Naturns, ▶ Partschins, Dorf ▶ Tirol sowie die im ▶ Passeiertal gelegenen Ortschaften Riffian und St. Leonhard. Die nachfolgende Kurzbeschreibung geht von Naturns aus.

Der Höhenweg zieht zunächst am Fuß des Gebirgsstocks in das ▶ Schnalstal, folgt dann dem Pfossental aufwärts über Vorder- und Mitterkaser, ehe er nahe der italienisch-österreichischen Grenze das 2908 m hohe Eisjöchl mit der Stettiner Hütte überquert. Dann wieder abwärts über den Lazinser Kaser (1858 m ü.d.M.) und durch das Pfelderer Tal nach Moos im Passeiertal. Die Route wendet sich nach Süden und folgt in einigem Abstand der Passer flussabwärts, schwenkt dann in das Spronser Tal ein, wo sich bei Longfall ein sehr lohnender Abstecher zu den Spronser Seen, der größten hochalpinen Seengruppe Südtirols, anbietet. Der Meraner Höhenweg zieht dann unterhalb der 2295 m hohen Mutspitze vorbei und erreicht wieder eine Höhe von rund 1850 m ü.d.M., überquert später nördlich von Partschins den Zielbach, um am Bergfuß zurück nach Naturns zu führen.

Die Texelgruppe wird vom Meraner Höhenweg erschlossen.

Tourenwege

Hochalpine Tourenwege zweigen allenthalben vom Meraner Höhenweg ab, so z.B. in den Kern der Texelgruppe mit den Gipfeln Roteck (3336 m ü.d.M.) und Texelspitze (3317 m ü.d.M.) oder auf die Hohe Weiße (3281 m ü.d.M.) und die Lodnerspitze (3219 m ü.d.M.). Die Hochtouren sollte man nur mit Führer in Angriff nehmen.

Naturpark Texelgruppe

Das gesamte Massiv bildet heute den Naturpark Texelgruppe (33 430 ha), in dem die landschaftsformende Kraft der Vergletscherung ebenso beobachtet werden kann wie eine noch weitgehend intakte Tier- und Pflanzenwelt. Die Vegetationszonen umfassen von der submediterranen Steppenlandschaft des Naturnser Sonnenbergs bis zu den Firnregionen der Gipfellagen die ganze Vielfalt Südtirols.

Naturpark Texelgruppe (Fortsetzung)

Timmelsjoch / Passo di Rombo

B 7

Region: Trentino-Südtirol
Provinz: Bozen
Höhe: 2483 m ü.d.M.
Öffnungszeit: Juni bis Oktober (nur tagsüber)

Lage und Allgemeines

Über das Timmelsjoch verläuft die italienisch-österreichische Staatsgrenze; die Timmelsjochstraße verbindet das ▶ Passeiertal mit dem österreichischen Ötztal. Das Befahren der Timmelsjochstraße mit Wohnwagengespannen ist auf der italienischen Seite verboten, auf der österreichischen nicht ratsam.

Die Straße über das Timmelsjoch ist aus einer alten Militärstraße entstanden.

**Fahrt über das Timmelsjoch

Streckenverlauf

Die erst 1968 für den allgemeinen Verkehr freigegebene Passstraße ist aus einer Militärstraße entstanden; sie ist reich an Serpentinen und Tunnels. Auf knapp 30 km Streckenlänge von St. Leonhard im Passeiertal bis zur Passhöhe beträgt die Höhendifferenz knapp 1800 m. Von ▶ Meran kommend durchquert man auf der landschaftlich

Timmelsjoch (Fortsetzung)

äußerst lohnenden Straße alle Vegetationszonen vom submediterranen bis zum hochalpinen Bereich.
Von St. Leonhard folgt man der bei ▶ Passeiertal beschriebenen Strecke nach Moos. Dann weiter am östlichen Talhang aufwärts nach Schönau (ital. Belprato; 1586 m ü.d.M.) an der Mündung des Seewertals. Dann in zahlreichen Spitzkehren und durch zwei längere Tunnels hinauf zur Passhöhe mit dem Grenzübergang.
Auf österreichischer Seite führt die hier sehr gut ausgebaute, aber gebührenpflichtige Strecke an der Wintersportsiedlung Hochgurgl sowie an Obergurgl vorbei nach Sölden.

Tirano — F 2

Region: Lombardei
Provinz: Sondrio
Höhe: 450 m ü.d.M.
Einwohnerzahl: 10 000

Lage und Sehenswertes

Tirano liegt im Tal der Adda, nahe der italienisch-schweizerischen Grenze. Hier mündet das aus der Eidgenossenschaft kommende Puschlav (ital. Val Poschiavo) ein. Die altertümliche Stadt an beiden Ufern des Flusses besitzt in ihrem Kern Paläste aus dem 16.–18. Jh., die von den alten Adelsgeschlechtern Salis, Visconti und Pallavicini erbaut worden sind.
Die Stadtmauer stammt aus dem 15. Jh.; an der Porta Poschiavina, dem alten nördlichen Stadttor, ein Fresko der Justitia als Zeichen der Gerichtsbarkeit sowie Wappenschilde adliger Familien.
Die Pfarrkirche San Martino wurde gleichfalls im 15. Jh. erbaut und besitzt einen schönen Glockenturm sowie im dreischiffigen Innern Fresken aus dem 19. Jahrhundert.

Madonna di Tirano *Wallfahrtskirche

An der Mündung des Puschlav liegt der Gemeindeteil Madonna di Tirano. Hier befindet sich eine berühmte Wallfahrtskirche aus dem 16. Jh. mit einer prachtvollen Fassade und barocker Innenausstattung, darunter eine Orgel von 1617.

Umgebung von Tirano

Teglio

Im Tal der Adda flussabwärts erreicht man nach 8 km den auf aussichtsreichem Bergsattel thronenden altertümlichen Ort Teglio (856 m ü.d.M.), der schon in vorrömischer Zeit existierte. Sehenswert ist der nahe der Kirche San Lorenzo stehende Palazzo Besta (16. Jh.), in dem heute ein Museum untergebracht ist.
Im Presbyterium der Kirche San Lorenzo sind schöne Fresken (1528) von Fermo Stella zu sehen.

Val di Córteno Aprica

An der Straßenkreuzung bei Teglio zweigt links eine Straße ab, die windungsreich in das Val di Córteno zieht. Aprica (1175 m ü.d.M.) auf dem gleichnamigen Pass ist ein vielbesuchter Ferien- und Wintersportort.

Córteno Golgi

Nach weiteren 10 km berührt die Straße die große Gemeinde Córteno Golgi (925 m ü.d.M.), die als Urlaubsort besucht wird.

Bei Edolo (715 m ü.d.M.) kommt man in das obere Val Camonica. Der Ort besitzt drei alte Kirchen; in San Giovanni Battista schöne Chorfresken aus dem 16. Jahrhundert.

Val Camonica Edolo

Von Edolo folgt man dem Oglio abwärts nach Malonno (596 m ü.d.M.), das von drei aus dem 14. Jh. stammenden Türmen beherrscht wird. In der einstigen Pfarrkirche Santi Faustino e Giovita hängen barocke Gemälde.

Malonno

Tirol (Dorf Tirol) / Tirolo di Merano — C 7–8

Region: Trentino-Südtirol
Provinz: Bozen
Höhe: 596 m ü.d.M.
Einwohnerzahl: 2000 (Gemeindegebiet)

Keimzelle des Landes

Dorf Tirol liegt unmittelbar nördlich von ▶ Meran auf dem Rücken des Küchelbergs, der wegen seines Rotweins bekannt ist. Von Meran gibt es außer der Straße einen lohnenden Fußweg, den "Tirolersteig", sowie eine Sesselbahn. Der von der 2295 m hohen Mutspitze überragte Luftkurort ist ein sehr geschätztes und stark besuchtes Ferienziel mit weitem Blick ins Etschtal. Er war einst Stammsitz der Grafen von Tirol und hat der gesamten Landschaft den Namen gegeben.

Baedeker TIPP ... und Gesang

Der Küchelberg, auf dem Dorf Tirol liegt, ist Merans "Hausweinberg". Entsprechend zahlreich sind hier die Weinlokale; bisweilen geht es allerdings ziemlich touristisch-sangesfroh zu.

Pfarrkirche

Die Pfarrkirche Hl. Johannes der Täufer in der Ortsmitte geht auf romanische Ursprünge zurück und wurde im späten 14. Jh. gotisch erweitert. Im Innern ein schöner gotischer Taufstein (um 1500) aus Laaser Marmor sowie ein Paul Troger zugeschriebenes Himmelfahrtsbild.

****Schloss Tirol**

Am nördlichen Ortsrand steht auf einem Moränenhügel das Schloss Tirol, der einstige Sitz der im Jahr 1253 ausgestorbenen Grafen von Tirol. Es ist – mit dem Etschtal und dem Steilabfall des Gantkofels im Hintergrund – eines der Wahrzeichen des Landes. Das Schloss wurde 1140–1160 erbaut, im Jahr 1347 durch König Karl von Böhmen belagert, wobei der hartnäckige Widerstand der Margarethe Maultasch das Unternehmen vereitelte, verfiel aber bereits im 16. Jh., nachdem die Grafen von Tirol ihre Residenz nach Meran und später nach Innsbruck verlegt hatten. Der Moränenhügel wurde durch Erosion immer kleiner, und in der ersten Hälfte des 17. Jh.s riss man den gesamten Nordosttrakt mit dem Fürstenzimmer nieder, um dem drohenden Abstürzen zuvorzukommen. Die Restaurierung gegen Ende des 19. Jh.s brachte recht willkürliche Veränderungen der Bausubstanz, und heute sind die kunstreichen Portale des Palas und der Burgkapelle die wichtigsten Überreste der romanischen Bauphase. Der große Saal besitzt noch drei Rundbogenfenster aus jener Zeit.

Museum

Die Burgkapelle birgt zahlreiche frühgotische Wandgemälde, eine große Kreuzigungsgruppe aus dem 14. Jh. sowie die ältesten Tiroler

Das Portal der Burgkapelle ist ein Relikt aus romanischer Zeit.

Museum (Fortsetzung)

Glasmalereien. Im Schloss ist ab 2003 das Südtiroler Landesmuseum für Kultur und Landesgeschichte eingerichtet.

Von Schloss Tirol führt ein angenehmer Fußweg mit schönem Panoramablick in etwa 15 Minuten hinüber nach St. Peter ob Gratsch (▶ Meran, Algund).

Brunnenburg Landwirtschaftsmuseum

Unterhalb von Schloss Tirol steht am Abhang die Brunnenburg. Sie geht auf das 13. Jh. zurück, wurde aber um 1900 in historisierenden Formen weitestgehend erneuert. Von 1958 bis 1972 lebte hier der US-amerikanische Dichter Ezra Pound. Die Burg beherbergt ein Landwirtschaftsmuseum sowie eine Waffensammlung (Öffnungszeiten: Mi.–Mo. 9^{30}–12^{00} und 14^{00}–17^{00} Uhr). Noch tiefer liegt Schloss Thurnstein (▶ Meran, Algund).

Schloss Auer

Das nördlich außerhalb gelegene Schloss Auer, innen unzugänglich, ist ein turmloser, stattlicher Ansitz aus dem Mittelalter, der im 16. Jh. umgestaltet und vor kurzem restauriert wurde.

Mutspitze

Die 2295 m hohe Mutspitze, ein steilflankiger, großenteils grasbewachsener Berg, ist durch eine Seilbahn erschlossen, die bis zum Gasthaus Hochmut (1400 m ü.d.M.) führt. Am Hang liegen in rund 1200 m Höhe die Muthöfe.

Spronser Seen

Eine schöne Bergtour führt über das Tiroler Kreuz und den Longfallhof (1075 m ü.d.M.) im Spronser Tal aufwärts. Schließlich erreicht man die Spronser Seen (▶ Texelgruppe), die größte hochalpine Seengruppe Südtirols.

Toblach / Dobbiaco

Region: Trentino-Südtirol
Provinz: Bozen
Höhe: 1243 m ü.d.M.
Einwohnerzahl: 3000

Allgemeines

Toblach liegt im oberen Teil des ▶ Pustertals, in welches hier das von Süden aus dem Dolomitenraum kommende Höhlensteintal einmündet, und unweit der italienisch-österreichischen Staatsgrenze. Die weite Talverebnung des Toblacher Feldes bildet die Wasserscheide zwischen der zur Adria fließenden Rienz und der dem Schwarzem Meer zuströmenden Drau.

Ortsbild von Toblach

***Pfarrkirche**

Im Zentrum des als Tourenstützpunkt und zum Wintersport besuchten Luftkurorts steht die Pfarrkirche St. Johannes, ein schöner Rokokobau, der 1769–1782 von Rudolf Schraffl errichtet wurde; der Turm kam erst im Jahr 1803 hinzu. Die Deckengemälde im Innern stammen von Franz Anton Zeiller, desgleichen das Altarblatt im Hochaltar, den Johann Perger geschaffen hat.

Kreuzweg

An der Pfarrkirche beginnt der mit fünf kapellenartigen Bildstöcken ausgestattete älteste Kreuzweg Tirols. Seinen Abschluss bildet eine Rundkapelle mit einem Heiligen Grab, die Kaiser Maximilian im Jahr 1512 gestiftet haben soll.

Herbstenburg

Die Herbstenburg ist ein stattlicher Ansitz, der sein heutiges Aussehen im 16. Jh. erhielt. In der Nähe steht der vierkantige Rote Turm (1430). Beide Bauwerke sind Privatbesitz und daher im Innern unzugänglich.

Gustav-Mahler-Haus

Im südwestlich jenseits der Rienz gelegenen Ortsteil Altschluderbach verbrachte der Komponist Gustav Mahler (1860–1911) von 1908 bis 1910 die Sommermonate. Die von ihm bewohnten Räume im Trenkerhof und das im Wildpark stehende Komponierhäuschen, in dem er arbeitete, können besichtigt werden (Öffnungszeiten: tgl. 10^{00}–12^{00} Uhr).

Ratsberg

Mit einer Sesselbahn erreicht man im Nordwesten den 1606 m hohen Ratsberg, auch Radsberg genannt.

***Toblacher Pfannhorn**

Eine sehr lohnende Fußtour führt nördlich am Silvesterbach aufwärts und vorbei an der Enzianhütte in 4½ Std. auf das 2663 m hohe Toblacher Pfannhorn, einen hervorragenden Aussichtsberg.
Am Weg steht in 2360 m Höhe die Pfannhornhütte. Über das Pfannhorn und das östlich aufragende Markinkelejoch verläuft seit 1919 die italienisch-österreichische Grenze.

***Markinkelejoch**

Von Toblach zieht ein 20 km langes ehemaliges Kriegssträßchen über das Innicher Eck (1911 m ü.d.M.), St. Silvester (1815 m ü.d.M.) und am 2546 m hohen Strickberg vorbei. Der Markinkelegipfel (2546 m ü.d.M.) ist Sperrzone; lohnende Kammwanderung in 2 Std. zum Toblacher Pfannhorn (s. zuvor).

Umgebung von Toblach

Aufkirchen, 3 km nordwestlich, ist als Wallfahrtsziel bekannt. Die Kuratiekirche zur Schmerzhaften Muttergottes, 1266 erstmals urkundlich erwähnt, wurde 1475 erneuert; am Turm ein von Simon von Taisten gemaltes Christophorusfresko (16. Jh.).

Aufkirchen / Santa Maria

Vom Ortskern in südlicher Richtung kommt man an der Hotelsiedlung Neutoblach vorbei und zu dem am östlichen Rand des Naturparks Fanes (▶ Welsberg) gelegenen Toblacher See.

Höhlensteintal Toblacher See

Weit im oberen Talabschnitt erreicht man den Dürrensee, einen der am schönsten gelegenen Dolomitenseen. Nördlich sind die Reste des einstigen Dorfs Höhlenstein zu sehen, das im Kriegsjahr 1915 gesprengt wurde.

***Dürrensee**

Südlich des Dürrensees liegt in 1437 m Höhe die Hotelsiedlung Schluderbach, von wo sich ein schöner Blick auf die westlich aufragende Hohe Gaisl (ital. Croda Rossa; 3139 m ü.d.M.) bietet. Östlich erhebt sich der Monte Piana (▶ Cortina d'Ampezzo).
Von Schluderbach lohnt ein Abstecher nach Misurina (▶ Cortina d'Ampezzo, Umgebung) am gleichnamigen See und steil hinauf zur Auronzohütte am Fuß der ▶ Drei Zinnen.

Schluderbach / Carbonin

Tonalepass / Passo del Tonale

F 4

Regionen: Trentino-Südtirol und Lombardei
Provinzen: Trient und Sondrio
Höhe: 1883 m ü.d.M.
Öffnungszeit: ganzjährig

Der Tonalepass, nördlich der ▶ Adamello-Presanella-Gruppe, stellt eine günstige Ost-West-Verbindung zwischen dem Val di Sole (▶ Cles) und dem Tal der Adda (▶ Tirano) dar.

Lage

Fahrt über den Tonalepass

Im Osten beginnt die Passstraße unmittelbar am Lago di Santa Giustina, zieht dann im Val di Sole sowie an Caldes und Malè (alles ▶ Cles; rechts Abzweigung der Straße nach ▶ Rabbi) vorbei allmählich bergan. Bei Dimaro mündet links, von ▶ Madonna di Campiglio kommend, das Val Meledrio ein. Die Passstraße folgt weiterhin dem Noce, dessen Tal nun wilder wird. Hinter Mezzana rechts die Abzweigung der Straße nach ▶ Peio, in dessen Tal mit den Schneebergen der Ortlergruppe sich wenig weiter ein hübscher Blick öffnet.

An der Tonalestraße folgen die Orte Fucine, mit schönem Blick auf die vereisten Zacken der Presanella, und Vermiglio, beide schön gelegen und zum Sommeraufenthalt besucht. Weiter zieht die Straße hoch am Hang hin.

Fucine Vermiglio

◀ Die Toblacher Kirche ist einer der wenigen Barockbauten in Südtirol.

Tonalepass Der Tonalepass ist ein von Matten bedeckter breiter Sattel, der bis zum Ende des Ersten Weltkriegs die italienisch-österreichische Grenze bildete. Rechts der Straße steht ein 1924 errichtetes großes italienisches Siegesdenkmal mit Ossarium. Die Passhöhe hat sich zu einem sehr lebhaften Skigebiet entwickelt.

Ponte di Legno In weiten Serpentinen zieht die Straße jenseits des Passes abwärts nach Ponte di Legno ("Holzbrücke"; 1261 m ü.d.M.), einem von hohen Bergen umrahmten vielbesuchten Ferien- und Wintersportort am Oglio. Malerisch ist der mauerumzogene südliche Ortsteil Poia; ein Sessellift führt auf den 2692 m hohen Corno d' Aola.

Temù Weiter talwärts kommt man nach Temù (1155 m ü.d.M.), dem bestgeeigneten Ausgangspunkt für Touren in die ▶ Adamello-Presanella-Gruppe.

Bei Edolo endet die Tonalestraße; durch das Val di Córteno (▶ Tirano) kann man nach Tirano weiterfahren.

Tramin / Termeno E 8

Region: Trentino-Südtirol
Provinz: Bozen
Höhe: 276 m ü.d.M.
Einwohnerzahl: 3000

Berühmter Weinort Der berühmte Weinort Tramin liegt im südlichen ▶ Überetsch an der ▶ Südtiroler Weinstraße. Nach ihm ist die Rebsorte Gewürztraminer benannt, die einen hervorragenden, würzigen und bukettreichen Weißwein ergibt. Schon der aus dem Grödner Tal stammende Dichter Oswald von Wolkenstein rühmt in einem seiner bekanntesten Lieder diesen edlen Tropfen. Neben Rebfluren breiten sich rings um den Ort bedeutende Obstkulturen aus. Im Ortskern stehen stattliche alte Bürgerhäuser, die großenteils aus dem 16. und 17. Jh. stammen.

Baedeker TIPP Geistige Nahrung

In Tramin wird neben Obst und Wein auch Hochprozentiges erzeugt: hervorragende Obstschnäpse. Die Brennerei Roner führt Betriebsbesichtigungen durch. Voranmeldung bei: Roner GmbH, Zallingstr. 30, ☎ 04 71 86 40 00, FAX 04 71 86 40 90.

Sehenswertes in Tramin

Dorfmuseum Am zentral gelegenen Rathausplatz ist das Traminer Dorfmuseum zu finden. Es zeigt bäuerliches Arbeitsgerät und Gegenstände für den Weinbau (Öffnungszeiten: Di.–Fr. 10^{00}–12^{00} und 16^{00}–18^{00}, Sa. 10^{00}–12^{00} Uhr).

Pfarrkirche Wahrzeichen des Orts ist die gotische Pfarrkirche St. Julitta und Quiricus, um 1400 erbaut und um 1900 in neugotischen Formen erweitert. Der weithin sichtbare, 93 m hohe Turm (1466) ist der höchste gemauerte Kirchturm Südtirols. An der Außenseite des Chors sind Reste von Fresken aus dem 15./16. Jh. zu sehen; im Inneren

Wandgemälde mit dem Martyrium der Kirchenpatrone, Marienszenen und Heiligen. Die letzteren Fresken sind Werke der Bozner Malerschule und um 1400 entstanden; das Altarblatt von Martin Knoller ist spätbarock.

Pfarrkirche (Fortsetzunng)

Südlich steht die romanische Friedhofskirche St. Valentin (13. Jh.), in deren Innerem Fresken aus der Zeit um 1400 freigelegt worden sind.

St. Valentin

Eine schmale und ziemlich steile Straße führt von Tramin aufwärts zu dem exponiert auf einem Bergvorsprung mit gutem Ausblick auf das Überetsch und ins Etschtal stehenden Kirchlein St. Jakob in Kastelaz. Der Schlüssel ist im Nachbarhaus zu bekommen.

****St. Jakob in Kastelaz**

Oberhalb der Traminer Pfarrkirche liegt St. Jakob in Kastelaz, dessen Wandgemälde mancherlei Rätsel aufgeben.

Es handelt sich um eine zweiteilige Anlage; man betritt das Innere durch den gotischen Teil, der von Kreuzrippen überwölbt und vollständig mit Fresken aus der Zeit um 1400 bedeckt ist. Der linke Teil ist romanisch (um 1200) und besitzt gleichfalls höchst bemerkenswerte Wandgemälde; an der Langhauswand die mächtige hingestreckte Gestalt des von David besiegten Goliath. In der Apsis zuoberst eine Maiestas Domini, darunter die zwölf Apostel. Im untersten Teil findet sich das sogenannte Bestiarium, ein erst um 1872 freigelegter geheimnisvoller Bilderzyklus von archaischer Ausstrahlungskraft. In ihnen vermischen sich wohl uralte keltische mit griechisch-hellenistischen und frühmittelalterlich-christlichen Symbolwelten. Flankiert wird das Bestiarium durch die Darstellung von Adam und Eva, welche die Last der Welt tragen.

In der Apsis von St. Jakob ist das geheimnisvolle Bestiarium zu sehen.

Trient

Umgebung von Tramin

Kurtatsch / Cortaccia

Die ▶ Südtiroler Weinstraße zieht von Tramin weiter nach dem 4 km südlich gelegenen Kurtatsch (333 m ü.d.M.), dessen Bild noch immer von behäbigen Bauernhäusern und stattlichen Ansitzen geprägt wird. Die spätgotische Pfarrkirche mit romanischem Turm birgt ein im 18. Jh. als wundertätig verehrtes Gnadenbild.

Margreid / Margè

Noch etwas weiter südlich kommt man zu dem Winzerort Margreid (243 m ü.d.M.). Hier steht der angeblich älteste exakt datierbare Weinstock Südtirols (1601). Eine reizvolle Wanderung führt zu dem auf einem Hochplateau südwestlich über dem Ort befindlichen Fennberger See (1034 m ü.d.M.).

Trient / Trento G 7

Region: Trentino-Südtirol
Provinz: Trient
Höhe: 193 m ü.d.M.
Einwohnerzahl: 100 000

Hauptstadt der Region Trento

Trient, die Hauptstadt der Autonomen Provinz Trento sowie der Region Trentino-Südtirol, liegt im Etschtal an einem Straßenknoten, von dem östlich die Straße ins Val Sugana, westlich diejenige zum Gardasee führt. Die Stadt liegt am linken Ufer des Flusses in einer von hohen Kalkbergen umrahmten, fruchtbaren Talaue. Das Stadtbild zeigt mit seinen zahlreichen Türmen und Palästen, die z.T. mit Fassadenmalereien geschmückt sind, schon ganz italienischen Charakter.

Geschichte

Die alte, einst stark befestigte Stadt, das Tridentinum der Römer, schon früh bedeutend durch ihre beherrschende Lage an der Einmündung der Straße aus dem Val Sugana, des Haupthandelsweges

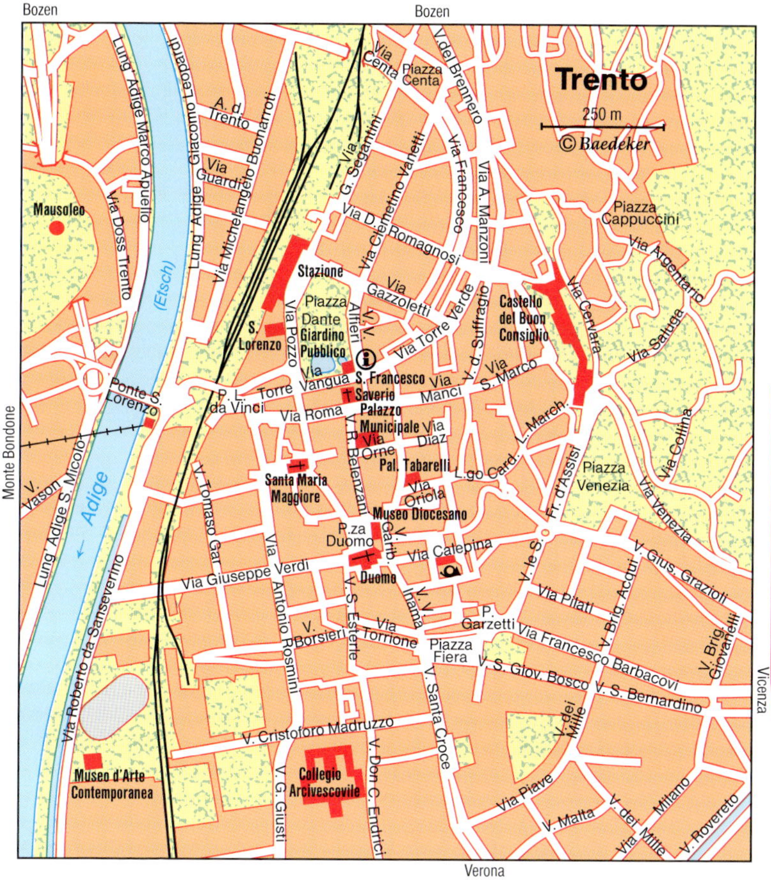

von Venedig her, in die zum ▶ Brennerpass führende Straße, war 1027–1803 Sitz eines reichsunmittelbaren Fürstbischofs. Von dem Tridentiner Konzil (1545–1563) ging die gewaltige Bewegung der Gegenreformation aus. Von 1814 bis 1919 gehörte Trient zur österreichisch-ungarischen Doppelmonarchie, seit dem Frieden von Saint-Germain zu Italien. Durch das "Gruber-De-Gasperi-Abkommen" von 1948 wurde aus der Provinz Trient und der überwiegend deutschsprachigen Provinz Bozen die Autonome Region Trentino-Südtirol gebildet. Eine deutschsprachige Enklave im Gebiet der Provinz Trento bildet das Nonstal (▶ Gampenjoch).

Geschichte (Fortsetzung)

Sehenswertes in Trient

*Dom

An der Südseite der Piazza Cesare Battisti, des Mittelpunktes der Stadt, steht der aus dem 11. und 12. Jh. stammende Dom, der seit

Trient, Dom (Fortsetzung)

Anfang des 13. Jh.s zur Pfeilerbasilika ausgestaltet und dessen Vierungskuppel 1887–1889 vollständig erneuert wurde. Die Kirche war 1545–1563 Hauptsitz des Tridentinischen Konzils. In dem großartigen Innern Fresken aus dem 13. und 14. Jh. sowie zahlreiche Bischofsgräber, meist 14. und 15. Jh.; in der Sakristei flämische Wandteppiche aus dem 16. Jh.; reicher Domschatz.

***Santa Maria Maggiore**

Nordwestlich vom Dom liegt die Kirche Santa Maria Maggiore, ein 1520–1523 errichteter Renaissancebau; im Chor eine prächtige Orgelbrüstung von 1534 und ein Gemälde von 1563 mit Bildnissen der Mitglieder des Tridentiner Konzils.

Palazzo Municipale

Vom Domplatz gelangt man nördlich in die breite Via Belenzani, die schönste Straße der Stadt, mit bemerkenswerten Palästen und Resten von Fassadenmalereien. Nahe dem Nordende der Straße rechts der Palazzo Municipale (Rathaus; 16. Jh.).

Am Ende der Via Belenzani beginnt die Via Manci, die Hauptstraße des Stadtzentrums, ebenfalls mit beachtenswerten Palästen und der schönen Barockkirche Francesco Saverio (Franz Xaver). Weiter nördlich, beim Bahnhof, der Giardino Pubblico, in dem ein 17,50 m hohes Dante-Denkmal von 1896 sowie ein Denkmal für Alois Negrelli, einen Vorkämpfer für den Bau des Sueskanals in Ägypten, stehen. An der Westseite des Parks die ursprünglich romanische Kirche San Lorenzo (12. Jh.).

***Castello del Buon Consiglio**

Am Nordostrand der Stadt erhebt sich das Castello del Buon Consiglio, die einstige Residenz der Fürstbischöfe. Von 1811 bis 1918 diente es als Kaserne und wurde dann als Museum eingerichtet.

Das um den ältesten Teil, den mächtigen Rundturm, im 13. Jh. errichtete Castelvecchio ("alte Burg") wurde seit 1475 in gotisch-venezianischen Formen verändert, 1528–1535 durch den Magno Palazzo, einen prächtigen Renaissancebau mit Arkadenhöfen und Fresken (von Romanio, Dosso Dossi u.a.), sowie seit 1686 durch einen Zwischenbau vergrößert.

Das Kastell enthält das Museo Nazionale del Trentino, das Gemälde, u.a. die Monatsbilder im Adlerturm, Skulpturen, alte Möbel, archäologische und ethnographische Sammlungen, zeigt, ferner das Museo del Risorgimento mit Erinnerungen an die Einigung Italiens im 19. Jh. und besonders an die 1916 von Österreich wegen Hochverrates hingerichteten Irredentisten Cesare Battisti, Chiesa und Filzi.

Mausoleum

Am rechten Etschufer erhebt sich auf dem Doss Trento (307 m ü.d.M.) das weithin sichtbare Mausoleum für Cesare Battisti, das eine schöne Aussicht auf Trient und das Etschtal bietet.

Überetsch E–F 8

Region: Trentino-Südtirol
Provinz: Bozen
Höhe: 250–500 m ü.d.M.

Lage

Das Überetsch erstreckt sich südlich von ▶ Bozen zwischen dem rechten Ufer der Etsch und den Höhen des Mendelkamms (▶ Mendelpass).

Das Überetsch ist das burgenreichste Gebiet Südtirols.

*Landschaftsbild im Überetsch

Als Überetsch bezeichnet man die ungemein fruchtbare Bergterrasse westlich des Etschtals im südlichsten Zipfel der Autonomen Provinz Bozen. Hier liegt eine Reihe von weinberühmten Orten und vielbesuchten Seen zwischen ausgedehnten Rebfluren und Obstgärten. Zudem gehört diese Landschaft zu den burgenreichsten Gegenden ganz Europas. Die Höhen des Mendelkamms bieten Wanderwege sowie hervorragende Aussichtsgipfel.
Dank der klimatisch bevorzugten Lage war das Überetsch schon vor 7000 Jahren besiedelt, und seit 3000 Jahren ist hier der Weinbau heimisch. Heute reihen sich entlang der von Norden nach Süden ziehenden ▶ Südtiroler Weinstraße die malerischen Orte ▶ Eppan, ▶ Kaltern, ▶ Tramin sowie Kurtatsch und Margreid (beide ▶ Tramin, Umgebung) aneinander.

Ultental / Val d' Ultimo — D 7 – E 6

Region: Trentino-Südtirol
Provinz: Bozen

Lage — Das Ultental, ein Seitental des ▶ Etschtals, zweigt bei ▶ Lana von diesem ab und dringt nach Südwesten in den Bereich der ▶ Ortlergruppe vor.

Hinweis — Vom Befahren der Ultentalstraße mit Wohnwagengespannen ist abzuraten.

*Fahrt in das Ultental

Nahe der Talstation der Seilbahn auf das Vigiljoch (▶ Lana) zieht die Straße zunächst in einigen Serpentinen und mit schönen Ausblicken bergan und erreicht, dem Falschauer Bach folgend, St. Pankraz (736 m ü.d.M.), den sehr reizvoll gelegenen Hauptort des Tals. Die schöne gotische Pfarrkirche (14./15. Jh.) ist von einem Netzgewölbe überspannt und wurde um 1900 in neugotischem Stil ausgestattet.

St. Pankraz

Gleichfalls links abseits, im Marauntal, liegt Mitterbad. Es eignet sich gut als Ausgangspunkt für die Ersteigung der 2433 m hohen Großen Laugenspitze, eines hervorragenden Aussichtsbergs (vgl. ▶ Gampenjoch).
Seit kurzem gibt es eine durch etliche Tunnels verlaufende Straße nach Proveis im Nonstal (▶ Gampenjoch), die wegen erheblicher Bau- und Sicherheitsmängel immer wieder für Schlagzeilen sorgt.

Mitterbad
***Große Laugenspitze**

Die Straße führt nun durch mehrere Tunnels und an dem künstlich aufgestauten Standachsee vorbei nach St. Walburg, dem Verwaltungssitz der Gemeinde Ulten. Unweit talaufwärts folgt der Zoggler Stausee, an dessen nördlichem Ufer die Straße weiterführt.

St. Walburg

Am oberen Ende des Stausees liegt Kuppelwies, von dem man das Wintersportgebiet auf der Schwemmalm (1500–2200 m ü.d.M.) erreicht.

Kuppelwies
Schwemmalm

St. Nikolaus (1256 m ü.d.M.) besitzt eine ursprünglich gotische, im Barock veränderte und neu eingewölbte Pfarrkirche mit Ausstattung aus der Zeit des Historismus.

St. Nikolaus

Besuchenswert ist das Ultner Talmuseum mit seiner Sammlung bäuerlicher Geräte und Dokumente. (Öffnungszeiten: Di., Fr., So. 11^{00}–12^{00} und 15^{00}–17^{00} Uhr).
Auch von St. Nikolaus ist die Schwemmalm (s. zuvor) erreichbar.

Talmuseum

Das letzte Dorf im Talschluss ist St. Gertraud (1512 m ü.d.M.), als ruhiger Sommerferienort besucht.

St. Gertraud

Eine schöne Tour führt auf das Hasenöhrl (3256 m ü.d.M.). St. Gertraud liegt an der Grenze des Nationalparks Stilfser Joch (▶ Stilfser Joch); in 1900 m Höhe die Untere Weißbrunneralm am Weißbrunner Stausee, dem am höchsten gelegenen und kleinsten der drei Ultener Seen.

Hasenöhrl

Vinschgau / Val Venosta

B 3 – D 7

Region: Trentino-Südtirol
Provinz: Bozen

Der Vinschgau, der oberste Teil des Etschtals, erstreckt sich zwischen dem ▶ Reschenpass und ▶ Meran. Die Landschaft des weiten Tals zeigt im oberen Teil alpine Matten, während weiter talabwärts

Obstbaugebiet

◂ **Das Kirchlein von St. Gertraud steht fast am Ende des Ultentals.**

Eisblüte: Eine durch künstliche Beregnung entstehende Eisschicht schützt die Obstblüte vor späten Nachtfrösten

Obstbaugebiet (Fortsetzung)

bald die Obstkulturen beginnen, für die der gesamte Vinschgau berühmt ist. Herrliche Ausblicke bieten sich auf die im Süden aufragende ▶ Ortlergruppe.

*Landschaftsbild im Vinschgau

Obervinschgau

Als Obervinschgau bezeichnet man das Tal von der nahe dem ▶ Reschenpass befindlichen Etschquelle bis zur Abzweigung der zum ▶ Stilfser Joch führenden Passstraße. Vom Grenzübergang kommend, passiert man den künstlich aufgestauten Reschensee sowie bei Graun die Abzweigung der Straße ins ▶ Langtauferer Tal; es folgen ▶ Burgeis, das türmereiche ▶ Mals und, etwas abseits der Durchgangsstraße, ▶ Glurns, die mauerumgürtete kleinste Stadt Südtirols, sowie ▶ Schluderns mit der mächtigen Churburg.

Blick über Burgeis im oberen Vinschgau auf die Malser Haide.

Untervinschgau

Wo sich die Etsch nach Osten wendet, beginnt der Untervinschgau, der sich bis vor Meran hinzieht. Der Obstbau wird intensiver, und an den nach Süden offenen Talhängen hat sich, u.a. am Sonnenberg bei ▶ Laas, eine höchst bemerkenswerte Steppenvegetation entwickelt. Zahlreiche Burgen und alte Kirchen zeigen, dass die Gegend uralter Siedlungsboden ist. Die Straße berührt hinter Laas die Orte ▶ Schlanders, in dessen Nähe die Straße ins ▶ Martelltal abzweigt, ▶ Latsch und Kastelbell mit seiner Burg und, kurz hinter der Abzweigung ins ▶ Schnalstal, ▶ Naturns mit der berühmten kleinen Kirche St. Prokulus. Hinter ▶ Partschins senkt sich die Straße stark und erreicht die Kurstadt ▶ Meran.

Waidbruck / Ponte Gardena

D 10

Region: Trentino-Südtirol
Provinz: Bozen
Höhe: 464 m ü.d.M.
Einwohnerzahl: 500

Lage und Ortsbild

Waidbruck liegt im unteren Teil des ▶ Eisacktals, rund 6 km südlich von ▶ Klausen. Hier mündet von Osten das ▶ Grödner Tal ein.

Sehenswertes in Waidbruck und Umgebung

Das Ortsinnere wird weithin geprägt von behäbigen alten Bürgerhäusern. Die ursprünglich gotische Pfarrkirche St. Jodok wurde im Frühbarock und nochmals 1930 umgestaltet.

****Trostburg**

Das markanteste Gebäude von Waidbruck ist die hoch gelegene, mächtige Trostburg, einst im Besitz der Grafen von Wolkenstein. Im Kern aus dem 12. Jh. stammend, wurde sie im 16. und 17. Jh. erheblich vergrößert. Beachtenswert sind der Rittersaal mit seiner geschnitzten Holzdecke und die Sammlung von Burgenmodellen (Öffnungszeiten: Ostern–Okt. Di.–So. 11⁰⁰–15⁰⁰ Uhr).

Hoch über Waidbruck steht die stattliche Trostburg.

Lajen / Laion

Nördlich über dem Eingang ins ▶ Grödner Tal liegt Lajen (1100 m ü.d.M.). Die örtliche Überlieferung vermeldet, dass hier die Heimat des Minnesängers Walther von der Vogelweide sein soll; tatsächlich gibt es etwas talwärts vom Ortskern einen Hof namens Vogelweider. Die Herkunft Walthers von hier ist allerdings höchst fraglich; die Wissenschaft vermutet seinen Geburtsort in Niederösterreich.

Barbian / Barbiano

In weiten Serpentinen kommt man zu dem hoch über dem rechten Eisackufer gelegenen Ort Barbian (830 m ü.d.M.). Die Pfarrkirche St. Jakobus hat romanischen Ursprung und wurde in der Gotik umgebaut. Allerdings erhielt sie im Historismus des späten 19. Jh.s ihr heutiges Gepräge in neuromanischen Formen. Im Innern ein Altarbild norditalienischen Ursprungs aus dem 17. Jahrhundert.

Bad Dreikirchen / Bagni Tre Chiese

Auf einem Wanderweg erreicht man das 3 km nördlich von Barbian gelegene Bad Dreikirchen am Rand des ▶ Ritten. Der Weiler ist nach den drei im 15. bzw. 16. Jh. erbauten Kapellen St. Nikolaus, St. Gertraud und St. Magdalena benannt, die dicht beieinander stehen. In St. Nikolaus ein spätgotischer Flügelaltar aus einer Brixener Werkstatt; in St. Gertraud schöne Fresken; in St. Magdalena ein weiterer spätgotischer Flügelaltar.

Saubach / San Ingenuino

Die von Waidbruck über Barbian kommende Straße führt weiter in südlicher Richtung am Berghang entlang und nach Saubach, wo in der Kirche Flügelaltäre aus der Zeit um 1500 stehen.

Kollmann / Colma

Talabwärts von Waidbruck kommt man nach Kollmann (490 m ü.d.M.) am rechten Flussufer. Die Kirche ist teils barock ausgestattet; einen Blick verdient Schloss Friedburg, auch Zollhaus genannt, ein massiger Bau von 1483.

Rotwand

Unweit südlich von Kollmann liegt die kleine Ortschaft Rotwand; hier lohnt das private Tiermuseum Völklhof einen Besuch.

Welsberg / Monguelfo — C 13

Region: Trentino-Südtirol
Provinz: Bozen
Höhe: 1087 m ü.d.M.
Einwohnerzahl: 2300

Lage

Welsberg liegt im ▶ Pustertal, etwa auf halber Strecke zwischen ▶ Bruneck und der italienisch-österreichischen Staatsgrenze bei Winnebach. Nach Nordosten zieht das ▶ Gsieser Tal.

Sehenswertes in Welsberg und Umgebung

Pfarrkirche

Die Pfarrkirche St. Margarethe ist ein Barockbau von 1738, besitzt aber einen gotischen Turm, der von einem Vorgängerbau stammt. Im Innern Altarbilder von Paul Troger (1698–1762), dessen Geburtshaus unweit westlich steht. Beim Chor der Kirche befindet sich ein gotischer Bildstock mit Fresken von Michael Pacher.

Maria am Rain

Östlich steht die 1551 erbaute spätgotische Friedhofskirche Maria am Rain; in dem von schönen Netzgewölben überspannten Innern ein Gnadenbild aus dem 15. Jahrhundert.

Pragser Tal Bad Altprags

Nach Süden gelangt man in das schöne Pragser Tal. Über die Hotelsiedlung Außerprags (1189 m ü.d.M.) erreicht man das kleine Bad Altprags (1295 m ü.d.M.) mit einer Mineralquelle von 9 °C.

*Plätzwiese

Eine bis 18% steile, im Winter gesperrte Straße führt zur Plätzwiese (1993 m ü.d.M.), einem Sattel mit den Resten eines Sperrforts. Hier genießt man eine schöne Aussicht auf die Ampezzaner Dolomiten; noch freier ist der Blick von der südöstlich gelegenen Strudenalm, die zu Fuß in 45 Min. erreicht werden kann. Die einstige Kriegsstraße, die über den Sattel südöstlich nach Schluderbach (▶ Toblach) führt, ist für den allgemeinen Verkehr gesperrt.

Im Pragser Wildsee spiegelt sich der mächtige Seekofel.

*Pragser Wildsee

Südlich der Hotelsiedlung Prags, auch Innerprags oder Bad Neuprags genannt (1325 m ü.d.M.), liegt der kleine Pragser Wildsee (1493 m ü.d.M.), ein bis 36 m tiefer, dunkelgrüner Gebirgssee, der südlich von dem gewaltigen Seekofel (2810 m ü.d.M.) überragt wird.

Naturpark Fanes-Sennes-Prags

Der Pragser Wildsee liegt bereits im Bereich des 25 680 ha großen Naturparks Fanes-Sennes-Prags, in welchem es schöne Fichtenwälder, Matten und Strauchheide gibt und der im Süden bis zur Provinzgrenze reicht. Geologisch interessant sind die "Rinnenkarren" genannten Erosionserscheinungen auf der Fanesalm (um 2100 m ü.d.M.); relativ häufig sind Versteinerungen zu finden. Im Bereich des Seekofels wurde vor dreißig Jahren der erfolgreiche Versuch unternommen, Steinwild wieder einzubürgern; bisweilen kann man auch Adler beobachten.

▶ Pustertal

Niederdorf

Region: Trentino-Südtirol
Provinz: Bozen
Höhe: 1182 m ü.d.M.
Einwohnerzahl: 1500 (Gemeindegebiet)

Allgemeines Welschnofen liegt südöstlich von ▶ Bozen an der Großen ▶ Dolomitenstraße. Es ist ein sehr beliebtes Urlaubs- und Wanderzentrum sowie Standort für Bergtouren in die Rosengartengruppe und zum Latemar; es wird auch zum Wintersport besucht.

***Kölner Hütte** Von der Hainzensäge (1340 m ü.d.M.) führt der Sessel- bzw. Korblift "Laurin" in zwei Sektionen zur Frommer Alm (1730 m ü.d.M.) und weiter zur prächtig gelegenen Kölner Hütte (Rosengartenhütte, 2337 m ü.d.M.). Der Kölner Weg führt in ca. 1¼ Std. zur Paolina-Hütte (2127 m ü.d.M.) über dem Karerpass (Große ▶ Dolomitenstraße); von der Hütte nach Karersee gibt es auch einen Sessellift.

*Über den Nigerpass nach Tiers

Nigerpass Von Welschnofen folgt man zunächst der Großen ▶ Dolomitenstraße bis zur Hotelsiedlung Karersee. Nun wendet man sich nach links und fährt am Fuß der Rosengartengruppe zum Nigerpass (1690 m ü.d.M.) mit der Nigerhütte. Hier hat man einen herrlichen Blick auf den sagenumwobenen Rosengarten. An der Mittelstation des Lifts "Laurin" (s. zuvor) und über St. Cyprian mit seiner aus dem 13. Jh. stammenden Kapelle erreicht man Tiers.

Tiers / Tires
***Tschafon** Das ruhige, im Sommer und Winter gern besuchte Dolomitendorf Tiers (1019 m ü.d.M.) ist ein ausgezeichneter Ausgangspunkt für Touren in die Rosengartengruppe; es wird nördlich überragt vom Tschafon (1737 m ü.d.M.) mit der Tschafonhütte.

**Rosengartengruppe

Grasleitenpass Von Tiers gibt es eine Fahrstraße zu der romanischen Kapelle St. Cyprian (13. Jh.) mit berühmter Sicht auf den Rosengarten. Dann weiter zum Weißlahnbad (1179 m ü.d.M.) mit radioaktiven Heilquellen. Hier endet die Straße; zu Fuß folgt man dem wilden Tschamintal, einem Teil des Naturparks Schlern (▶ Seiser Alm), und erreicht in 3 Std. über das Bärenloch die großartig gelegene Grasleitenhütte (2129 m ü.d.M.). Weiter in 1½ Std. zum Grasleitenpass (2601 m ü.d.M.), auf dem die gleichnamige Hütte steht.

***Kesselkogel** Ein Klettersteig führt in weiteren 1½ Std. auf den 3004 m hohen Kesselkogel, den höchsten Gipfel der Rosengartengruppe.

***Vajolettal** Vom Grasleitenpass geht man in 45 Min. abwärts zur Vajolethütte (2243 m ü.d.M.) im großartigen Vajolettal; daneben die Preusshütte; 30 Min. unterhalb stehen die Schutzhütten Gardeccia (1960 m ü.d.M.) und Catinaccio (1960 m ü.d.M.).

Von der Vajolethütte erreicht man in 1½ Std. die Gartlhütte (1621 m ü.d.M.) am kleinen Gartlsee mit berühmtem Nahblick auf die bis 2821 m hohen Vajolettürme; alle sind sehr schwierig zu ersteigen.

****Vajolettürme**

Leichter ist die zweistündige Klettertour auf die 2981 m hohe Rosengartenspitze (Cima Catinaccio). Vom Gartl geht man auf gesichertem Klettersteig über den 2741 m hohen Santnerpass mit der Santnerpasshütte und in 2 Std. zur Kölner Hütte (s. zuvor).

Rosengartenspitze

Südtiroler Brot

Praktische Informationen

Praktische Informationen von A bis Z

Anreise

Hinweis Seit Anfang 1997 sind nahezu alle österreichischen Fernverkehrsstraßen mautpflichtig; es gibt Plaketten ('Pickerl') mit zehn Tagen, zwei Monaten bzw. einem Jahr Gültigkeitsdauer. Die Benutzungsgebühr für die österreichische Brenner-Autobahn (s. unten) ist hierdurch nicht abgegolten; sie muss zusätzlich bezahlt werden. Nähere Ausküfte erteilen die Automobilclubs.

Mit dem Auto Die bekannteste Verbindungsstrecke von der Bundesrepublik Deutschland nach Südtirol ist die Autobahn München–Rosenheim–Kufstein–Innsbruck–Brenner–Bozen (A 8; ab Rosenheim/Inntal-Dreieck bis zur österreichischen Grenze: A 93).

Brenner-Autobahn: Die österreichische Brenner-Autobahn ist ab der Anschlussstelle Innsbruck-Süd gebührenpflichtig. Die Mautgebühren werden jedoch erst an der Zahlstelle vor dem Brennersee erhoben. Die Gebühren können in bar, aber auch mit der Visa- oder Eurocard bezahlt werden. Die Wertkarte, die nur an Mautstellen verkauft wird, gilt 18 Monate ab Ausstellungsdatum und ist übertragbar auf ein anderes Fahrzeug (eine gleichzeitige Verwendung für mehrere Fahrzeuge ist nicht gestattet). Diese Karte ist auch für den Arlbergtunnel, die Tauernautobahn, den Felbertauern- und Karawankentunnel, die Großglockner-Hochalpenstraße, die Gerlos-Alpenstraße, den Gleimalm- und Bosrucktunnel gültig. Auch Wohnmobile unter 3,5 t zulässigem Gesamtgewicht gelten als Pkw; in der deutschen Zulassung muss der Vermerk "Sonder-Kfz Wohnmobil" stehen.

Weitere Einreisemöglichkeiten von Österreich: Aus dem westlichen Österreich kommend, gelangt man am besten über den ganzjährig befahrbaren Reschenpass nach Südtirol. Timmelsjochstraße und Staller Sattel sind je nach Schneelage von Juni/Juli bis Oktober geöffnet. Auskunft erteilen die Automobilclubs.
Kommt man aus dem östlichen Österreich, so empfiehlt sich die Fahrt über Lienz, wo man die E 66 erreicht, welche bei Winnebach die österreichisch-italienische Staatsgrenze (ganzjährig geöffnet) überquert und dann als E 68 durch das Pustertal nach Brixen führt.

Einreise aus der Schweiz: Von der Schweiz kommt man zwischen Müstair und Taufers im Münstertal über die Grenze (ganzjährig geöffnet) nach Südtirol. Über evtl. nächtliche Schließungszeiten erkundige man sich vor Anreise bei der nächsten ADAC-Stelle.

Mit der Eisenbahn Von Norden her kann man mit der Eisenbahn über zwei Grenzübergänge nach Südtirol einreisen: entweder über den Brenner oder aus Richtung Lienz (Österreich) über Innichen.

◂ **"Vinschgerl" und "Vinschger Paarlen" sind typische Südtiroler Brotspezialitäten.**

Die Bahnverbindungen sind ausgezeichnet. Es gibt auch Reisebüro-Sonderzüge, die, aus Norddeutschland kommend, direkte Kurswagen bis Meran führen. **Eisenbahn (Fortsetzung)**

Autoreisezüge

Von verschiedenen deutschen Städten (Berlin, Hamburg, Hildesheim, Dortmund, Köln und Neu-Isenburg / Frankfurt am Main) verkehren Autoreisezüge (Pkw auf Transportwagen; Personen in Schlaf- bzw. Liegewagen) nach Bozen. Von Österreich fahren während der Sommersaison an Wochenenden Autoreisezüge nach Italien (ab Wien).

Fahrpläne findet man in den Kursbüchern und Prospekten; Auskunft und Anmeldung bei allen Fahrkartenausgaben, den Auslandsvertretungen der Italienischen Staatsbahnen (Ferrovie Italiane dello Stato, FS) und Reisebüros mit Fahrkartenverkauf.

Der Bozner Regionalflughafen ist seit 1999 in Betrieb.

Mit dem Flugzeug

Nächstgelegene Großflughäfen sind Innsbruck, Venedig (Venezia) und Mailand (Milano). Der neu eröffnete Regionalflughafen Bozen wird täglich von Frankfurt/Main und Rom direkt angeflogen.

Auskunft

in Deutschland

Ente Nazionale Italiano per il Turismo (ENIT)
Kaiserstr. 65
D-60329 Frankfurt am Main
☎ (0 69) 23 74 34
FAX 23 28 94

Goethestr. 20
D-80336 München
☎ (0 89) 53 13 17
FAX 53 45 27

Friedrichstr. 187
D-10117 Berlin
☎ (0 30) 2 47 83 98
FAX 2 47 83 99

In Österreich

Kärntnerring 4
A-1010 Wien
☎ (01) 5 05 16 30
FAX 5 05 02 48

In der Schweiz

Uraniastr. 32
CH-8001 Zürich
☎ (01) 2 11 79 17
FAX 2 11 38 85

Provinz Bozen

Südtirol-Marketing
Pfarrplatz 11/12
I-39100 Bozen
☎ 04 71 99 38 08
FAX 04 71 99 38 89
http://www.hallo.com

Südtiroler Bürgernetz
http://www.provinz.bz.it

Provinz Trient

Azienda per la Promozione Turistica del Trentino
Via Romagnosi 11
I-38100 Trento (Trient)
☎ 04 61 49 73 53
FAX 04 61 26 02 77
http://www.provincia.tn.it

Südtirol · Einzelne Orte

Verkehrsamt Abtei–Stern
I-39036 Abtei
☎ 04 71 84 70 37
☎ für Pedraces
04 71 83 96 95
☎ für St. Kassian
04 71 84 94 22

Verkehrsverein Luttach/Ahrntal
I-39030 Luttach
☎ 04 74 67 11 36
FAX 04 74 67 16 66
http://www.ahrntal.it

Verkehrsverein Steinhaus/Ahrntal
I-39030 Steinhaus
☎ 04 74 65 21 98
FAX 04 74 65 24 91
http://www.tauferer.ahrntal.com

Verkehrsverein Aldein/Radein
I-39040 Aldein–Radein
☎ 04 71 88 68 00
FAX 04 71 88 66 66

Verkehrsamt Algund
I-39022 Algund
☎ 04 73 44 86 00
FAX 04 73 44 89 17
http://www.algund.com

Verkehrsverein Altrei
I-39040 Altrei
☎FAX 04 71 88 20 77

Verkehrsverein Andrian
I-39010 Andrian
☎FAX 04 71 51 01 00

Verkehrsverein Antholz
I-39030 Antholz
☎ 0 47 44 21 16
FAX 0 47 44 23 70
http://www.kronplatz.com

Verkehrsverband Auer
I-39040 Auer
☎ 04 71 81 02 31
FAX 04 71 81 11 38

APT Auronzo
I-32040 Auronzo di Cadore
☎ 04 35 40 10 61

Verkehrsverein Barbian
I-39040 Barbian
☎ 04 71 65 44 11
FAX 04 71 65 42 60

EPT Belluno
Via Rodolfo Psaro 21
I-32100 Belluno
☎ 04 37 94 00 83

APT Bormio
Via Roma 131b
I-23023 Bormio
☎ 03 42 90 33 00

Kurverwaltung Bozen
Waltherplatz 28
I-39100 Bozen

☎ 04 71 97 56 56
FAX 04 71 98 01 28
http://www.sudtirol.com/
bolzano

Verkehrsverband Branzoll/Leifers/Pfatten
I-39055 Leifers
☎ 04 71 95 04 20
FAX 04 71 95 12 26

Kurverwaltung Brixen
Bahnhofstr. 9
I-39042 Brixen
☎ 04 72 83 64 01
FAX 04 72 83 60 67
http://www.brixen.org

Verkehrsamt Bruneck
I-39031 Bruneck
☎ 04 74 55 57 22
FAX 04 74 55 55 44
http://www.bruneck.com

Verkehrsverein Burgstall
I-39014 Burgstall
☎ 04 73 29 13 43
FAX 04 73 29 24 40

APT Canazei
I-38032 Canazei
☎ 0 46 20 11 13

APT Cavalese
I-38033 Cavalese
☎ 04 62 24 11 11

Pro Loco Cles
I-38023 Cles
☎ 04 63 42 13 76

Azienda Autonoma di Soggiorno
Piazza Roma
I-32043 Cortina d'Ampezzo
☎ 04 36 27 11

Verkehrsamt Corvara
I-39033 Corvara
☎ 04 71 83 61 76
FAX 04 71 83 65 40
Auskunftsbüro in Kolfuschg
I-39030 Colfosco
☎ 04 71 83 61 45
FAX 04 71 83 67 44

Verkehrsverband Deutschnofen/Eggen/Petersberg
I-39050 Deutschnofen
☎ 04 71 61 65 67
FAX 04 71 61 67 27
http://www.eggental.com

Verkehrsamt Eppan an der Weinstraße
I-39057 Eppan
☎ 04 71 66 22 06
FAX 04 71 66 35 46
http://www.eppan.net

Verkehrsverein Feldthurns
I-39040 Feldthurns
☎ 04 72 85 52 90
FAX 04 72 85 50 31
http://www.feldthurns.com

Verkehrsverein Franzensfeste
I-39045 Franzensfeste
☎ 04 72 45 86 05
FAX 04 72 45 88 28

Verkehrsverein Gais/Uttenheim
I-39030 Gais
☎ 04 74 50 42 20
FAX 04 74 50 40 31
http://www.gais-uttenheim.com

Verkehrsverein Gargazon
I-39010 Gargazon
☎ 04 73 29 22 44
FAX 04 73 29 20 94

Verkehrsverein Glurns
I-39020 Glurns
☎ FAX 04 73 83 10 97
http://www.glurns.suedtirol.com

Kurverwaltung Gossensaß
I-39040 Gossensaß
☎ 04 72 63 23 72
FAX 04 72 63 25 80

Verkehrsamt Vinschgauer Oberland
I-39020 Graun
☎ 04 73 63 46 03
FAX 04 73 63 47 13
http://www.reschen.suedtirol.com

Verkehrsverein Gsies
I-39030 St. Martin in Gsies
☎ 04 74 97 84 36
FAX 04 74 97 82 26
http://www.kronplatz.com

Verkehrsverein Hafling
I-39010 Hafling ob Meran
☎ 04 73 27 94 57
FAX 04 73 27 95 40

Verkehrsamt Innichen
Rathaus
I-39038 Innichen
☎ 04 74 91 31 49
FAX 04 74 91 36 77
http://www.innichen.it

Verkehrsverein Jenesien
I-39050 Jenesien
☎ 04 71 35 41 96
FAX 04 71 35 40 85

Verkehrsamt Kaltern
I-39052 Kaltern an der Weinstraße
☎ 04 71 96 31 69
FAX 04 71 96 34 69

Verkehrsverein Kastelbell/Tschars
I-39020 Kastelbell/Tschars
☎ 04 73 62 41 93
FAX 04 73 62 45 59
http://www.kastelbell.suedtirol.com

Verkehrsamt Schlern
I-39040 Kastelruth
☎ 04 71 70 63 33
FAX 04 71 70 51 88
http://www.kastelruth.com

Verkehrsverein Kiens
I-39030 Kiens
☎ 04 74 56 52 45
FAX 04 74 56 56 11
http://www.kronplatz.com

Verkehrsverband Klausen/Gufidaun/Latzfons
I-39043 Klausen
☎ 04 72 84 74 24
FAX 04 72 84 72 44

Verkehrsverein Kurtatsch an der Weinstraße
I-39040 Kurtatsch
☎ 04 71 88 01 00
FAX 04 71 88 04 51

Verkehrsverein Laas/Eyrs
I-39023 Laas
☎FAX 04 73 62 66 13

Verkehrsverein Lajen
I-39040 Lajen
☎ 04 71 65 56 33
FAX 04 71 65 55 66
http://www.tauferer.ahrntal.com

Verkehrsamt Lana
Andreas-Hofer-Straße 6
I-39011 Lana
☎ 04 73 56 17 70
FAX 04 73 56 19 79

Verkehrsverband Latsch
I-39021 Latsch
☎ 04 73 62 31 09
FAX 04 73 62 20 42
http://www.latsch.suedtirol.com

Verkehrsverband Leifers/Branzoll/Pfatten
I-39055 Leifers
☎ 04 71 95 04 20
FAX 04 71 95 12 26

Azienda Autonoma di Soggiorno
I-23030 Livigno
☎ 03 42 99 63 79

Verkehrsverein Lüsen
I-39040 Lüsen
☎ 04 72 41 37 50
FAX 04 72 41 38 38
http://www.luesen.com

Azienda Autonoma di Soggiorno
I-38084 Madonna di Campiglio
☎ 04 65 44 20 00

Verkehrsverband Mals
I-39024 Mals
☎ 04 73 83 11 90
FAX 04 73 83 19 01

Auskunftsbüro in Burgeis
I-39024 Burgeis
☎ 04 73 83 14 22
FAX 04 73 83 16 90

Verkehrsverein Margreid an der Weinstraße
I-39040 Margreid
☎ FAX 04 71 81 72 92

Verkehrsverband Marling
Kirchplatz 6
I-39020 Marling
☎ 04 73 44 71 47
FAX 04 73 22 17 75

Verkehrsverein Martell
I-39020 Martell
☎ 04 73 74 45 98
FAX 04 73 74 46 98
http://www.martell.suedtirol.com

Kurverwaltung Meran
Freiheitsstraße 45
I-39012 Meran
☎ 04 73 23 52 23
FAX 04 73 23 55 24
http://www.meraninfo.it

Verkehrsverein Meransen
I-39037 Meransen
☎ 04 72 52 01 97
FAX 04 72 52 01 25

Pro Loco
I-38017 Mezzolombardo
☎ 04 61 60 26 48

APT Moéna
I-38035 Moéna
☎ 04 62 57 31 22

Verkehrsverein Mölten
I-39010 Mölten
☎ 04 71 66 82 82
FAX 04 71 66 72 28

APT Molveno
I-38018 Molveno
☎ 04 61 58 69 24

Verkehrsverein Montan
I-39040 Montan
☎ FAX 04 71 81 97 47

Verkehrsverein Moos in Passeier/Pfelders
I-39013 Moos in Passeier
☎ 04 73 64 35 58
FAX 04 73 64 38 80

Verkehrsverein Mühlbach/Vals/Spinges
I-39037 Mühlbach
☎ 04 72 84 94 67
FAX 04 72 84 98 49

Verkehrsverein Mühlwald
I-39030 Mühlwald
☎ FAX 04 74 65 32 20
http://www.muehlwald.com

Verkehrsverein Nals
Gregor-Gasser-Str. 2
I-39010 Nals
☎ 04 71 67 86 19
FAX 04 71 67 81 41

Verkehrsamt Naturns
I-39025 Naturns
☎ 04 73 66 60 77
FAX 04 73 66 63 69

Verkehrsverein Natz/Schabs
I-39040 Natz-Schabs
☎ 04 72 41 50 20
FAX 04 72 41 51 22

Verkehrsverein Neumarkt
I-39044 Neumarkt
☎ 04 71 81 23 73
FAX 04 71 82 06 07

Verkehrsverein Niederdorf
I-39039 Niederdorf
☎ 04 74 74 51 36
FAX 04 74 74 52 83

APT della Valle di Non
I-38013 Fondo
☎ 04 63 83 01 33

Verkehrsverband Olang
I-39030 Olang
☎ 04 74 49 62 77
FAX 04 74 49 80 05
http://www.kronplatz.com

Verkehrsamt Partschins
I-39020 Partschins

☎ 04 73 96 71 57
FAX 04 73 96 77 98

APT Peio
I-38020 Peio
☎ 04 63 75 31 00

Verkehrsverein Percha
I-39030 Percha
☎FAX 04 74 40 11 55
http://www.kronplatz.com

Verkehrsverband Pfalzen
I-39030 Pfalzen
☎ 04 74 52 81 59
FAX 04 74 52 84 13
http://www.kronplatz.com

Azienda Autonoma di Soggiorno
Via 20 Settembre 18
I-32044 Pieve di Cadore
☎ 00 35 31 16 45

Azienda di Promozione Turistica
I-38086 Pinzolo
☎ 04 65 50 10 07

Verkehrsverein Plaus
I-39025 Plaus
☎ 04 73 66 01 10
FAX 04 73 66 00 46

Verkehrsamt für das Ortlergebiet
I-39026 Prad am Stilfser Joch
☎ 04 73 61 60 34
FAX 04 73 61 67 76
http://www.prad.suedtirol.com

Verkehrsverein Prags
I-39030 Prags
☎FAX 04 74 74 86 60

APT Predazzo
I-38037 Predazzo
☎ 04 62 50 12 37

Verkehrsverein Prettau
I-39030 Prettau
☎ 04 74 65 41 88
FAX 04 74 65 42 99
http://www.prettau.it

Azienda di Promozione Turistica
I-38020 Rabbi
☎ 04 63 98 51 44

Verkehrsverein Rasen
I-39030 Rasen / Antholzer Tal
☎ 04 74 49 62 69
FAX 04 74 49 80 99
http://www.kronplatz.com

Verkehrsverein Ratschings
I-39040 Ratschings
☎ 04 72 75 66 66
FAX 04 72 75 68 89
http://ratschings.suedtirol.com

Verkehrsamt Vinschgauer Oberland
I-39027 Reschen
☎ 04 73 63 31 01
FAX 04 73 63 31 40

Verkehrsverband Riffian/Kuens
I-39010 Riffian
☎ 04 73 24 10 76
FAX 04 73 24 14 22

Verkehrsamt Ritten
I-39054 Klobenstein
☎ 04 71 35 61 00
FAX 04 71 35 67 99
http://www.ritten.com

Verkehrsverein Rodeneck
I-39030 Rodeneck
☎ 04 72 45 40 44
FAX 04 72 45 40 50

Verkehrsverein Salurn an der Weinstraße
I-39040 Salurn
☎FAX 04 71 88 42 79

Verkehrsverband Sand in Taufers
I-39032 Sand in Taufers
☎ 04 74 67 80 76
FAX 04 74 67 89 22
http://www.taufers.com

APT San Martino di Castrozza
I-38058 San Martino di Castrozza
☎ 04 39 76 88 67

Verkehrsamt St. Christina
I-39047 St. Christina in Gröden
☎ 04 71 79 30 46
FAX 04 71 79 31 98
http://www.val-gardena.com

Verkehrsverband St. Leonhard in Passeier
I-39015 St. Leonhard in Passeier
☎ 04 73 65 61 88
FAX 04 73 65 66 24
http://www.passeiertal.org

Verkehrsverein St. Lorenzen/Montal
I-39030 St. Lorenzen
☎ 04 74 47 40 92
FAX 04 74 47 41 06

Verkehrsverein St. Martin in Passeier
I-39010 St. Martin in Passeier
☎ 04 73 64 12 10
FAX 04 73 64 15 96
http://www.passeiertal.org

Verkehrsverein St. Martin in Thurn
I-39030 St. Martin in Thurn
☎ 04 74 52 31 75
FAX 04 74 52 34 74

Verkehrsverein St. Pankraz
I-39010 St. Pankraz
☎ 04 73 78 71 71
FAX 04 73 78 55 42
http://www.ultental.it

Verkehrsamt St. Ulrich
I-39046 St. Ulrich in Gröden
☎ 04 71 79 63 28
FAX 04 71 79 67 49
http://www.val-gardena.com

Verkehrsamt Vinschgauer Oberland
I-39020 St. Valentin auf der Haide
☎ 04 73 63 46 03
FAX 04 73 63 47 13
http://www.vinschgau.suedtirol.com

Verkehrsamt St. Vigil
I-39030 St. Vigil in Enneberg
☎ 04 74 50 10 37
FAX 04 74 50 15 66
http://www.kronplatz.com

Verkehrsverein Sarntal
I-39058 Sarnthein
☎ 04 71 62 30 91
FAX 04 71 62 23 50
http://www.sarntal.com

Verkehrsamt Schenna
Dorfplatz
I-39017 Schenna
☎ 04 73 94 56 69
FAX 04 73 94 55 81
http://www.schenna.com

Verkehrsverband Schlanders
Kirchplatz
I-39028 Schlanders
☎ 04 73 73 01 55
FAX 04 73 62 16 15
http://www.schlanders.suedtirol.com

Verkehrsamt Schlern
Krausenplatz 1
I-39040 Kastelruth
☎ 04 71 70 63 33
FAX 04 71 70 51 88
http://www.kastelruth.com
Informationsbüros:
I-39040 Seis
☎ 04 71 70 70 24
FAX 04 71 70 66 00
I-39040 Seiseralm (am Parkplatz)
☎ 04 71 72 79 04
FAX 04 71 72 78 28

Verkehrsverein Schluderns
I-39020 Schluderns
☎ 04 73 61 52 58
FAX 04 73 61 54 44
http://www.vinschgau.suedtirol.com

Verkehrsverband Schnals
I-39020 Schnals
☎ 04 73 67 91 48
FAX 04 73 67 91 77

Verkehrsamt Seis
I-39040 Seis
☎ 04 71 70 70 24
FAX 04 71 70 66 00

Verkehrsamt Sexten
I-39030 Sexten
☎ 04 74 71 03 10
FAX 04 74 71 03 18

Verkehrsamt Sterzing
Stadtplatz
I-39049 Sterzing
☎ 04 72 76 53 25
FAX 04 72 76 54 41
http://www.infosterzing.it

Verkehrsamt Stilfser Joch
I-39020 Stilfs
☎ 04 73 90 30 30
FAX 04 73 90 3780

Auskunftsbüro für das Ortlergebiet
I-39029 Sulden am Ortler
☎ 04 73 61 30 15
FAX 04 73 61 31 82
http://www.sulden.suedtirol.com

Verkehrsverein Taisten
I-39035 Taisten
☎ 04 74 95 00 00
FAX 04 74 95 00 66
http://www.kronplatz.com

Verkehrsverein Taufers in Münster
I-39020 Taufers in Münster
☎ 04 73 83 21 68
FAX 04 73 83 23 53
http://www.kronplatz.com

Verkehrsverband Terenten
I-39030 Terenten
☎ 04 72 54 61 40
FAX 04 72 54 63 40
http://www.kronplatz.com

Verkehrsverband Terlan
I-39018 Terlan
☎ 04 71 25 71 65
FAX 04 71 25 78 30
http://www.tv.terlan.com

Verkehrsverein Tiers
I-39050 Tiers
☎ 04 71 64 21 27
FAX 04 71 64 20 05
http://www.tiers-rosengarten.com

Verkehrsamt Dorf Tirol
I-39010 Dorf Tirol
☎ 04 73 92 33 14
FAX 04 73 92 30 12
http://www.dorf-tirol.it

Verkehrsverein Tisens/Prissian
I-39010 Tisens
☎ 04 73 92 08 22
FAX 04 73 92 05 52

Verkehrsamt Toblach
I-39034 Toblach
☎ 04 74 97 21 32
FAX 04 74 97 27 30
http://www.toblach.it

Verkehrsamt
I-39020 Trafoi
☎ FAX 04 73 61 16 77
http://www.sulden.suedtirol.com

Verkehrsverband Tramin an der Weinstraße
I-39040 Tramin
☎ 04 71 86 01 31
FAX 04 71 86 08 20

Azienda di Promozione Turistica
I-38100 Trento (Trient)
Viale Alfieri 4
☎ 04 61 98 38 80

Verkehrsverein Truden/Kaltenbrunn
I-39040 Truden
☎ 04 71 86 90 78
FAX 04 71 86 92 78

Verkehrsverein Tscherms
I-39010 Tscherms
☎ 04 73 56 10 15
FAX 04 73 56 33 32

Verkehrsverband Ulten
I-39016 St. Walburg
☎ 04 73 79 53 87

FAX 04 73 79 50 49
http://www.ultental.it

Verkehrsverein Unsere Frau im Walde / St. Felix (Nonsberg)
I-39010 Unsere Frau im Walde
☎ 04 63 53 00 88
FAX 04 63 53 21 00

Verkehrsverein Vahrn
I-39040 Vahrn
☎ 04 72 83 74 70
FAX 04 72 83 74 65

Verkehrsverein Villanders
I-39040 Villanders
☎ 04 72 84 31 21
FAX 04 72 84 33 47

Verkehrsverein Villnöß/Theis/ St. Peter
I-39040 Villnöß
☎ 04 72 84 01 80
FAX 04 72 84 03 12
http://www.villnoess.com

Verkehrsverein Vintl/Pfunderertal
I-39030 Vintl
☎ 04 72 86 91 00
FAX 04 72 86 92 60

Verkehrsverein Völs am Schlern
I-39050 Völs am Schlern
☎ 04 71 72 50 47
FAX 04 71 72 54 88

Verkehrsverein Vöran
I-39010 Vöran
☎ 04 73 27 82 00
FAX 04 73 27 82 89

Verkehrsverein Welsberg
I-39035 Welsberg
☎ 04 74 94 41 18
FAX 04 74 94 45 99

Verkehrsamt Welschnofen
I-39056 Welschnofen
☎ 04 71 61 31 26
FAX 04 71 61 33 60
http://www.welschnofen.com

Verkehrsamt Wolkenstein in Gröden
I-39048 Wolkenstein in Gröden
☎ 04 71 79 51 22
FAX 04 71 79 42 45
http://www.val-gardena.com

Auskunft (Fortsetzung)

Autohilfe

Automobilclubs

Touring Club Italiano (TCI)
Corso Italia 10
I-20122 Milano (Mailand)
☎ 0 28 52 61
FAX 0 28 52 63 62
http://www.touringclub.it

Automobile Club d'Italia (ACI)
Via Marsala 8
I-00185 Roma (Rom)
☎ 0 64 99 81
FAX 06 49 98 22 34
http://www.aci.it

Automobilclub Südtirol
Italienallee 19/A
I-39100 Bozen
☎ 04 71 26 10 47
Zweigbüros: am Brenner- und Reschenpass, in Brixen, Neumarkt, Leifers, Meran, Innichen, Schlanders und Sterzing.
http://www.acibz.it

ACI-Notruf

Rund um die Uhr ist der ACI unter der Telefonnummer 116 erreichbar, mit dem Mobiltelefon (Handy) unter 800 116 800.

ADAC-Notruf für Italien

Der ADAC unterhält in Mailand (Milano) einen eigenen telefonischen Notrufdienst: ☎ 02 66 15 91

Berghütten und Schutzhäuser

Allgemeines

In Südtirol gibt es rund hundert Schutzhütten, von denen mehr als die Hälfte dem italienischen Alpenverein (Club Alpino Italiano; CAI), knapp zwanzig dem Alpenverein Südtirol (AVS) gehören und die übrigen der Öffentlichkeit zugängliche Privathütten sind. Mitglieder des Deutschen, Schweizer und Österreichischen Alpenvereins erhalten Preisermäßigungen. Die Hüttenordnungen der Alpenvereine sind im wesentlichen gleich, doch kennt der Alpenverein Südtirol keine unterschiedlichen Kategorien. Die Schutzhütten sind in der Regel bewirtschaftet.
Es ist ratsam, sich vor Antritt einer Mehrtagetour über die Öffnungszeiten der in Frage kommenden Hütten zu informieren und Quartier reservieren zu lassen.

Hüttenverzeichnis

Detaillierte Angaben über die einzelnen Hütten entnehme man dem vom Deutschen und Österreichischen Alpenverein sowie dem Alpenverein Südtirol herausgegebenen Werk "Die Alpenvereinshütten" aus dem Bergverlag Rudolf Rother, München.

Bustouren

Die Autobusverbindungen zwischen den größeren Orten Südtirols sind gut. Viele Reisebüros und das staatliche Busunternehmen Societais Automobilistica Dolomiti (SAD) bieten Ausflüge in alle sehenswerten Gegenden des Landes an; im Programm stehen z.B. Einkaufsfahrten nach Bozen und Meran, eine "Große Dolomitenfahrt", eine Weinfahrt nach Eppan oder Kaltern, eine sommerliche Gletscherfahrt zum Stilfser Joch oder Busfahrten in die Provinzen Belluno und Trient, Ausflüge an den Gardasee oder nach Livigno.

SAD Nahverkehr AG
Italienallee 13/N
I-39100 Bozen
☎ 04 71 45 01 11
FAX 04 71 45 02 86
Kostenfreie Auskunft (nur in Italien): ☎ 800 84 60 47
http://www.sad.it

Camping und Caravaning

Wegen der großen Anzahl der gut bis sehr gut ausgestatteten Südtiroler Campingplätze, die teilweise ganzjährig geöffnet sind, erübrigt sich hier eine detaillierte Aufstellung. Ein kostenloses Verzeichnis ist beim Landesverkehrsamt (▶ Auskunft) erhältlich. Campingplatzverzeichnisse für ganz Italien werden u.a. von der ENIT und von der Federazione Italiana del Campeggio e del Caravanning herausgegeben.

Hinweis

Viele der in diesem Reiseführer beschriebenen Bergstraßen können mit Wohnwagengespannen und größeren Wohnmobilen nicht oder nur unter Schwierigkeiten befahren werden. Man orientiere sich an der Signatur der diesem Reiseführer beigegebenen Reisekarte oder erkundige sich vor Ort.

Camping (Fortsetzung)

Südtirol Marketing
Pfarrplatz 11/12
I-39100 Bozen
☎ 04 71 99 38 08
FAX 04 71 99 38 89

Federazione Italiana del Campeggio e del Caravanning
Via Vittorio Emanuele 11
I-50041 Calenzano / Firenze
☎ 0 55 88 23 91

Diplomatische und konsularische Vertretungen

In Italien

Deutsche Botschaft
Via San Martino della Battaglia 4
I-00185 Roma (Rom)
☎ 06 49 21 31
FAX 06 44 52 67-1

Deutsches Generalkonsulat
Via Solferino 40
I-20121 Milano (Mailand)
☎ 0 26 55 44 34
FAX 0 26 55 52 13

Österreichische Botschaft
Via Pergolesi 3
I-00198 Roma (Rom)
☎ 06 86 82 41–44
FAX 0 68 54 32 86

Österreichisches Generalkonsulat
Via Tranquillo Cremona 27
I-20145 Milano (Mailand)
☎ 0 24 81 20 66
FAX 02 48 00 96 30

Schweizerische Botschaft
Via Barnaba Oriani 61
I-00197 Roma (Rom)
☎ 06 80 36 41–45
FAX 0 68 08 85 10

Schweizerisches Generalkonsulat
Via Palestro 2
I-20121 Milano (Mailand)
☎ 02 79 55 15
FAX 02 76 01 42 96

In Deutschland

Italienische Botschaft
Dessauer Str. 28/29
D-10963 Berlin
☎ (0 30) 25 44 00
FAX 25 44 01 20

In Österreich

Italienische Botschaft
Rennweg 27
A-1030 Wien
☎ (01) 71 25 12 1-0
FAX 7 13 97 19

In der Schweiz

Italienische Botschaft
Elfenstr. 14
CH-3000 Bern
☎ (0 31) 44 41 51

Einkäufe · Souvenirs

Handwerk und Kunstgewerbe

Wie in ganz Italien kann man auch in Südtirol beachtenswerte Erzeugnisse des traditionsreichen Handwerks und Kunstgewerbes in erstaunlicher Vielfalt finden.
Wer sich vorab einen Überblick über schöne Beispiele des Südtiroler Kunsthandwerks verschaffen möchte, dem seien Besuche im Kunsthandwerklichen Museum in St. Ulrich, im Südtiroler Landesmuseum für Volkskunde in Dietenheim (bei Bruneck) oder im Volkskunstmuseum von Innsbruck (Österreich) empfohlen.

Grödner Holzschnitzereien

Weitbekannt sind die Grödner Holzschnitzereien; vor allem in den Fremdenverkehrsorten St. Christina, St. Ulrich und Wolkenstein kann man u.a. für seine Weihnachtskrippe aus Holz geschnitzte Figuren in vielen Größen erstehen.

Baedeker TIPP Souvenirs, Souvenirs ...

Zu den zahlreichen beliebten Erinnerungsstücken für Touristen zählen u.a. die nachfolgenden Artikel:
Bäuerliche Keramik, Arbeiten aus verziertem Metall, Blumen aus Maisstroh, verzierte Dosen aus Ochsenhorn, Federkielstickerei, gedrechselte Ziergegenstände und Bauernmöbel, handgewebte Textilien aller Art, Klöppelspitzen, bestickte Blusen und Tischdecken, Bozner Adventsengel, Meraner Poppen (Puppen aus Stoff), Südtiroler Trachtenpuppen, Holzspielzeug, Schmuck aus Gold, Silber und Edelsteinen, Wachs- und Zierkerzen, handgeschnitzte, rustikale Möbel, Kunstschmiedearbeiten, Modeschmuck etc.

Um die wirkliche Handarbeit des Holzbildhauers und Schnitzers von der Maschinenarbeit zu unterscheiden, wird sie durch eine eigene, von der Handelskammer Bozen eingeführte Marke geschützt. Die Marke besteht aus einem Metallplättchen, welches das Zeichen der Handels-, Industrie-, Handwerks- und Landwirtschaftskammer Bozen und die Aufschrift “Entirely Hand Carved” (= ausschließlich handgearbeitete Holzschnitzerei) trägt. Nach beendeter Vorbearbeitung wird die Marke auf dem Sockel der Schnitzerei durch einen von der Handelskammer beauftragten Experten angebracht. Ist das Werk beendet, stellt er ein Zertifikat aus, bei dem es sich um ein fortlaufend num,eriertes amtliches Dokument der Handelskammer mit allen zur Kennzeichnung des Kunstgegenstandes erforderlichen Angaben handelt.

Südtirol-Literatur

Ein reiches Angebot an Literatur über Südtirol halten die großen Buchhandlungen, u.a. Athesia (Bozen, Lauben 41; Meran, Lauben; ferner in den anderen großen Orten) und Poetzelberger (Meran, Pfarrplatz), bereit.

Leder Textilien

Es gibt gute Taschen, Handschuhe, Schuhe, Gürtel, Koffer, Leder- und Strickwaren. Gerne werden Trachtenmoden und Trachtenschmuck gekauft.

Südtiroler Werkstätten

In Bozen, Lauben 39, befinden sich die “Südtiroler Werkstätten” (☎ 04 71 97 85 90), wo man u.a. schöne Souvenirs aus Leinen, Holzspielzeug und Glas erstehen kann. Eine zweite Niederlassung gibt es in Meran, Sparkassestr. 22 (☎ 04 73 23 06 02).

Südtiroler Speck

Als kulinarische Spezialität beliebt ist der Südtiroler Speck, der unter verschiedenen Markennamen im Handel ist. Einen kostenlosen “Speckführer” und Informationen u.a. mit Adressen von Geschäften, in welchen er erhältlich ist, versendet das Landesfremdenverkehrsamt für Südtirol in Bozen (▶ Auskunft).

Wein

Von hervorragender Qualität sind ferner der ▶ Wein, die klaren Schnäpse (Birnenbrand, Marillenbrand = Aprikosenschnaps, Kirsch-

und Zwetschgenwasser, Grappa bzw. Treber = Brand aus Traubentrestern; Kräuterschnäpse und -liköre) sowie die Fruchtsäfte. **Spirituosen Fruchtsäfte**

Die Einkaufsquittung (ricevuta fiscale) ist wegen einer eventuellen Kontrolle durch die Steuerfahndung sorgfältig aufzubewahren. Kann ein solcher Beleg nicht vorgewiesen werden, so droht eine Geldbuße. **Hinweis**

Eisenbahn

Die Fernverbindungen in Nord-Süd-Richtung verlaufen, von Innsbruck kommend, über den Brenner und durch das Eisacktal nach Bozen, dann weiter durch das Etschtal in Richtung Trient. **Fernverkehr**

Die wichtigsten regionalen Eisenbahnverbindungen führen vom Brenner bzw. von Innichen nach Bozen und von Bozen nach Meran. Die 1906 eröffnete Vinschgaubahn von Meran bis Mals wurde in den Achtzigerjahren still gelegt; es bestehen vage Pläne, die Strecke wieder zu aktivieren. **Regionalverkehr**

Fahrplanauskunft: ☎ 04 71 97 42 92. **Auskunft**

Elektrizität

Das Netz führt 220 Volt Wechselspannung. Im allgemeinen sind Netzstecker nach der Europa-Norm verwendbar; für Schutzkontaktanschlüsse benötigt man einen Zwischenstecker (im Fachhandel zu bekommen).

Essen und Trinken

Im großen und ganzen basiert die Südtiroler Küche auf der süddeutschen und der Wiener Küche; sie ist jedoch auch nicht unwesentlich von der italienischen beeinflusst. Es wird viel mit Öl gekocht, und als Beilagen reicht man u.a. Teigwaren und Gemüse.

Bezeichnungen für die Südtiroler Mahlzeiten

Die Mahlzeiten haben in Südtirol zum Teil recht ungewöhnliche Namen.

Der Tag beginnt mit dem 'Vormaß', dem Frühstück. **Vormaß**

Das zweite Frühstück heißt 'Halmetage'. **Halmetage**

'Marende' oder 'Jausen' ist die Brotzeit am Nachmittag mit 'Brettlspeck' und Würsten ('Original Südtiroler Markenspeck' s. unten). Auf einem Holzbrett schneidet man sich selbst ganz fein vom Stück den Speck ab (Kenner dieser Sitte führen eigens für diesen Zweck ein Taschenmesser mit sich). Dazu empfiehlt sich hartes Bauernbrot, Schüttelbrot oder Vinschger Paarl (s. Brot). **Marende / Jausen**

Nachtmahl	Während wir zum 'Abendessen' gehen, nehmen die Südtiroler das 'Nachtmahl' ein.
Brot	Eine besondere Erwähnung verdient das Brot als Hauptnahrungsmittel. Es ist in über hundert Formen in Südtirol erhältlich und trägt oftmals originelle Namen, wie Bosniaggen, Gipfelen, Struzen, Strützlein, Kinderarschlen u.a.
Oster-Fochaz	Das Oster-Fochaz ist ein rundes Osterbrot. Der Südtiroler Name 'Fochaz' stammt von dem ladinischen Wort 'Focaccia' ab, was soviel wie 'Ofenbrot' bedeutet. Vor dem Backen wird mit einer Stricknadel ein Muster in das Brot eingestichelt.
Paarlen 'Vinschger Paarl'	Häufig findet man die 'Paarlen', bei denen es sich um knusprige, paarweise zusammenhängende Fladen handelt, die auf den Bauernhöfen nur wenige Male im Jahr gebacken und in kurzer Zeit steinhart und haltbar werden. Vinschger Paarlen sind paarweise gebackenes, mit Kümmel, Fenchelsamen u.a. gewürztes Roggenbrot in Fladenform aus dem Vinschgau. In den größeren Orten gibt es Paarlen auch täglich frisch.
Völser Schüttelbrot	Die auch als 'Völser Brettl' bezeichneten flachen, knackigen Fladen mit unregelmäßiger Oberfläche werden gern zu Rotwein und Speck serviert. Den Teig 'schüttelt' man vor dem Backen so lange, bis er ganz dünn geworden ist.
Vorschlagbrot	Als 'Vorschlagbrot' bezeichnet man ein aus Roggen- und Weizenmehl gebackenes flaches Brot, dessen Teig Anis und Fenchel zugesetzt worden sind.
Ägydi-Brote	Das Brot genoß heilige Verehrung, und bis in die Gegenwart hat sich eine religiöse Brotspende in Raas über Brixen erhalten, wo am 1. September bis zu zweitausend 'Ägydi-Brote' an die Besucher des Mittagsrosenkranzes ausgegeben werden.
Torten	Hier seien besonders drei Köstlichkeiten genannt: die Kastanientorte, die südtirolerisch-exklusive Schwarzplentene Torte aus Buchweizen und der schmackhafte Zelten (s. Speisenlexikon).

Kleines Südtiroler Speisenlexikon

Artischockenpastete	eine Pastete aus Artischocken und Kalbsfilet
Bauernbratl	Schweinsbraten und -rippen mit Kartoffeln
Bauernschöpsernes	Eintopf aus Hammelfleisch (Schöpsenfleisch), Rotwein, Kartoffeln, gewürzt mit Knoblauch, Salbei und Rosmarin sowie dem Aroma von Lorbeer
Brotsuppe	Aus Fleischbrühe, altbackenem Vinschg(au)er Paarl (Fladenbrot), Zwiebeln, Eiern, Butter und Petersilie bereitete Suppe
Cabernet-Birnen	in Cabernet (▶ Wein) gedünstete Birnen mit Walnußeis, Sahne und Karamelsoße

rohes, hauchdünn geschnittenes Rindfleisch wird mit Salz, Pfeffer, Essig und Öl angerichtet	**Carpaccio**
in Fett ausgebackene Kartoffelteigrechtecke	**Erdäpfelplatteln**
Suppeneinlage (in Streifen geschnittener Pfannkuchen)	**Frittaten**
Schinken, den man kosten sollte!	**Gamsschinken**
Stückchen gekochten Fleisches, Kartoffeln und Ei zusammen gebraten (ähnlich wie Bauernfrühstück)	**G(e)röstl**
Teigtaschen mit Pilzfüllung	**Hexenschlucker**
Gewürztes Hirn auf Weißbrot, das in Fett ausgebacken wird	**Hirnprofesen (Pavesen)**
Honigäpfel (erst Nov./Dez. reif)	**Kakipflaumen**
leicht geräucherte harte Rohwurst, entfent mit unseren Landjägern vergleichbar, beliebt zur Brettljause.	**Kaminwurzen**
Nieren mit Bohnen und Speck, in Wein geschmort	**Kapuzinerfleisch**
Edelkastanien	**Kästen (Kösten)**
Krapfenfüllung aus gedörrten, passierten Birnen	**Kloazenfülle**
rundes Hefe-Fettgebäck	**Kniekichl**
Knödel aus einem Teig von gekochten Kartoffeln, Mehl und Eiern, gefüllt mit einer entsteinten und mit Zucker gefüllten Aprikose	**Marillenknödel**
Edelkastanien	**Maroni**
Eierfrüchte, Auberginen	**Melanzani**
Schnitten aus Kalbsmilz, Semmeln und Gewürzen in kräftiger Fleischbrühe	**Milzschnittensuppe**
eine Art Krapfen, in Fett gebacken und mit einer Honig-Weinsoße serviert	**Nigelen (auch Zirggelen)**
Forellen (aus der Passer), speziell gebeizt und warm geräuchert, werden meist mit leichtem Sahnekren (Kren = Meerrettich) gereicht	**Passerforellen**
Pinienkerne	**Pignoli**
ein dicker Brei aus in Salzwasser gegartem grobem Maisgrieß, der auch ausgebacken wird. Man reicht ihn zu Gulasch, Pilzen u.ä. und bestreut ihn gegebenenfalls mit geriebenem Parmesan	**Polenta**
ein delikater Braten in Weinsoße, oft mit Polenta serviert	**Rindsbraten**
in Backteig getauchte und ausgebackene Pflaumen	**Schlosserbuben**

Essen und Trinken

Schlutzkrapflen	Teigwaren ähnlich den schwäbischen Maultaschen, gefüllt mit Spinat und mit Parmesan angerichtet
Schwarzplentenmehl	Buchweizenmehl (grob)
Speckknödel	durch Speck, Zwiebeln und Kräuter verfeinerte Semmelknödel, die in der Suppe oder als Beilage serviert werden; seltener erhält man dunkle, aus Schwarzplentenmehl zubereitete Knödel.
Spinatnocken	aus altbackenem Weißbrot, Spinat, Knoblauch und anderen pikanten Zutaten geformte Nocken
Stocktirtl	mit Quark und Mohn gefüllte Teigblätter, die übereinandergeschichtet und mit Honigwasser übergossen werden
Tirtlen	ein besonderer Nudelteig, gefüllt mit Sauerkraut und in Fett ausgebacken
Topfen	Quark
Weinkoch	kuchenähnlicher Auflauf, zu dem man Glühwein trinkt
Weinsuppe	Fleischbrühe mit Rahm, Eigelb und Weißburgunder
Zelten	Früchtebrot mit sehr wenig Teig (Bozner Spezialität)
Ziegerkas, Ziegerkäse	kleiner, kegelförmiger, pikanter Almkäse
Zigori	Zichorie, Chicorée
Zucchini	Gemüsekürbisse
Bozner Weinkostwochen u.a.	▶ Wein

Getränke

Südtiroler Wein	Der Südtiroler Wein (▶ Wein) wird gern 'gespritzt', d.h. mit Sodawasser gemischt, getrunken. Es überwiegen rote Weine; Weißwein wird u.a. in Terlan und Tramin gekeltert.
Bier	In ganz Südtirol ist importiertes und inländisches Bier, Letzteres aus der Meraner Großbrauerei Forst, erhältlich.
Fruchtsäfte	Aufgrund des Obstreichtums bekommt man überall erstklassige Fruchtsäfte serviert.
Schnaps	Beliebt sind die Alpenkräuter- und Obstschnäpse sowie der Grappa (auch Treber genannt), ein Destillat aus Traubentrestern.
Magenbitter	Insbesondere nach reichlichem und schwerem Essen trinkt man gern Fernet, Enzian oder einen der vorzüglichen Kräuterschnäpse.
Kaffee	Allseits beliebt ist der Espresso, ein starker Kaffee nach italienischer Art.

Feiertage

1. Januar (Neujahr)
6. Januar (Dreikönig)
19. März (Heiliger Josef; gilt für ganz Italien)
Ostermontag
25. April (Tag der Befreiung)
1. Mai
Christi Himmelfahrt
Pfingstmontag
1. So. im Juni: Gedenken an die Proklamation der Republik
15. August (Mariä Himmelfahrt)
1. November (Allerheiligen)
1. So. im November: Tag der Nationaleinheit
8. Dezember (Mariä Empfängnis)
25. und 26. Dezember

Ferien auf dem Bauernhof

Besonders Familien mit Kindern ziehen einen ungezwungenen Urlaub auf dem Bauernhof vor. Eine Übersicht der Höfe in Südtirol kann sowohl beim Landesverkehrsamt in Bozen (▶ Auskunft) als auch bei untenstehender Anschrift angefordert werden:

Südtiroler Bauernbund
Abteilung "Urlaub auf dem Bauernhof"
Crispistr. 15
I-39100 Bozen
☎ 04 71 99 94 34
http://www.roterhahn.it

Ferienwohnungen

Privatvermietungen

Wer seinen Urlaub in einer Ferienwohnung verbringen möchte, wende sich entweder an die lokalen Verkehrsbüros oder an nachfolgende Anschrift:

Verband der Privatzimmervermieter
Mustergasse 9
I-39100 Bozen
☎ 04 71 97 83 21

Geld

Euro (€)

Seit 1. Januar 2002 ist er offizielles Zahlungsmittel. Für Italien wurde folgender Umrechnungskurs festgelegt: 1 € = 1936 Lire. Für die nicht an das Euro-System angeschlossene Schweizerische Eidgenossenschaft gilt: 1 € = 1.52 sfr.

Postbank

Seit 1. Januar 1999 ist es im Ausland nur noch mit der SparCard möglich, Geld vom Sparkonto der Postbank abzuheben. Die Magnetkarte ermöglicht es zusammen mit der Geheimzahl (PIN), an weltweit rund 400 000 VisaPlus-Geldautomaten Bargeld abzuheben. Bei entsprechendem Guthaben können bis zu 1500 € pro Monat abgehoben werden; für das elektronische Bezahlen, z.B. an der Ladenkasse ist die SparCard nicht zugelassen.

Kreditkarten Hotels, Restaurants, Autovermieter und große Einzelhandelsgeschäfte akzeptieren die meisten internationalen Kreditkarten. Verbreitet sind Visa, Eurocard, American Express und Diners Club.

Eurocheques Eurocheques werden fast nirgends mehr akzeptiert; ab 1.1.2002 entfällt die Zahlungsgarantie.

Heilbäder und Kuren

In Südtirol und dem Trentino gibt es eine Reihe von Heilbädern. Am bekanntesten sind die radioaktiven Mineralquellen von Meran; weiter sind aus dem gesamten auf der beiliegenden Reisekarte wiedergegebenen Gebiet zu nennen: Bormio (Provinz Sondrio), Peio und Rabbi (beide Provinz Trient), Naturns, Weißlahnbad bei Tiers, Völs am Schlern, Sand in Taufers, Untermoi und Sexten (alle Provinz Bozen). Genauere Informationen erhält man bei den unter ▶ Auskunft genannten Fremdenverkehrsstellen.

Hotels

Kategorien Die Betriebe sind in fünf Kategorien eingeteilt, die mit einem Stern (unterste Kategorie) bis vier Sternen (oberste Kategorie, ggf. mit der Zusatzbezeichnung S für 'super') gekennzeichnet sind.

Hotelführer Ein Hotelführer erscheint alljährlich und kann beim Landesverkehrsamt Südtirol (▶ Auskunft) angefordert werden.

Preisgruppen Die Hotelpreise variieren je nach Jahreszeit, auch sind sie in den Städten generell höher. Für Einzelzimmer zahlt man 20 bis 25 % weniger als für ein Doppelzimmer. Die nachstehende Tabelle kann nur Orientierungswerte zeigen.

Kategorie	Preise
*****	über 208 €
****	78 – 208 €
***	63 – 156 €
**	bis 78 €
*	bis 63 €

Abteital

**** **Armentarola**
I-39030 St. Kassian, 90 B.;
☎ 04 71 84 95 22,
FAX 04 71 84 93 89
Sportliches, behäbig-komfortables Hotel am Rand eines weiten Almgebiets; tagsüber in der Saison starker Restaurantbetrieb. Hallenbad, Solarium, Tennisplatz; vielseitiges Sportangebot (Reiten, Wildwasserangeln, Bergtouren).

**** **Ciasa Salares**
I-39030 St. Kassian, Armentarola 127, 70 B.;

☎ 04 71 84 94 45,
FAX 04 71 84 93 69
Verkehrsgünstig und landschaftlich schön an der Straße zum Falzaregopass gelegenes Haus mit rustikalem Flair. Hallenbad, Sauna, Solarium, Fitnessraum.

**** **Rosa Alpina**
I-39030 St. Kassian, Zentrum 61, 75 B.;
☎ 04 71 84 95 00,
FAX 04 71 84 93 77
Stilvoll-elegantes Haus in zentraler Lage. Hallenbad mit Kurabteilung, Sauna, Solarium und Fitnessraum. Piano-Bar und ladinische Abende.

**** **Christiania**
I-39030 Stern, 55 B.;
☎ 04 71 84 70 16,
FAX 04 71 84 70 56
Verkehrsgünstig an der Durchgangssraße gelegenes Haus im alpenländischen Stil. Freibad, Liegewiese, Sauna, Solarium. Hunde sind nicht erwünscht.

**** **Fanes / Pitscheiderhof**
I-39030 St. Kassian, 91 B.;
☎ 04 71 84 94 70,
FAX 04 71 84 94 03
Sehr komfortables Haus in freier Lage etwas oberhalb vom Ortskern. Sauna, Solarium, Tennisplatz, Kinderspielplatz. Hunde sind nicht erwünscht.

*** **Dolomiti**
I-39030 Stern, 92 B.;
☎ 04 71 84 71 43,
FAX 04 71 84 73 90
Zentrumsnah gelegenes, komfortabel-ländliches Haus mit Sauna, Solarium und Kinderspielplatz.

Aldein/Radein

** **Aldeinerhof**
I-39040 Aldein
Wildeich 52, 38 B.;
☎ 04 71 88 68 04
Das Hotel liegt ruhig am Waldrand. Es bietet Sonnenterrasse, Kinderspielplatz und Reitgelegenheit.

Algund

**** **Algunderhof**
I-39022 Algund
Alte Landstraße 54, 50 B.;
☎ 04 73 44 85 88,
FAX 04 73 44 73 11
Reizvoll zwischen Obstkulturen und Weinbergen gelegenes Haus mit Park; Bar, Schwimmbad, Fitnessraum, Kinderspielplatz.

**** **Wiesenhof**
I-39022 Algund
Jos.-Weingartner-Str. 16, 65 B.;
☎ 04 73 44 66 77,
FAX 04 73 22 08 96
Ländlich gelegenes Haus zwischen Obstgärten, an der Straße nach Meran; Schwimm- und Hallenbad, gepflegte Küche, Bar, Firnessraum, Kinderspielplatz. Hunde sind nicht erwünscht.

*** **Mühlbacherhof / Gstör**
I-39022 Algund
Alte Landstraße 19 und 40, zusammen 100 B.;
☎ 04 73 44 85 82,
FAX 04 73 44 80 47
Die beiden Häuser liegen im Ortszentrum. Hauseigene Metzgerei im Hotel-Restaurant Gstör. Das Frei- bzw. Hallenbad kann von den Gästen beider Häuser genutzt werden.

*** **Laurin**
I-39022 Algund
Rosengartenstr. 6, 37 B.;
☎ 04 73 44 85 89,
FAX 04 73 22 19 40
Das Haus liegt ruhig und aussichtsreich nahe dem Ortszentrum. Hallenbad und Liegewiese, Bar, Terrassencafé.

*** **Ludwigshof**
I-39022 Algund
Breitofenweg 9, 35 B.;
☎ 04 73 22 03 55,
FAX 04 73 22 04 20
Das familiär geführte Haus liegt ruhig abseits der Durchgangsstraßen, aber verkehrsgünstig zur nahen Kurstadt Meran. Bar, Fitnessraum, Frei- und Hallenbad. Hunde sind nicht erwünscht.

*** **Sporthotel des Alpes**
I-39022 Algund
Alte Landstraße 12, 80 B.;
☎ 04 73 44 05 33,
FAX 04 73 22 12 28
Das Hotel liegt in einem schönen Park nahe der Straße nach Meran. Bar, Frei- und Hallenbad, Tennisplatz, Kleingolf und Kinderspielplatz.

Andrian

** **Gasthof Schwarzer Adler**
I-39010 Andrian
St.-Urban-Platz 2, 30 B.;
☎ 04 71 51 02 88,
FAX 04 71 51 02 88
Behäbiges, historisches Haus in zentraler Lage. Schön getäfelte Zirbelstube und schattiger Wirtsgarten; Liegewiese und Kinderspielplatz.

** **Stamserhof**
I-39010 Andrian
Sonnenstr. 16, 45 B.;
☎ 04 71 51 02 65,
FAX 04 71 51 02 04
Familiär geführtes Haus mit Schwimmbad und Liegewiese; Pizzeria, Bar, Kinderspielplatz.

Antholzer Tal

**** **Relax-Hotel Alpenhof**
I-39030 Niederrasen 123, 60 B.;
☎ 04 74 49 64 51,
FAX 04 74 49 80 47
Hochklassiges, familienfreundliches Hotel im landestypischen Stil. Hallenbad, Sauna, Solarium, Fitnessraum, Kinderspielzimmer.

**** **Frida**
I-39030 Niederrasen 103, 54 B.;
☎ 04 74 49 61 02,
FAX 04 74 49 81 40
Sonnig und ruhig am Waldrand gelegenes Haus von hohem Komfort mit Dependance. Hallenbad, Sauna, Solarium, Fitnessraum.

**** **Koflerhof**
I-39030 Oberrasen 91, 56 B.;
☎ 04 74 49 62 45,
FAX 04 74 49 80 79
Modernes und familienfreundliches, sehr komfortables Haus mit Hallenbad, Sauna, Solarium, Fitnessraum, Tennisplatz und Kinderspielzimmer.

**** **Rasen**
I-39030 Niederrasen 10, 74 B.;
☎ 04 74 49 61 34,
FAX 04 74 49 81 48
Gemütlich-komfortables und familienfreundliches Sporthotel. Hallenbad, Sauna, Solarium.

*** **Adler**
I-39030 Niederrasen 32, 48 B.;
☎ 04 74 49 61 17,
FAX 04 74 49 82 42
Verkehrsgünstig und zentral gelegenes Haus mit eigener Schlachtung. Sehr abwechslungsreiche Bade- und Saunalandschaft.

*** **Andreas Hofer**
I-39030 Oberrasen 73, 69 B.;
☎ 04 74 49 61 22,
FAX 04 74 49 81 26
Verkehrsgünstig nahe der Straße zum Staller Sattel gelegenes Haus mit familiärer Atmosphäre. Sauna, Solarium und Fitnessraum.

*** **Ansitz Heufler**
I-39030 Oberrasen 37, 18 B.;

☎ 04 74 49 85 82,
FAX 04 74 49 80 46
Stattliches, schlossartiges Hotel in einem historischen Gebäude.

Auer

*** **Kaufmann**
I-39040 Auer
Fleimstaler Str. 16–18, 72 B.;
☎ 04 71 81 00 04,
FAX 04 71 81 11 28
Direkt an der Dolomitenstraße gelegenes komfortables und behagliches Haus mit Freibad, Liegewiese und Terrasse.

*** **Villa Groff**
I-39040 Auer
Bahnhofstr. 76, 50 B.;
☎ 04 71 81 04 24,
FAX 04 71 81 09 79
Ruhiges, familienfreundliches Hotel mit Ferienwohnungen in einer ehem. Jugendstilvilla. Freibad, Kinderspielplatz.

Barbian

** **Traube / Barbianerhof**
I-39040 St. Jakob 37, 120 B.;
☎ 04 71 65 00 00,
FAX 04 71 65 00 50
Sonnig und ruhig mit Blick auf die Dolomiten gelegener Gasthof mit separatem Gästehaus. Sonnenterrasse, Liegewiese und Schwimmbad; im Sommer Grillabende.

** **Starz / Goldener Adler**
I-39040 St. Gertraud, 38 B.;
☎/FAX 04 71 65 41 42
Verkehrsgünstig unterhalb der Trostburg und nahe der Eisacktalstraße gelegenes Haus; Tirolerstube, Schwimmbad und Liegewiese.

Belluno

**** **Villa Carpenada**
I-32100 Belluno
Via Mier 158, 35 B.;
☎ 04 37 90 83 43,
FAX 04 37 90 83 45
Kleines, hochklassiges Hotel in einem angenehm gelegenen ehem. Barockpalais.

Bormio

**** **Palace Hotel**
I-23032 Bormio
Via Milano 54, 140 B.;
☎ 03 42 90 31 31,
FAX 03 42 90 33 66
Zentrumsnah gelegenes, großes und traditionsreiches Haus mit Hallenbad, Sauna, Tennisplatz, Fitnessraum und kleinem Park. Hunde sind nicht erwünscht.

**** **Posta**
I-23032 Bormio
Via Roma 66, 95 B.;
☎ 03 42 90 47 53,
FAX 03 42 90 44 84
Mitten in der City gelegenes Hotel mit gehobenem Komfort. Hallenbad, Sauna, Fitnessraum, angenehmes Gartenrestaurant. Hunde sind nicht erwünscht.

Bozen

**** **Parkhotel Laurin**
I-39100 Bozen
Laurinstr. 4, 184 B.;
☎ 04 71 31 10 00,
FAX 04 71 31 11 48
Außen ein Hauch der k.u.k. Monarchie, innen alles vom Feinsten: das Parkhotel Laurin ist ein Haus internationalen Spitzenstandards mit allem entsprechenden Komfort und perfekter Ausstattung für Kongresse. Pianobar; großer Park mit Schwimmbad.

**** **Alpi**
I-39100 Bozen
Südtiroler Str. 35, 195 B.;
☎ 04 71 97 05 35,
FAX 04 71 97 19 29

Modernes und sehr komfortables Haus in zentraler Lage. Besonders für Kongresse und Konferenzen beliebt.

****** Luna – Mondschein**
I-39100 Bozen
Piavestr. 15, 130 B.;
☎ 04 71 97 56 42,
FAX 04 71 97 55 77
Traditionsreiches, zentral gelegenes Haus für gehobene Ansprüche; Park mit Restaurant, Mondscheinstüberl.

***** Stadthotel**
I-39100 Bozen
Waltherplatz 21, 167 B.;
☎ 04 71 97 52 21,
FAX 04 71 97 66 88
Unmittelbar am Waltherplatz und damit direkt in der historischen Altstadt gelegen, zeigt das Stadthotel klassisches Flair. Stilvolles Restaurant mit regional akzentuierter Küche.

****** Scala – Stiegl**
I-39100 Bozen
Brennerstr. 11, 100 B.;
☎ 04 71 97 62 22,
FAX 04 71 97 62 22
Das Gebäude zeigt den nostalgischen Charme der Jahrhundertwende. Bei der Ausstattung trägt modernste Technik den gewandelten Ansprüchen Rechnung. Bar, Schwimmbad und Terrassenrestaurant.

***** Gasthof Kohlern**
I-39100 Bozen
Kohlern 11, 25 B.;
☎ 04 71 97 14 28
Berggasthof in herrlicher Aussichtslage (1170 m ü.d.M.) hoch über dem Eisacktal; Zufahrt auf windungsreicher Straße oder mit der Kabinenseilbahn.

Brixen

******S Dominik**
I-39042 Brixen
Unterdrittelgasse 13, 45 B.;
☎ 04 72 83 01 44,
FAX 04 72 83 65 54
Das zur Gemeinschaft Relais & Châteaux gehörende Hotel liegt zentrumsnah, aber ruhig beim Zusammenfluß von Rienz und Eisack. Es verfügt über Hallenbad, Sauna und Fitnessraum.

******S Elephant**
I-39042 Brixen
Weißlahnstr. 4, 72 B.;
☎ 04 72 83 27 50,
FAX 04 72 83 65 79

Das altberühmte Haus am Ufer der Rienz erhielt seinen Namen nach dem Rüsseltier, das 1551 im Gefolge Maximilians II. durch Brixen kam. Das Hotel hat schon seit Jahrhunderten berühmte Gäste beherbergt. Heute stehen u.a. Schwimmbad, Tennisplatz und Fahrradverleih zur Verfügung. Gepflegte Küche und eindrucksvolle Weinkarte.

****** Grüner Baum**
I-39042 Brixen
Stufler Gasse 11, 175 B.;
☎ 04 72 83 27 32,
FAX 04 72 83 26 07
Nur wenige Schritte außerhalb des historischen Altstadtkerns am Eisackufer gelegen, bietet das Hotel Schwimm- und Hallenbad, Solarium und Fahrradverleih.

****** Löwenhof**
I-39042 Vahrn, Brennerstr. 13, 55 B.;
☎ 04 72 83 62 16,

FAX 04 72 80 13 37
Das komfortable Haus liegt besonders verkehrsgünstig in unmittelbarer Nähe der Brenner-Staatsstraße. Neben Frei- und Hallenbad mit Schwimmgrotte gibt es Sauna, Solarium und Fahrradverleih; angegliedert ist ein Campingplatz.

**** **Temlhof**
I-39042 Brixen
Elvaser Str. 76, 100 B.;
☎ 04 72 83 66 58,
FAX 04 72 83 55 39
In ruhiger Ortsrandlage an der zum Hochplateau von Natz-Schabs führenden Straße, verfügt das Hotel über Bar, Frei- und Hallenbad, Sauna und Solarium.

*** **Brückenwirt**
I-39042 Vahrn-Neustift, 28 B.;
☎ 04 72 83 66 92,
FAX 04 72 83 75 87
Das Traditionshotel befindet sich nahe dem Kloster Neustift etwas abseits der Durchgangsstraßen. Es bieter u.a. Freibad, Fitnessraum und Fahrradverleih.

Bruneck

**** **Petrus**
I-39031 Reischach, Reintalstr. 11, 72 B.;
☎ 04 74 54 82 63,
FAX 04 74 54 82 67
Südlich außerhalb auf dem weiten Wiesenplateau von Reischach, nahe der Talstation der auf den Kronplatz führenden Kabinenseilbahn, gelegen, verfügt das Hotel u.a. über Hallenbad, Liegewiese, Sauna, Solarium und Fitnessraum.

**** **Royal Hinterhuber**
I-39031 Reischach, Ried 1a, 100 B.;
☎ 04 74 54 82 21,
FAX 04 74 54 80 48
Das Haus liegt im Urlaubsgebiet Reischach in einem großzügigen, von Waldstücken eingefaßten Garten. Zur Verfügung stehen Frei- und Hallenbad, Tennisplätze, Sauna, Solarium und Fitnessraum.

**** **Rubner Hotel Rudolf**
I-39031 Reischach, Reischacherstr. 33, 72 B.;
☎ 04 74 57 05 70,
FAX 04 74 55 08 06
Das am Fuß des Kronplatzes gelegene, sehr komfortable Haus verfügt über Hallenbad, Liegewiese, Sauna, Solarium und Fitnesssraum; Gelegenheit zum Sportangeln.

**** **Schönblick**
I-39031 Reischach, Reiperting 1, 54 B.;
☎ 04 74 54 17 77,
FAX 04 74 54 17 45
Nahe bei der Kabinenbahn-Talstation gelegenes traditionelles Haus mit Hallenbad, Liegewiese, Sauna und Solarium.

*** **Andreas Hofer**
I-39031 Bruneck
Taufererstr. 1, 84 B.;
☎ 04 74 55 14 69,
FAX 04 74 55 12 83
Nördlich etwas außerhalb des Stadtzentrums liegt in einem Park mit Schwimmbad das Hotel Andreas Hofer. Zur Verfügung stehen Sauna, Solarium, Liegewiese, Kinderspielzimmer und Fitnessraum.

*** **Gissbach**
I-39031 St. Georgen, Gissbachstr. 27, 59 B.;
☎ 04 74 55 11 73,
FAX 04 74 55 07 14
Altbekanntes Haus traditionellen Stils in ruhiger Lage am Eingang ins Tauferer Tal. Zur Ausstattung gehören u.a. Hallenbad, Liegewiese, Solarium und Sauna.

*** **Tirolerhof**
I-39031 St. Georgen, Von-Trojer-Str. 1, 50 B.;
☎ 04 74 55 11 55,
FAX 04 74 55 11 48
Gediegenes, familiär geführtes Haus an der ins Tauferer Tal führenden Durchgangsstraße. Sonnenterrasse, Hallenbad und Bar runden das Angebot ab.

*** **Olympia**
I-39031 Reischach, In der Sandgrube 62, 80 B.;
☎ 04 74 41 09 24,
FAX 04 74 41 04 17
Nahe bei der Sportzone und dem Tierpark steht das großzügig gestaltete Hotel Olympia. Dem Gast stehen Freibad, Tennisplatz, Liegewiese, Sauna mit Solarium und Fitnessraum zur Verfügung.

Burgstall

**** **Sporthotel Muchele**
I-39014 Burgstall
Maiergasse 1, 50 B.;
☎ 04 73 29 11 35,
FAX 04 73 29 12 48
Modernes, gediegenes Haus mit gehobener Atmosphäre. Bar mit Wintergarten, Schwimmbad, Sauna, Solarium, Tennisplätze, Kinderspielzimmer. Preisvergünstigungen im Dolomiti Golf Club (40 km entfernt) und im Reitclub Meran (7 km entfernt).

**** **Förstler Hof**
I-39014 Burgstall
Romstr. 1, 39 B.;
☎ 04 73 29 22 88,
FAX 04 73 29 12 47
Verkehrsgünstig direkt an der Straße Meran–Bozen gelegen, wird der Förstler Hof auch als Abendrestaurant geschätzt. Den Hausgästen stehen Kinderspielzimmer, Frei- und Hallenbad, Sauna, Solarium und Tennisplatz zur Verfügung.

*** **Hotel Garni Günther**
I-39014 Burgstall
Romstr. 32, 42 B.;
☎/FAX 04 73 29 11 41
Das familiär geführte Haus steht an der Hauptstraße im Ortszentrum. Garten mit Schwimmbad, Liegewiese.

Cortina d'Ampezzo

**** **Miramonti**
I-32043 Cortina d'Ampezzo
Via Pezieis 103, 198 B.;
☎ 04 36 42 01,
FAX 04 36 86 70 19
Luxus-Grandhotel mit dem Charme und Prunk der Jahrhundertwende. Hallenbad, Sauna, Pianobar, Park, Tennis- und Golfplatz; Kinderspielzimmer und Babysitter.

**** **Alaska**
I-32043 Cortina d'Ampezzo
Largo delle Poste, 306 B.;
☎ 04 36 86 85 39,
FAX 04 36 35 02
Hochklassiges Hotel in zentraler Lage.

**** **de la Poste**
I-32043 Cortina d'Ampezzo
Piazza Roma 14, 135 B.;
☎ 04 36 42 71,
FAX 04 36 86 84 35
Hochklassiges Traditionshotel, zentrumsnah gelegen und mit schönem Dolomitenblick.

Corvara

****S **Cappella**
I-39030 Kolfuschg,
Via Pecei. 17, 74 B.;
☎ 04 71 83 61 83,
FAX 04 71 83 65 61
Das Spitzenhotel steht vor der imposanten Kulisse des Sassongher. Hallenbad, Sauna, Solarium, Fitnessraum, Tennisplatz, Kinderspielplatz, Piano-Bar und Diskothek. Hunde sind nicht erwünscht.

**** **Kolfuschgerhof**
I-39030 Kolfuschg, Via Rönn 7, 70 B.;
☎ 04 71 83 61 88,
FAX 04 71 83 63 51
Hochkomfortables, ländliches Hotel mit Hallenbad, Sauna, Solarium, Fitnessraum und Diskothek. Hunde sind nicht erwünscht.

**** **Posta-Zirm**
I-39033 Corvara
Col-Alt-Str. 95, 142 B.;
☎ 04 71 83 61 75,
FAX 04 71 83 65 80
Das altbekannte Haus geht auf den Dolomitenpionier Franz Kostner zurück; es liegt zentral und verkehrsgünstig bei der Col-Alt-Sesselbahn. Hallenbad, Sauna, Solarium, Fitnessraum, Diskothek.

**** **Romantik Hotel La Perla**
I-39033 Corvara
Via Col Alt 105, 96 B.;
☎ 04 71 83 61 32,
FAX 04 71 83 65 68
Sehr stilvolles Romantik Hotel mit z.T. historischem Mobiliar. Freibad, neues Badezentrum (Sauna, Heubad, Kneipp-Anlage), Piano-Bar, Kinderspielzimmer; Feinschmeckerrestaurant "La Stüa di Michil" (nur im Winter geöffnet). Hunde sind nicht erwünscht.

**** **Sassongher**
I-39033 Corvara
Pescostastr. 29, 95 B;
☎ 04 71 83 60 85.
FAX 04 71 83 65 42
Das traditionsreiche, gemütliche Hotel liegt ruhig am Ende des Ortsteils Pescosta, direkt unter den Wänden des Sass Songher. Hallenbad, Sauna, Solarium; Folkloreabende. Hunde sind nicht erwünscht.

*** **Greif**
I-39033 Pescosta, Parüs-Str. 15, 118 B.;
☎ 04 71 83 61 01,
FAX 04 71 83 61 01
Abseits vom Ortskern erhöht gelegenes, traditionsreiches Hotel im alpenländischen Stil. Hallenbad, Sauna, Solarium, Diskothek. Hunde sind nicht erwünscht.

*** **La Plaza**
I-39033 Corvara
Col-Alt-Str. 26, 61 B.;
☎ 04 71 83 60 11,
FAX 04 71 83 66 44
Zentral gelegenes, komfortables, familienfreundliches und sportliches Hotel mit Sauna und Solarium. Hunde sind nicht erwünscht.

Deutschnofen

****S **Sporthotel Obereggen**
I-39050 Obereggen, 100 B.;
☎ 04 71 61 57 97,
FAX 04 71 61 56 73
Hochklassiges Familienhotel mit Hallenbad, Sauna, Solarium, Fitnessraum, Beauty-Farm, Tennisplatz und Kinderspielplatz. Sportliche Spezialarrangements; 18-Loch-Golfplatz in Petersberg.

**** **Cristal**
I-39050 Obereggen, 90 B.;
☎ 04 71 61 56 27,
FAX 04 71 61 56 98
Modernes Haus in schöner Halbhöhenlage. Hallenbad, Sauna, Solarium, Fitnessraum, Tennis- und Kinderspielplätze. Hunde sind nicht erwünscht. Organisierte Wanderungen; Golfplatz mit 18 Löchern im 15 km entfernten Petersberg.

**** **Hotel Peter**
I-39050 Petersberg, Dorf 24, 50 B.; ☎ 04 71 61 51 43,
FAX 04 71 61 52 46
Solides, komfortables Haus mit Hallenbad, Fitnessraum und Beauty-Abteilung, Tennis-

platz, Fahrradverleih und Kinderspielzimmer. In der Nähe ein 18-Loch-Golfplatz.

Eppan

****** Schloss Korb**
I-39057 Missian / St. Pauls, Hocheppaner Weg 5, 112 B.;
☎ 63 60 00,
FAX 63 60 33

Das mittelalterliche Schloss Korb, inmitten von Weinbergen und Obstkulturen gelegen, wurde stilsicher zu einem romantischen Hotel umgestaltet. Herrlicher Blick auf Bozen und die Rosengartengruppe; Hallen- und Freibad mit Liegewiese, Tennisplätze.

****** Schloss Freudenstein**
I-39057 Berg, Matschatscher Str. 6, 26 B.;
☎ 04 71 66 06 38,
FAX 04 71 66 01 22
In einer von zwei Zinnentürmen überragten alten Burg ist das stilvolle, nostalgische Hotel eingerichtet. Freibad, Liegewiese und Boccia-Bahn. Hunde sind nicht erwünscht.

****** Waldhof**
I-39057 Girlan, Runggweg 14, 60 B.;
☎ 04 71 66 24 41,
FAX 04 71 66 47 15
Kinderfreundlicher, familiär geführter Betrieb in schöner Aussichtslage. Schwimmbad, Liegewiese, Kinderspielhütte, Fahrradverleih, Sauna, Solarium, Fitnessaraum, Terrassencafé.

****** Weinegg**
I-39057 Girlan, Lammweg 22, 60 B.;
☎ 04 71 66 25 11,
FAX 04 71 66 31 51
Inmitten eigener Wein- und Obstgärten neu errichtetes Haus in ländlichem Stil. Hallenbad, Liegewiese, Sauna, Solarium und Fitnessraum, Tennisplatz; Terrasse mit Panoramablick.

***** Schloss Paschbach**
I-39057 St. Michael, Bergstr. 33, 28 B.;
☎ 04 71 66 52 88,
FAX 04 71 66 15 30
Das Hotel ist in einem guterhaltenen, hochgelegenen Schloss aus dem 16. Jahrhundert eingerichtet. Wenige Gehminuten zum Ortskern.

***** Stroblhof**
I-39057 Eppan
Pigenoerstr. 25, 50 B.;
☎ 04 71 66 22 50,
FAX 04 71 66 36 44
Ruhige Lage zwischen Weinbergen (Eigenbauweine). Freibad, Liegewiese, Hallenbad, Sauna, Solarium, Gartenterrasse, Tennisplätze.

***** Weingarten**
I-39057 St. Pauls, Feldweg 2, 56 B.;
☎ 04 71 66 22 99,
FAX 04 71 66 11 66
Modernes, behagliches Hotel am Dorfrand von St. Pauls. Hallenbad, Sauna, Solarium, Tennisplätze.

Feldthurns

***** Unterwirt**
I-39040 Feldthurns
Dorf Nr. 8, 60 B.;
☎ 04 72 85 52 25,
FAX 04 72 85 50 48

Zentral gelegenes, familienfreundliches Haus traditionellen Stils mit Hallenbad, Sauna, Solarium, Fitnessraum und Konferenzeinrichtungen.

*** **Oberwirt**
I-39030 Feldthurns
Dorf Nr. 37, 62 B.;
☎ 04 72 85 52 12,
FAX 04 72 85 56 11
Komfortables ländliches Hotel mit Sauna, Solarium, Fitnessraum, Bowlingbahn und Sonnenterrasse.

*** **Feldthurner Hof**
I-39040 Feldthurns
Dorf Nr. 152, 48 B.;
☎ 04 72 85 53 33,
FAX 04 72 85 53 21
Gemütliches Haus in schöner Aussichtslage mit Sauna, Solarium, Fitnessraum, Sonnenterrasse und Liegewiese.

*** **Jörgenwirt**
I-39040 Feldthurns
Schnauders 4, 54 B.;
☎ 04 72 85 52 14,
FAX 04 72 85 55 21
Traditionsreicher Familienbetrieb mit modernem Komfort. Sauna und Solarium, Fitnessraum, Liegewiese, Terrasse.

** **Gasthof Wöhrmaurer**
I-39030 Feldthurns
Tschiffnon 21, 16 B.;
☎ 04 72 85 53 01
Gemütlicher, familiär geführter Gasthof in hübscher Halbhöhenlage; eigener Weinbau.

Gais/Uttenheim

**** **Windschar**
I-39030 Gais, Ulrich-von-Taufers-Str. 3, 140 B.;
☎ 04 74 50 41 23,
FAX 04 74 50 43 80
Modernes, großzügiges und sehr komfortables Haus im landschaftstypischen Stil. Große 'Badelandschaft' mit Frei- und Hallenbad, Sauna, Solarium, Fitnessraum u.a.; Unterhaltungs- und Aktivprogramme.

*** **Innerhofer**
I-39030 Gais, Gissestr. 12, 72 B.;
☎ 04 74 50 41 12,
FAX 04 74 50 40 76
Familiär geführte Hotel-Pension mit Dependance. Sauna, Solarium, Liegewiese und Terrasse.

*** **Anewandter**
I-39030 Uttenheim, A.-von-Wenzel-Str. 15, 60 B.;
☎ 04 74 59 71 02
Familienfreundliches und modern-gemütliches, zentral gelegenes Haus mit sportlicher Note. Sauna, Solarium, Spiel- und Liegewiese; Grillparties, Unterhaltungsabende.

*** **Reichegger**
I-39030 Uttenheim, Weidachstr. 4, 85 B.;
☎ 04 74 59 71 03
Behäbiges Haus in ländlicher Umgebung. Sauna, Solarium, Dampfbad, Kinderspielplatz und Liegewiese.

*** **Panorama**
I-39030 Gais, Gissestr. 36, 50 B.;
☎ 04 74 50 42 28,
FAX 04 74 50 44 50
Ruhig am Ortsrand gelegenes, familienfreundliches neues Haus mit Sonnenterrasse und Liegewiese.

** **Förstlerhof**
I-39030 Uttenheim, 35 B.;
☎ 04 74 59 71 94
Familiär geführte, ruhig gelegene Hotel-Pension mit eigener Landwirtschaft. Dampfbad, Sauna und Solarium, Fitnessraum und Liegewiese. Fondue- und Grillabende.

** **Schlössl**
I-39030 Uttenheim,
Schlösslstr. 1, 42 B.;
☎ 04 74 59 71 28
Familiär geführtes, gemütliches Haus mit Dependance und Sonnenterrasse. Hunde sind nicht erwünscht.

Glurns

** **Post**
I-39020 Glurns
Florastr. 15, 54 B.;
☎ 04 73 83 12 08,
FAX 04 73 83 04 32
Traditionsreiches Haus von altertümlicher Behäbigkeit. Liegewiese, Sauna.

** **Krone**
I-39020 Glurns
Stadtplatz 9, 45 B.;
☎ 04 73 83 14 40
Stattliche ehemalige Fürstenherberge direkt am schönen Hauptplatz der Stadt.

Gsieser Tal

**** **Quelle**
I-39030 St. Magdalena, 62 B.;
☎ 04 74 94 81 11,
FAX 04 74 94 80 91
Gemütliches, familiär geführtes Haus im alpenländischen Stil. Hallenbad, Sauna, Solarium, Fitnessraum, Liegewiese, Kinderspielplatz; Unterhaltungsprogramm.

*** **Sporthotel St. Martin**
I-39030 St. Martin, 60 B.;
☎ 04 74 97 84 02,
FAX 04 74 97 82 21
Stilvoller, gemütlicher Familienbetrieb mit sportlicher Note. Hallenbad, Sauna, Solarium, Fitnessraum, Liegewiese, Terrasse, Kinderspielplatz; Unterhaltungsabende.

*** **Waldruhe**
I-39030 St. Martin, 50 B.;
☎ 04 74 97 84 30,
FAX 04 74 97 84 51
Ruhig am Waldrand gelegenes Haus in ländlicher Bauweise. Hallenbad, Sauna, Solarium, Fitnessraum, Kinderspielplatz, Liegewiese, Terrasse; geführte Wanderungen.

Hafling

*** **Gasthof-Hotel Falzeben**
I-39010 Hafling
Falzebener Str. 214, 60 B.;
☎ 04 73 27 94 35,
FAX 04 73 27 95 19
In einem herrlichen Wandergebiet gelegenes, gemütliches Haus mit Sauna, Solarium, Fitnessraum, Liegewiese und Kinderspielplatz.

*** **Hirzer**
I-39010 Hafling
Falzebener Str. 66, 40 B.;
☎ 04 73 27 93 06,
FAX 04 73 27 93 06
Komfortables, familiäres Haus mit Hallenbad, Sauna, Solarium, Liegewiese, Fitnessraum und Kinderspielplatz.

*** **Sporthotel Viktoria**
I-39010 Hafling
Falzebener Str. 9, 60 B.;
☎ 04 73 27 94 22,
FAX 04 73 27 95 22
Verkehrsgünstig unweit der Haflingerstraße gelegenes Haus mit Sauna, Solarium, Fitnessraum, Kinderspielplatz, Liegewiese und Schönheitsfarm.

*** **Viertlerhof**
I-39010 Hafling
Falzebener Str. 126, 40 B.;
☎ 04 73 27 94 28,
FAX 04 73 27 94 46
Ruhig und etwas außerhalb vom Ortskern gelegen. Hallenbad, Sauna, Solarium, Fitnessraum, Kinderspielplatz und Liegewiese

Innichen

**** **Parkhotel Sole Paradiso**
I-39038 Innichen
Sextner Str. 13, 80 B.;
☎ 04 74 91 31 20,
FAX 04 74 91 31 93
Sehr komfortables, gut ausgestattetes Haus. Schwimmbad, Sauna, Solarium, Liegewiese, Tennisplatz, Kinderspielplatz.

**** **Weißes Rössl**
I-39038 Innichen
Herzog-Tassilo-Str. 1, 100 B.;
☎ 04 74 91 31 35,
FAX 04 74 91 37 33
Zentral in der Fußgängerzone gelegenes, modernes Haus mit kompletter Ausstattung. Pianobar, Hallenbad, Sauna, Solarium, Liegewiese, Kinderspielplatz, Unterhaltungsprogramm.

*** **Brandl**
I-39038 Innichen
Alter Markt 33, 60 B.;
☎ 04 74 91 31 93,
FAX 04 74 91 31 71
Behäbiges Haus in ruhiger Ortsrandlage. Schwimmbad, Sauna, Solarium, Liegewiese, Kinderspielplatz.

*** **Helmhotel**
I-39038 Obervierschach, Bozner Str. 2, 50 B.;
☎ 04 74 91 00 64,
FAX 04 74 91 00 64
Nahe der Talstation der Helm-Seilbahn gelegenes Hotel mit Schwimmbad, Liegewiese, Sauna, Solarium und Kinderspielplatz.

*** **Post**
I-39038 Innichen
Sextner Str. 1, 70 B.;
☎ 04 74 91 31 33,
FAX 04 74 91 36 35
Zentrumsnah gelegenes Haus traditionellen Stils. Hallenbad, Sauna, Solarium, Liegewiese.

Kaltern

**** **Kartheinerhof**
I-39052 Kaltern
Kartheinerstr. 21, 60 B.;
☎ 04 71 96 32 40,
FAX 04 71 96 31 45
Verkehrsgünstig an der Weinstraße gelegenes, sehr komfortables Hotel mit Wintergarten, Frei- und Hallenbad, Sauna, Solarium, Tennisplatz und -schule sowie Privatstrand am Kalterer See.

**** **Belvita-Hotel Seeleiten**
I-39052 Kaltern
Weinstr. 30, 78 B.;
☎ 04 71 96 02 00,
FAX 04 71 96 00 64
Attraktives und familienfreundliches, sehr gut ausgestatetes Haus mit Schwerpunkt auf Fitness und Wohlbefinden. Freibad, Hallenbad mit Saunalandschaft, Solarien, Fitnessraum, Schönheitsfarm, Kinderspielplatz und Privatstrand.

**** **Weingarten**
I-39052 Kaltern
Unterplanitzing 9, 62 B.;
☎ 04 74 96 33 87,
FAX 04 74 96 33 36
Verkehrsgünstig direkt an der Weinstraße gelegenes, komfortables Haus zwischen Rebhügeln. Hallenbad, Sauna, Solarium, Liegewiese, Tennisplätze.

*** **Seehotel Ambach**
I-39052 Kaltern
Klughammer 3c, 51 B.;
☎ 04 71 96 00 98,
FAX 04 71 96 00 69
Modernes Komforthotel in ruhiger Lage unmittelbar am See. Liegewiese, Kinderspielplatz.

*** **Andergassen**
I-39052 Kaltern
Oberplanitzing 65, 75 B.;

☎ 04 71 66 91 10,
FAX 34 71 66 90 36
Familiär geführtes Haus mit neuer Dependance in freier Lage. Hallenbad, Sauna, Liegewiese, Kinderspielplatz, Reitstall.

Kastelbell

**** **Sand**
I-39020 Tschars, Mühlweg 2, 60 B.;
☎ 04 73 62 41 30,
FAX 04 73 62 44 06
Verkehrsgünstig unweit der Staatsstraße gelegenes Haus mit hohem Komfort. Frei- und Hallenbad, Sauna, Solarium, Terrasse; Unterhaltungsabende.

*** **Bauhof**
I-39020 Kastelbell
Mareiner Str. 1, 50 B.;
☎ 04 73 62 41 45,
FAX 04 73 62 44 68
Unweit der Staatsstraße direkt an der Etschbrücke gelegenes, familiär geführtes Haus. Schwimmbad, Sauna, Solarium, Fitnessraum; Unterhaltungsprogramm; Ausflugsfahrten im Nostalgie-Bus. Eigene Weinkellerei.

Kastelruth

**** **Goldenes Rössl**
I-39040 Kastelruth
Krausenplatz, 50 B.;
☎ 04 71 70 63 33,
FAX 04 71 70 71 72
Das behäbige Haus blickt auf eine sechshundertjährige Geschichte zurück und zeigt mit holzvertäfelter Bauernstube und altem Mobiliar noch immer historisches Flair.

**** **Posthotel Lamm**
I-39040 Kastelruth
Krausenplatz 3, 80 B.;
☎ 04 71 70 63 43,
FAX 04 71 70 70 63
Zentral gelegenes, traditionsreiches Haus mit konservativ-kultivierter Ausstrahlung. Hallenbad, Sauna, Solarium und Restaurantterrasse.

Kiens

**** **Ehrenburgerhof**
I-39030 Ehrenburg, 86 B.;
☎ 04 74 56 53 47,
FAX 04 74 56 56 47
Sehr schön an einem kleinen Badesee gelegenes, gediegenes Haus mit Gartenterrasse, Diskothek, Pianobar, Strand- und Hallenbad, Sauna und Solarium; Unterhaltungsprogramm.

*** **Gisser**
I-39030 St. Sigmund,
Pustertaler Str. 26, 85 B.;
☎ 04 74 56 53 05,
FAX 04 74 56 57 57
Familiär geführtes, gemütliches Haus mit Frei- und Hallenbad, Sauna, Solarium, Fitnessraum und Liegewiese.

*** **Kronblick**
I-39030 Kiens
Im Linda 15, 110 B.;
☎ 04 74 56 55 20,
FAX 04 74 56 56 79
Neu errichteter Familienbetrieb in ruhiger Lage. Sauna, Solarium, Fitnessraum.

*** **Sigmunderhof**
I-39030 St. Sigmund,
Pustertaler Str. 10, 60 B.;
☎ 04 74 56 53 53,
FAX 04 74 56 57 65
Gediegenes Familienhotel in zentraler, verkehrsgünstiger Lage. Liegewiese und Terrasse.

*** **Post**
I-39030 Kiens
Pustertaler Str. 24, 50 B.;
☎ 04 74 56 53 18,
FAX 04 74 56 52 77
Völlig renoviertes Haus traditionellen Stils, Sauna, Solarium, Fitnessraum.

*** **Pustertalerhof**
I-39030 Kiens
Im Linda 16, 60 B.;
☎ 04 74 56 52 30,
FAX 04 74 56 57 11
Behagliches Haus in Ortsrandlage mit Hallenbad, Sauna, Solarium, Fitnessraum, Liegewiese und Kunstrasen-Tennisplatz.

*** **Rastbichler**
I-39030St. Sigmund,
Pustertaler Str. 12, 70 B.;
☎ 04 74 56 53 63,
FAX 04 74 56 54 28
Hübsch gelegenes Hotel mit Kaminzimmer, Hallenbad, Sauna, Solarium, Fitnessraum, Liegewiese und Sonnenterrasse.

Klausen

*** **Sylvanerhof**
I-39043 Klausen
Leitach 34, 38 B.;
☎ 04 72 84 75 57,
FAX 04 72 84 75 81
Gutbürgerliches Hotel im landesüblichen Stil mit Sauna, Solarium und Kinderspielplatz.

*** **Post**
I-39043 Klausen
Tinneplatz 3, 90 B.;
☎ 04 72 84 75 14,
FAX 04 72 84 62 51
Traditionsreiches Haus in zentraler Lage mit eigener Metzgerei. Freibad, Liegewiese, Terrasse.

*** **Rierhof**
I-39043 Klausen
Fragburg 7, 58 B.;
☎ 40 72 84 74 54,
FAX 40 72 84 61 37
Unweit der Ausfallstraße nach Bozen gelegener, kürzlich renovierter Gasthof. Freibad, Sauna, Solarium; Eigenbauweine.

Laas

*** **Edelweiß**
I-39023 Eyrs, Vinschgaustr. 9, 50 B.;
☎ 04 73 73 99 04
Der vor kurzem neu ausgebaute, behagliche Gasthof bietet guten Komfort. Freibad mit Liegewiese, Terrasse.

Lana

******S Völlanerhof**
I-39011 Völlan, Propst-Wieser-Weg 30, 83 B.;
☎ 04 73 56 80 33,
FAX 04 73 56 81 43
Hochklassiges Haus in schöner Halbhöhenlage. Frei- und Hallenbad, Sauna, Solarium, Fitnessraum, Tennisplatz, Schönheitsfarm. Hunde sind nicht erwünscht.

**** **Gschwangut**
I-39011 Lana
Treibgasse 12, 53 B.;
☎ 04 73 56 15 27,
FAX 04 73 56 41 55
In Zentrumsnähe gelegenes, familienfreundliches Haus mit Frei- und Hallenbad, Sauna, Solarium, Fitnessraum und Tennisplatz. Hunde sind nicht erwünscht.

**** **Pöder**
I-39011 Lana
Gillmannweg 1, 84 B.;
☎ 04 73 56 12 58,
FAX 04 73 56 10 58
Zentral gelegenes Haus mit gehobenem Komfort. Frei- und Hallenbad, Sauna, Solarium, Fitnessraum.

*** **Ballguthof**
I-39011 Lana
Brandisweg 2a, 43 B.;
☎ 04 73 56 10 29,
FAX 04 73 56 42 24
Nahe beim Obstbaumuseum gelegenes komfortables und kinderfreundliches Haus. Frei-

und Hallenbad, Sauna, Fitnessraum, Tennisplatz.

*** **Braunsberger Hof**
I-39011 Lana
Ultnerstr. 9a, 60 B.;
☎ 04 73 56 16 98,
FAX 04 73 56 32 00
In einer Serpentinen der Ultentalstraße gelegenes Haus mit Schwimmbad, Liegewiese und Sauna.

*** **Eichhof**
I-39011 Lana
Eichweg 4, 40 B.;
☎ 04 73 56 11 96,
FAX 04 73 56 37 10
Nahe am Falschauer Bach gelegenes, behäbiges und familienfreundliches Haus mit Frei- und Hallenbad, Sauna, Solarium, Fitnessraum und Tennisplatz.

*** **Mondschein**
I-39011 Lana
Gampenstr. 6, 60 B.;
☎ 04 73 56 15 33,
FAX 04 73 56 15 10
Völlig renoviertes, familienfreundliches Haus traditionellen Stils an der Gampenstraße.

Latsch

****S **Paradies**
I-39021 Latsch
Quellenweg 12, 71 B.;
☎ 04 73 62 22 25,
FAX 04 73 62 22 28
Hervorragend ausgestattetes Haus in freier Lage. Erlebnis-Hallenbad, Thermarium, Sauna, Solarium, Fitnessraum, Kinderspielplatz, Tennisplatz; geführte Wanderungen.

**** **Jagdhof**
I-39021 Latsch
Herrengasse 15, 34 B.;
☎ 04 73 62 22 99,
FAX 04 73 62 35 90
Zentrumsnah gelegenes Haus traditionellen Zuschnitts. Hallenbad, Sauna, Solarium, Fitnessraum, Bauernstube; geführte Wanderungen.

**** **Matillhof**
I-39021 Latsch
H.-Pegger-Str. 6a, 40 B.;
☎ 04 73 62 34 44,
FAX 04 73 62 33 76
Zentral bei der Haltestelle des Touristenbusses gelegenes Haus mit Frei- und Hallenbad, Saunalandschaft und Fitnessraum.

*** **Adler**
I-39021 Morter, Nibelungenstr. 45, 84 B.;
☎ 04 73 74 20 38,
FAX 04 73 74 25 21
Zentral gelegenes, modernes Haus mit Frei- und Hallenbad, Tennisplatz und Terrasse.

Leifers

*** **Ideal**
I-39055 Leifers
Kennedystr. 233, 250 B.;
☎ 04 71 95 42 20,
FAX 04 71 95 53 20
Verkehrsgünstig an der Durchgangsstraße gelegenes großes Hotel mit Hallen- und Freibad, Solarium, Sonnenterrasse und Liegewiese.

*** **Rotwand**
I-39055 Steinmannwald,
M.-Gamper-Str. 2, 50 B.;
☎ 04 71 95 45 12,
FAX 04 71 95 42 95
Das familiär geführte, gemütliche Haus liegt etwas abseits der Durchgangsstraße leicht erhöht über der Talsohle. Freibad, Liegewiese, Terrasse mit hübschem Ausblick.

*** **Zur Pfleg**
I-39055 Leifers
Weißensteiner Str. 94c, 70 B.;
☎ 04 71 95 41 29
Das Haus liegt ruhig nahe der

nach Deutschnofen führenden Straße inmitten eigener Obstkulturen. Frei- und Hallenbad, Kinderspielplatz. Hunde sind nicht erwünscht.

*** **Steiner**
I-39055 Steinmannwald,
Kennedystr. 34, 100 B.;
☎ 04 71 95 42 25,
FAX 04 71 95 15 72
Familiär geführtes, komfortables Haus mit Schwimmbad, Kinderspielplatz und Terrasse. Unmittelbar benachbart ein Campingplatz.

Lüsen

*** **Alpotel Rosental**
I-39040 Lüsen
Dorf 7, 65 B.;
☎ 04 72 41 37 85,
FAX 04 72 41 35 91
Modernes, komfortables Haus mit Dependance. Sauna, Solarium und Fitnessraum; Unterhaltungsprogramm.

*** **Lüsnerhof**
I-39040 Lüsen
Rungg 18, 38 B.;
☎ 04 72 41 36 33,
FAX 04 72 41 35 92
Familiär geführtes Haus mit Sauna, Solarium, Fitnessraum und Kinderspielplatz.

Mals

*** **Garberhof**
I-39024 Mals
Staatsstr. 25, 53 B.;
☎ 04 73 83 13 99,
FAX 04 73 83 19 50
Modernes, behagliches Haus in verkehrsgünstiger Ortsrandlage. Hallenbad, Sauna, Fitnessraum, Kinderspielplatz, Terrasse.

*** **Greif**
I-39024 Mals
Verdroß-Str. 40, 35 B.;
☎ 04 73 83 14 29,
FAX 04 73 83 19 06
Zentral gelegener Familienbetrieb traditionellen Zuschnitts; Inhaber des Umweltsiegels. Fitnessraum, Sauna.

Marling

****S **Sporthotel Nörder**
I-39020 Marling
Nörderstr. 15, 78 B.;
☎ 04 73 44 70 00,
FAX 04 73 44 73 70
Familienhotel der Spitzenklasse mit sportlicher Note. Erlebnisfreibad, Hallenbad, Tennisplätze, Golfanlage, Sauna, Solarium, Fitnessraum.

**** **Glanzhof**
I-39020 Marling
Nörderstr. 1, 54 B.;
☎ 04 73 44 72 30,
FAX 04 73 44 04 46
Schön gelegenes, familiär geführtes Haus. Palmengarten mit Freibad, Hallenbad, Saunarium, Kinderspielplatz.

**** **Marlena**
I-39020 Marling
Nörderstr. 6, 86 B.;
☎ 04 73 22 22 66,
FAX 04 73 44 74 41
Großzügig gestaltetes, modernes Haus in schöner Aussichtslage. Liegewiese mit Freibad, Hallenbad, Tennisplatz, Golfanlage, Sauna, Solarium, Fitnessraum; rustikale Vinothek.

**** **Oberwirt**
I-39020 Marling
St.-Felix-Weg 2, 91 B.;
☎ 04 73 44 71 11,
FAX 04 73 44 71 30
Zentral gelegenes Romantik-Hotel mit traditionellem alpenländischem Flair. Römerbad mit Liegewiese, Hallenbad, Sauna, Solarium, Tennisanlage.

***** Jagdhof**
I-39020 Marling
St-Felix-Weg 18, 50 B.;
☎ 04 73 44 71 77,
FAX 04 73 44 54 04
Ruhig zwischen Obstkulturen gelegenes Haus mit Freibad, Hallenbad, Liegewiese, Sauna, Solarium und Fitnessraum; günstig in der Nähe gelegener Tennisplatz.

***** Paradies**
I-39020 Marling
Max-Valier-Str. 6, 42 B.;
☎ 04 73 44 52 02,
FAX 04 73 44 64 67
Modernes Haus im alpenländischen Stil mit Hallenbad, Liegewiese, Sauna, Solarium; nahegelegene Tennisanlage. Unterhaltungsabende.

***** Unterpazeider**
I-39020 Marling
Nörderstr. 32, 69 B.;
☎ 04 73 44 87 40,
FAX 04 73 44 62 25
Komfortabler Familienbetrieb in Aussichtslage zwischen Obstkulturen und Weingärten. Frei- und Hallenbad, Sauna, Solarium, Sonnenterrasse. Angegliedert ein Apartment-Hotel (12 B.).

***** Traubenwirt**
I-39020 Marling
Franz-Innerhofer-Str. 2, 46 B.;
☎ 04 73 44 72 16,
FAX 04 73 44 68 07
Familiär geführtes Haus in freundlicher Umgebung. Frei- und Hallenbad, Sauna, Solarium, Terrasse.

Meran

******S Kurhotel Palace**
I-39012 Meran
Cavourstr. 2–4, 220 B.;
☎ 04 73 21 13 00,
FAX 04 73 23 41 81
Das Palace ist das Traditionshotel der Kurstadt schlechthin. In der alten Pracht der Neorenaissance hat aber modernster Komfort Einzug gehalten: Frei- und Hallenbad, Vital-Center mit Spezialkosmetik, eigene medizinische und Kurabteilung mit Thermalbädern und vieles andere.

******S Parkhotel Mignon**
I-39012 Meran
Grabmayrstr. 5, 80 B.;
☎ 04 73 23 03 53,
FAX 04 73 23 06 44
Zentral gelegen und doch im Grünen (großer Park), bietet das Haus Frei- und Hallenbad, Sauna, Solarium und Fitnessraum. Regelmäßig werden Cocktail-Parties und Galadiners veranstaltet; Ausflüge mit dem hauseigenen Bus.

******S Villa Eden**
I-39012 Meran
Winkelweg 68, 96 B.;
☎ 04 73 23 65 83,
FAX 04 73 23 47 90
Top-Hotel in ruhiger Lage mit Park, Frei- und Hallenbad, Schönheitssalon, Live-Musik und vielem mehr.

****** Bavaria**
I-39012 Meran
Kirchsteig 15, 84 B.;
☎ 04 73 23 63 75,
FAX 04 73 23 63 71
Das gediegene Haus verströmt nostalgischen Charme. Frei-

und Hallenbad, Park mit altem Baumbestand, Sauna und Solarium, Unterhaltungsprogramme.

****** Adria**
I-39012 Meran
Gilmstr. 2, 78 B.;
☎ 04 73 23 66 10,
FAX 04 73 23 66 87
Das Jugendstil-Gebäude fügt sich gut in das ruhige Villengebiet ein. Hallenbad, Sauna mit Solarium, Fitnessraum, Kinderspielzimmer, Schönheitsfarm, Pianobar und Unterhaltungsabende. Hausgäste erhalten im Golf-Club Passeier Preisermäßigung.

****** Augusta**
I-39012 Meran
O.-Huber-Str. 2, 44 B.;
☎ 04 73 22 23 24,
FAX 04 73 22 00 29
Das altbekannte Haus liegt verkehrsgünstig, aber dennoch ruhig in Zentrumsnähe. Garten mit Liegewiese, Unterhaltungsabende.

****** Meister's Hotel Irma**
I-39012 Meran
Schönblickstr. 17, 85 B.;
☎ 04 73 21 20 00,
FAX 04 73 23 13 55
Das von einem schönen Park umgebene Hotel ist in erster Linie auf Gesundheit, Wohlbefinden und Schönheitspflege ausgerichtet. Es gibt ein halbes Dutzend verschiedene Saunen und Dampfbäder sowie das einzige Meerwasser-Erlebnis-Freibad der Region, dazu Solarium, Fitnessraum und Tennisplätze.

****** Jagdschlössl Fragsburg**
I-39012 Meran
Fragsburgerstraße, 30 B.;
☎ 04 73 24 40 71,
FAX 04 73 24 44 93
Das zum Hotel umfunktionierte einstige Jagdschloss liegt südöstlich außerhalb der Stadt über dem Etschtal. Zur Ausstattung gehören Schwimmbad, Fitnessraum, Kinderspielplatz und Tennisanlage.

****** Meranerhof**
I-39012 Meran
Manzonistr. 1, 100 B.;
☎ 04 73 23 02 30,
FAX 04 73 23 33 12
Unmittelbar an der die Passer überspannenden Theaterbrükke steht das von Klassizismus und Jugendstil geprägte Hotel. Unter den alten Bäumen im Park ein Schwimmbad; ferner Sauna und Solarium; Unterhaltungsprogramme.

****** Plantitscherhof**
I-39012 Meran
Dantestr. 56, 50 B.;
☎ 04 73 23 05 77,
FAX 04 73 21 19 22
Erholsam und fast ländlich-ruhig gelegenes, komfortables Haus. Frei- und Hallenbad, Sauna, Solarium, Kinderspielplatz. Hunde sind nicht erwünscht. Golfgelegenheit im nahen Golfklub Passeier.

****** Pollinger**
I-39012 Meran
Maria-Trost-Str. 30, 58 B.;
☎ 04 73 23 22 26,
FAX 04 73 21 06 65
Sehr ruhig gelegenes, familien- und kinderfreundliches Haus mit Frei- und Hallenbad, Liegewiese, Sauna und Solarium, Fitnessraum, Kinderspielplatz und Unterhaltungsangeboten.

****** Sittnerhof**
I-39012 Meran
Verdistr. 58, 72 B.;
☎ 04 73 44 63 31,
FAX 04 73 22 06 31
Ruhig gelegenes, familiär geführtes Haus mit Hallenbad und Thermalkurabteilung.

Unterhaltungsveranstaltungen, eigener Weinbau.

*** **Ladurner**
I-39012 Meran
Orazio-Gaigher-Str. 13, 42 B.;
☎ 04 73 23 72 14,
FAX 04 73 23 70 57
Solides, familiär geführtes Hotel in ruhiger Lage mit Frei- und Hallenbad, Fitnessraum, Kinderspielplatz und Liegewiese. Hunde sind nicht erwünscht.

*** **Sonnenburg**
I-39012 Meran
Ifingerstr. 14, 41 B.;
☎ 04 73 23 00 50,
FAX 04 73 23 30 97
Ruhig und sonnig abseits des Stadtzentrums gelegen, nahe der Talstation der nach Meran 2000 führenden Seilbahn. Hallenbad, Sauna, Solarium, Kinderspielplatz und Unterhaltungsabende.

Meransen

*** **Holzer Hof**
I-39037 Meransen 10, 70 B.;
☎ 04 72 52 01 00,
FAX 04 72 52 03 05
Komfortables Haus in herrlicher Panoramalage. Großer Park mit Forellenteich und Sonnenterrasse, Hallenbad, Sauna, Fitnessraum, Kinderspielzimmer.

*** **Sonnenberg**
I-39037 Meransen 32a, 40 B.;
☎ 04 72 52 02 32
Schön und aussichtsreich gelegenes, familienfreundliches Haus. Liegewiese mit Forellenweiher, Hallenbad, Fitnessraum, Sauna, Kinderspielzimmer; geführte Wanderungen.

Mühlbach

**** **Falkensteinerhof**
I-39037 Vals, 94 B.;
☎ 04 72 54 71 65,
FAX 04 72 54 72 20
Sonnig und ruhig gelegenes Sporthotel mit Hallenbad, Sauna, Solarium und Fitnessraum.

**** **Valserhof**
I-39037 Vals, 70 B.;
☎ 04 72 54 71 77,
FAX 54 72 08
Komfortables Urlaubshotel in schöner Hanglage. Hallenbad, Sauna, Solarium, Fitnessraum. Hunde sind nicht erwünscht.

*** **Masl**
I-39037 Vals, 73 B.;
☎ 04 72 54 71 87
Traditionsreicher, gemütlicher Familienbetrieb im Ortszentrum. Hallenbad, Sauna, Solarium, Fitnessraum, Tennisplatz.

*** **Panoramik**
I-39037 Mühlbach
Sandbichl 17, 70 B.;
☎ 04 72 84 95 35,
FAX 04 72 84 96 50
Modernes Terrassenhotel in schöner Südhanglage. Hallenbad, Freibad, Sauna, Solarium und Fitnessraum.

*** **Ansitz Kandlburg**
I-39037 Mühlbach
Richtergasse 4, 30 B.;
☎ 04 72 84 97 92,
FAX 04 72 84 98 76
Behäbiges Hotel in einem historischen Ansitz mit zeitgemäßem Komfort.

Naturns

**** **Feldhof**
I-39025 Naturns
Rathausstr. 4, 50 B.;
☎ 04 73 66 63 66,
FAX 04 73 66 72 63
Erstklassiges, familiengerechtes Hotel inmitten eines großen Gartens. Bade-, Sauna-

und Erholungslandschaft, Fitnessraum, Tennisplatz, Kinderspielplatz.

****** Funggashof**
I-39025 Naturns
Am Graben 1, 60 B.;
☎ 04 73 66 71 61,
FAX 04 73 66 79 30
Sehr komfortables Haus in sonniger Halbhöhenlage. Freibad mit Wasserrutsche, Hallenbad, Sauna, Solarium, Fitnessraum, Schönheitsfarm, Tennisplatz, Kinderspielplatz; Unterhaltungsprogramme und geführte Wanderungen.

****** Lindenhof**
I-39025 Naturns
Kirchweg 2, 75 B.;
☎ 04 73 66 62 42,
FAX 04 73 66 82 98
Sehr gut ausgestattetes Hotel in ruhiger Ortsrandlage. Badelandschaft (Frei- und Hallenbad), Dampfbad, Sauna, Solarium, Fitnessraum, Kinderspielplatz; Vinothek.

****** Preidlhof**
I-39025 Naturns
St.-Zeno-Str. 13, 54 B.;
☎ 04 73 66 62 51,
FAX 04 73 66 61 05
Sehr ruhig zwischen Obstgärten gelegenes Haus mit hohem Komfort und sportlichem Touch. Frei- und Hallenbad, Sauna, Solarium, Fitnessraum, Kinderspielplatz; Vinothek, sportliches Aktivprogramm.

****** Sporthotel Prokulus**
I-39025 Naturns
Staatsstraße, 55 B.;
☎ 04 73 66 75 66,
FAX 04 73 66 82 99
Sehr verkehrsgünstig an der Durchgangsstraße gelegenes sportliches und familienfreundliches Hotel. Freibad mit Wasserrutschbahn, Hallenbad, Sauna, Solarium, Fitnessraum, Kinderspielplatz, Tennisplätze und -halle; Minizoo, Kinderprogramm.

****** Sporthotel Sonnenhof**
I-39025 Naturns
Rathausstr. 2, 60 B.;
☎ 04 73 66 72 50,
FAX 04 73 66 60 50
Das erstklassige Familienhotel eignet sich insbesondere für Tennissportler. Frei- und Hallenbad, Sauna, Solarium, Fitnessraum, Kinderspielplatz; Tennisplätze; geführte Wanderungen.

****** Sunnwies**
I-39025 Naturns
Kleebergstr. 7, 72 B.;
☎ 04 73 66 71 57,
FAX 04 73 66 79 41
Sehr gut ausgestatetes Ferienhotel im alpenländischen Stil. Garten mit großem Weiher. Fitnessraum, Sauna, Solarium, Kinderspielplätze; Tennisanlage, geführte Wanderungen.

***** Diamant**
I-39025 Naturns
Herrengasse 1, 40 B.;
☎ 04 73 66 75 55,
FAX 04 73 66 61 55
Zentral und ruhig gelegenes Komforthotel mit Hallenbad, Sauna, Solarium und Fitnessraum; Musikabende.

***** Kreuzwirt**
I-39025 Naturns
Hauptstr. 47, 40 B.;
☎ 04 73 66 71 10,
FAX 04 73 66 82 52
Zentral am Dorfplatz gelegenes traditionsreiches Haus mit familiärer Atmosphäre. Pub mit Livemusik.

***** Lamm**
I-39025 Naturns
Kompatscher Str. 16, 40 B.;
☎ 04 73 66 63 44,
FAX 04 73 66 61 12

Komfortables Haus in sonniger Ortsrandlage. Hallenbad, Sauna, Solarium; hauseigene Brennerei.

Natz/Schabs

*** Alpotel Seehof
I-39040 Natz 65, 47 B.;
☎ 04 72 41 21 20,
FAX 04 72 41 21 82
Komfortables, gemütliches Haus mit eigenem Badesee. Hallenbad, Sauna, Solarium.

*** Hubertushof
I-39040 Raas 32, 41 B.;
☎ 04 72 41 20 03,
FAX 04 72 41 22 63
Verkehrsgünstig, aber ruhig gelegenes gemütliches Haus mit Liegewiese, Sauna, Solarium und Kinderspielplatz. In der Nähe auch Tennisplätze.

*** Jonathan
I-39040 Natz 86, 57 B.;
☎ 04 72 41 50 66,
FAX 04 72 41 50 14
Inmitten von Apfelkulturen gelegenes Familienhotel mit Freibad, Sauna, Solarium, Kneippbecken und Terrasse.

*** Natznerhof
I-39040 Natz 76, 58 B.;
☎ 04 72 41 50 44,
FAX 04 72 41 50 60
Haus mit familiärer Atmosphäre. Garten mit Kneippbecken, Volleyballfeld, Hallenbad, Sauna, Solarium.

*** Sun
I-39040 Natz 77, 35 B.;
☎ 04 72 41 50 15,
FAX 04 72 41 50 99
Komfortables Haus in ruhiger, freier Lage. Freibad, Terrasse, Saunalandschaft, Solarium.

Neumarkt

*** Andreas Hofer
I-39044 Neumarkt
Straße der Alten Gründungen 21–23, 60 B.;
☎ 04 71 81 26 53,
FAX 04 71 81 29 53
Behäbiges Hotel in einem historischen Gebäude des Ortskerns (Fußgängerzone). Schwimmbad und Liegewiese.

Niederdorf

*** Alpotel Adler
I-39039 Niederdorf
Rathausplatz 108, 70 B.;
☎ 04 74 74 51 28,
FAX 04 74 74 52 78
Zentral gelegenes Haus mit jahrhundertealter Tradition und von nostalgischem Reiz. Hallenbad, Sauna, Solarium, Kinderspielzimmer.

*** Rose
I-39039 Niederdorf
Dantestr. 43, 40 B.;
☎ 04 74 74 51 21,
FAX 04 74 74 51 39
Gutbürgerliches Haus mit Hallenbad, Liegewiese, Sauna, Solarium und Kinderspielzimmer.

Olang

**** Alpenhotel Hubertus
I-39030 Geiselsberg, Furkelstr. 5, 50 B.;
☎ 04 74 59 21 04,
FAX 04 74 59 21 14
Außerhalb des Ortszentrums und in der Nähe zweier Bergbahn-Talstationen (Alpen I und Olang I, beide nur Winterbetrieb) gelegenes familienfreundliches Haus mit sehr abwechslungsreicher Bade- und Saunalandschaft sowie Fitnessraum.

**** Aichner
I-39030 Oberolang, Hans-von-Perthaler-Str. 5, 40 B.;
☎ 04 74 49 62 86,
FAX 04 74 49 83 43
Modernes, komfortables, kin-

derfreundliches Haus im ländlichen Stil mit Hallenbad, Liegewiese, Sauna und Solarium.

**** **Kristall**
I-39030 Geiselsberg, Eggerweg 3, 56 B.;
☎ 04 74 59 20 77,
FAX 04 74 59 20 06
Familienfreundliches Komforthotel traditionellen Stils mit Hallenbad, Sauna, Solarium, Liegewiese und Fitnessraum.

**** **Post / Tolderhof**
I-39030 Oberolang, Kirchgasse 6, 68 B.;
☎ 04 74 49 61 27,
FAX 04 74 49 80 19
Solide und familienfreundliche, zentral gelegene Kombination aus Hotel und Urlaub auf dem Bauernhof. Hallenbad, Sauna, Solarium, Liegewiese, eigener Reitstall.

**** **Villa Tirol**
I-39030 Mitterolang, St.-Ägidius-Weg 13, 42 B.;
☎ 04 74 49 64 22,
FAX 04 74 49 83 48
Familiäres Haus in zentraler Lage mit eigenem Zubringerdienst. Hallenbad, Sauna, Solarium, Fitnessraum und Liegewiese.

**** **Zirm**
I-39030 Geiselsberg, Eggerweg 16, 45 B.;
☎ 04 74 59 20 54,
FAX 04 74 59 20 51
Günstig bei den Talstationen der Bergbahnen (nur Winterbetrieb) am Hang gelegenes Berghotel mit Hallenbad, Sauna, Solarium, Fitnessraum und Liegewiese.

**** **Mirabell**
I-39030 Mitterolang, Hans-von-Perthoner-Str. 11, 50 B.;
☎ 04 74 49 61 91,
FAX 04 74 49 82 27
Gut ausgestattetes Haus ländlichen Stils in freier Lage. Hallenbad, Sauna, Solarium, Fitnessraum, Liegewiese und Tennisplatz.

*** **Markushof**
I-39030 Oberolang, Wiesenweg 9, 50 B.;
☎ 04 74 49 62 50,
FAX 04 74 49 82 41
Zentrumsnah gelegenes, familiengerechtes Haus mit Sauna, Solarium, Fitnessraum und Liegewiese.

Partschins

**** **Peter Mitterhofer**
I-39020 Partschins
Römerstr. 8, 45 B.;
☎ 04 73 96 71 22,
FAX 04 73 96 80 25
Das sehr komfortabel ausgestattete Haus ist nach dem Erfinder der Schreibmaschine benannt. Es verfügt über Frei- und Hallenbad, Sauna, Solarium, Kegelbahn, Liegewiese und Kinderspielplatz.

**** **Waldhof**
I-39020 Rabland, Hans-Guet-Str. 42, 60 B.;
☎ 04 73 96 80 88,
FAX 04 73 96 81 98
Das zwischen Obstgärten nahe dem Sportzentrum gelegene Haus verfügt über Hallenbad, Sauna, Solarium, Fitnessraum, Kegelbahn und Liegewiese.

*** **An der Lahn**
I-39020 Partschins
Kleinkarlbacher Str. 5, 40 B.;
☎ 04 73 96 72 97,
FAX 04 73 96 81 66
Komfortables, familiengerechtes Haus im ländlichen Stil. Hallenbad, Sauna, Solarium, Fitnessraum, Kinderspielplatz; Unterhaltungsabende.

*** **An der Stachelburg**
I-39020 Partschins

Wasserfallweg 7, 70 B.;
☎ 04 73 96 73 10,
FAX 04 73 96 82 30
Direkt bei der alten Stachelburg steht leicht erhöht das Hotel. Hallenbad, Sauna, Solarium, Fitnessraum, Terrasse.

*** **Weiss**
I-39020 Partschins
Vinschgauer Str. 38, 40 B.;
☎ 04 73 96 70 67,
FAX 04 73 96 70 67
Das Haus liegt verkehrsgünstig an der Durchgangsstraße. Es bietet Liegewiese mit Schwimmbad, Minigolf und Kinderspielplatz. Hunde sind nicht erwünscht.

Passeiertal

**** **Forellenhof**
I-39015 St. Martin, Pseirer Str. 47, 90 B.;
☎ 04 73 64 54 74,
FAX 04 73 64 54 99
Hochklassiges und kinderfreundliches Sporthotel in verkehrsgünstiger Lage nahe der Jaufenstraße. Freibad, Hallenbad, Sauna, Solarium, Fitnessraum, Kinderspielzimmer, Reitgelegenheit, Tennisplätze, Unterhaltungsprogramm, Golfgelegenheit beim nahen Quellenhof.

**** **Kennenhof**
I-39015 St. Martin, Pseirer Str. 39, 25 B.;
☎ 04 73 64 54 40,
FAX 04 73 64 54 99
Kleines, familienfreundliches Sporthotel etwas abseits der Durchgangsstraße. Frei- und Hallenbad, Sauna, Solarium, Fitnessraum, Kinderspielplatz, Reitgelegenheit, Tennisplätze, Unterhaltungsprogramm.

**** **Bergland**
I-39015 St. Leonhard, Schlossweg 2, 57 B.;
☎ 04 73 65 62 67,
FAX 04 73 65 66 44
Hochklassiges, komfortables Haus mit Hallenbad, Sauna, Solarium, Fitnessraum und Golfgelegenheit.

*** **Klotz-Panorama**
I-39015 St. Leonhard, Passeirer Str. 66/68, 64 B.;
☎ 04 73 65 61 79,
FAX 04 73 65 66 36
Bei Andreas Hofers Geburtshaus gelegenes komfortables Hotel mit Frei- und Hallenbad, Sauna, Solarium, Fitnessraum, Liegewiese und Terrasse.

*** **Martinerhof**
I-39015n St. Martin, Jaufenstr. 15, 46 B.;
☎ 04 73 64 12 26,
FAX 04 73 64 15 04
Verkehrsgünstig an der Jaufenstraße gelegenes Familienhotel mit Sauna, Fitnessraum und Tennisplatz.

*** **Passeirerhof**
I-39015 St. Leonhard, 57 B.;
☎ 04 73 65 61 61,
FAX 04 73 65 66 77
An der Straße ins Hinterpasseier gelegenes Sporthotel mit Frei- und Hallenbad, Sauna, Solarium, Fitnessraum, Tennisplätzen und -halle, Kinderspielzimmer, Golfgelegenheit, Unterhaltungsprogramm und Liegewiese.

Pfalzen

**** **Kristall**
I-39030 Pfalzen
Sichelburgstr. 18, 42 B.;
☎ 04 74 52 81 90.
FAX 04 74 52 84 77
Gemütliches, gut ausgestattetes Sport- und Ferienhotel abseits der Durchgangsstraße. Hallenbad, Sauna, Solarium, Fitnessraum, Terrasse, Unterhaltungsabende.

*** **Weiher**
I-39030 Issing, Treyenweg 13, 36 B.;
☎ 04 74 56 52 27,
FAX 04 74 56 40 43
Das komfortable, familienfreundliche Haus liegt ruhig unmittelbar am Issinger See und am Wald. Frei- und Hallenbad, Sauna, Solarium, Fitnessraum, Kinderspielplatz und Angelgelegenheit.

Prad

*** **Zentral**
I-39026 Prad
Hauptstr. 48, 64 B.;
☎ 04 73 61 60 08
Traditioneller Familienbetrieb im Ortskern. Hallenbad, Sauna, Solarium.

Pragser Tal

*** **Erika**
I-39030 Außerprags 66, 55 B.;
☎ 04 74 4 86 84,
FAX 04 74 74 87 55
Behäbiges, traditionelles Haus mit Liegewiese, Sauna, Solarium und Kinderspielplatz.

*** **Hohe Gaisl**
I-39030 Plätzwiese 60, 50 B.;
☎ 04 74 55 58 08,
FAX 04 74 55 16 01
Das Haus liegt schön auf der berühmten Plätzwiese. Liegewiese, Sauna, Solarium, Kinderspielplatz.

*** **Pragser Wildsee**
I-39030 St. Veit 27, 90 B.;
☎ 04 74 74 86 02,
FAX 04 74 74 87 52
Das traditionsreiche, nostalgische Hotel liegt direkt am See. Liegewiese, Tennisplatz, Unterhaltungsprogramme.

Ratschings

**** **Plunhof**
I-39040 Ridnaun,
☎ 04 72 6 62 47,
FAX 04 72 6 62 49
Sehr komfortables, gemütliches Haus in freier Lage. Sauna, Solarium, Fitnessraum, Liegewiese, Terrasse und Kinderspielplatz.

*** **Gasteigerhof**
I-39040 Ratschings
Gasteig 52,
☎ 04 72 76 57 01,
FAX 04 72 76 69 43
Vor kurzem renoviertes, sehr gut geführtes und komfortables Haus. Hallenbad, Sauna, Solarium, Fitnessraum, Kinderspielplatz, Liegewiese und Terrasse.

*** **Berghotel**
I-39040 Ratschings 43a,
☎ 04 72 6 91 80,
FAX 04 72 6 91 72
Komfortables, gemütliches und familiäres Haus nahe der Talstraße. Hallenbad, Sauna, Solarium, Fitnessraum und Terrasse.

*** **Sonklarhof**
I-39040 Ridnaun,
☎ 04 72 6 62 12,
FAX 04 72 6 62 24
Sehr angenehmes, traditionelles Haus mit vielseitiger Bade- und Saunaanlage, Wintergarten, Fitnessraum, Kinderspielplatz, Tennis- und Minigolfplatz, Fischteich. Geführte Wanderungen, Unterhaltungsprogramm.

Riffian/Kuens

*** **Hofbrunn-Tschaupphof**
I-39010 Riffian
Jaufenstr. 14, 37 B.;
☎ 04 73 24 10 27
Verkehrsgünstig gelegenes Haus in ländlichem Stil. Freibad, Liegewiese, Kinderspielplatz, Unterhaltungsprogramm.

*** **Kreuz**
I-39010 Riffian
Jaufenstr. 25, 53 B.;
☎ 04 73 24 11 25,
FAX 04 73 24 14 13
Ländliches Hotel mit ruhig abseits der Durchgangsstraße gelegener Dependance. Freibad, Sauna und Solarium, Liegewiese und Kinderspielplatz.

*** **Laimerhof**
I-39010 Riffian
Jaufenstr. 82, 30 B.;
☎ 04 73 24 10 05,
FAX 04 73 24 14 11
Direkt an der Jaufenstraße gelegenes Haus mit Hallenbad, Sauna, Solarium, Fitnessraum und Liegewiese.

*** **Sonnenhof**
I-39010 Kuens, Dorf 48, 40 B.;
☎ 04 73 24 11 60,
FAX 04 73 24 13 72
Abseits der Durchgangsstraße erhöht stehendes Haus mit Panoramablick. Hallenbad, Sauna, Solarium, Fitnessraum.

Ritten

**** **Parkhotel Holzner**
I-39054 Oberbozen, Dorf 18, 46 B.;
☎ 04 71 34 52 31,
FAX 04 71 34 55 93
Hochklassiges, familienfreundliches Hotel mit Jugendstilatmosphäre und -ausstattung in einem schönen Park. Freibad, Sauna, Tennisplätze, Kinderspielplatz.

*** **Bemelmans-Post**
I-39054 Klobenstein, Dorfstr. 8, 85 B.;
☎ 04 71 35 61 27,
FAX 04 71 35 65 31
Traditionsreiches Hotel mit hohem Komfort. Feibad, Sauna, Solarium, Liegewiese, Terrasse, Kinderspielplatz.

*** **Latemar**
I-39054 Oberbozen, Kirchweg 1, 40 B.;
☎ 04 71 34 52 86
Gemütliches und familienfreundliches, gut ausgestattetes Hotel traditionellen Zuschnitts in schöner Lage. Liegewiese, Tennisplatz, Kinderspielplatz, Terrasse, geführte Wanderungen, spezielle Kinderprogramme.

*** **Lichtenstern**
I-39054 Oberbozen, Lichtenstern 8, 50 B.;
☎ 04 71 34 51 47,
FAX 04 71 34 56 35
Familiengerechtes Hotel mit Dependance in ruhiger, freier Aussichtslage. Freibad, Liegewiese, Kinderspielplatz.

Rodeneck

*** **Schönblick**
I-39030 Rodeneck
Gifen 143, 60 B.;
☎ 04 72 45 41 41,
FAX 04 72 45 42 75
Gepflegtes, familiäres Haus in ruhiger Panoramalage. Freibad, Sauna, Solarium, Fitnessraum, Liegewiese, Kinderspielplatz, Unterhaltungsprogramme.

*** **Rosenheim**
I-39030 odeneck
Nauders 86;
☎ 04 72 45 41 44,
FAX 04 72 45 40 77
Ruhiges, familienfreundliches Haus mit Schwimmbecken, Liegewiese und Kinderspielplatz.

*** **Löwen**
I-39030 Rodeneck
Vill 2, 60 B.;
☎ 04 72 45 42 43,
FAX 04 72 45 42 32
Traditionsreicher Gasthof in ländlicher Umgebung mit Panoramablick. Freibad, Liege-

wiese, Kinderspielplatz. Hunde sind nicht erwünscht.

St. Lorenzen

****** Schloss Sonnenburg**
I-39030 St. Lorenzen
im Schloss, 84 B.;
☎ 04 74 47 40 99,
FAX 04 74 47 40 49
Das hochklassige, familienfreundliche Hotel ist in einem burgähnlichen einstigen Nonnenkloster eingerichtet. Hallenbad, Sauna, Solarium, Fitnessraum, Liegewiese.

***** Lanerhof**
I-39030 Montal, 60 B.;
☎ 04 74 40 31 33,
FAX 04 74 40 32 40
Familiengerechtes Traditionshotel in ruhiger Lage mit Hallenbad, Sauna, Solarium, Fitnessraum und Tennisplätzen.

***** Mühlgarten**
I-39030 St. Lorenzen
Stefansdorf 31, 42 B.;
☎ 04 74 54 83 30,
FAX 04 74 54 80 30
Hotel in freier Lage. Hallenbad, Sauna, Solarium, Liegewiese.

St. Ulrich

******S Adler**
I-03946 St. Ulrich
Reziastr. 7, 200 B.;
☎ 04 71 79 62 03,
FAX 04 71 79 62 10

Das im Zentrum von St. Ulrich in einem großen Park gelegene Hotel, von Clemens Holzmeister entworfen, wird höchsten Ansprüchen gerecht. Zum umfassenden Angebot gehören Vitalwelt, Beauty- und Wellnessbereich mit Hallenbad, Sauna und Solarium. Regelmäßige Galadiners mit Klaviermusik; originale Tirolerstube aus dem 16. Jahrhundert.

****** Grödnerhof**
I-39046 St. Ulrich
Vidalong-Str. 3, 85 B.;
☎ 04 71 79 63 15,
FAX 04 71 79 65 13
Sehr komfortables Haus von traditionellem Zuschnitt. Hallenbad, Thermarium, Sauna, Solarium, Tennisplatz, Kinderspielzimmer.

****** Enzian**
I-39046 St. Ulrich
Reziastr. 111, 90 B.;
☎ 04 71 79 62 46,
FAX 04 71 79 75 98
Solides Hotel von hohem Komfort. Hallenbad, Sauna, Solarium, Kinderspielzimmer.

****** Hell**
I-39046 St. Ulrich
Promemedastr. 3, 48 B.;
☎ 04 71 79 67 85,
FAX 04 71 79 81 96
Das familiär geführte Hotel liegt in einer Wiesenlandschaft am Ortsrand von St. Ulrich. Zur Verfügung stehen u.a. Frei- und Hallenbad, Liegewiese sowie Sauna und Solarium.

****** Grien**
I-39046 St. Ulrich
Muredastr. 178, 54 B.;
☎ 04 71 79 63 40,
FAX 04 71 79 63 03
Haus in schöner Hanglage am Ortsrand mit eigenem Zubringerbus. Sauna, Solarium, Fitnessraum, Kinderspielzimmer, großer Garten.

*** **Am Stetteneck**
I-39046 St. Ulrich
Reziastr. 14, 45 B.;
☎ 04 71 79 65 63,
FAX 04 71 79 61 47
Das Äußere zeigt den nostalgischen Baustil aus der letzten Phase der Donaumonarchie. Hallenbad, parkartiger Garten, familiäre Atmosphäre.

Schenna

**** **Vitalhotel Verdinserhof**
I-39017 Verdins 42, 85 B.;
☎ 04 73 94 94 23,
FAX 04 73 94 94 43
Hochklassiges Hotel mit Schwerpunkt auf Fitness und Wohlbefinden und mit vielseitiger Ausstattung (Schrothkur, Kneippanlage, Heubad und Kosmetikabteilung). Frei- und Hallenbad, Sauna, Solarium, Fitnessraum, Liegewiese, Tennisplätze, Kinderspielplatz, Unterhaltungsprogramm.

**** **Taushof**
I-39017 Schenna
Schennastr. 30, 75 B.;
☎ 04 73 94 56 27,
FAX 04 73 94 55 42
Sehr komfortables Haus mit sportlicher Note. Frei- und Hallenbad, Sauna, Solarium, Fitnessraum, Liegewiese, Tennisplatz und -schule, Kinderspielplatz, Unterhaltungsveranstaltungen.

**** **Fürstenhof**
I-39017 Verdins 48, 57 B.;
☎ 04 73 94 94 51,
FAX 04 73 94 95 16
Gemütliches und familienfreundliches, gediegenes Haus am Hang. Hallenbad, Sauna, Solarium, Fitnessraum, Liegewiese, Unterhaltungsprogramme.

**** **Hohenwart**
I-39017 Schenna
Verdinserstr. 5, 108 B.;
☎ 04 73 94 56 29,
FAX 04 73 94 59 96
Sehr komfortables, familienfreundliches Haus in schöner Hanglage. Frei- und Hallenbad, Sauna, Solarium, Fitnessraum, Liegewiese, Tennisplatz, Kinderspielplatz, Unterhaltungsprogramme.

**** **Starkenberg**
I-39017 Schenna
Verdinserstr. 10, 85 B.;
☎ 04 73 94 56 65,
FAX 04 73 94 55 83
Modernes, sehr gut ausgestattetes kinderfreundliches Hotel, auch mit Ferienwohnungen. Frei- und Hallenbad, Sauna, Solarium, Fitnessraum, Liegewiese, Kinderspielplatz, Unterhaltungsabende.

**** **Tyrol**
I-39017 Schenna
Katnauweg 6, 56 B.;
☎ 04 73 94 56 10,
FAX 04 73 94 55 80
Unterhalb des Ortskerns gelegenes familienfreundliches Haus mit gutem Komfort. Frei- und Hallenbad, Sauna, Solarium, Liegewiese, Kinderspielplatz, Unterhaltungsveranstaltungen.

*** **Baumgartnerhof**
I-39017 Schenna
Verdinserstr. 11, 85 B.;
☎ 04 73 94 57 67,
FAX 94 73 94 55 25
Komfortables Haus in zentraler Lage. Hallenbad, Sauna, Solarium, Fitnessraum, Liegewiese, Tennisplatz, Unterhaltungsabende.

*** **Erzherzog Johann**
I-39017 Schenna
Schlossweg 19, 68 B.;
☎ 04 73 94 56 41,
FAX 04 73 94 58 25
Nahe beim Schloss Schenna gelegenes kinderfreundliches Haus mit Frei- und Hallenbad,

Sauna, Solarium, Fitnessraum, Liegewiese, Tennisplatz, Kinderspielplatz und Unterhaltungsprogramm.

*** **Ifinger**
I-39017 Schenna
Verdinserstr. 18, 66 B.;
☎ 04 73 94 56 40,
FAX 04 73 94 59 40
Das Haus im ländlichen Stil liegt schön zwischen Obstkulturen. Frei- und Hallenbad, Sauna, Solarium, Liegewiese, Kinderspielplatz, Unterhaltungsprogramm.

*** **Lagrein**
I-39017 Schenna
Schennastr. 54, 62 B.;
☎ 04 73 94 57 81,
FAX 04 73 94 55 07
Komfortables Haus in verkehrsgünstiger Lage. Frei- und Hallenbad, Sauna, Solarium, Fitnessraum, Liegewiese und Kinderspielplatz. Hunde sind nicht erwünscht.

Schlanders

****S **Vier Jahreszeiten**
I-39028 Schlanders
Andreas-Hofer-Str. 8, 96 B.;
☎ 04 73 62 14 00,
FAX 04 73 62 15 33
Modernes und luxuriöses, erstklassiges Haus in zentraler Lage mit vielseitiger, gediegener Ausstattung und Gourmet-Restaurant. Kaminzimmer, Bacchus-Keller, Piano-Bar, Hallenbad, Sauna, Solarium, Fitness-Studio, Tennisplätze.

**** **Sporthotel Vetzan**
I-39028 Schlanders
Vetzan 63, 40 B.;
☎ 04 73 74 25 25,
FAX 04 73 74 25 84
Sehr komfortables und behagliches, zentrumsnah gelegenes Haus mit Hallenbad, Liegewiese sowie einigen Tennisplätzen.

*** **Goldener Löwe**
I-39028 Schlanders
Dantestr. 6, 50 B.;
☎ 04 73 73 01 88,
FAX 04 73 62 15 36
Zentral gelegenes traditionelles Hotel mit modernem Komfort. Hallenbad, Sauna, Terrasse und Garten.

*** **Vinschgerhof**
I-39028 Vetzan, Nationalstr. 37, 36 B.;
☎ 04 73 74 21 13,
FAX 04 73 74 25 15
Behäbiges und familiäres, verkehrsgünstig gelegenes Haus mit Freibad, Liegewiese und Kinderspielplatz.

*** **Goldene Rose**
I-39028 Schlanders
Hauptstr. 73, 40 B.;
☎ 04 73 73 02 18,
FAX 04 73 62 00 40
Traditionelles Haus in günstiger zentraler Lage (Fußgängerzone).

Schluderns

*** **Post–Hirsch**
I-39020 Spondinig, 60 B.;
☎ 04 73 61 60 21,
FAX 04 73 61 71 42
Traditionsreiches Hotel unmittelbar an der Abzweigung der Stilfserjochstraße von der Vinschgauer Straße. Liegewiese und Sonnenterrasse; Tennisplatz und Freibad in unmittelbarer Nähe.

** **Engel**
I-39020 Schluderns
Kirchplatz 7, 50 B.;
☎ 04 73 61 52 78,
FAX 04 73 61 54 00
Zentral unweit unterhalb der Churburg gelegenes traditionelles Haus mit Hallenbad, Sauna, Solarium, Fitnessraum, Tennisplatz und Unterhaltungsabenden.

Seis am Schlern / Völs

******S Emmy**
I-39050 Völs, Putzesweg 5, 75 B.;
☎ 04 71 72 50 06,
FAX 04 71 72 54 84
Das Spitzenhotel liegt herrlich unterhalb des Schlernmassivs. Der Schwerpunkt liegt auf Erholungs- und Fitness-Urlaub (Zentrum für Sauerstoff-Mehrschritt-Therapie nach Manfred v. Ardenne). Hallenbad, Sauna, Solarium, Fitness-Studio, Liegewiese, Terrasse, Schönheitsfarm, Unterhaltungsprogramme.

****** Romantik Hotel Turm**
I-39050 Völs, Kirchplatz 9, 44 B.;
☎ 04 71 72 50 14,
FAX 04 71 72 54 74
Traditionsreiches, zentral gelegenes Haus mit bestem Komfort. Frei- und Hallenbad, Sauna, Solarium, Liegewiese und Terrasse; ferner Reitgelegenheit.

****** Miramonti**
I-39050 Völs, St. Konstantin 14, 110 B.;
☎ 04 71 70 70 35,
FAX 04 71 70 54 22
Top-Hotel mit sportlicher Note (insbesondere Wintersport). Frei- und Hallenbad, Sauna, Solarium, Fitnessraum, Kinderspielplatz und -zimmer, Liegewiese, Terrasse, Unterhaltungsabende; hauseigener Skibus und Skilehrer.

****** Diana**
I-39040 Seis, St.-Oswald-Weg 3, 85 B.;
☎ 04 71 70 61 29,
FAX 04 71 70 60 03
Traditionsreiches, kinderfreundliches Hotel mit ehem. herrschaftlicher Villa und großem Park in zentraler Lage. Frei- und Hallenbad, Sauna, Solarium, Liegewiese, Kinderspielplatz und -zimmer.

****** Seiserhof**
I-39040 Seis, Laurinstr. 9, 100 B.;
☎ 04 71 70 61 25,
FAX 04 71 70 66 30
Gepflegtes Haus traditionellen Zuschnitts in zentraler Lage. Hallenbad, Sauna, Solarium, Fitnessraum, Liegewiese.

***** Dolomitenhof**
I-39040 Seis, Hauensteinweg 3, 48 B.;
☎ 04 71 70 61 28,
FAX 04 71 70 61 63
Familiengeführtes Naturhotel im Landhausstil. Hallenbad, Sauna, Solarium, Fitnessraum, Liegewiese, Kinderspielzimmer.

***** Silence- & Schlosshotel Mirabell**
I-39040 Seis, Laranzweg 1, 57 B.;
☎ 04 71 70 61 34,
FAX 04 71 70 62 49
Gemütliches Hotel in verkehrsfreier Panoramalage oberhalb vom Ort. Freibad, Sauna, Solarium, Liegewiese, Kinderspielzimmer.

***** Heubad**
I-39050 Völs, Schlernstr. 12, 88 B.;
☎ 04 71 72 50 20,
FAX 04 71 72 54 25
Gemütliches Hotel von nostalgischem Reiz in einem historischen Bauernhaus. Spezialität sind die Heubäder. Freibad, Sauna, Solarium, Schönheitsfarm, Unterhaltungsabende.

*** **Völserhof**
I-39050 Völs, Schlossweg 1, 50 B.;
☎ 04 71 72 54 21,
FAX 04 71 72 56 02
Elegant eingerichtetes, familienfreundliches Haus in ruhiger Lage. Freibad, Kinderspielplatz, Liegewiese, Terrasse.

*** **Waldsee**
I-39050 Völs, Kühpachweg 23, 80 B.; ☎ 72 50 41,
FAX 04 71 72 57 45
Ruhig und landschaftlich schön gelegenes, familienfreundliches Haus. Hallenbad, Sauna, Solarium, Fitnessraum, Liegewiese, Kinderspielplatz, Unterhaltungsprogramm.

Seiser Alm

**** **Floralpina**
I-39040 Seiser Alm
Saltria 50, 85 B.;
☎ 04 71 72 79 07,
FAX 04 71 72 78 03
Hochklassiges, familiäres Haus mitten im Landschaftsschutzgebiet Seiser Alm. Frei- und Hallenbad, Sauna, Solarium, Fitnessraum, Tennisplatz, Liegewiese, Kinderspielplatz.

**** **Plaza**
I-39040 Seiser Alm
Compatsch 33, 85 B.;
☎ 04 71 72 79 73,
FAX 04 71 72 78 20
In 1850 m Höhe gelegenes Firstclass-Hotel mit sportlicher Note und in landschaftlich herrlicher Umgebung.

**** **Sporthotel Sonne**
I-39040 Seiser Alm
Piz 6, 80 B.;
☎ 04 71 79 63 77,
FAX 04 71 79 78 84
Mitten im Landschaftsschutzgebiet gelegenes Haus mit freiem Blick auf die Langkofelgruppe. Sportliche Note (Wandern, Langlauf und Alpinski). Hallenbad, Sauna und Solarium, Fitnessraum; teilweise historisch-rustikale Ausstattung.

*** **Saltria**
I-39040 Seiser Alm
Saltria 36, 68 B.;
☎ 04 71 72 79 66,
FAX 04 71 72 78 33
Gutbürgerliches Hotel in ruhiger Aussichtslage mit Hallenbad, Solarium, Kinderspielplatz und -zimmer, Liegewiese.

Sexten

**** **Rainer**
I-39030 Sexten
St.-Josef-Str. 4, 78 B.;
☎ 04 74 71 03 66,
FAX 04 74 71 01 63
Hochklassiges, sehr gut ausgestattetes ländliches Hotel in angenehmer Lage mit Frei- und Hallenbad, Sauna, Solarium, Fitnessraum, Schönheitsfarm, Liegewiese und Kinderspielplatz, Diskothek und Piano-Bar; Kuranwendungen im Haus. Beachtenswerte, künstlerisch ausgestattete Robert-Stolz-Stube.

**** **Sport- und Kurhotel Bad Moos**
I-39030 Bad Moos, Fischleintalstr. 27, 90 B.;
☎ 04 74 71 31 00,
FAX 04 74 71 33 33
Hervorragendes Hotel mit Dependance und Apartments in schöner, freier Lage bei der Talstation der Rotwandwiesen-Seilbahn. Frei- und Hallenbad, Fitnessraum, Sauna, Solarium, Schönheitsfarm, Unterhaltungsprogramme, Kinderspielplatz, Piano-Bar, Reitgelegenheit; Kuranwendungen im Haus.

*** **Kreuzbergpass**
I-39030 Sexten
am Kreuzbergpass, St.-Josef-Str. 55, 93 B.;
☎ 04 74 71 03 28,
FAX 04 74 71 03 83
In herrlicher Berglandschaft am 1636 m hohen Kreuzbergpass gelegenes Haus mit gehobenem Komfort und reichhaltiger Ausstattung. Freibad, Hallenbad, Sauna, Solarium, Fitnessraum, Schönheitsfarm, Tennisplätze, Piano-Bar, Kinderspielplatz; Kuranwendungen im Haus, Unterhaltungsprogramme.

*** **Sextner Hof**
I-39030 Sexten
Dolomitenstr. 13, 50 B.;
☎ 04 74 71 03 14,
FAX 04 74 71 01 61
Zentral gelegenes, traditionelles Haus mit gutem Komfort. Piano-Bar, Sauna, Solarium, Fitnessraum, Tennisplatz, Kinderspielplatz, Unterhaltungsprogramm.

Sterzing

**** **Schwarzer Adler**
I-39049 Sterzing
Stadtplatz 1, 67 B.;
☎ 04 72 76 40 64,
FAX 04 72 76 65 22
Traditionsreiches, sehr komfortables zentrales Haus. Hallenbad, Sauna, Solarium.

**** **Stafler**
I-39049 Freienfeld,
Mauls 10, 65 B.;
☎04 72 77 11 36,
FAX 04 72 77 10 94
Hochklassiges Romantik-Hotel nahe der Brenner-Staatsstraße. Hallenbad, Sauna, Tennisplatz.

Sulden/Trafoi

*** **Cevedale**
I-39029 Sulden,
Hauptstr. 41, 40 B.;
☎ 04 73 61 30 13,
FAX 04 73 61 31 84
Solides Haus mit Sauna, Solarium, Fitnessraum, Liegewiese und Terrasse.

*** **Eller**
I-39029 Sulden, 90 B.;
☎ 04 73 61 30 21,
FAX 04 73 61 31 81
Gut ausgestattetes Haus traditionellen Stils. Sauna, Solarium, Fitnessraum, Liegewiese, Terrasse.

*** **Cristallo**
I-39029 Sulden, Hauptstr. 31, 54 B.;
☎ 04 73 61 32 34,
FAX 04 73 61 31 14
Modernes Haus mit Hallenbad, Sauna und Terrasse. Hunde sind nicht erwünscht.

*** **Marlet**
I-39029 Sulden, 50 B.;
☎ 04 73 61 30 75,
FAX 04 73 61 31 90
Gut ausgestattetes Haus mit Hallenbad, Sauna, Solarium, Fitnessraum und Terrasse. Hunde sind nicht erwünscht.

*** **Post**
I-39029 Sulden, 40 B.;
☎ 04 73 61 30 24,
FAX 04 73 61 32 24
Solides, familienfreundliches Haus in traditionellem Stil mit Hallenbad, Sauna, Solarium, Fitnessraum und Kinderspielplatz.

*** **Madatsch**
I-39020 Trafoi, 80 B.;
☎ 04 73 61 17 67,
FAX 04 73 61 15 40
Traditionelles Haus mit sportlichem Zuschnitt. Hallenbad, Sauna, Solarium, Fitnessraum, Liegewiese, Terrasse, Tennisplatz, Skilehrer im Haus. Hunde sind nicht erwünscht.

*** **Franzenshöhe**
I-39020 Trafoi, Stilfserjochstraße, 50 B.;
☎ 04 73 61 17 68,
FAX 04 73 61 65 18
Klassisches Berghotel mit Hallenbad, Liegewiese, Terrasse, Tennisplatz und Reitgelegenheit. Hunde sind nicht erwünscht.

Terlan

*** **Weingarten**
I-39018 Terlan
Hauptstr. 42, 42 B.;
☎ 04 71 25 71 74,
FAX 04 71 25 77 76
Komfortables, familiär geführtes Haus inmitten von Wein- und Obstgärten. Freibad, Terrasse, Liegewiese.

*** **Sparerhof**
I-39018 Terlan
Nalser Str. 2, 40 B.;
☎ 04 71 67 86 71,
FAX 04 71 67 83 42
Gemütliches und familienfreundliches, gut ausgestattetes Hotel mit Freibad, Sauna, Solarium, Fitnessraum und Terrasse.

Tirol (Dorf Tirol)

****S **Castel**
I-39019 Dorf Tirol
Köstengasse 60, 70 B.;
☎ 04 73 92 36 93,
FAX 04 73 92 31 13
Hotel der Spitzenklasse in schöner Aussichtslage und mit hervorragender Küche. Frei- und Hallenbad, Sauna, Solarium, Fitness-Studio, Schönheitsfarm, Liegewiese, Kinderspielplatz und -zimmer, Terrasse, Tennisplätze.

****S **Erika**
I-39019 Dorf Tirol
Hauptstr. 39, 100 B.;
☎ 04 73 92 33 38,
FAX 04 73 92 31 13
Top-Hotel in schöner Lage zwischen Weinbergen und Obstkulturen. Frei- und Hallenbad, neue vielseitige Saunalandschaft, Fitnessraum, Liegewiese, Kinderspielplatz und -zimmer, Tennisplätze.

**** **Küglerhof**
I-39019 Dorf Tirol
Haslachstr. 82, 42 B.;
☎ 04 73 92 33 99,
FAX 04 73 92 36 99
Sehr ruhig gelegenes Haus im ländlichen Stil mit schöner Aussicht. Freibad, Sauna, Solarium, Fitnessraum, Liegewiese, Kinderspielplatz, Reitgelegenheit. Hunde sind nicht erwünscht.

**** **Gartner**
I-39019 Dorf Tirol
Hauptstr. 65, 55 B.;
☎ 04 73 92 34 14,
FAX 04 73 92 31 20
Modernes, gemütliches Haus mit hohem Komfort und in schöner Lage. Frei- und Hallenbad, Sauna, Solarium, Kinderspielplatz, Liegewiese.

**** **Gnaid**
I-39019 Dorf Tirol
Gnaidweg 5, 63 B.;
☎ 04 73 92 34 12,
FAX 04 73 92 31 52
Neues, luxuriös ausgestattetes Haus in Ortsrandlage. Frei- und Hallenbad, Sauna, Solarium, Fitnessraum, Liegewiese, Kinderspielzimmer.

**** **Sonnbichl / Residence Traubenheim**
I-39019 Dorf Tirol
Segenbühlweg 15, 70 B.;
☎ 04 73 92 35 80,
FAX 04 73 92 31 66
Sehr komfortables, familiengerechtes Hotel mit Dependance in freier, ruhiger Lage. Frei- und Hallenbad, Sauna, Solarium, Fitnessraum, Liegewiese, Tennisplatz.

*** **Alpenhof**
I-39019 Dorf Tirol
Hauptstr. 50, 56 B.;
☎ 04 73 92 33 45,
FAX 04 73 92 36 35
Gemütliches, komfortables Haus im alpenländischen Stil. Freibad, Kinderspielplatz, Tennisplatz.

*** **Bellevue**
I-39019 Dorf Tirol
Segenbühelweg 21, 56 B.;
☎ 04 73 92 35 22,
FAX 04 73 92 31 74
Komfortables Hotel mit Dependance direkt bei der Bergstation des von Meran kommenden Sessellifts. Freibad, Sauna, Kinderspielplatz, Liegewiese, geführte Wanderungen.

*** **Laurin**
I-39019 Dorf Tirol
Hauptstr. 35, 60 B.;
☎ 04 73 92 33 63,
FAX 04 73 92 36 64
Ruhig gelegenes, behagliches Haus mit Dependance. Frei- und Hallenbad, Sauna, Solarium, Liegewiese, Kinderspielplatz und -zimmer.

Tisens / Prissian

*** **Tirolensis**
I-39010 Prissian, 104 B.;
☎ 04 73 92 09 01,
FAX 04 73 92 06 95
Solides, gut ausgestatetes Haus im ländlichen Stil. Frei- und Hallenbad, Sauna, Solarium, Fitnessraum, Kinderspielplatz, Liegewiese, Unterhaltungsabende.

*** **Hillebrand**
I-39010 Tisens, 48 B.;
☎ 04 73 92 09 88,
FAX 04 73 92 06 89
Verkehrsgünstig an der Hauptstraße gelegenes Haus mit Hallenbad, Liegewiese und Terrasse.

Toblach

**** **Santer**
I-39034 Toblach
Alemagna-Str. 4, 110 B.;
☎ 04 74 7 21 42,
FAX 04 74 7 27 97
Romantisches, rustikal-nostalgisches Haus in ruhiger Lage abseits vom Ortskern. Hallenbad, Sauna, Solarium, Fitnessraum und Fahrradverleih.

*** **Oberhammer**
I-39034 Aufkirchen, 40 B.;
☎ 04 74 97 21 95,
FAX 04 74 97 23 66
Familiär geführtes Haus mit rustikalem Flair. Sauna, Solarium und Liegewiese.

Tramin

**** **Mühle Mayer**
I-39040 Tramin
Mühlgasse 58a, 36 B.;
☎ 04 71 86 02 19,
FAX 04 71 86 09 46
Romantisches, sehr komfortables und ruhig gelegenes Haus, das durch Umbau einer alten Mühle entstanden ist. Hallenbad, Sauna, Solarium, Fitnessraum, Liegewiese. Hunde sind nicht erwünscht.

*** **Traminerhof**
I-39040 Tramin
Weinstr. 37, 70 B.;
☎04 71 86 03 84,
FAX 04 71 86 08 44
Familiär geführtes Haus mit Freibad, Fitnessraum, Kinderspielplatz und Terrasse.

*** **Tirolerhof**
I-39040 Tramin
Parkstr. 1, 55 B.;
☎ 04 71 86 01 63,
FAX 04 71 86 01 54
Gemütliches, gut ausgestattetes Hotel inmitten von Weinbergen. Freibad, Sauna, Solarium, Fitnessraum, Kinderspielplatz, Terrasse.

Tscherms

*** **Paulus**
I-39010 Tscherms
Raffeinweg 18, 42 B.;
☎ 04 73 56 24 00
Komfortables Haus im alpenländischen Stil zwischen Obst- und Weinkulturen in schöner Aussichtslage. Hallenbad, Sauna, Solarium, Liegewiese, Kinderspielplatz und -zimmer.

*** **Schlosshotel**
I-39010 Tscherms
Raffeinweg 20, 48 B.;
☎ 04 73 56 23 52,
FAX 04 73 56 45 59
Ruhig zwischen Obstgärten gelegenes rustikales Haus mit Hallenbad, Sauna, Solarium, Fitnessraum und Liegewiese.

*** **Unterstein**
I-39010 Tscherms
St.-Anna-Weg 4, 46 B.;
☎ 04 73 56 17 30,
FAX 04 73 56 28 78
Oberhalb vom Ort zwischen Obstkulturen gelegenes Haus mit schönem Blick. Freibad, Terrasse, Kinderspielzimmer.

Ultental

*** **St. Pankraz**
I-39016 St. Pankraz, 49 B.;
☎ 04 73 78 71 80,
FAX 56 43 22
Komfortables Familienhotel im Tiroler Stil. Hallenbad, Sauna, Fitnessraum.

*** **Alpenhof**
I-39016 St. Walburg, 36 B.;
☎ 04 73 79 53 98
Kleines, familiäres Hotel in hübscher Hanglage. Sauna, Solarium, Liegewiese, geführte Wanderungen.

Villanders

**** **Stephanshof**
I-39040 Villanders
St. Stefan 112, 97 B.;
☎ 04 72 84 31 50,
FAX 04 72 84 33 48
Hochklassiges Hotel in herrlicher Aussichtslage. Freibad, Hallenbad, Sauna, Solarium, Fitnessraum, Liegewiese, Unterhaltungsprogramme.

*** **Hubertus**
I-39040 Villanders
St. Stefan 88, 50 B.;
☎ 04 72 84 31 37,
FAX 04 72 84 33 33
Ruhig gelegenes Haus mit gutem Komfort. Frei- und Hallenbad, Sauna, Solarium, Fitnessraum, Liegewiese, Unterhaltungsabende.

*** **Sambergerhof**
I-39040 Villanders
St. Stefan 101, 51 B.;
☎ 04 72 84 31 66,
FAX 04 72 84 35 21
Besonders ruhig zwischen Wiesen und Wald gelegenes Haus. Freibad, Sauna, Solarium, Liegewiese, Tennisplatz, Unterhaltungsprogramm.

*** **Schwarzer Adler**
I-39040 Villanders
St. Stefan 32, 62 B.;
☎ 04 72 84 32 00,
FAX 04 72 84 33 90
Gemütliches Haus im ländlichen Stil. Freibad, Sauna, Solarium, Fitnessraum, Liegewiese.

*** **Untertheimerhof**
I-39040 Villanders
St. Stefan 51, 55 B.;
☎ 04 72 84 31 73,
FAX 04 72 85 34 35
Zentrumsnah und ruhig gelegenes ländliches Haus mit Freibad, Liegewiese und Terrasse.

Villnöß

*** **Kabis**
I-39040 St. Peter, 70 B.;

☎ 04 72 84 01 26,
FAX 04 72 84 03 95
Traditionsreiches Haus mit gutem Komfort. Sauna, Solarium, Fitness, Kinderspielplatz.

*** **Ranuimüllerhof**
I-39040 St. Magdalena, 38 B.;
☎ 04 72 84 01 82,
FAX 04 72 84 05 45
Ruhig und landschaftlich reizvoll gelegenes, solides Haus mit Sauna, Liegewiese und Kinderspielplatz.

*** **Tyrol**
I-39040 St. Magdalena, 50 B.;
☎ 04 72 84 01 04,
FAX 04 72 84 05 36
Komfortables Sporthotel mit Freibad, Sauna, Solarium, Fitnessraum, Liegewiese und Kinderspielplatz.

Welsberg

**** **Bad Waldbrunn**
I-39035 Welsberg
Schießstandweg, 48 B.;
☎ 04 74 94 41 77,
FAX 04 74 94 42 29
Sehr komfortables, familienfreundliches Haus im ländlichen Stil in ruhiger Ortsrandlage. Hallenbad, Sauna, Solarium, Liegewiese.

*** **Christof**
I-39035 Welsberg
Maria am Rain 10, 40 B.;
☎ 04 74 94 40 31,
FAX 04 74 94 46 90
Ruhig gelegenes, komfortables und familienfreundliches Haus mit Hallenbad, Sauna und Solarium.

*** **Hell**
I-39035 Welsberg
Hauptplatz 3, 42 B.;
☎ 04 74 94 41 26,
FAX 04 74 94 40 12
Traditionsreicher Familienbetrieb in zentraler Lage mit eigener Schlachtung.

*** **Seehof**
I-39035 Welsberg
Unterrain 1, 48 B.;
☎ 04 74 94 41 59,
FAX 04 74 94 45 71
Außerhalb des Orts direkt am See gelegenes kinderfreundliches Haus. Liegewiese, Sauna, Solarium, Angelmöglichkeit.

*** **Tirolerhof**
I-39035 Welsberg
St.-Georgs-Gasse 12, 40 B.;
☎ 04 74 95 02 55,
FAX 04 74 95 02 60
Komfortables und familiengerechtes, gut ausgestattetes Vitalhotel mit Hallenbad, Sauna, Solarium und Liegewiese.

Welschnofen

**** **Engel**
I-39056 Welschnofen
Gummerer Str. 3, 100 B.;
☎ 04 71 61 31 31,
FAX 04 71 61 34 04
Sehr komfortables, sportlich orientiertes Tennis- und Golfhotel. Hallenbad, Sauna, Solarium, Tennisplatz, Kinderspielplatz und -zimmer, Golfmöglichkeit.

**** **Moseralm**
I-39056 Welschnofen
am Karersee, 70 B.;
☎ 04 71 61 21 71,
FAX 04 71 61 24 06
Vorwiegend sportlich orientiertes, hervorragend ausgestattetes Hotel in landschaftlich schöner Lage. Hallenbad, Sauna, Solarium, Fitnessraum, Golfplatz, Eislaufplatz, Kinderspielplatz; Heubäder.

**** **Post / Weißes Rössl**
I-39056 Welschnofen
Karerseestr. 30, 90 B.;
☎ 04 71 61 31 13,
FAX 04 71 61 33 90
Sehr gut ausgestattetes und angenehm gelegenes, modernes Hotel mit Frei- und Hal-

lenbad, Sauna, Solarium, Fitnessraum, Tennisplatz, Kinderspielplatz und -zimmer.

***** Stern**
I-39056 Welschnofen
Karerseestr. 51, 60 B.;
☎ 04 71 61 31 25,
FAX 04 71 61 35 25
Solides Haus im alpenländischen Stil mit Hallenbad, Liegewiese und Kinderspielplatz.

Wolkenstein

******S Sporthotel Alpenroyal**
I-39048 Wolkenstein
Meisulesstr. 43, 70 B.;
☎ 04 71 79 51 78,
FAX 04 71 79 41 61

Großzügig gestaltetes Spitzenhotel in sonniger Aussichtslage nahe der WM-Skipiste am Langkofel. Schwimmbad, Sauna, Solarium, Fitnessraum, Tennisplätze, Kinderspielzimmer und hoteleigener Zubringerbus. Gepflegtes Restaurant und erlesene Weine.

****** Residencehotel Antares**
I-39048 Wolkenstein
Meisulesstr. 195, 95 B.;
☎ 04 71 79 54 00,
FAX 04 71 79 50 13
Modernes Haus mit ausgezeichnetem Komfort und sportlicher Note vor großartiger Bergkulisse. Schwimmbad, Sauna, Solarium und Fitnessraum, Kinderspielzimmer und Park.

****** Chalet Portillo**
I-39048 Wolkenstein
Meisules-Str. 65, 50 B.;
☎ 04 71 79 52 05,
FAX 04 71 79 43 60
Zentrumsnah gelegenes hochklassiges Haus im ländlichen Stil. Sauna, Solarium, Fitnessraum, Kinderspielzimer, Tennisplatz.

****** Sporthotel Gran Baita**
I-39048 Wolkenstein
Meisules-Str. 145, 110 B.;
☎ 04 71 79 52 10,
FAX 04 71 79 50 80
Zentral gelegenes, sehr gut ausgestattetes sportliches Haus im alpenländischen Stil. Hallenbad, Sauna, Solarium, Kinderspielzimmer, Tennisplatz.

****** Tyrol**
I-39048 Wolkenstein
Puez-Str. 12, 90 B.;
☎ 04 71 79 50 40,
FAX 04 71 79 40 22
Das sehr komfortable, sportlich orientierte Hotel liegt nahe den Talstationen mehrerer Skilifte. Sauna und Solarium, Fitnessraum, Kinderspielzimmer.

Jugendherbergen

Jugendherbergsverband A.I.G. Bozen
Rosministr. 14
I-39100 Bozen
☎ 04 71 97 71 00
FAX 04 71 97 70 08

Deutsches Jugendherbergswerk
Postfach 1462
D-32704 Detmold
☎ (0 52 31) 74 01-0
FAX 74 01 49

Karten und Pläne

Wer sich auch abseits der größeren Straßen bewegen oder die Städte ausgiebiger erkunden möchte, sollte neben der zu diesem Reiseführer gehörenden Übersichtskarte zusätzliches Kartenmaterial mitführen. Nachstehend eine Auswahl.

1 : 8 000	KOMPASS-Stadtpläne Bozen und Meran
1 : 12 500	KOMPASS-Stadtplan Trento (Trient)
1 : 50 000	KOMPASS-Wanderkarten für diverse Südtiroler Regionen
	KOMPASS-Auto- und Wanderatlas Südtirol–Dolomiten
	Freytag & Berndt Wanderkarten Südtirol (10 Blätter)
1 : \120 000	Allianz-Freizeitkarte Südtirol
1 : 200 000	Generalkarte und Panoramakarte Südtirol (Set in Plastikhülle)
	TCI Atlante Stradale d'Italia (Straßenatlas), Band 1 (Oberitalien bis Florenz)
1 : 500 000	KOMPASS-Karte Tirol–Dolomiten–Oberitalienische Seen
1 : 750 000	Große Shell Autokarte Italien

Wanderführer ▶ Wandern

Märkte

Abwechslungsreich ist ein Bummel über die Märkte, die in allen größeren Orten Südtirols abgehalten werden. Eine detaillierte Übersicht ist zu beziehen beim

Assessorat für Handel
Raiffeisenstraße 5
I-39100 Bozen
☎ 04 71 99 37 40

Mietwagen

Avis
☎ 0 18 05 / 55 77 55
http://www.avis.de

Europcar
☎ 0 18 05 / 5 80 00
http://www.europcar.com

Budget
☎ 0 18 05 / 24 43 88
http://www.budget.com

Hertz
☎ 0 18 05 / 33 35 35
http://www.hertz.de

Naturparks

Hinweise

Neben dem Nationalpark Stilfser Joch, westlich von Bozen, an der Grenze zur Schweiz (über 900 km²; Hirsche, Gemsen, Rehe, Murmeltiere, Hasel- und Schneehühner, Fasane) gibt es acht Naturparks (einer davon im Aufbau). Damit in ihnen die Natur möglichst ursprünglich erhalten bleibt, sollte der Besucher folgendes beachten: Alle wildwachsenden kraut- und staudenartigen Alpenpflanzen sind geschützt; pro Person und Tag dürfen jedoch bis zu zehn Blütenstengel gepflückt werden.

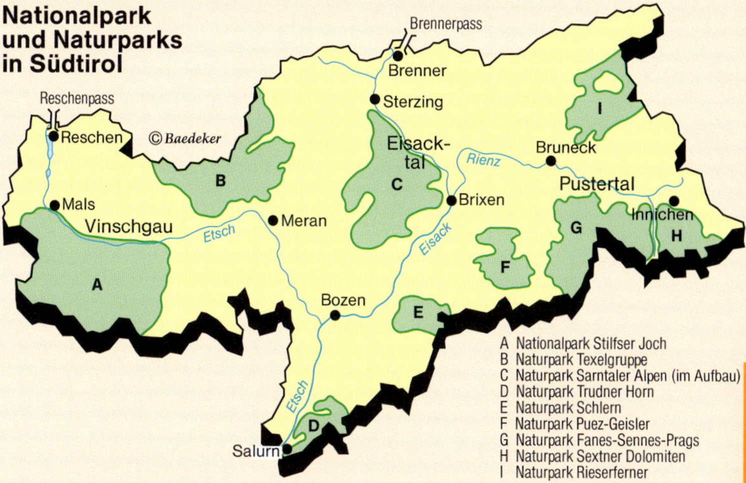

Verbote

Das Pflücken und Aufbewahren von Pflanzen und Pflanzenteilen folgender Arten ist strengstens verboten (Geldstrafen; strafrechtliche Verfolgung):

Schwefel-Anemone (Anemone alpina sulphurea)
Gemeiner Frauenschuh (Cypripedium calceolus L.)
Gemeiner Seidelbast (Daphne mezereum L.)
Flaumiges Steinröslein (Daphne cneorum L.)
Kahles Steinröslein (Daphne striata Tratt.)
Feuerlilie (Lilium bulbiferum L.)
Türkenbund (Lilium martagon L.)
Großes Schneeglöckchen (Leucoium vernum L.)
Weiße Narzisse (Narcissus poeticus L.)
Weiße Seerose (Nymphaea alba L.)
Gelbe Teichrose (Nuphar luteum L.)
Breitblättriger Rohrkolben (Typha latifolia L.)
Schmalblättriger Rohrkolben (Typha angustifolia L.)
Kleinster Rohrkolben (Typha minima Hoppe)
Gemeiner Spechtwurz (Dictamnus albus L.)
Großblättrige Pfingstrose (Paeonia officinalis L.)
Aurikel (Primula auricula L.)
Edelweiß (Leontopodium alpinum Cass.)

Auch das Sammeln von Mineralien ist in den Naturparks strengstens untersagt.

Auskunft

Wer sich für weitergehende Informationen über die zu Naturparks erklärten Gebiete in Südtirol interessiert, wende sich an das

Amt für Naturparke
Cesare-Battisti-Straße 21
I-39100 Bozen
☎ 04 71 41 43 00
FAX 04 71 41 43 09

Notdienste

Hinweis Es ist ratsam, stets einige Telefonmünzen ('gettoni') mitzuführen (erhältlich an Zeitungskiosken, bei Tabakwarenhändlern und in Bars mit Telefon).

Weißes Kreuz / Rotes Kreuz In Südtirol übernehmen den Rettungsdienst mit Krankenwagen sowohl das "Weiße Kreuz", bei dem nur deutschsprachiges Personal arbeitet, als auch das Italienische Rote Kreuz ("Croce Rossa Italiana").

Unfallaufnahmen u.a. Für Unfallaufnahmen, Verkehrsregelung u.a. sind in Südtirol wie in ganz Italien sowohl die Carabinieri als auch die Polizia Stradale zuständig. In jeder größeren Ortschaft gibt es eine Dienststelle der Carabinieri, deren Rufnummer am Ortsbeginn auf einem blauen Hinweisschild steht.

Überfall Bei Überfall und Diebstahl wende man sich an die Carabinieri.

Einheitliche Rufnummern

Polizeinotruf
☎ 112

Unfallrettung (Pronto Soccorso)
☎ 118

Autohilfsdienst des ACI (Soccorso Stradale)
☎ 116
mit Mobiltelefon (Handy)
☎ 800 11 68 00
(Notrufsäulen gibt es nur an der Autobahn).

Polizia Stradale

Bozen
☎ 04 71 94 75 60

Brixen
☎ 04 72 20 14 16

Bruneck
☎ 04 74 41 40 51

Sterzing
☎ 04 72 76 17 11

ACE-Euro-Notruf

rund um die Uhr
☎ aus Italien
00 49 / 18 02 / 34 35 36

ADAC-Notruf

Ambulanzdienst
Beratung nach Unfällen u.ä.
Besetzt von 0 bis 24 Uhr.
☎ aus Italien
00 49 / 89 / 76 76 76

AvD-Notrufzentrale

24-Stunden-Notrufzentrale
☎ aus Italien
0 49 / 69 / 66 06-6 00

DRK-Flugdienst

Leitstelle
☎ aus Italien
00 49 / 2 28 / 23 00 23

ÖAMTC-Notrufzentrale Wien

24-Stunden-Notruf des ÖAMTC
☎ aus Italien
00 43 / 1 / 2 51 20 00

Schweizer Rettungsflugwacht

☎ aus Italien:
00 41 / 1 / 14 14

Alpines Notsignal

Ist man in den Bergen in Not geraten, so kann man nachfolgende Signale geben:

Optisch bei Tag und bei Nacht

Tags: 6 x pro Minute ein Tuch bzw. Kleidungsstück schwingen oder Rauchzeichen geben, dann 1 Minute Pause machen.
Nachts: 6 x pro Minute ein Licht aufleuchten lassen, dann 1 Minute Pause machen.

Akustisch

Ruf 6 x pro Minute

Antwort

Gibt man wie oben, jedoch nur 3 x pro Minute, und legt dann 1 Minute Pause ein.

Lawinenwarndienst

Ansagedienst
☎ 04 71 27 11 77

Schnee- und Wetterbericht

☎ 04 71 99 38 09
Genauere Auskunft erhält man beim Wetterdienst Innsbruck, wenn man die Vorhersage für Südtirol verlangt: Von Deutschland und Italien
☎ (00 43 52 22) 8 17 38

Bergrettungsdienst

Landesnotrufzentrale
☎ 118

Öffnungszeiten

Geschäfte

Die Geschäfte sind im allgemeinen von 9^{00} bis 13^{00} und 15^{30} oder 16^{00} bis 19^{30} bzw. 20^{30} Uhr (einige auch durchgehend von 9^{00} bis 20^{00} Uhr) geöffnet. Sonntags und einmal pro Woche halbtags ist geschlossen.

Postämter

Die Postämter haben von 8^{30} Uhr bis 14^{00} Uhr geöffnet; samstags und am letzten Tag des Monats schließen sie um 12^{00} Uhr.
Rund um die Uhr geöffnet sind sowohl die Postämter auf den Flughäfen als auch die Hauptpostämter (für die Aufgabe von Einschreiben und Telegrammen).

Banken

Die Geschäftszeiten der Banken sind in der Regel von 8^{35} bis 13^{35} Uhr und am Nachmittag von 15^{00} bis 16^{00} Uhr; samstags, sonntags und feiertags ist geschlossen.

Museen und Kunstgalerien

Sammlungen, die in Gebäuden untergebracht sind, können im allgemeinen von 9^{00} bis 14^{00}, feiertags 9^{00} bis 13^{00}, einige auch 17^{00} bis 20^{00} Uhr besichtigt werden. Ausstellungen im Freien sind von 9^{00} Uhr bis eine Stunde vor Sonnenuntergang geöffnet.

Landesmuseen

Die Südtiroler Landesmuseen sind in der Regel am Montag geschlossen.

Diese Angaben können jedoch nur allgemeine Anhaltspunkte sein; in jedem Falle ist es besser, eine Erkundigung vor Ort einzuholen.

Passstraßen

Ganzjährig Zu den ganzjährig befahrbaren Pässen gehören die Grenzübergänge Brenner und Reschen.

Wintersperre Nicht ganzjährig befahrbar (Sperrzeiten in Klammern) sind außer dem dritten Grenzpass, dem Timmelsjoch (Oktober–Mai), Gavia (September–Juli), Jaufen (Oktober–Mai), Penser Joch (November bis April), Stilfser Joch (Oktober–Juni) und San Pellegrino (November bis Mai).

Winterausrüstung Auf den Passstraßen können gelegentlich schon im Herbst bzw. noch im Frühling winterliche Verhältnisse herrschen, welche Winterausrüstung (Winterreifen, Schneeketten) verlangen. Über wetterbedingte Beeinträchtigungen der Befahrbarkeit geben Hinweistafeln an den großen Zufahrtsrouten Auskunft.

Post

Öffnungszeiten Die Postämter sind im allgemeinen von 8^{30} Uhr bis 14^{00} Uhr geöffnet; samstags und am letzten Tag des Monats schließen sie um 12^{00} Uhr. Rund um die Uhr geöffnet sind sowohl die Postämter auf den Flughäfen als auch die Hauptpostämter (für die Aufgabe von Einschreiben und Telegrammen).

Briefmarken Außer bei den Postämtern kann man Briefmarken auch in Tabakgeschäften (zu erkennen an einem Schild mit einem ‘T’ über der Tür) kaufen.

Briefkästen Die Briefkästen in Italien sind rot.

Postbank ▶ Geld

Radwandern

Fahrradwanderwege Das Fahrradwandern wird – nicht zuletzt der Umwelt zuliebe – zusehends gefördert. In verschiedenen Gegenden sind in den letzten Jahren eigens beschilderte Fahrradwege angelegt worden, u.a. zwischen Eppan und Kaltern (‘Überetscher Fahrradweg’; 3 km), zwischen Partschins / Rabland und Latsch (‘Untervinschgauer Fahrradtour’; 54 km), bei Sand in Taufers (Richtung Gais; 8 km) und in Brixen (Richtung Albeins; 10 km).

Reisedokumente

Personalpapiere Zur Einreise nach Südtirol bzw. Italien genügt für Staatsangehörige Deutschlands, Österreichs und der Schweiz ein gültiger Personalausweis oder Reisepass. Für Kinder unter 16 Jahren ist ein Kinderausweis oder ein Eintrag im Elternpass erforderlich.

Fahrzeugpapiere Der nationale Führerschein und Kraftfahrzeugschein werden anerkannt und sind mitzuführen; ferner müssen Kraftfahrzeuge das ovale Nationalitätskennzeichen oder ein Europa-Kennzeichen tragen. In Italien herrscht Haftpflichtversicherungszwang; man muss die Internationale Grüne Versicherungskarte mitnehmen, da diese in Italien bei Verkehrskontrollen und im Schadensfall verlangt wird. Außerdem empfiehlt es sich, eine kurzfristige Vollkasko- sowie eine Rechtsschutzversicherung abzuschließen; darüber hinaus ist eine Reisegepäckversicherung sinnvoll.

Reisedokumente (Fortsetzung)

Krankheit

Für den Krankheitsfall erkundige man sich bei seiner Krankenkasse nach den jeweiligen Vereinbarungen und schließe gegebenenfalls eine kurzfristige Zusatzversicherung ab.

Tiere

Wer Haustiere (Hund, Katze) nach Italien mitnehmen will, benötigt für diese einen Internationalen Impfpass. In diesem müssen eingetragen sein: ein tierärztliches Gesundheitszeugnis (höchstens 30 Tage alt), ferner ein mindestens 20 Tage und höchstens 11 Monate vor der Einreise ausgestelltes Tollwutimpfzeugnis.
Für Hunde sind Maulkorb und Leine mitzuführen.

Reisezeit

Frühjahr

Im Frühjahr begünstigen milde Temperaturen die Obstbaumblüte: Besonders in den Talkesseln von Meran und Bozen blühen frühzeitig zahlreiche Aprikosen-, Apfel-, Birnen- und Kirschbäume; aber auch die Edelkastanien- und Walnußbäume stehen in Blüte.
In den höhergelegenen Bergregionen ist noch bis in den April Wintersport möglich (am Stilfser Joch und im Schnalstal sogar fast ganzjährig).

Sommer

Die Monate Juli und August sind Hauptreisezeit für ganz Südtirol; eine Voranmeldung ist ratsam. Es ist die Zeit zum Wandern über blühende Almwiesen, zum Baden, z.B. im wärmsten Alpensee, dem Kalterer See. Außerdem werden jetzt zahlreiche Freilichtspiele, Musikfestivals und Trachtenumzüge veranstaltet. Tourenwochen und Kletterkurse stehen im Angebot der Südtiroler Alpinschulen.

Herbst

Am beliebtesten ist der Besuch Südtirols im Herbst: Es ist Traubenkur- und Törggelenzeit (▶ Wein). Wanderungen bei prächtiger Fernsicht, Wein und ein zünftiges Bauernvesper locken.

Winter

Wintersport ist in der Regel von Dezember bis April auf gepflegten Abfahrtspisten und Langlaufloipen möglich. Internationale Sportereignisse und Après-Ski-Abende für jeden Geschmack sorgen für Abwechslung während eines Aufenthaltes in Südtirol zur Winterszeit.

Restaurants

Abteital

La Siriola
I-39030 St. Kassian,
☎ 04 71 84 94 45

Elegantes Restaurant mit ladinisch orientierter, kreativer Küche und imposanter Wein- und Spirituosenkarte.

Algund

Gstör
I-39022 Alguund
Alte Landstr. 40,
☎ 04 73 44 85 55
Pizzeria und Restaurant mit hauseigener Schlachtung; Südtiroler und italienische Küche.

Ruster
I-39022 Algund
St.-Kassian-Weg 1,
☎ 04 73 22 02 02
Regionale und internationale Küche, sehr gemütliche Atmosphäre. Kellerbar mit Tanzmusik.

Belluno

Alpi
I-32100 Belluno
Via J. Tasso 15,
☎ 04 37 94 03 02
In der Nähe des Stadtzentrums gelegenes Restaurant mit italienischer, insbesondere vom Veneto beeinflußter Küche.

La Taverna
I-32100 Belluno
Via Cipro, ☎ 0 43 72 51 92
Bodenständiges Altstadtlokal mit guter regional geprägter Speisenkarte.

Bozen

Amadé
I-39100 Bozen
Batzenhäuslgasse 8,
☎ 04 71 97 12 78
Weit bekanntes Feinschmeckerlokal in der Altstadt.

Da Abramo
I-39100 Bozen
Grieser Platz 16,
☎ 04 71 28 01 41
Gourmetrestaurant mit Garten, im nordwestlichen Stadtteil Gries.

Rastbichler
I-39100 Bozen
Cadornastr. 1, ☎ 04 71 26 11 31
Nahe beim Schloss Runkelstein gelegenes Restaurant mit Tiroler und italienischer Küche.

Roter Adler / Vögele
I-39100 Bozen
Goethestr. 3, ☎ 04 71 97 39 38
Traditionelles Wirtshaus mit guter einheimischer Küche.

Brixen

Finsterwirt
I-39042 Brixen
Domgasse 3, ☎ 04 72 83 53 43
Gemütliche, bodenständige Atmosphäre und historisches Mobiliar.

Fink
I-39042 Brixen
Kleine Lauben 4,
☎ 04 72 83 48 83
Mitten in der malerischen Altstadt gelegenes Lokal mit traditioneller Tiroler Küche.

Bruneck

Weißes Lamm
I-39031 Bruneck
Stuckstr. 5, ☎ 0 47 48 46 76
Traditionelles Südtiroler Restaurant mit Künstlerstube.

Burgstall

Förstler Hof
I-39014 Burgstall
Romstr. 1, ☎ 04 73 29 22 88
Beliebtes Restaurant und Weinlokal an der Durchgangsstraße; Tiroler und italienische Küche.

Cavalese

Al Cantuccio
I-38033 Cavalese
Via Unterberger 14,
☎ 04 62 34 01 40

Feinschmeckerlokal mit raffinierter, regional geprägter Küche.

Cortina d' Ampezzo

Meloncino
I-32043 Cortina d'Ampezzo
Via del Castello 5,
☎ 04 36 86 62 78
Ausgezeichnetes Feinschmekkerlokal mit regionaler und internationaler Küche.

Tivoli
I-32043 Cortina d'Ampezzo
Lacedel 34, ☎ 04 36 86 64 00
Feinschmeckerlokal in schöner Aussichtslage; phantasievolle und variantenreiche internationale Küche.

Corvara

La Stüa de Michil
I-39033 Corvara
Col Alt 105, ☎ 04 71 83 61 32
Weit bekanntes Feinschmeckerlokal im Romantik-Hotel La Perla. Schöne rustikale Stube mit historischer Holzvertäfelung; vielerlei regionale Lekkerbissen. Das Restaurant ist nur im Winter geöffnet.

La Stria
I-39030 Kolfuschg,
☎ 04 71 83 66 20
Interessante Speisenkarte mit ladinischen Spezialitäten; auch Wildgerichte (je nach Jahreszeit).

Eppan

Pfeffermühle
I-39057 Eppan
Umfahrungsstraße 39,
☎ 04 71 66 30 57
Modernes Grillrestaurant mit Wintergarten und Weinstube.

Marklhof
I-39057 Girlan,
☎ 04 71 66 24 07
Regional orientiertes Restaurant im einem alten Klostergebäude. Rustikale Stuben und Gartenlokal.

Rose
I-39057 Eppan
Josef-Innerhofer-Str. 2,
☎ 04 71 66 22 49
Neuzeitliche italienische und internationale Küche in traditionellem Rahmen, reichhaltige Weinkarte.

Innichen

Wiesthaler
I-39038 Innichen
Herzog-Tassilo-Str. 3,
☎ 04 74 91 31 03
Typisches Südtiroler Restaurant mit Pub. Tiroler und italienische Küche.

Haunoldhütte
I-39038 Innichen
an der Bergstation des Haunoldlifts, ☎ 04 74 91 36 76
Gemütlicher Berggasthof mit Sonnenterrasse und Kinderspielplatz.

Kaltern

Castel Herrnhof
I-39052 Kaltern
Bahnhofstr. 18,
☎ 04 71 96 42 22
Traditionsreiches Restaurant mit schöner holzgetäfelter Bauernstube. Südtiroler, italienische und internationale Küche; hervorragend sortierter Weinkeller.

Kastelbell

Kuppelrain
I-39020 Kastelbell
Bahnhofstr. 16,
☎ 04 73 62 41 03
Elegantes Restaurant mit gepflegtem, stilvollem Ambiente; Weine aus eigenem Anbau.

Klausen

Torgglkeller
I-39043 Klausen
Tinneweg 7, ☎ 04 72 84 76 42
Rustikales Kellerlokal mit historischem Mobiliar. Spezialität Pizza und Nudelgerichte.

Kurtatsch

Rose
I-39040 Kurtatsch
Endergasse 2, ☎ 04 71 88 01 16
Gasthaus mit jahrhunderteal-ter Tradition; gotische und Renaissance-Stube. Ausgezeichnete Südtiroler Küche.

Lana

Mondschein
I-39011 Lana
Gampenstr. 6,
☎ 04 73 56 15 33
Angenehmes Gartenrestaurant mit Tirolerstube im gleichnamigen Hotel. Große Weinkarte.

Latsch

Knofelkeller
I-39021 Latsch
Medardusstr. 36,
☎ 04 73 62 33 29
Gutbürgerliches Restauramt mit vielseitiger Pizzeria.

Madonna di Campiglio

Artini
I-38084 Madonna di Campiglio
Via Cima Tosa 47,
☎ 04 65 44 01 22
Restaurant traditioneller Prägung mit ausgezeichneter italienischer Küche (v.a. Nudelgerichte und Polenta).

Meran

Sissi
I-39012 Meran
Galileistr. 44,
☎ 04 73 23 10 62
Zentrumsnah gelegenes, hochklassiges Restaurant mit einfallsreicher Speisekarte und sehr gut sortiertem Weinkeller.

Terlaner Weinstube
I-39012 Meran
Lauben 231, ☎ 04 73 23 55 71
Bodenständige, kultivierte Weinstube mit regionaltypischen Gerichten.

Mühlbach

Pichler
I-39037 Mühlbach
Katharina-Lanz-Str. 5,
☎ 04 72 84 97 92
Weitbekanntes, renommiertes Restaurant mit ausgezeichneter Küche.

Naturns

Schnalserstuben
I-39025 Naturns
Hauptstr. 121,
☎ 04 73 66 72 19
Zentral gelegenes neues Restaurant mit regionaler und internationaler Küche. Spezialität sind Gerichte “vom heißen Stein”.

Waldschenke
I-39025 Tschirland 117,
☎ 04 73 66 74 98
Idyllisch im Wald gelegenes Restaurant mit Holzkohlengrill; Wild- und Knödelspezialitäten, je nach Saison Spargel- und Pilzgerichte. Freitags Live-Musik.

Tschirlander Hof
I-39025 Tschirland 75,
☎ 04 73 66 71 95
Im Zentrum von Tschirland gelegen, mit Biergarten und eigener Schlachtung. Südtiroler Küche, Wild- und Pilzgerichte nach Jahreszeit.

Museumstube Onkel Taa
I-39025 Naturns
im Bahnhof Töll,
☎ 04 73 96 73 42
Sehr originell aufgemachtes, romantisches Restaurant mit allerlei Kuriositäten, Biergarten. Grill- und Forellenspezialitäten; Schnecken aus eigener Zucht.

Neumarkt

Oenothek Johnson & Dipoli
I-39044 Neumarkt
Andreas-Hofer-Str. 3,
☎ 04 71 82 03 23
Gemeimtip für Gourmets und Weinkenner. Die Speisenkarte variiert je nach der Jahreszeit.

Kollerhof
I-39044 Neumarkt
☎ 04 71 82 06 56
Das Restaurant (mit Pizzeria und Café) liegt sonnig zwischen Weinbergen. Im Herbst Törggelen mit Eigenbauweinen.

Passeiertal

Brückenwirt
I-39015 St. Leonhard,
☎ 04 73 65 61 91
Hübsch an der Passer gelegenes Lokal mit großer Sonnenterrasse. Spezialitäten sind Nudelgerichte und Pizza.

Pfalzen

Tanzer
I-39030 Issing,
☎ 04 74 56 53 66
Einfallsreiche Südtiroler Küche in ländlichem Rahmen; gute Weinkarte.

Schöneck
I-39030 Mühlen,
☎ 04 74 56 55 50
Etwas abseits gelegenes Restaurant mit gepflegter regionaler Küche und gut sortiertem Weinkeller.

Ratschings

Schlossstube Wolfsthurn
I-39040 Mareit,
☎ 04 72 75 81 23
Restaurant mit schönem historischem Ambiente in der einstigen Schlossküche. Sehr bemerkenswerte Speisekarte.

Riffian

Luferkeller
I-39010 Riffian
Luferweg 1, ☎ 04 73 24 10 71
Rustikales Lokal in einem alten Gewölbekeller. Deftige Südtiroler Spezialitäten.

Ritten

Kematen
I-39054 Kematen,
☎ 04 71 35 61 48
Schön gelegenes Restaurant und Panorama-Café. Tiroler und internationale Küche, hauseigene Konditorei.

Schönblick
I-39054 Klobenstein,
☎ 04 71 35 61 60

Terrasse mit Dolomitenblick. Internationale Küche.

Sarnthein

Bad Schörgau
I-39058 Sarnthein
südlich außerhalb,
☎ 04 71 62 30 48
Schön und ruhig gelegenes Gartenrestaurant.

Schluderns

Zur Alten Mühle
I-39020 Schluderns
Matscherwinkel 24,
☎ 04 73 61 52 38
Traditionelles Restaurant in ruhiger Lage mit Terrassencafé, Pizzeria und gut sortiertem Weinkeller.

Terlan

Schützenwirt
I-39018 Terlan
Hauptplatz 13,
☎ 04 71 25 71 46
Gepflegtes Gartenrestaurant mit Tiroler Küche, Pizzeria und gut sortiertem Weinkeller. In der Saison feine Spargelspezialitäten.

Patauner
I-39018 Siebeneich, Bozner Str. 6, ☎ 04 71 91 85 02
Der Gasthof führt seine Tradition auf ein Speisehaus des Deutschen Ordens zurück. In der Saison originelle Spargelgerichte; reiche Weinkarte.

Waldinger
I-39018 Vilpian, Dorfstr. 5,
☎ 04 71 67 89 56
Der Chef ist ein ehemaliger Schiffskoch. Spezialität sind vielerlei Spargelgerichte.

Tirol (Dorf Tirol)

Burggräfler Weinstube
I-39019 Dorf Tirol
Hauptstr. 22,
☎ 04 73 92 30 33
Rustikales Restaurant mit typischer Südtiroler Küche und kleinen italienischen Spezialitäten.

Kircher
I-39019 Dorf Tirol
Laurinstr. 113,
☎ 04 73 44 31 40
Gutbürgerliches Lokal mit Wirtsgarten und gepflegten Weinen.

Tisens

Schmiedlhof
I-39010 Prissian
oberhalb von Prissian,
☎ 04 73 92 09 93
Sehr schön und aussichtsreich auf einer Bergrterrasse gelegenes, als Ausflugsziel viel besuchtes Gartenlokal.

Tramin

Plattenhof
I-39040 Tramin
Söll 25, ☎ 04 71 86 01 62
Vielbesuchtes, sonnig gelegenes Ausflugslokal mit gutbürgerlicher Küche und Wein aus eigenem Anbau.

Trient

Chiesa
I-38100 Trento
Via San Marco 64,
☎ 04 61 23 87 66
Weitbekanntes Restaurant mit bemerkenswerter, eher traditioneller Küche.

Ultental

Eggwirt
I-39016 St. Walburg,
☎ 04 73 79 53 19
Uriger, gemütlicher Tiroler Bauerngasthof; angeblich älteste Einkehr des Tals.

Restaurants (Fortsetzung)

Walburger Hof
I-39016 St. Walburg,
☎ 04 73 79 51 47
Ruhig gelegenes, kinderfreundliches Terrassenrestaurant; im Sommer Grillabende mit Musik.

Welsberg

Peintner
I-39035 Taisten, Sonnenstr. 24,
☎ 04 74 95 00 05
Terrassenrestaurant mit Pustertaler Spezialitäten, Tiroler und italienischer Küche.

Rundfunk und Fernsehen

Hörfunk

Die italienische Rundfunkanstalt RAI (Radiotelevisione Italiana) strahlt in der Urlaubssaison für ausländische Touristen verschiedene Sendungen (Nachrichten, Kommentare usw.) in den jeweiligen Landessprachen aus. Eine deutsche Übersetzung des amtlichen Wetterberichtes wird täglich um 10^{15} Uhr und um 16^{15} Uhr italienischer Zeit im 11-m-Kurzwellenband auf 27 MHz gesendet.

Senderfrequenzen im UKW-Bereich

Die Tatsache, dass sich Ultrakurzwellen in bergigem Gelände nur in einem stark begrenzten Raum ausbreiten können, hat die Entstehung einer Reihe von Regionalsendern begünstigt. Unter anderem können empfangen werden:

RAI Bozen: 97,90, 98,50 und 101,60 MHz
Radio Gröden (deutsch, ladinisch und italienisch): UKW 92,50, 93,10 und 94,20 MHz
Radio Isarco International: 90,30, 96,30 und 100,60 MHz
Radio Sonnenschein: 89,40 und 99,80 MHz
Radio Tirol: 93,60 und 92,50 MHz (Dorf Tirol, Meran und Umgebung), 106,90 MHz (Bozen und Südtiroler Unterland), 100,80 MHz (Passeiertal), 91,60 MHz (Untervinschgau), 100,10 MHz (Obervinschgau)
Freie Südtiroler Welle: 103,60 MHz
Österreich 3: 101,10 MHz
Österreich Regional: 102,90 MHz

Reiserufe im Radio

In dringenden Fällen können im Hörfunk Reiserufe übermittelt werden. Auskünfte erteilen die Automobil- und Touringclubs oder die Polizei.

Fernsehen

In Südtirol können das Zweite Deutsche Fernsehen (ZDF), das erste und zweite Programm des Österreichischen Fernsehens (ORF), das deutschsprachige Schweizer Fernsehen (SRG) sowie das Programm der staatlichen Rundfunk- und Fernsehanstalt Radiotelevisione Italiana (RAI; im dritten Programm auch deutsche Sendungen) empfangen werden. Viele Hotels besitzen Satellitenempfangsanlagen und eine entsprechend große Programmauswahl.

Straßennetz

Das Straßennetz ist gut ausgebaut. Es besteht in dem hier beschriebenen Gebiet aus der Brennerautobahn (autostrada; A 22; gebüh-

Straßennetz (Fortsetzung)

renpflichtig) und -staatsstraße (SS 12) sowie den übrigen Staatsstraßen (strade statali; SS ...), Provinzialstraßen (strade di grande comunicazione), die keine Nummerierung haben, aber ebenfalls gut befahrbar sind, und Nebenstraßen (strade secondarie).

Die Spitzenbelastungen im Reiseverkehr zu den Urlaubsgebieten liegen an Freitagen von 15^{00} bis 20^{00} und an Samstagen von 7^{00} bis 14^{00} Uhr. Der Rückreiseverkehr ist am stärksten an Samstagen von 11^{00} bis 18^{00} und an Sonntagen von 17^{00} bis 21^{00} Uhr.

Mitte August machen die Italiener Ferien (Ferragosto); dann sind besonders die Ausflugsstraßen belastet.

Telefon

Ortsvorwahl

Seit 1988 ist die italienische Ortsnetzkennzahl in die Teilnehmernummer integriert und muss auch bei Ortsgesprächen mit gewählt werden. Es ist außerdem geplant, die am Beginn der individuellen Rufnummer stehende 0 durch die Ziffer 4 zu ersetzen.

Allgemeines

In den meisten Bars gibt es Telefonautomaten (erkenntlich an der gelben Scheibe über dem Eingang), wo man Stadtgespräche führen kann. Steht in der gelben Scheibe der Vermerk 'teleselezione' oder 'interurbana', so kann man auch direkt ins Ausland telefonieren. Von Telefonzellen aus kann man mit 100-, 200- und 500-Lire-Münzen oder mit einer Telefonkarte telefonieren. Telefonkarten bekommt man in Bars, Tabak- und Zeitungskiosken und Postämtern. Mit dem Mobiltelefon (Handy) kann man im D1- und D2-Netz, mit Dualbandgeräten auch im E-Netz telefonieren.

Vorwahlnummern

Aus Deutschland, Österreich und der Schweiz nach Italien

☎00 39

Die Null der nachfolgenden italienischen Rufnummer ist mit zu wählen!

Aus Italien

nach Deutschland:	00 49
nach Österreich:	00 43
in die Schweiz:	00 41

Die Null der nachfolgenden deutschen, österreichischen oder schweizerischen Ortsnetzkennzahl entfällt!

Trinkgeld

Trinkgeld wird in Südtirol im allgemeinen bei den gleichen Gelegenheiten und in ähnlicher Höhe gegeben wie in Deutschland, Österreich oder der Schweiz. Außerdem erwarten Fremdenführer in Schlössern, Museen u.a. ein Trinkgeld.

Veranstaltungen

Hinweise

Da in Südtirol zahlreiche Veranstaltungen, insbesondere viele Trachten- und Musikfeste, sowie Theateraufführungen und Volkstumsabende stattfinden, seien im Folgenden nur die bekanntesten aufgeführt. Ausführliche Verzeichnisse können bei den lokalen Ver-

kehrsämtern oder beim Landesfremdenverkehrsamt in Bozen (▶ Auskunft) bezogen werden.
Die meist mit großer Pracht gefeierten Kirchenfeste (z.B. Fronleichnam) sind ein wichtiger Bestandteil der Volksfrömmigkeit, weshalb man als Gast zurückhaltend auftreten sollte.

Viel besucht wird das Reiterfest in Völs.

Ostern

Meran: Umzug mit Haflinger Pferden und traditionelles Bauerngaloppreiten in Tracht auf dem Untermaiser Rennplatz

April

Bozen: Bozner Weinkost (Landesweinausstellung Südtirols)
Kaltern: Kalterer Weintage

April/Mai

Terlan: Spargelwochen

Mai

Tramin: Gewürztraminerwochen – internationale Vergleichsverkostung der Gewürztraminer aus den verschiedenen Anbaugebieten der Welt
Bozen: Speckfest

Mai bis Oktober

Meran: Pferderennen

Juni

Völs, Seis, Kastelruth: Oswald-von-Wolkenstein-Ritt

Juni bis September

Bozen: Bozner Sommer (Musik, Theater und Kultur)
Bruneck: Sommerkonzerte
Schenna: Schlosskonzerte

Juli

Glurns: Laubenfest (mit historischem Umzug) und Aufführ-

Veranstaltungen (Fortsetzung)

rung "Lügenlandtag zu Glurns A.D. 1794"
Toblach: Musikwoche in memoriam Gustav Mahler

Mitte Juli bis Mitte August

Ritten: Rittner Sommerspiele (Theater und Konzerte)

Ende Juli / Anfang August

Gröden/Corvara: Trachtenfest
Neumarkt: Freilichtspiele Südtiroler Unterland

August

Brixen: Altstadtfest (Ende des Monats)
Ritten: Bartholomäusmarkt mit Almabtrieb

Sommer bis September

Kaltern: Kalterer Orgelkonzerte

August/September

Kaltern: Weinfestwoche
Lana: Kulturtage
Meran: Meraner Musikwochen

September

Bozen: Bozner Messe (internationale Musterschau)
Dorf Tirol: Brauchtumsfest mit Umzug (erste Septemberhälfte)
Kaltern: Kalterer Weinfestwochen
Meran: Pferderennen um den Großen Preis von Meran
Sarnthein: Sarner Kirchweihfest (Anfang September)
Kastelruth: Internationale Kammermusikwoche

Oktober

Auer: Unterlandler Weinkostwoche
Meran: Traubenfest mit Musikzügen und Trachtengruppen
Völs am Schlern: Völser Kuchlkastl (Gastronomische Wochen); Völser Kulturherbst (Ausstellung, Musikveranstaltungen)
Dezember
Bozen und Brixen: Christkindlmarkt

Verhaltenstipps

Allgemeines

Südtirol gehört zu den am meisten besuchten Urlaubsregionen Europas, und dies vor allem wegen seiner landschaftlichen Schönheit. Die noch relativ intakte Natur gilt es zu schonen, und daher ist es für den Feriengast selbstverständlich, einige elementare Verhaltensregeln zu beachten.
Auch außerhalb von Schutzgebieten (Naturparks, Biotope) sollte man die Wege nicht verlassen, keine Blumen pflücken und keine Tiere vergrämen. Abfälle gehören in die dafür vorgesehenen Behälter, oder man bringt sie vom Ausflug wieder mit nach Hause.
Das Sammeln von Mineralien ist nur mit einer entsprechenden Genehmigung (vgl. ▶ Einkäufe und Souvenirs, Mineralien und Fossilien) gestattet, das Sammeln von Pilzen teils ganz verboten, teils erheblich eingeschränkt (man erkundige sich vor Ort).
Die Einheimischen sehen es mit äußerstem Mißvergnügen, wenn man durch ungemähte Wiesen geht, Obst, Nüsse oder Kastanien aufliest oder sich zur Zeit der Traubenreife in die Weinberge begibt. Durchquert man Weidegebiete, so denke man daran, beim Be-

treten und Verlassen das jeweilige Gatter wieder sorgfältig zu schließen.
Die prunkvollen und mit großer Hingabe gefeierten Kirchenfeste, allen voran die ländlichen Prozessionen, sind noch heute ein wichtiger Bestandteil der Volksfrömmigkeit und keine folkloristischen Veranstaltungen. Als Zuschauer sollte man sich entsprechend zurückhaltend und respektvoll verhalten.

Verhaltenstipps (Fortsetzung)

Verkehrsvorschriften

Rechtsverkehr

In Südtirol besteht wie in ganz Italien und im übrigen kontinentalen Europa Rechtsverkehr.

Gurtpflicht
Sicherheitssitze für Kinder

Das Anlegen der Sicherheitsgurte während der Fahrt ist obligatorisch. Kinder unter vier Jahren müssen in eigenen Sicherheitssitzen befördert werden.

Verbote

Motorrad-Anhänger sind in Italien nicht zulässig. Verboten ist privates Abschleppen auf der Autobahn. Parkverbot besteht an schwarz-gelb markierten Bordsteinen. Telefonieren während der Autofahrt ist nur mit Freisprecheinrichtung gestattet.

Vorfahrt

Vorfahrt hat der auf der Hauptverkehrsstraße fließende Verkehr, sofern diese durch ein auf die Spitze gestelltes weißes oder gelbes Quadrat mit roter bzw. schwarz-weißer Umrahmung beschildert ist. Sonst gilt grundsätzlich (auch im Kreisverkehr, sofern nicht anders beschildert) die Regelung 'rechts vor links'. Auf schmalen Bergstraßen hat das bergauf fahrende Fahrzeug Vorfahrt. Schienenfahrzeuge sind immer vorfahrtsberechtigt.

Fahrbahnwechsel

Jeder Fahrbahnwechsel (auch vor und nach dem Überholen) ist durch den Fahrtrichtungsanzeiger anzukündigen, ebenso das Anhalten am Straßenrand.

Hupsignal

Vor dem Überholen muss außerhalb von geschlossenen Ortschaften gehupt werden, desgleichen vor Kreuzungen, Abzweigungen, unübersichtlichen Kurven und anderen gefährlichen Stellen; bei Dunkelheit ist die Lichthupe zu verwenden. In größeren Ortschaften besteht Hupverbot (entsprechendes Verkehrszeichen oder Aufschrift 'Zona di silenzio').

Beleuchtung

Auf gut beleuchteten Straßen darf nur mit Standlicht, in Tunnels und Galerien muss mit Abblendlicht gefahren werden. Auf Autobahnen ist seit 2002 auch tagsüber immer das Abblendlicht einzuschalten.

Zebrastreifen

Auf Zebrastreifen sind Fußgänger absolut bevorrechtigt.

Beschilderung

Die Beschilderung mit den international üblichen Verkehrszeichen ist praktisch überall durchgeführt.

Höchstgeschwindigkeiten

Auf Landstraßen
für Pkw und Wohnmobile bis 3,5 t 70 km/h,
für Motorräder und Wohnmobile über 3,5 t 80 km/h

Verkehrsvorschriften (Fortsetzung)	auf Autobahnen für Pkw und Wohnmobile bis 3,5 t 110 km/h, für Motorräder und Wohnmobile über 3,5 t 100 km/h auf Schnellstraßen für Pkw 110 km/h, für Motorräder 80 km/h Pkw mit Anhänger dürfen außerorts 70 km/h, auf Autobahnen 80 km/h nicht überschreiten. Motorräder mit weniger als 150 cm³ Hubraum dürfen die Autobahnen nicht benutzen. Bei Nichtbeachtung empfindlich hohe Bußgelder!
Promillegrenze	Der für Kraftfahrer höchstzulässige Blutalkoholgehalt beträgt 0,5 Promille.
Straßennetz	▶ dort

Wandern

Allgemeines

Südtirol gehört zu den schönsten Wandergebieten Europas. Es bietet zahlreiche Möglichkeiten zum Wandern in den verschiedensten Höhenlagen: Ungeübte können auf Höhenwegen über Almen oder auf Passwegen an mächtigen Felsburgen vorbeiwandern; besonders reizvoll sind auch Wanderungen durch die Weinlandschaften Südtirols, z.B. durch das Etschtal, das Bozner Unterland (Überetsch) und das Eisacktal. Für Geübtere gibt es längere, markierte Rundtouren. Eine alpine Attraktion für Schwindelfreie sind die Eisenwe-

Die Südtiroler Bergwelt ist ein Wanderparadies, das seinesgleichen sucht.

ge, das sind mit Klammern, Eisenleitern und Drahtseilen gesicherte Klettersteige.

Allgemeines (Fortsetzung)

Europäischer Fernwanderweg E5

Der Europäische Fernwanderweg E5 vom Bodensee (Konstanz) zur Adria (Venedig) verläuft auf Südtiroler Gebiet vom Timmelsjoch kommend über die Sarntaler Alpen nach Bozen und weiter bis zum Lago Santo (1194 m ü.d.M.), oberhalb von Salurn. Für die Bewältigung der gesamten Strecke benötigt man etwa 26 bis 30 Tage, davon rund sechs Tage für die Wanderung durch das Südtiroler Gebiet. Als beste Wanderzeit empfiehlt sich die Zeit zwischen Mitte Juli und Anfang Oktober.

Dolomitenhöhenwege

Die Höhenwege im Dolomitengebiet führen in Nord-Süd-Richtung über eine Reihe von Pässen und Gipfeln vorbei an Aussichtspunkten zu Schutzhütten.

Höhenweg Nr. 1

Er verläuft vom Pragser Wildsee (1493 m ü.d.M.) nach Belluno. Man benötigt für die gesamte Strecke zehn bis zwölf, für den Südtiroler Abschnitt vom Pragser Wildsee zum Falzáregopass ungefähr drei Tage.

Höhenweg Nr. 2

Für den ganzen Weg von Brixen nach Feltre sind etwa zwei Wochen zu veranschlagen, während man für den Südtiroler Abschnitt von Brixen zum Pordoijoch etwa drei bis vier Tage rechnen muss.

Höhenweg Nr. 3

Der Dolomitenhöhenweg Nr. 3 verläuft von Niederdorf nach Longarone. Gesamtzeit: acht bis zehn Tage. Dauer für den Südtiroler Streckenabschnitt von Niederdorf zum Monte Piana rund drei Tage.

Höhenweg Nr. 4

Dieser hochalpine Wanderweg führt von Innichen im Pustertal nach Pieve di Cadore. Einige Wegabschnitte sind nur für erfahrene und schwindelfreie Bergwanderer geeignet. Für die ganze Strecke rechnet man ebenfalls acht bis zehn Tage, für den Weg auf Südtiroler Gebiet von Innichen zur Auronzohütte drei Tage.

Höhenweg Nr. 5

Ausgangspunkt dieses Höhenweges ist Sexten; er endet gemeinsam mit dem Dolomitenhöhenweg Nr. 4 in Pieve di Cadore. Man rechnet neun bis zwölf Tage für die gesamte Strecke, für den Weg auf Südtiroler Gebiet von Sexten bis zur Zsigmondy-Comici-Hütte (2235 m ü.d.M.) etwa einen Tag.

Hinweise

Vor Antritt einer Wanderung sollte man in jedem Falle seinen Wirt über das Wanderziel informieren, um eine evtl. später notwendig werdende Suchaktion zu erleichtern. Unbedingt empfehlenswert ist die Mitnahme einer Wanderkarte (▶ Karten und Pläne). Man achte auf gutes Schuhwerk, versorge sich mit warmer Kleidung und Regenschutz. Die markierten Wanderwege sollten nicht verlassen werden. Ehe man eine mehrtägige Wanderung in Angriff nimmt, vergewissere man sich, dass die Zwischenquartiere geöffnet sind.

Ferner ist es ratsam, sich vor Beginn seiner Wanderung über die Öffnungszeiten von Burgen, Kirchen und anderen Sehenswürdigkeiten, die man unterwegs besichtigen möchte, zu unterrichten.

Man beachte auch die Schutzbestimmungen für Pflanzen und Tiere (▶ Naturparks).

Waalwege

Besonders leicht begehbar sind die entlang von Bewässerungsgräben ('Waale') mit geringem Gefälle gebauten Waalwege, die angelegt wurden, um Reparaturen an den Wasserleitungen, welche die

Wandern (Fortsetzung)

entfernt von einer Quelle liegenden Obst- und Weingärten versorgen, ausführen zu können. Waalwege findet man vor allem um Meran und im Vinschgau.

Wein

Südtiroler Weinstraße

Die bekannte Südtiroler Weinstraße (rund 30 km) führt auf der Westseite des Etschtales entlang dem Mendelgebirge von Sigmundskron (unweit westlich von Bozen) über die Weinorte Frangart, Girlan, Eppan (mit St. Michael, St. Pauls und Missian), Kaltern, St. Josef am See (Kalterer See), Tramin, Kurtatsch, Margreid und Kurtinig (von hier auch weiter über Rovere della Luna nach Mezzocorona) nach Salurn (am linken Ufer der Etsch).

Südtiroler Weinmuseum

Das einst auf Schloss Ringberg außerhalb von Kaltern untergebrachte Südtiroler Weinmuseum wurde inzwischen in die ehemalige Weinkellerei Di Pauli in den Ortskern von Kaltern verlegt. Bei den neuen Räumlichkeiten handelt es sich um einen Keller aus dem 17. Jh., in dem die adeligen Pfandherren Giovanelli und Di Pauli den Zinswein sammelten und lagerten.

Bei einem Gang durch das Weinmuseum kann man sich über die Geschichte des Weinbaues in Südtirol von der Römerzeit bis in die Gegenwart informieren.

Weinkellereien

Besichtigungen der Weinkellereien, verbunden mit Weinproben, ('Weinverkostungen') sind fast überall möglich, jedoch sollten sich Gruppen vorher unbedingt anmelden. Zur Zeit der Weinlese und an Wochenenden ist eine telefonische Absprache ratsam. Auskünfte über die örtlichen Weinkellereien erteilen die örtlichen Fremdenverkehrsämter (▶ Auskunft).

Weinkostwochen

Wer sich ausführlich über das Angebot an Südtiroler Weinen informieren möchte, dem seien die Weinkostwochen empfohlen; am bekanntesten ist die "Bozner Weinkost", die im Frühjahr stattfindet.

Weinkundliches wird ferner in Tramin bei der "Vergleichskostung von Gewürztraminern" aus aller Welt im Mai, bei der "Kalterer Festwoche" im Spätsommer, beim "Traminer Weinkostbummel" Ende September und bei der Unterlandler "Weinkostwoche" von Auer in der zweiten Oktoberhälfte geboten (andere Spezialitätenwochen ▶ Essen und Trinken).

Weinseminare

Gern besucht werden auch die zweitägigen, von Mitte April bis Mitte Juni stattfindenden "Weinseminare" in Kaltern oder der einwöchige "Kurs für Freunde des Weines" im Oktober in Auer.

Handelskammer Bozen Garibaldistr. 4	I-39100 Bozen ☎ 04 71 97 17 44

Versuchsanstalten für Weinbau

Die landeseigene landwirtschaftliche Versuchsanstalt Laimburg befindet sich in Pfatten, unweit östlich von Kaltern. Eine weitere Versuchsanstalt für Wein- und Obstbau gibt es in San Michele all'Adige.

Wintersport

Allgemeines

Innerhalb des in diesem Reiseführer beschriebenen Gebietes finden sich die besten und ausgedehntesten Wintersportgebiete in der Provinz Bozen. Es gibt eine große Zahl von Skipisten aller Schwierigkeitsgrade, gespurte Loipen, Rodel- und Eisbahnen sowie jede Menge Aufstiegshilfen – vom Baby-Schlepplift bis zur Großkabinen-Gletscherbahn. Praktisch jeder Ort verfügt über Ski- und Snowboardschulen und Sportgeräteverleih; die Kleinen finden in Ski-Kindergärten Betreuung.

Entsprechend vielseitig sind auch die Unterkunftsmöglichkeiten; die Skala reicht vom einfachen Privatquartier über Ferienwohnungen, bodenständige Gasthöfe und Skihütten bis zu Großhotels der höchsten Kategorien.

Vielerorts werden Wintersport-Wettbewerbe und Gästerennen veranstaltet; nähere Auskünfte erteilen die örtlichen Verkehrsämter (▶ Auskunft).

Drachenfliegen

Seit einiger Zeit erfreut sich auch das winterliche Gleitschirm- und Drachenfliegen großer Beliebtheit, beispielsweise in Corvara und Umgebung. Hingegen dürfen keine touristischen Hubschrauberflüge mehr durchgeführt werden.

Skipass

Fast jeder Wintersportort bietet für die lokalen Aufstiegshilfen Abonnements ('Skipässe') für Tage, Wochen oder die gesamte Saison an, oft zusammen mit Skiliften und Bergbahnen benachbarter Orte oder Täler. Der bekannteste dieser Skipässe ist der für die Region "Dolomiti Superski" (s. S. 354).

Lawinenwarndienst

Der telefonische Lawinenwarndienst ist zu erreichen unter folgenden Rufnummern:

Provinz Bozen	Provinz Trient
04 71 27 11 77	04 61 98 10 12

Die wichtigsten Skigebiete in Südtirol

Ortler-Skiarena

Die Ortler-Skiarena umfaßt die Teilgebiete Vinschgauer Oberland südlich vom Reschenpass (Langtauferer Tal, Schöneben/Rojen, St. Valentin auf der Haide, Watles u.a.; Skigebiet bis 2700 m ü.d.M.) und Ortler-Region (Sulden, Trafoi; Sommerskilauf am Stilfser Joch; Skigebiet bis 3450 m ü.d.M.).

Schnalstal

Vom Untervinschgau zweigt bei Naturns das Schnalstal ab. Nahe dem Talschluss liegt Kurzras (diverse Lifte; Großkabinenbahn zum Hochjochferner mit Sommerskilauf; Skigebiet bis 3258 m ü.d.M.).

Meran 2000

Östlich der Kurstadt Meran erstreckt sich das relativ neue Skigebiet Meran 2000 (Skigebiet bis 2400 m ü.d.M.).

Ritten
Sarntal

Weniger ausgedehnt sind die nördlich von Bozen gelegenen Wintersportgebiete am Rittner Horn (Skigebiet bis 2260 m ü.d.M.) und im Sarntal (Skigebiet bis 2460 m ü.d.M.).

Vom Wein im Etschland

Tirol und Wein werden oft in einem Atemzug genannt, und immer als lobender Doppelbegriff. Archäologische Funde beweisen, dass die Rebe schon vor rund dreitausend Jahren in dieser klimatisch bevorzugten Region kultiviert worden ist; die römischen Schriftsteller Tacitus und Vergil haben den Vinum Raeticum gerühmt, und der in Württemberg gekelterte hellrote Trollinger hat ursprünglich "Tirolinger" geheißen.

Im Mittelalter schätzte sich jeder Kirchenfürst glücklich, der an Etsch und Eisack einen Weinberg sein Eigen nennen konnte, und bald zog der durch die Rebkultur geschaffene Wohlstand auch andere kulturelle Entwicklungen nach sich, die noch heute nachwirken.

Anbaugebiete

Auf den Hang- und Hügellagen im Etsch- und Eisacktal, zwischen Meran, Brixen, Bozen und Salurn, dominieren die weiten Rebgärten. Hier werden jährlich 300 000 bis 400 000 Hektoliter Wein produziert, davon 65 Prozent Rot- und 35 Prozent Weißwein.

Die wichtigsten Rebsorten

Vernatsch

Der blaue Vernatsch ist die Südtiroler Urrebe schlechthin und stellt fast fünfzig Prozent der gesamten Südtiroler Rebfläche. Er ergibt einen rubinroten, trockenmilden und frischen Wein, der mit fast allen Speisen harmoniert. Er wird jung und kellerfrisch getrunken.

Lagrein

Der Lagrein ist gleichfalls eine blaue Traube und wird vor allem um Bozen angebaut. Je nach der Kelterungsmethode unterscheidet man zwei Varianten:
Der **Lagrein-Kretzer** ist ein Rosé. Seine helle Farbe rührt daher, dass beim Pressvorgang die den dunklen Farbstoff enthaltenden Trester (Traubenschalen) in einem Korbsieb – eben dem Kretzer – ausgefiltert und nicht mit vergoren werden. Das Resultat ist ein frisch-fruchtiger Sommerwein, der jung getrunken wird.
Ganz anders ist der **Lagrein dunkel**: ein körperreicher, tiefroter, samtiger Wein, der eher nach als zum Essen mundet. Im Gegensatz zum Vernatsch verträgt er auch eine längere Lagerung.

Gewürztraminer

Der Name verrät den Herkunftsort. Der Gewürztraminer ergibt einen kräftigen, körper- und bukettreichen Weißwein von unverwechselbarem Aroma, manchmal mit einem angenehmen Anflug von Restsüße.

Blauburgunder

Der Blau- oder Spätburgunder ist kein gebürtiger Tiroler, sondern aus Frankreich eingewandert. Es ist ein dunkler, trockener und körperreicher Rotwein, der auch eine längere Lagerung verträgt.

Merlot

Auch der Merlot ist eigentlich ein Fremdling. Der Wein ist ziegel- bis rubinrot, ein leichter, angenehmer und erfrischender Trank. Gute Jahrgänge sind 4–5 Jahre lagerfähig.

Cabernet

Der kleinbeerige Cabernet Sauvignon bildet ursprünglich den Hauptbestandteil des roten Bordeaux; in Südtirol wird er meist sortenrein ausgebaut. Zunächst dunkel rubinrot, verändert er bei längerer Lagerung seine Farbe ins Ziegelrot. Der weniger aromatische Cabernet Franc ist schon als junger Wein milder und früher trinkreif.

DOC

Dieses etwas kryptische Kürzel steht für “Denominazione di Origine Controllata” (kontrollierte Herkunftsbezeichnung), und 98,8 Prozent der gesamten Südtiroler Weinbaufläche stehen heute unter diesem Schutz. Insgesamt gibt es heute in Südtirol acht DOC-Gebiete: Südtirol, Kalterer See, Meraner, St. Magdalener, Eisacktaler, Terlaner, Bozner Leiten und Vinschgau.

Ein wenig Fachtirolerisch

Der Weinbau hat auch in Tirol eine regelrechte Fachsprache entstehen lassen. Wenn die Trauben reif sind, geht es zur **Wimmet** hinaus unter die **Pergeln**, an denen die Reben gezogen werden. Man schneidet die Trauben ab und sammelt sie in der **Wimmschüssel**, einer weiten und tiefen Schale, die unten einen senkrechten Griff trägt. In **Zummen** oder **Butten** gesammelt, werden die Trauben dann mit dem **Pragschl-** oder **Praschletfuhrwerk** zum Weingut gebracht und in der **Torggl** gekeltert, ehe der Most auf die **Gärstander** verteilt und dort vergoren wird. Später wird der Wein zur Reife und Lagerung in **Panzen** umgefüllt, und im Spätherbst kann man dann beim **Törggelen** den neuen Wein kosten. Auch die ausgepressten Trester sind noch verwendbar: Aus ihnen brennt man einen Schnaps, der **Treber** oder **Grappa** genannt wird.

Der Saltner

In früheren Zeiten wurden die Weinberge während der Reifungsphase der Trauben von einem eigens bestellten Flurhüter, dem Saltner, bewacht. Seine Dienstzeit reichte von Jakobi (25. Juli) oder Laurenzi (10. August) bis zum Ende der Weinlese. Zu diesem Zeitpunkt wurden die Rebgärten mit einem Berberitzenbusch oder der ‘Saltnerpratz’, einer hölzernen Hand, symbolisch geschlossen, und der Saltner verließ sein Amtsgebiet fast nicht. Er war im übrigen ein handfester Geselle von wildem Aussehen; er trug ein ledernes Wams, ein Brustgehänge mit geweihten Kreuzen und Münzen, dazu einen mit Federn und Fuchsschwanz gezierten Hut – Relikte heidnischen Schutz- und Abwehrzaubers sind unübersehbar. Als Waffen führte er ein gekrümmtes Messer von etwa 25 Zentimetern Länge, einen Spieß sowie das Kreuzeisen, das auch als Wurfgeschoss eingesetzt werden konnte. Heute freilich ist der Saltner wenig mehr als ein sorgsam gehegtes Relikt des Brauchtums.

Torggl ...

Die Bezeichnung “Torggl” leitet sich

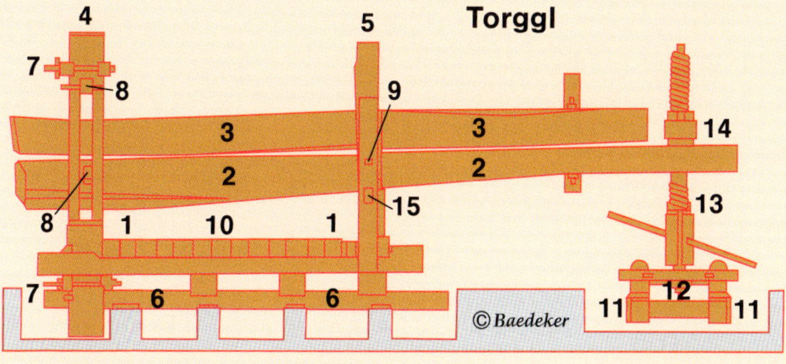

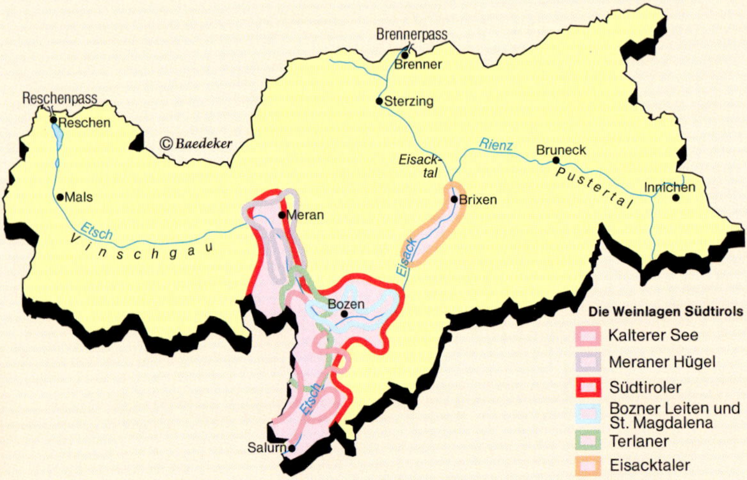

von dem lateinischen Verbum 'torquere' (= drehen, winden) bzw. von dem Substantivum 'torculum' (= Drehpresse) ab und kommt in Süddeutschland auch in der Form 'Torkel' vor.
Die Funktionsweise einer Torggl beruht auf dem Prinzip des einseitigen Hebels, wobei zwei unterschiedlich lange Hebelarme an der selben Seite eines am Ende drehbar gelagerten Balkens wirken. Da der längere Hebelarm meist das Doppelte oder Mehrfache des kürzeren ausmacht, ist der auf das Pressgut wirkende Druck nach dem Hebelgesetz entsprechend höher als die auf den längeren Hebelarm wirkende Kraft.
Die Hauptteile einer Torggl waren überwiegend aus Eichenholz, die stärkerer Abnutzung ausgesetzte Spindel aus härterem Holz (Hainbuche, Birnbaum u.a.) gefertigt. Die Ausmaße dieser Pressanlage waren beträchtlich: Die Länge betrug 8–14 m, die Breite bis zu 4,50 m und die Höhe bis zu 5,50 m. Je nach Größe, Druckbaumzahl und Unterbau lag das Gesamtgewicht der Torggl zwischen 10 und 20 Tonnen. Dementsprechend unterschiedlich war auch die Aufschüttmenge der Traubenmaische: Sie belief sich auf etwa 2500 bis 5000 kg Weintrauben.
Der gesamte Pressvorgang, den ein Torgglmeister beaufsichtigte und an dem vier bis sechs Torgglknechte beteiligt waren, dauerte rund acht Stunden.
Die roh behauenen Torgglbäume (2 und 3) wurden durch Drehen der Spindel (13) und durch die Hebelgewichtsübertragung an der 'Büge' (9) nach oben gedrückt, um den Traubenaufnahmebehälter (1) freizumachen. Nachdem die nötige Anhubhöhe erreicht war, wurde der 'Esel' (ein die Pressbäume tragendes Querholz, 15) 'gesteckt', der die Last sicherte. Die Vorderdocke (4) und die Hinterdocke (5) gaben den Kelterbäumen eine Führung, wobei die 'Zangen' (7) und die Querhölzer (8) für den Zusammenhalt sorgten. Der Traubenbehälter und die Verstrebungen ruhten auf verzapften Längs- und Querbalken (6).
Die handwerklich kunstvoll gearbeitete Spindel (13), welche bis zu 40 Gewindegänge aufwies, wurde gemeinsam mit dem Spindellauf, dem Gegengewindeteil ('Mutter', 14), als Schraube zum Herabdrücken der Torgglbäume wirksam. Verankert war die Spindel mit einem in der 'Schragengrube' (11) kreuz und quer verzapften 'Schragen' (12), der – mit

Die Rebhänge des Bozner Stadtteils St. Magdalena bringen einen berühmten Rotwein hervor.

tonnenschweren Steinen belastet – als Halt und Gewicht für den beim Pressen entstehenden Gegenzug diente. Am Traubenaufnahmebehälter befand sich der Saftablauf (10), aus dem der Traubenmost zum Kernfang durch ein Weidensieb ("Kretzer") in einen 'Stander' genannten Holzbottich abfloß. Aus 1000 kg Weintrauben wurden ungefähr 750 Liter Most gepresst.

... und Törggelen

Wenn der neue Jahrgang im späten Herbst verkostet wird, verkaufen manche Weinhöfe – früher gekennzeichnet durch einen Buschen, d.h. ein Bündel immergrüner Zweige – eigene Produkte an Gäste. Man erkundige sich vorher bei Ortskundigen oder halte sich an die Mundpropaganda.
Zur Zeit der Weinlese ('Wimmet'; im September und Oktober) pflegt man in Südtirol den uralten und allseits beliebten Brauch des Törggelen (von Torggl bzw. Torkel = Weinpresse). Hierbei wird während einer Wanderung durch die Weindörfer in Schenken oder auf Winzerhöfen der Neue Wein ('Nuier', auch 'Sußer' = süß) verkostet; dazu isst man geröstete Esskastanien ('Kesten' oder 'Köschten' bzw. 'Maroni'), oft auch junge Nüsse ('Nussen') und hartes Bauernbrot. Heutigentags sind beim Törggelen gewöhnlich auch der Speck, die Kaminwurzen und das Schüttelbrot als Beilage beliebt.
Von Mitte Oktober bis Anfang November kann man u.a. von Bozen, Tramin, Klausen und Brixen aus an organisierten Törggelenausflügen teilnehmen. Außerhalb der Zeit während und kurz nach der Weinlese durchgeführte Törggelen-Ausflüge haben mit der ursprünglichen Sache nichts mehr zu tun, sondern sind rein touristisch.

Wein im Internet

Ausführliche Informationen über den südtiroler Wein erhält man unter www.suedtirolerwein.com

Wipptal Zwischen Brennerpass und Sterzing wird das Eisacktal von den Pistenhängen der Skiregion Wipptal flankiert, die sich südwestlich bis zum Jaufenpass erstreckt (Skigebiet bis 2700 m ü.d.M.).

Tauferer Tal/ Ahrntal Das Tauferer Tal und das dessen Fortsetzung bildende Ahrntal gehen bei Bruneck nördlich vom Pustertal ab. Die wichtigen Skigebiete sind der Speikboden bei Sand in Taufers und der Klausberg bei Steinhaus (Höhenlage bis 2200 m ü.d.M.).

Dolomiti Superski Das absolute Nonplusultra bildet der unter dem Namen "Dolomiti Superski" zusammengefaßte Wintersportverbund zwischen Eisacktal, Pustertal und Fleimstal. Er besitzt rund 450 Liftanlagen und über 1100 Kilometer präparierter Pisten, die (mit Ausnahme der Marmolada) alle mit ein und demselben Skipass benutzt werden können. Teile des Großraums gehören zwar zur Provinz Belluno (Region Veneto); der Einfachheit halber werden sie aber hier genannt.

Zonen-Skipässe gibt es für folgende Regionen: Eisacktal (Skigebiet bis 2567 m ü.d.M.), Kronplatz (Skigebiet bis 2275 m ü.d.M.), Hochpustertal (Skigebiet bis 2200 m ü.d.M.), Grödner Tal und Seiser Alm (Skigebiet bis 2680 m ü.d.M.), Hochabteital (Skigebiet bis 2550 m ü.d.M.), Cortina d'Ampezzo (Skigebiet bis 3243 m ü.d.M.), Arabba (Skigebiet bis 2950 m ü.d.M.), Fleimstal (Skigebiet bis 2489 m ü.d.M.), Fassatal (Skigebiet bis 2638 m ü.d.M.) sowie San Martino di Castrozza und Rolle-Pass (Skigebiet bis 2230 m ü.d.M.).

Nicht in den Verbund integriert ist die Marmolada (Skigebiet bis 3265 m ü.d.M.).

Skigebiete im Trentino und der Lombardei

Im weiteren Bereich dieses Reiseführers sind folgende Wintersportstationen zu nennen: Livigno (Skigebiet bis 2797 m ü.d.M.), Bormio (Skigebiet bis 3012 m ü.d.M.), Aprica (Skigebiet bis 2600 m ü.d.M.), Passo Tonale (Skigebiet bis 3016 m ü.d.M.), Madonna di Campiglio und Val di Sole (Skigebiet bis 2585 m ü.d.M.) sowie Paganella (Skigebiet bis 2125 m ü.d.M.).

Zeit

Im Winterhalbjahr gilt in Südtirol die Mitteleuropäische Zeit (MEZ); von Ende März bis Ende Oktober wurde die Mitteleuropäische Sommerzeit (MEZ + 1 Std.) eingeführt.

Zollbestimmungen

EU-Binnenmarkt Im gemeinsamen Wirtschaftsraum der Mitgliedsstaaten der Europäischen Union können Waren für den privaten Gebrauch weitgehend zollfrei ein- und ausgeführt werden. Es gelten lediglich gewisse Höchstmengen, bei deren Überschreitung die Behörden von einer gewerblichen Verwendung ausgehen: 800 Zigaretten, 400 Zigarillos, 200 Zigarren, 1 kg Tabak, 10 l Spirituosen, 90 l Wein (davon max. 60 l Schaumwein). Bei Stichproben durch die Finanzbehörden ist glaubhaft zu machen, dass die Waren wirklich nur privaten Zwecken dienen.

EU-Binnenmarkt (Fortsetzung)

Wiedereinreise in die Schweiz

Für Personen über 17 Jahren gelten folgende Freimengengrenzen: 250 g Kaffee, 100 g Tee, 200 Zigaretten oder 50 Zigarren oder 250 g Tabak, 2 l Wein oder andere Getränke bis 22 % Alkoholgehalt sowie 1 l Spirituosen mit mehr als 22 % Alkoholgehalt. Souvenirs dürfen bis zu einem Wert von 100 sfr zollfrei eingeführt werden.

Zollfreie Zone

Zur lombardischen Provinz Sondrio gehört das Zollausschlussgebiet von Livigno, wo rund zweihundert Duty-free-Läden eine breite und vielseitige Palette an zollfreien Waren anbieten.

Register

Verzeichnis der Karten und grafischen Darstellungen

Bildnachweis

Archiv für Kunst und Geschichte: S. 37, 38, 40 (oben), 41, 42, 43, 44
Fotoriva: S. 135
Gasser: S. 10 (oben links)
HB Verlag: S. 3, 5 (Mitte), 6 (unten), 7 (oben), 9, 19, 56, 79, 80, 81, 83, 92 (oben), 94, 114, 134, 139, 142, 148, 156, 158, 163, 166, 191, 192, 195, 201, 212, 217, 223, 237, 238, 240, 244, 254, 256, 260, 263, 271, 274/275, 346
Hotel Adler: S. 319
Hotel Elephant: S. 298
Hotel Heubad: S. 322
Hotel Schloss Korb: S. 302
Kurhotel Palace: S. 310
Museumsstube Onkel Taa: S. 339 (links)
Nahm: S. 1, 10 (unten links), 11 (unten rechts), 18, 45, 70, 104, 124, 133, 181, 185, 196, 209, 236, 246, 264
Pfaffinger: S. 175
Schlossstube Wolfsthurn: S. 339 (rechts)
Sporthotel Alpenroyal: S. 329
Südtirol Marketing: S. 2 (Andergassen), 10/11 (Milanesio), 10 unten rechts (Andergassen), 11 oben rechts (De Biasi), unten links (Milanesio), 24 (Vitale), 78 oben (Milanesio), 112 (Andergassen), 117, 177 (Milanesio), 200 (Andergassen), 268 (Milanesio)
Tappeiner: S. 4 (2 ×), 5 (oben, unten), 6 (oben), 7 (unten), 12/13, 22, 23, 40 (Mitte), 48, 49, 51, 54, 58, 60/61, 65, 67, 68, 76, 78 (unten), 84, 85, 86/87, 91, 92 (unten), 93, 97, 98, 99, 100, 107, 109, 113, 121, 126, 127, 128, 129, 131, 136, 137, 140, 143, 145, 150/151, 153, 154, 160, 162, 167, 172, 173, 178, 180, 182, 183, 184, 190, 193, 206/207, 210 (2 ×), 213, 214/215, 216, 218, 219, 220, 224, 226, 228, 232, 234, 243, 248, 250, 251, 259, 266/267, 269, 277, 343, 353

Die Panoramen Dolomiti Superski (S. 118/119), Ritten (S. 213) und Südtiroler Weinstraße (S. 242) wurden freundlicherweise von Arthesiadruck, Bozen, zur Verfügung gestellt.

Titelbild: Kinkelin/Mehlig – Bauernhöfe unter den Geislerspitzen
Hintere Umschlagseite: Tappeiner – Schloss Tirol

Impressum

Ausstattung:
166 Abbildungen
30 Karten und grafische Darstellungen, 3 Panoramen, 1 große Reisekarte

Text: Achim Bourmer, Peter M. Nahm, Reinhard Strüber

Bearbeitung: Baedeker-Redaktion (Peter M. Nahm)

Kartografie: Franz Kaiser, Sindelfingen

Chefredaktion: Rainer Eisenschmid, Baedeker Ostfildern

7. Auflage 2003
Urheberschaft: Karl Baedeker GmbH, Ostfildern

Nutzungsrecht: Mairs Geographischer Verlag GmbH & Co., Ostfildern

Printed in Germany
ISBN 3-87504-402-9

Gedruckt auf 100% chlorfreiem Papier

Notizen

Notizen

Baedeker Programm

Reiseziele in aller Welt

Baedeker Allianz Reiseführer

- Ägypten
- Algarve
- Amsterdam
- Andalusien
- Athen
- Australien
- Bali
- Baltikum
- Barcelona
- Belgien
- Berlin
- Bodensee · Oberschwaben
- Brasilien
- Bretagne
- Brüssel
- Budapest
- Burgund
- Chicago · Große Seen
- China
- Costa Blanca
- Costa Brava
- Dänemark
- Deutschland
- Djerba · Südtunesien
- Dominikanische Republik
- Dresden
- Elba
- Elsass · Vogesen
- Finnland
- Florenz
- Florida
- Franken
- Frankfurt am Main
- Frankreich
- Französische Atlantikküste
- Fuerteventura
- Gardasee
- Germany (engl.)
- Gomera
- Gran Canaria
- Griechenland
- Griechische Inseln
- Großbritannien
- Hamburg
- Harz
- Hawaii
- Hongkong · Macao
- Ibiza · Formentera
- Indien
- Irland
- Ischia · Capri · Procida
- Israel
- Istanbul
- Istrien · Dalmat. Küste
- Istrien · Kvarner Bucht
- Italien
- Italien · Norden
- Italien · Süden
- Italienische Adria
- Italienische Riviera
- Japan
- Jordanien
- Kalifornien
- Kanada
- Kanada · Osten
- Kanada · Westen
- Kanalinseln
- Kenia
- Köln
- Kopenhagen
- Korfu · Ionische Inseln
- Korsika
- Kos
- Kreta
- Kuba

- Kykladen
- La Palma
- Lanzarote
- Lissabon
- Loire
- Lombardei · Mailand · Oberital. Seen